АНГЛО-
РУССКИЙ
СЛОВАРЬ
ПО РОБОТОТЕХНИКЕ

ENGLISH-
RUSSIAN
DICTIONARY
OF ROBOTICS

A. A. PETROV, E. K. MASLOVSKY

ENGLISH-RUSSIAN DICTIONARY OF ROBOTICS

Approx. 12 000 items

RUSSKY YAZYK PUBLISHERS
MOSCOW
1989

А. А. ПЕТРОВ, Е. К. МАСЛОВСКИЙ

АНГЛО-РУССКИЙ СЛОВАРЬ ПО РОБОТОТЕХНИКЕ

Около 12 000 терминов

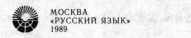

МОСКВА
«РУССКИЙ ЯЗЫК»
1989

ББК 32.81
П-30

Англо-русский словарь по робототехнике:
А 64 Ок. 12 000 терминов — М.: Рус. яз. 1989.— 494 с.— ISBN 5-200-00654-6

Словарь содержит около 12 тыс. терминов по механике и конструкции роботов и робототехнических систем, сенсорным устройствам современных роботов, по вычислительным, алгоритмическим и программным средствам робототехники, по искусственному интеллекту, программированию и обучению роботов, по ГАП, роботизации технологических процессов, применению роботов в непромышленной сфере.

В конце словаря даны сокращения, а также указатель русских терминов.

Предназначается для специалистов, занимающихся проблемами робототехники и применения робототехнических устройств, переводчиков, студентов, аспирантов и преподавателей.

$$\text{П} \frac{2700000000-329}{015(01)-89} 251-89 \qquad \text{ББК } 32.81+81.2.\text{Англ}-4$$

ISBN 5-200-00654-6 © Издательство «Русский язык», 1989

ПРЕДИСЛОВИЕ

Робототехника, сравнительно недавно сформировавшаяся в самостоятельную научно-техническую дисциплину и ставшая одним из наиболее перспективных направлений автоматизации во всем мире, в настоящее время переживает период бурного развития и качественного обновления. Наряду с постоянно совершенствующимися традиционными автоматическими манипуляторами и промышленными роботами все большее значение приобретают новые классы робототехнических систем, обладающие гораздо большими функциональными возможностями: адаптивные роботы, снабженные техническим зрением и другими средствами очувствления, роботы с элементами искусственного интеллекта. Одновременно, а вернее в неразрывной взаимосвязи с этим происходит активное расширение областей применения роботов не только в промышленной сфере, но и в сельском хозяйстве, строительстве, атомной энергетике, космосе, под водой и в других экстремальных средах. Роботы все сильнее затрагивают повседневную жизнь человека, внедряясь в сферу обслуживания, в здравоохранение, торговлю, домашнее хозяйство.

Эти факты находят отражение в «информационном взрыве» в области робототехники — росте объема научных публикаций, технической документации, рекламных изданий, популярной литературы, причем большая часть таких материалов выходит (или, по меньшей мере, аннотируется) на английском языке. Несомненно, что развитие процесса роботизации в СССР требует более интенсивного приобщения к передовому зарубежному опыту. Круг советских читателей, которым может принести пользу оперативное ознакомление с англо-язычной литературой по робототехнике, неуклонно растет, включая в себя ученых, создающих теоретические основы и методы робототехники, разработчиков и исследователей различных подсистем роботов, конструкторов и технологов, роботизирующих производственные процессы.

Для этих специалистов, а также для переводчиков и редакторов, работающих с робототехнической литературой, студентов и аспирантов соответствующих специальностей и предназначен настоящий словарь. Он является первым в нашей стране опытом комплексного охвата и единообразного представления терминологии по многогранной проблематике современной робототехники: по классификации, теории, проектированию и эксплуатации робототехнических систем, механике и конструкциям манипуляционных и мобильных роботов, техническим характеристикам и элементам их основных подсистем (приводов, сенсоров, рабочих органов, устройств управления и др.), применяемых в робототехнике, по вычислительным средствам, методам и алгоритмам очувствления и управления, системам адаптации и искусственного интеллекта, программному обеспечению и средствам обучения роботов, их взаимодействию с человеком-оператором (в том числе, при дистанционном управлении), социально-экономическим факторам роботизации, а также по широкой гамме применений роботов для автоматизации производства (в частности, в гибких производственных системах) и для непромышленной сферы.

Лишь по нескольким из перечисленных вопросов ранее отдельными организациями были опубликованы англо-русские лексикографические пособия небольшого объема. Целый ряд переводов и толкований в них требует уточнения, пересмотра и дополнения. Кроме того, отмеченные выше процессы качественной модернизации и расширения сферы применения роботов привели к смещению акцентов в тематике публикаций, изменению частот встречаемости (а нередко и значений) существующих терминов, лавинообразному возникновению новых понятий, для которых зачастую отсутствует установившаяся терминология. Поэтому в настоящем словаре довольно распространены пояснения смысла тех или иных понятий, а также описательные переводы, которые, по мнению авторов, на данном этапе предпочтительны транслитерации английских слов. Часто наряду с гостированными терминами приводятся и варианты, получившие распространение среди специалистов (например, «захватное устройство» и «схват»). При этом учитывалось мнение Комиссии по терминологии в области робототехники Комитета научно-технической терминологии АН СССР.

Другая трудность, с которой столкнулись авторы словаря, связана с тем, что робототехника как синтетическая дисциплина вобрала в себя объемную терминологию множества смежных наук (механики, вычислительной техники, теории управления и др.), а также прикладных областей. С одной стороны, при составлении данного словаря ставилась цель дать возможность его обладателю читать основную робототехническую литературу «автономно», с минимальным привлечением разнообразных специализированных технических словарей. С другой стороны, ясно осознавалась нереальность создания «всеобъемлющего» пособия, позволяющего совершенно исключить обращение к другим словарям. В поисках разумного компромисса авторы стремились сохранить только те термины из смежных областей (теории машин и механизмов, информатики, теории искусственного интеллекта и др.), которые наиболее часто используются в робототехнике. Из обширной самостоятельной терминологии гибких производственных систем оставлены лишь понятия, непосредственно связанные с роботизацией производства.

При составлении словаря были использованы американские и английские энциклопедии, толковые словари, глоссарии, руководства и научно-технические книги и журналы, терминологические стандарты ряда зарубежных и международных организаций, а также отечественные ГОСТы, справочники, монографии и статьи, содержащие информацию по робототехнике.

Авторы отдают себе отчет, что первое издание Англо-русского словаря по робототехнике вряд ли может быть свободно от недостатков с точки зрения как охвата материала, так и трактовки тех или иных терминов, и будут благодарны за все замечания и конкретные предложения по улучшению словаря, которые можно прислать по адресу: 103012, Москва, Старопанский пер., д. 1/5, издательство «Русский язык».

Авторы

О ПОЛЬЗОВАНИИ СЛОВАРЕМ

В словаре принята алфавитно-гнездовая система. Ведущие термины расположены в алфавитном порядке. Термины, состоящие из определяемого и определяющих слов, следует искать по определяемому (ведущему) слову. Например: термин **articulated arm** следует искать в гнезде **arm**.

Ведущий термин в гнезде заменяется тильдой ($\sim$). Устойчивые терминологические словосочетания даются в подбор к ведущему термину и отделяются знаком ромба ($\Diamond$). Например: **teaching** обучение $\Diamond$ $\sim$ **by doing** обучение (робота) действием.

В русском переводе различные части речи с одним семантическим содержанием разделены параллельками ($\|$). Например: **test 1.** испытание; испытания; проверка; контроль$\|$испытывать; проверять; контролировать **2.** тест; проба$\|$тестировать; брать пробу.

Пояснения к русским терминам набраны курсивом и заключены в круглые скобки. например: **arm motion equation** уравнение движения руки *(робота)*.

Факультативная часть как английского термина, так и русского эквивалента дается в круглых скобках. Например: **obstacle (presence) testing** проверка наличия препятствий *(движению робота)*. Термин следует читать: **obstacle presence testing, obstacle testing Robot hand** кисть (руки) робота. Термин следует читать: кисть руки робота, кисть робота.

Синонимичные варианты английских терминов, следующих в алфавитном порядке, непосредственно друг за другом, а также синонимичные варианты переводов помещены в квадратные скобки. Например: **motive [moving] force** движущая сила. Термин следует читать: **motive force, moving force. Critical failure** критический [опасный] отказ. Термин следует читать: критический отказ, опасный отказ.

В переводах принята следующая система разделительных знаков: близкие по значению эквиваленты отделены запятой, более далекие — точкой с запятой, разные значения — цифрами.

СПИСОК ПОМЕТ И СОКРАЩЕНИЙ

ГАП гибкое автоматизированное производство
ГПМ гибкий производственный модуль
ГПС гибкая производственная система
ЗУ запоминающее устройство
мат. математика
мн. множественное число
ОЗУ оперативное запоминающее устройство
ПЗУ постоянное запоминающее устройство
проф. профессиональное выражение
САПР система автоматизированного проектирования
СИИ система искусственного интеллекта
см. смотри
СТЗ система технического зрения
СЧПУ система числового программного управления
тж также
УЧПУ устройство числового программного управления
ЧПУ числовое программное управление
ЭВМ электронная вычислительная машина
эл. электротехника
ЭС экспертная система

АНГЛИЙСКИЙ АЛФАВИТ

Aa	Bb	Cc	Dd	Ee
Ff	Gg	Hh	Ii	Jj
Kk	Ll	Mm	Nn	Oo
Pp	Qq	Rr	Ss	Tt
Uu	Vv	Ww	Xx	Yy
				Zz

A

ability способность; возможность
  cognitive~ способность к познанию
  interpretive~ интерпретирующая способность
  reproductive~ способность к воспроизведению
abnormality 1. отклонение от нормы 2. аномалия
absorber:
  shock~ амортизатор; демпфер
  sound~ 1. звукопоглощающее устройство (*в системе акустического очувствления робота*) 2. звукопоглощающий материал
abstraction абстракция, абстрактная структура
acceleration 1. ускорение 2. разгон
  angular~ угловое ускорение
  end-point~ ускорение в концевой точке, ускорение конца (*манипулятора*)
  joint~ 1. ускорение в сочленении (*манипулятора*) 2. суммарное ускорение
  linear~ линейное ускорение
  link~ ускорение звена (*манипулятора*)
  program(med)~ программное ускорение
  rotary~ угловое ускорение
accelerometer акселерометр, измеритель ускорения
accentuator 1. подчёркиватель (*особенностей изображения*) 2. схема частотной коррекции
access 1. доступ; обращение 2. выборка (*из памяти*) ◇ **to obtain~** получать доступ; **to seek ~** запрашивать доступ
  authorized~ санкционированный доступ
  distributed~ распределённый доступ
  illegal~ неразрешённый доступ
  library~ обращение к библиотеке программ
  line~ доступ по линиям связи
  memory~ 1. обращение к памяти 2. выборка из памяти
  midcycle~ доступ (*к системе*) в процессе работы
  occasional~ эпизодический доступ
  remote~ дистанционный доступ
  safe~ безопасный доступ

storage~ 1. обращение к памяти 2. выборка из памяти

unauthorized~ несанкционированный доступ

untimely~ несвоевременный доступ (*к работающему оборудованию*)

accessories вспомогательные средства

optional~ вспомогательное оборудование *или* оснастка, поставляемые по желанию заказчика

accomodation 1. аккомодация; настройка (*напр. глаза или СТЗ*) 2. адаптация; приспособление (*напр. робота*)

active~ активная адаптация; активное приспособление

passive~ пассивная адаптация; пассивное приспособление

accordance соответствие (*напр. техническим условиям*)

accumulation накопление; аккумулирование

energy~ аккумулирование энергии

error~ накопление ошибок; накопление погрешностей

experience~ накопление опыта

knowledge~ накопление знаний

accumulator

hydraulic~ гидравлический аккумулятор, гидроаккумулятор

spring-loaded hydraulic~ пружинный гидроаккумулятор

accuracy 1. точность 2. правильность; безошибочность 3. чёткость (*изображения*)

absolute~ абсолютная точность

calibration~ точность калибровки

contouring~ 1. контурная точность; точность контурного управления; точность отслеживания контура 2. точность оконтуривания

control~ точность (системы) управления

dynamic~ динамическая точность

encoder~ точность кодового датчика

end-point~ точность в концевой точке (*манипулятора*)

manipulator~ точность манипулятора

measurement~ точность измерений

path~ 1. точность отслеживания траектории; контурная точность; точность контурного управления 2. точность задания траектории

path-following~ точность отслеживания траектории; контурная точность; точность контурного управления

path velocity~ точность отслеживания скорости вдоль траектории

playback~ точность вос-

произведения *(движений роботом)*
pose~ точность вывода *(манипулятора)* в позу
positioning~ точность позиционирования
programming~ 1. точность программирования *(робота)* 2. правильность [безошибочность] программирования *(ЭВМ)*
relative~ относительная точность
robot~ точность робота
static(al)~ статическая точность
tacho(generator)~ точность тахогенератора; точность измерения скорости *(степени подвижности манипулятора)*
teaching~ точность обучения *(робота)*
transmission~ точность передачи

acoustimeter акустиметр, измеритель уровня звука

acquisition:
blind~ захват объектов вслепую *(без использования СТЗ)*
data ~ 1. сбор данных 2. восприятие информации
image~ получение изображения *или* изображений
knowledge~ приобретение знаний

actigram циклограмма *(выполняемых действий)*

action 1. действие; воздействие 2. деятельность; поведение; линия поведения 3. работа 4. операция

atomic~ элементарное действие
back~ 1. обратное действие, противодействие; реакция 2. задний ход 3. обратная связь
braking~ торможение; затормаживание
control~ управляющее воздействие; регулирующее воздействие
corrective~ корректирующее действие; корректирующее воздействие
default~ действие по умолчанию *(без явной команды оператора)*
deflection [deviation] ~ (управляющее) (воз)действие по отклонению
direct~ прямое действие; прямое воздействие; непосредственное воздействие
elementary~ элементарное действие; элементарная операция *(робота)*
gyroscope~ гироскопический эффект
homing~ возврат в исходное положение
internal~ скрытое действие
manipulative~ манипуляционное действие; манипуляционная операция, манипуляция
overt~ явное действие *(в отличие от скрытого)*
performable~ выполнимое [реализуемое] действие
programmed~ запрограммированное действие
remedial ~ ремонтная операция

ACT

activation 1. включение; запуск; активизация 2. инициация; возбуждение

activity 1. деятельность; поведение 2. работа; действие *(напр. робота)* 3. активность

actuation 1. приведение в действие *или* в движение; включение; активизация 2. инициация; возбуждение

  gripper~ включение захватного устройства; приведение в действие захватного устройства

  remote~ дистанционное включение; дистанционное приведение в действие

actuator 1. привод *(см. тж* **drive)** 2. пускатель 3. исполнительный механизм

  cylinder~ привод с цилиндром *(гидравлическим или пневматическим)*

  diaphragm~ мембранный привод

  multiaxis~ 1. многоосевой привод, привод с несколькими ведущими осями 2. привод нескольких степеней подвижности

  multimotion~ многокоординатный привод

adaptability адаптивность; способность к адаптации; приспосабливаемость

adaptable-programmable адаптивно-программируемый

adaptation адаптация; приспособление

adapter 1. адаптер 2. переходное устройство; пере-

ADJ

ходная деталь; *проф.* переходник

address адрес ‖ адресовать

  location~ адрес местоположения

adequacy 1. адекватность, соответствие 2. достаточность; пригодность

  expressive~ выразительная [экспрессивная] адекватность *(средств представления знаний)*

adhesing:

  robotic~ роботизированная клейка; роботизированное нанесение клея

adhesor клейкое [адгезивное] вещество *(для захватывания объектов роботом)*

adjacency смежность; близость, соседство *(напр. элементов изображения)*

adjuster регулировочное приспособление; орган настройки

  slack~ натяжное устройство; приспособление для регулировки натяжения *или* зазора

adjustment 1. настройка; юстировка; регулировка 2. подгонка; подстройка 3. корректировка 4. аппроксимация 5. уточнение *(решения)*

  coarse~ 1. грубая настройка; предварительная настройка; грубая регулировка 2. грубая подгонка

  fine~ 1. тонкая [точная] настройка; точная регулировка 2. точная подгонка

  gripper~ регулировка *или*

подгонка захватного устройства
manipulator~ юстировка манипулятора; регулировка манипулятора
mechanical~ механическая настройка; регулировка механической части *(напр. робота)*
on-line~ оперативная подстройка
setpoint~ корректировка уставок
trial-and-error~ 1. уточнение решения методом проб и ошибок 2. настройка методом проб и ошибок
zero~ 1. установка на нуль 2. настройка [установка] нуля

admeasurement 1. обмер 2. габаритный размер

admittance 1. допуск 2. впуск; ввод 3. *эл.* полная проводимость

advance 1. опережение, упреждение 2. продвижение *(к цели)*‖продвигаться
project~ ход проектирования

advanced 1. улучшенный; усовершенствованный 2. перспективный; прогрессивный; передовой

affinity *мат.* 1. аффинное подобие 2. аффинное преобразование

affixment 1. присоединение; прикрепление 2. привязка *(координатных систем)* 3. присвоение *(наименования)*

aftereffect последействие

afterimage остаточное изображение

ageing 1. старение; изнашивание 2. выдерживание; тренировка

agent исполнительное устройство; «посредник»; действующий субъект; агент
artificial~ искусственный «посредник» *(между человеком и средой)*
reasoning~ «мыслящее» исполнительное устройство

aggregate 1. агрегат; (производственная) установка 2. совокупность; комплект‖составлять в совокупности‖совокупный; полный; суммарный 3. агрегат (данных)‖агрегировать (данные) 4. сочленять; соединять; собирать

AI-based основанный на использовании систем искусственного интеллекта *(напр. о роботе)*

aid 1. помощь 2. *мн.* (вспомогательные) средства
computer ~s средства вычислительной техники
diagnostic ~s средства диагностики
handling ~s средства манипулирования *(объектами)*
operator~ 1. помощь (со стороны) оператора 2. помощь [подсказка] оператору *(со стороны робота)*
robot control ~s средства управления роботом
robot training ~s средства обучения робота

sensing ~s средства очувствления

testing ~s 1. средства контроля 2. средства тестирования

training ~s средства обучения

alarm 1. сигнал тревоги 2. сигнальное устройство

light~ световая аварийная сигнализация

algorithm алгоритм

adaptation~ алгоритм адаптации

adaptive~ адаптивный алгоритм

aim~ алгоритм поиска цели; целенаправленный алгоритм

approximation~ алгоритм аппроксимации

best route~ алгоритм выбора наилучшего [оптимального] маршрута

binarization~ алгоритм бинаризации *(в обработке изображений)*

check(ing)~ алгоритм проверки; алгоритм контроля

clustering large application~ алгоритм кластеризации больших массивов данных

collision fronts~ алгоритм фронтов столкновения *(в обработке изображений)*

condensing~ алгоритм сжатия

control~ алгоритм управления

cooperative~ кооперативный алгоритм *(в обработке изображений)*

decision~ алгоритм выбора решения; алгоритм принятия решения

decision-making~ алгоритм принятия решения

decomposition~ 1. алгоритм декомпозиции; алгоритм разложения; алгоритм разбиения *(напр. изображений)* 2. алгоритм разбора *(предложения)*

decoupling~ 1. алгоритм устранения взаимовлияния *(степеней подвижности робота)* 2. алгоритм развязки; алгоритм декомпозиции

edge-guided thresholding [EGT]~ алгоритм сравнения *(яркости)* с порогом вдоль выделяемого контура

graph-search~ алгоритм поиска на графе

hardware~ аппаратно-реализованный алгоритм

heuristic~ эвристический алгоритм

image-understanding~ алгоритм понимания изображений; алгоритм интерпретации изображений

Lee-expansion~ *(волновой)* алгоритм Ли *(для автоматической прокладки трассы)*

line-merging~ алгоритм слияния линий *(в обработке изображений)*

Moore~ алгоритм Мура *(поиска пути на графе)*

MRAC~ алгоритм адаптивного управления с эталонной моделью

Nilsson~ алгоритм Нильсона *(поиска пути на графе)*

nonheuristic ~ неэвристический [регулярный] алгоритм

numerical ~ численный алгоритм

obstacle-avoidance ~ алгоритм обхода препятствий *(роботом)*

optimization ~ алгоритм оптимизации, оптимизационный алгоритм

partitioning ~ алгоритм разбиения *(напр. изображений)*

predictive ~ алгоритм с прогнозированием

region-growing ~ алгоритм с наращиванием (однородных) областей *(в обработке изображений)*

regular ~ регулярный [неэвристический] алгоритм

routing ~ 1. алгоритм прокладки пути *или* маршрута *(мобильного робота)* 2. алгоритм прокладки траектории 3. алгоритм трассировки *(печатных плат)*

scan-along ~ алгоритм просмотра вдоль *(множества точек)*

scanline ~ алгоритм построчного сканирования *(в обработке изображений)*

segmentation ~ алгоритм сегментации *(изображения)*

shortest path ~ алгоритм поиска кратчайшего пути

shrinking ~ алгоритм сжатия *(изображений)*

solid region ~ алгоритм сплошных областей *(в обработке изображений)*

split/merge ~ алгоритм разделения/слияния *(в обработке изображений)*

subdivision ~ алгоритм подразбиений *(при планировании движений роботов)*

thresholding ~ алгоритм сравнения с порогом *(напр. в обработке сигналов)*

tree-search ~ алгоритм поиска по дереву

vision ~ алгоритм машинного зрения; алгоритм работы СТЗ

aliasing 1. смешивание воздействий; 2. эффект наложения сигнала

align 1. выравнивать, располагать по одной линии 2. ориентировать 3. центрировать

alignment 1. выравнивание, расположение по одной линии 2. ориентация 3. центровка 4. спрямление 5. горизонтальная проекция

boundary ~ выравнивание границ; спрямление границ; расположение в границах

all-in-one цельный; неразъёмный

allowance 1. допуск 2. разрешение; допущение

ambiguity неоднозначность; двусмысленность

amount количество; объём

~ **of access** границы доступа *(к обслуживаемому агрегату)*

~ **of computation** объём вычислений

~ **of feedback** объём обратной связи

amplification 1. усиление 2. увеличение

distributed~ широкополосное усиление

image~ 1. усиление видеосигнала 2. увеличение изображения

multistage~ многокаскадное усиление

amplifier усилитель

~ **of intelligence** усилитель умственных способностей (*в СИИ*)

frame~ усилитель кадровых сигналов (*в СТЗ*)

head~ 1. усилитель сигналов передающей камеры 2. предварительный усилитель 3. усилитель звуковой головки

high-gain~ усилитель с большим усилением

image~ 1. усилитель (канала) изображения 2. блок увеличения изображения

line~ 1. строчный усилитель; усилитель сигналов строк (*в СТЗ*) 2. линейный усилитель

optical~ оптический усилитель

power~ 1. усилитель мощности 2. сервоусилитель

servo~ сервоусилитель

torque~ 1. усилитель силового привода 2. усилитель момента

video~ видеоусилитель; усилитель видеосигнала

vision~ усилитель СТЗ

amplitude 1. амплитуда 2. размах 3. дальность действия

double~ 1. двойная амплитуда 2. полный размах

instantaneous~ мгновенное значение (*сигнала*)

spectral~s амплитудно-частотная характеристика (*сигнала*)

sweep~ амплитуда развёртки

video~ амплитуда видеосигнала

analog(ue) 1. аналог‖аналоговый 2. аналоговое устройство 3. модель

analyser *см.* analyzer

analysis анализ

~ **of causes** причинный анализ

~ **of variance** *мат.* дисперсионный анализ

area-based stereo~ анализ (*сцен*) на основе согласования областей стереоизображений

cluster~ *мат.* кластерный анализ

connectivity~ анализ связности (*при обработке изображений*)

data requirements~ анализ информационных потребностей

edge-based stereo~ анализ (*сцен*) на основе согласования краёв объектов на стереоизображениях

factor~ *мат.* факторный анализ

finite-element~ анализ методом конечных элементов

image depth~ анализ глубины [дальности] объектов сцены по стереоизображениям

impact~ анализ последствий; анализ влияния

job-and-skill~ анализ рабочих операций и квалификации персонала *(при внедрении роботов)*

location~ 1. анализ расположения оборудования *(первый этап проектирования робототехнической системы)* 2. анализ положения *(захватываемого объекта)*

multiscale image~ анализ изображений с использованием различных масштабов

pixel-by-pixel~ поэлементный анализ *(изображения)*

postimplementation (data)~ анализ функционирования внедрённой системы

regression~ *мат.* регрессионный анализ

relational image~ реляционный анализ изображений, анализ изображений на основе отношений *(характерных фрагментов объектов)*

root-locus~ анализ *(устойчивости)* с помощью корневого годографа

scene~ анализ сцен *(напр. в СТЗ)*

simulation~ имитационный анализ; исследование методом моделирования

stability~ анализ устойчивости

system(s)~ 1. системный анализ 2. анализ систем(ы)

test data~ анализ результатов тестирования *или* испытаний

texture~ анализ текстуры *(поверхности объекта)*

"what if" анализ типа «что, если», многовариантный причинно-следственный анализ *(с использованием моделей)*

analyst-programmer системный программист

analyzer анализатор; блок анализа

contour~ анализатор контуров *(изображений)*

curve~ анализатор кривых

feature~ анализатор (характерных) признаков *(в распознавании образов)*

Fourier~ Фурье-анализатор, гармонический анализатор

image~ анализатор изображений; блок анализа изображений

sound~ звукоанализатор

task~ блок анализа заданий

android андроид, человекоподобный механизм

angle 1. угол 2. уголок
~ of gaze угол наблюдения; угол зрения *(в СТЗ)*
approach~ угол подхода; угол подвода *(рабочего органа к объекту)*

aspect~ угол обзора; угол зрения *(в СТЗ)*

Euler~ эйлеров угол, угол Эйлера

joint~ 1. шарнирный угол; угол в сочленении *(манипулятора)* 2. соединительный уголок

limit(ing) ~ предельный угол

pitch~ 1. угол наклона *(звена или рабочего органа робота)* 2. угол тангажа *(напр. мобильного робота)*

polar~ полярный угол

right~ прямой угол

roll~ 1. угол ротации *(рабочего органа робота)* 2. угол крена *(напр. мобильного робота)*

span(ning) ~ угол охвата, угол раствора *(захватного устройства)*

sweep~ 1. угол поворота 2. угол качания

swivel~ 1. угол качания 2. угол поворота 3. угол наклона

viewing~ угол визирования; угол зрения; угол обзора *(в СТЗ)*

yaw~ 1. угол сгибания *(манипулятора в запястье)* 2. угол рыскания *(напр. мобильного робота)*

annulus зубчатое колесо; зубчатый венец

annunciator сигнализатор-извещатель *(привлекающий внимание оператора)*

alarm~ аварийный сигнализатор

anomaly:

device~ аномалия *(в работе)* устройства

answerback подтверждение приёма, квитирование

~ of robot instruction подтверждение (приёма) команды роботом

voice~ речевой ответ

antibacklash устраняющий люфт; безлюфтовой

antropomorphic антропоморфный, человекоподобный

aperiodicity апериодичность; нерегулярность

voicing~ ies аномалии голоса *(существенные для распознавания речи)*

aperture апертура; отверстие; зрачок *(напр. объектива видеосенсора)*

apparatus аппарат; установка; прибор; устройство

charging ~ загрузочное устройство

dispensing ~ дозирующее устройство, дозатор; раздаточное *или* разливочное устройство

hauling~ транспортирующее устройство; транспортёр

holding ~ зажимное [фиксирующее] приспособление

locking ~ стопорное устройство; блокирующее устройство

appliance приспособление; устройство; прибор

lifting ~ подъёмное устройство; подъёмное приспособление

safety ~ предохранительное устройство

applicability применимость; пригодность

application 1. применение 2. прикладная система

  dedicated ~ специализированное [специальное] применение

  multirobot ~ 1. область применения, требующая большого количества роботов 2. многороботная прикладная система

  multishift robot ~ использование робота в многосменном режиме

application-oriented прикладной; ориентированный на конкретное применение

application-specific специализированный; отражающий специфику конкретного применения

applicator:

  robotic ~ робот для нанесения покрытий

approach 1. подход; метод 2. приближение; подход ‖ приближаться; подходить

  blind ~ 1. принцип работы (*напр. робота*) вслепую 2. подход вслепую (*к объекту*)

  contingency ~ ситуационный подход

  functional analytic ~ 1. функционально-аналитический подход 2. метод функционального анализа

  fuzzy theoretic ~ *мат.* подход с позиций теории нечётких множеств

  integrated ~ комплексный подход

  interdisciplinary ~ междисциплинарный подход

  modular ~ модульный принцип

  object ~ приближение [подход] (*робота*) к объекту

  orthogonal-space ~ метод ортогональных пространств (*планирования движений роботов*)

  servomechanism ~ подход с позиций теории автоматического регулирования

  state-variable ~ метод переменных состояния

  system(s) ~ системный подход

approximation аппроксимация; приближение

  boundary ~ аппроксимация [приближённое представление] границ (*объекта на изображении*)

  contour ~ аппроксимация контура

  linear ~ линейная аппроксимация; линейное приближение

  path ~ аппроксимация траектории (*движения робота*)

  piece-wise ~ кусочная аппроксимация; кусочно-линейная аппроксимация

  spline ~ аппроксимация сплайном, сплайн-аппроксимация

  stochastic ~ *мат.* стохастическая аппроксимация

  successive ~ последовательное приближение

apron:

feed ~ подающий пластинчатый конвейер

arbor ось; вал; шпиндель

arc дуга; дуговая траектория

architecture 1. архитектура; структура (*напр. ЭВМ*) 2. конструкция 3. кинематическая схема (*робота*)

articulated ~ 1. шарнирная конструкция 2. кинематическая схема с шарнирными сочленениями

bus ~ шинная архитектура

coarse-grained ~ крупномодульная архитектура

custom ~ 1. заказная конструкция 2. заказная архитектура

custom computer ~ заказная вычислительная архитектура

cylindrical ~ цилиндрическая кинематическая схема

distributed ~ распределённая архитектура

easy-to-test ~ контролепригодная архитектура

foundation ~ базовая архитектура

microprogrammable ~ микропрограммируемая архитектура

modular ~ 1. модульная архитектура; модульная структура 2. модульная конструкция

multimicroprocessor ~ мультимикропроцессорная архитектура

open ~ открытая архитектура (*с возможностью наращивания*)

peer-to-peer ~ архитектура сети равноправных узлов

rectilinear ~ прямоугольная кинематическая схема

regular ~ регулярная архитектура

revolute ~ 1. поворотная конструкция 2. кинематическая схема с вращательными [поворотными] степенями подвижности

robot ~ 1. конструкция робота 2. кинематическая схема робота

spherical ~ сферическая кинематическая схема

tailored ~ 1. специализированная архитектура 2. специализированная конструкция

task-oriented ~ 1. проблемно-ориентированная (вычислительная) архитектура; целенаправленная архитектура 2. конструкция (*робота*), предназначенная для выполнения конкретного задания

area 1. область, зона; участок 2. площадь; поверхность

~ **of application** область [сфера] применения

~ **of expertize** область знаний; предметная область (*в СИИ*)

guarded ~ ограждённая зона; защищённая зона (*работы робота*)

impassible ~ непроходимая область; непроходимая зона

prohibited ~ запретная зона (*в рабочем пространстве робота*) robot ~ 1. зона действий робота 2. площадь, занимаемая роботом

subject ~ предметная область (*в СИИ*)

arity *мат.* арность (*количество аргументов отношения*)

arm 1. рука (*робота*); манипулятор 2. плечо; рычаг 3. рукоятка; ручка 4. стрелка; указатель 5. кронштейн; консоль

~ of couple плечо пары (*сил*)

anthropomorphic ~ антропоморфная рука; антропоморфный манипулятор

articulated ~ шарнирная рука; шарнирный манипулятор

Cartesian ~ рука, работающая в декартовой системе координат, *проф.* декартова рука; декартов манипулятор

chain ~ цепная рука (*состоящая из большого числа однотипных звеньев*)

control ~ 1. управляющая [задающая, ведущая] рука (*робота с копирующим управлением*) 2. рукоятка управления

cylindrical ~ рука, работающая в цилиндрической системе координат, *проф.* цилиндрическая рука; цилиндрический манипулятор

direct drive ~ рука с непосредственным [безредукторным] приводом; манипулятор с непосредственным [безредукторным] приводом

distant ~ рука телеробота; дистанционная [удалённая] рука

exoskeleton ~ рука-экзоскелетон, экзоскелетонная рука (*манипулятор, надеваемый на руку оператора*)

extendable ~ выдвигающаяся [выдвижная] рука; манипулятор с выдвижным звеном

flexible ~ гибкая (*нежёсткая*) рука; гибкий манипулятор

full ~ манипулятор полной конфигурации (*с шестью степенями подвижности*)

intermediary ~ вспомогательная рука

lever ~ плечо рычага

lower ~ предплечье (*звено манипулятора между локтевым и запястным шарнирами*)

master ~ управляющая [задающая, ведущая] рука (*робота с копирующим управлением*)

mechanical ~ механическая рука

multijoint ~ многозвенная рука; многозвенный манипулятор; манипулятор с несколькими степенями подвижности; манипулятор с несколькими сочленениями

multilink ~ многозвенная рука; многозвенный манипулятор

operating ~ 1. рабочая [исполнительная, ведомая] рука *(робота с копирующим управлением)* 2. работающая *(в данный момент)* рука *(многорукого робота)*

orthotic robot ~ роботизированный ортопедический протез руки

pivoting ~ манипулятор с поворотной степенью подвижности

polar ~ рука, работающая в полярной системе координат

power ~ силовая рука

prosthetic robot ~ роботизированный протез руки

reciprocating ~ рука с возвратно-поступательным движением; манипулятор с возвратно-поступательным движением

reduced ~ манипулятор неполной конфигурации *(с числом степеней подвижности меньше шести)*

robot ~ рука робота; манипулятор робота

rockable ~ 1. качающая рука; манипулятор с качающимся звеном 2. кулисный рычаг; кулиса

rotary ~ вращающаяся [поворотная] рука; манипулятор с вращающимися [поворотными] сочленениями

slave ~ исполнительная [ведомая, рабочая] рука *(робота с копирующим управлением)*

spherical ~ рука, работающая в сферической системе координат, *проф.* сферическая рука; сферический манипулятор

stop ~ стопорный рычаг

swing ~ 1. рука с маховыми *или* поворотными движениями 2. поворотный кронштейн

telescopic ~ телескопическая рука; выдвигающаяся [выдвижная] рука; телескопический манипулятор; манипулятор с выдвижным звеном

upper ~ плечевое звено, плечо *(звено манипулятора между плечевым и локтевым шарнирами)*

armature 1. арматура 2. якорь *(электродвигателя)*

disk ~ дисковый якорь

printed (circuit) ~ печатный якорь

arrange 1. размещать *(напр. детали на поддоне)* 2. организовывать *(напр. рабочую среду)*

arrangement 1. размещение; расположение 2. приспособление; устройство

clamping ~ зажимное приспособление

gaging ~ калибровочное приспособление

robot ~ размещение роботов *(напр. на производственном участке)*

spatial ~ пространственное расположение

array 1. матрица 2. решётка; сетка; (правильная) структура 3. массив 4. таблица

cell ~ матрица элементов

data ~ массив данных, информационный массив
dot ~ точечная структура (*освещения в СТЗ*)
linear photodiode ~ фотодиодная линейка (*в СТЗ*)
matrix photodiode ~ фотодиодная матрица
sensing ~ матрица чувствительных элементов, воспринимающая матрица
solid-state diode ~ полупроводниковая [твердотельная] диодная матрица *или* линейка

arrester 1. упор; ограничитель хода; стопор 2. арретир; успокоитель

arrival поступление; прибытие
event ~ наступление события

artefact 1. артефакт 2. искусственный объект; искусственное средство идентификации (*напр. пароль, жетон*)

article изделие; продукт

articulation 1. (шарнирное) сочленение; шарнир 2. центр шарнира 3. артикуляция (*звуков*)

artifact *см.* **artefact**

aspect 1. аспект; сторона 2. (внешний) вид 3. ракурс 4. положение 5. *мн.* перспективы
~ of frequency частотная характеристика
multipoint ~ множественный ракурс; обзор с разных сторон

assay 1. испытание; анализ; проба ‖ испытывать; производить анализ; производить пробу 2. образец для анализа

assembling 1. ассемблирование, трансляция (*программы*) ассемблером 2. сборка; монтаж

assembly 1. узел; агрегат; комплект 2. сборка; монтаж 3. компоновка (*программы*)
actuator-gear-load ~ узел привод — редуктор — нагрузка
drive ~ узел привода
gear ~ 1. узел редуктора; узел зубчатой передачи 2. сборка коробки передач
gripper ~ узел захватного устройства
joint ~ узел сочленения (*манипулятора*)
modular ~ 1. модульный узел, модуль 2. сборка [монтаж] модулей
robot ~ 1. роботизированная сборка 2. сборка робота
robotic ~ роботизированная сборка
site ~ сборка на месте

assertion утверждение

assessment оценка
decision ~ оценка (варианта) решения
risk ~ оценка (степени) риска

assignment:
cluster ~ отнесение к кластеру
robot ~ назначение робота; (функциональная) задача робота

value~ присваивание значений

assorting отбор; сортировка

assortment 1. ассортимент 2. сортировка

assurance 1. гарантия 2. страхование

quality~ 1. обеспечение качества 2. гарантия (высокого) качества

astigmatism астигматизм *(искажение изображения)*

asymptote *мат.* асимптота

atomic элементарный; атомарный

attach присоединять; прикреплять

attachment 1. (при)крепление; (при)соединение 2. приспособление; приставка

ball~ сферический наконечник *(измерительных инструментов)*

goal~ назначение цели; целеуказание

leveling~ выравнивающее приспособление; устройство для поддержания в горизонтальном положении

lift-out~ выталкиватель

attendance обслуживание; уход

attribute 1. (характерный) признак; характеристика 2. атрибут; описатель; свойство ‖ приписывать свойство *(объекту)*

attribution 1. присваивание атрибутов; означивание *(представлений)* 2. определение, атрибуция *(в СИИ)*

audio 1. звуковой; речевой 2. слуховой

audiosensor звуковой датчик; сенсор слуха; сенсор восприятия речи

audit контроль; ревизия

authenti(fi)cation 1. подтверждение подлинности, опознавание 2. отождествление *(пользователя по идентификационному признаку)*

voice~ отождествление голоса; установление подлинности говорящего по голосу

autoadaptivity адаптивность, способность к (автоматической) адаптации; самонастройка

autodiagnostics самодиагностика

autoloader автоматическое загрузочное устройство; автозагрузчик; автопогрузчик

automation 1. автоматизация 2. автоматика ◊ **~ through mechanization** автоматизация на основе применения механических устройств, автоматизация путём механизации

assembly~ автоматизация сборочных операций, автоматизация (процессов) сборки

computer-controlled~ автоматика с управлением от ЭВМ

engineering~ автоматизация конструкторских работ

factory~ 1. автоматизация фабричного производства 2. фабричная автоматика

fixed~ жёсткая автоматизация

flexible~ гибкая автоматизация
handling~ 1. автоматизация процесса манипулирования *(объектами)* 2. манипуляционная автоматика
hard~ жёсткая автоматика
industrial~ 1. автоматизация промышленного производства 2. промышленная автоматика
integrated~ комплексная автоматизация
intelligent~ интеллектуальная автоматика *(основанная на применении микропроцессорной техники)*
low-cost~ автоматизация с использованием дешёвых средств; автоматизация, не требующая больших капиталовложений
nonprogrammable~ непрограммируемая автоматика
programmable~ программируемая автоматика
robot~ автоматизация с применением роботов; роботизация
semihard~ полужёсткая *(частично переналаживаемая)* автоматика

automaton автомат
anthropomorphic~ антропоморфный [человекоподобный] автомат
assembly~ сборочный автомат
cellular~ клеточный автомат
finite-state~ конечный автомат
handling~ манипуляционный автомат
nondeterministic~ недетерминированный автомат
playing~ игровой автомат
probabilistic~ вероятностный автомат
reading~ читающий автомат
self-reproducing~ самовоспроизводящийся автомат

autooperator автооператор *(неперепрограммируемый автоматический манипулятор)*

autooscillations автоколебания
auxiliaries вспомогательные устройства; вспомогательное оборудование; оснастка
avoidance предотвращение; предупреждение
collision~ предотвращение столкновений *(робота с препятствием)*; обход препятствий *(роботом)*
obstacle~ обход препятствий *(роботом)*

axes *мн.* от **axis**
body~ связанные с телом оси координат
Cartesian~ 1. оси декартовой системы координат 2. декартовы степени подвижности *(соответствующие перемещениям рабочего органа робота вдоль осей декартовой системы координат)*
coordinate~ оси координат, координатные оси; система координат
primary~ основные степени подвижности *(позицио-*

AXI

нирующие рабочий орган робота)
secondary~ вспомогательные степени подвижности *(ориентирующие рабочий орган робота)*
axial 1. осевой, аксиальный 2. относящийся к степени подвижности
axis 1. ось 2. степень подвижности *(манипулятора)* 3. управляемая координата *(напр. станка с ЧПУ)*
~ **of abscissas** ось абсцисс
~ **of couple** ось пары (сил)
~ **of elongation** продольная ось, ось вытянутости *(объекта на изображении)*
~ **of inertia** ось инерции
~ **of motion** степень подвижности
~ **of ordinates** ось ординат
cam-operated~ 1. степень подвижности, управляемая кулачком 2. координата, управляемая кулачком
centroidal~ ось центров тяжести, центроидная ось
controllable~ управляемая степень подвижности
coordinate~ ось координат, координатная ось
incontrollable~ неуправляемая степень подвижности
instantaneous~ мгновенная ось *(вращения)*
lateral~ поперечная ось
longitudinal~ продольная ось
machine(-tool)~ 1. управляемая координата станка 2. (координатная) ось станка

AXI

manipulator~ степень подвижности манипулятора
optical~ оптическая ось
orientation [**orienting**] ~ ориентирующая *(рабочий орган робота)* степень подвижности
pitch~ степень подвижности по наклону *(звена или рабочего органа робота)*
pivot~ ось поворота; ось вращения
polar~ ось полярной системы координат, полярная ось
position(ing)~ позиционирующая *(рабочий орган робота)* степень подвижности
prismatic~ призматическая степень подвижности; поступательная степень подвижности
redundant~ избыточная степень подвижности
robot~ степень подвижности (руки) робота
roll~ 1. ось вращения 2. ось ротации 3. степень подвижности по ротации *(рабочего органа робота)*
rotation~ 1. ось ротации 2. ось вращения 3. вращательная [поворотная] степень подвижности
rotational [**rotatory**] ~ вращательная [поворотная] степень подвижности
symmetry~ ось симметрии
torque~ ось момента; ось пары (сил)
translatory~ поступательная степень подвижности
X-~ ось X; ось абсцисс

Y-~ ось Y; ось ординат
yaw~ степень подвижности по сгибанию *(манипулятора в запястье)*
Z-~ ось Z; ось аппликат

axle ось; вал; полуось
  elbow~ ось локтевого шарнира *(руки робота)*
  fixed~ неподвижная [фиксированная] ось
  shoulder~ ось плечевого шарнира *(руки робота)*
  wheel~ ось колеса
  wrist~ ось запястного шарнира *(руки робота)*

azimuth азимут

B

background 1. фон; задний план 2. фон; фоновая работа ‖ низкоприоритетный, фоновый 3. теоретические основы

backlash зазор; люфт; мёртвый ход

backlighting подсветка сзади *(в СТЗ)*

backlog 1. незавершённые задания 2. *проф.* задел *(работы)*

backoff выдержка времени, пауза
  collision~ 1. (временная) остановка *(робота)* при столкновении с препятствием 2. выдержка времени в конфликтной ситуации

backprojecting 1. восстановление сцены по проекциям 2. подсветка сзади *(в СТЗ)*

backtracking 1. возврат к предыдущему состоянию, *проф.* откат 2. поиск с возвратом; обратный просмотр

backup 1. средства резервирования; резерв‖резервный 2. дублирование‖дублирующий 3. вспомогательные средства, *проф.* поддержка
  functional~ функциональные средства резервирования; функциональный резерв
  manual~ ручной резерв *(для перехода на ручное управление)*

bad дефектный; неисправный

balance 1. баланс; равновесие ‖ балансировать; уравновешивать 2. противовес; балансир; *проф.* разгрузчик 3. весы
  dynamic~ динамическое равновесие
  static~ статическое равновесие

balanced сбалансированный; уравновешенный

balancer 1. противовес; балансир; *проф.* разгрузчик 2. компенсатор; стабилизатор
  gravity~ противовес; компенсатор веса

balancing 1. уравновешивание; балансировка 2. компенсация; выравнивание; стабилизация

band 1. диапазон 2. полоса частот 3. зона; полоса

audio~ диапазон звуковых частот
dead~ мёртвая зона; зона нечувствительности
frequency~ полоса частот
pass~ полоса пропускания
proportional control~ зона пропорционального регулирования
video~ диапазон видеочастот

bandwidth ширина полосы частот

bang-bang 1. двухпозиционное устройство (*управления*) 2. реле с двумя (устойчивыми) положениями ‖ релейный

bar 1. стержень; балка; штанга; рейка 2. полоса; пластина; ламель 3. прямоугольник (*в блок-схеме*) 4. (электрическая) шина
guide~ направляющая балка; направляющий стержень

barman:
robot(ic)~ робот-бармен

barrier 1. барьер 2. экран 3. помеха; препятствие
communication(al)~ коммуникационный барьер
language~ языковой барьер
potentional~ потенциальный барьер
psychological~ психологический барьер
reliability~ 1. фактор, препятствующий обеспечению (требуемой) надёжности 2. фактор, препятствующий внедрению из-за недостаточной надёжности

base 1. базис, основа ‖ базироваться, основываться 2. база, основание (*конструкции*) 3. база (*расстояние между парой видеосенсоров в стереоскопической СТЗ*). 4. база (данных или знаний) ‖ вводить информацию в базу данных *или* знаний 5. уровень отсчёта 6. основание (*системы счисления*)
axle~ расстояние между осями
circular~ 1. поворотное основание; вращающееся основание 2. круговое основание (*робота*)
data~ база данных (*см. тж* **database**)
general knowledge~ база общих знаний (*не зависящих от конкретной предметной области*)
gripper~ 1. основание захватного устройства 2. расстояние между губками захватного устройства
hand~ 1. основание захватного устройства; основание кисти (*руки робота*) 2. расстояние между пальцами (*руки робота*)
installed~ парк установленного оборудования
knowledge~ база знаний
linear~ основание (*робота*) с линейным перемещением
robot~ основание робота
rotary~ поворотное основание; вращающееся основание
rule~ база правил (*в СИИ*)

sliding~ основание на скользящей опоре; скользящее основание *(робота)*
time~ 1. временна́я ось 2. масштаб по оси времени
wheel~ база [расстояние между осями] колёс *(напр. мобильного робота)*

basic 1. базовый, основной 2. стандартный *(об элементе)*

batcher бункер; дозатор; питатель

batching 1. группирование *(операций)* 2. дозирование

bath 1. ванна; чан 2. раствор *(напр. для травления)*
air~ термостат; сушильный шкаф
pickling~ травильная ванна
plating~ гальваническая ванна

beacon маяк; радиомаяк *(для навигации мобильных роботов)*

beam 1. балка; стержень 2. луч
curtain~ заграждающий луч, луч светового занавеса *(в системе обеспечения безопасности работы с роботом)*
scanning~ сканирующий [развёртывающий] луч

bearer 1. опора; несущая деталь; стойка 2. однонаправленный канал *(передачи данных)*

bearing подшипник; вкладыш *(подшипника)*
axial~ упорный подшипник

ball~ шариковый подшипник, шарикоподшипник
needle~ игольчатый подшипник
roller~ роликовый подшипник, роликоподшипник
target~ азимут цели; пеленг цели
thrust~ упорный подшипник; подпятник

beat 1. биение; пульсация 2. удар; толчок

bed 1. станина; рама; фундамент 2. стенд
robot~ станина робота
test~ испытательный стенд

beeper устройство звуковой сигнализации

beep звуковой сигнал ‖ подавать звуковой сигнал
high-pitch~ высокотональный звуковой сигнал
low-pitch~ низкотональный звуковой сигнал

behavior 1. поведение; линия поведения 2. режим *(работы)* 3. характер изменения *(напр. функции)* 4. свойства; характеристики
adaptive~ адаптивное поведение
conditional [**contingent**] обусловленное поведение
critical~ критический режим
dynamic~ 1. динамическое поведение 2. динамические свойства; динамические характеристики
erratic~ ошибочное поведение
failed~ неудачный тип по-

ведения, неудачная линия поведения

goal-seeking~ целенаправленное поведение; целеустремлённое поведение

intelligent~ разумное поведение

knowledgeable~ поведение, сформированное *(СИИ)* на основе знаний

model~ 1. поведение модели; реакция модели 2. свойства модели

nonadaptive~ неадаптивное поведение

operating~ 1. рабочий режим 2. рабочие характеристики 3. эффективность функционирования

periodic~ 1. колебательное поведение 2. характеристики периодического режима

purposeful~ целенаправленное поведение

qualitative~ качественные свойства; качественные характеристики

quantitative~ количественные характеристики

rational~ целесообразное поведение

specified~ предписанное поведение

stable~ 1. устойчивое поведение 2. стабильные характеристики

successful~ удачный тип поведения, успешная линия поведения

transient~ 1. поведение в переходном режиме 2. переходные характеристики

unpredictable~ непредсказуемое поведение

behavioral характеризующий поведение; поведенческий, бихевиористический

behaviorism бихевиоризм, бихевиористический подход

belief 1. утверждение; мнение; предположение 2. доверие

bellows 1. сильфон; гофрированная трубка 2. пневматический амортизатор

belt ремень; лента

abrasive~ абразивная [шлифовальная] лента

chain~ трансмиссионная цепь

conveyor~ 1. конвейерная лента 2. ленточный транспортёр; ленточный конвейер

discharge~ разгрузочный ленточный конвейер

driving~ приводной ремень

feed~ подающий [питающий] ленточный конвейер

timing~ зубчатый ремень

V-~ клиновой ремень

benchmark 1. контрольная задача *(для оценки производительности системы)* ‖ оценивать производительность *(системы)* с помощью контрольной задачи 2. отметка уровня 3. исходная точка

bend 1. изгиб, сгиб ‖ изгибать, сгибать 2. сгибание *(манипулятора)* 3. наклон *(звена манипулятора)*

elbow~ 1. сгибание в локтевом шарнире, сгибание в локте 2. колено *(трубы)*

hand~ наклон кисти *(руки робота)*

knee~ 1. сгибание *(ноги шагающего робота)* в колене 2. колено *(трубы)*

shoulder~ сгибание в плечевом шарнире, сгибание в плече

wrist~ сгибание в запястном шарнире, сгибание в запястье

benefit выгода; польза; прибыль

  intangible~ скрытая [косвенная] выгода

  operating~ выгода от эксплуатации; эффективность функционирования

  tangible~ прямая выгода

bevy широкий набор *(напр. функциональных возможностей)*

bias 1. систематическое отклонение; систематическая ошибка 2. смещение‖смещать 3. подмагничивать

  human~ систематическая ошибка, вносимая оператором

biaxial 1. двухосный 2. с двумя степенями подвижности 3. с двумя управляемыми координатами

bid 1. захват *(напр. канала связи)* 2. запрос линии *(маршрута передачи данных в сетях ЭВМ)*

bidirectional 1. двунаправленный 2. реверсивный 3. с отражением усилий *(о копирующем манипуляторе)*

bijection взаимно однозначное соответствие

bin 1. бункер; ящик; короб 2. приёмник, карман

  feed~ загрузочный бункер; расходный бункер; бункерный питатель

  overhead~ подвесной бункер

binarization бинаризация *(изображений)*

binary 1. двоичный 2. бинарный, двухградационный *(об изображениях)*

binaural бинауральный; стереофонический

binding 1. связь; связывание; привязка 2. связность

  deep~ сильная связность *(изображений)*

  key~ задание функции клавиши *(функциональной клавиатуры),* проф. привязка клавиш

  load-time~ временна́я привязка *(задание графика загрузки системы)*

  shallow~ слабая связность *(изображений)*

  temporal~ временна́я связь

  variable~ связывание переменных

binocular бинокулярный, с двумя видеосенсорами

bionics бионика

bit 1. бит, (двоичный) разряд 2. кусочек; отрезок 3. резец; режущий инструмент 4. режущая кромка

  effective~ бит, несущий информацию

bitmap 1. побитовое отображение 2. битовая карта

blackbox «чёрный ящик»

black out 1. затемнять; гасить 2. запирать *(сигнал)*

blacksmith:

robot(ic) ~ кузнечный робот, робот-кузнец

bladder:

pressurized ~ надувная (эластичная) камера *(часть пневматического захватного устройства, адаптирующегося к форме объекта)*

blanking 1. затемнение; гашение 2. бланкирование *(телевизионного сигнала)*

blind 1. диафрагма; бленда *(в СТЗ)* 2. потайной, скрытый

blink отблеск; блик, мерцание ‖ мерцать, мигать

blob пятно, сгусток *(связная область на бинарном изображении)*

block 1. блок *(аппаратный или программный)*; узел ‖ объединять в блоки 2. группа; совокупность 3. блокировка ‖ блокировать

basic ~ базовый [основной] блок; базовый [основной] узел

building ~ стандартный блок; компоновочный блок; сборочный (под)узел

control ~ блок управления, управляющий блок

data ~ блок данных

decision ~ блок принятия решения *(в СИИ)*

functional ~ функциональный блок

hardware ~ аппаратный блок; блок аппаратуры

message 1. блок данных сообщения 2. блок сообщений

program ~ 1. блок программы 2. программный [программно реализованный] блок

relay ~ 1. релейная блокировка 2. блок реле

slide ~ ползун; крейцкопф

software ~ программный [программно реализованный] блок

spare [standby] ~ запасной [резервный] блок

stop ~ ограничитель хода; упорная колодка

tool ~ 1. инструментальный блок 2. держатель инструмента

blocking 1. блокирование, блокировка 2. объединение; группирование 3. затор *(в сети ЭВМ)*

block-structured блочный, имеющий блочную структуру

bloom(ing) расплывание, расфокусирование *(изображения)*

blowpipe 1. трубка для подвода сжатого воздуха 2. горелка с дутьём 3. паяльная трубка

board 1. (коммутационная) доска; (коммутационная) панель; наборная панель 2. пульт; стол; щит 3. плата *(см. тж* **card***)*

circuit ~ монтажная плата

double-sided ~ двусторонняя плата

extender ~ расширительная плата *(для расширения функциональных возможностей)*

gage [instrument] ~ приборная доска; приборная панель

key~ клавиатура; клавишная панель

memory~ плата памяти

multilayer~ многослойная плата

patch~ коммутационная доска; коммутационная панель; наборное поле

PC~ 1. печатная плата. 2. плата программируемого контролера 3. плата персонального компьютера

pin [plug] ~ коммутационная доска; штекерная панель

printed circuit~ печатная плата

prototyping~ макетная плата

single-sided~ односторонняя плата

spare~ запасная плата

wire **~** 1. коммутационная доска; коммутационная панель 2. монтажная панель; монтажная плата

bob 1. отвес 2. противовес; балансир 3. маятник 4. качаться

body 1. тело 2. корпус; станина

~ of revolution тело вращения

~ of screw стержень винта

augmented~ присоединённое тело

incompressible~ несжимаемое тело

program~ тело программы

rigid~ твёрдое тело; жёсткое тело

robot~ корпус робота

solid~ твёрдое тело; сплошное тело

bolt 1. болт; палец ‖ скреплять болтами 2. стержень; шкворень; шпилька; штифт

catch~ стопорный штифт

coupling~ стяжной болт; соединительный болт

double-end~ шпилька

eye~ болт с ушком

pivot~ шкворень; ось шарнира; цапфа

bolting:

robotic~ свинчивание (*резьбовых соединений*) роботом; завинчивание болтов роботом

Boolean 1. булево выражение ‖ булев 2. логический

boom 1. выдвижное *или* телескопическое звено (*манипулятора*) 2. балка; стрела 3. вылет (*руки робота*)

booster 1. усилитель 2. гидроусилитель 3. сервомеханизм

boring:

robotic~ роботизированное сверление

bottleneck критический элемент; критический параметр; узкое место

bottom-up восходящий, выполняемый снизу вверх (*о процессе поиска*)

bounce 1. срыв (*изображения на экране*); резкое изменение (*яркости изображения*) 2. дребезг контактов, *проф.* звон

bound 1. граница; ограничение; предел ‖ ограничивать 2. связанный

compute~ ограничение по скорости вычислений
confidence~ доверительная граница
lower~ нижняя граница; ограничение снизу
upper~ верхняя граница; ограничение сверху
boundary граница; линия раздела; край‖граничный; краевой
fuzzy~ размытая [нечёткая] граница
jump~ линия скачка *(при измерениях дальномером)*
box 1. кожух; коробка; ящик‖упаковывать в ящики *или* коробки 2. блок 3. муфта 4. бокс 5. стойка; шкаф 6. прямоугольник *(в блок-схеме)*
battery~ аккумуляторный [батарейный] шкаф
black~ «чёрный ящик»
bounding~ ограничивающий *(объект на изображении)* прямоугольник
branch~ ответвительная коробка *или* муфта; тройниковая коробка *или* муфта
control~ блок управления
edit~ блок редактирования *(программ робота)*
function~ функциональный блок
gear~ коробка скоростей, коробка передач; редуктор
interface~ блок сопряжения
junction~ распределительная коробка
link~ шарнирная муфта
microprocessor~ микропроцессорный блок
relay~ 1. блок реле; релейный шкаф 2. кожух реле
spindle~ 1. коробка вала; кожух шарнира *(манипулятора)* 2. шпиндельный узел *(станка)*
teach~ пульт обучения
tolerance~ пространство допусков
valve~ клапанная коробка
boxer:
robot(ic)~ робот-боксёр *(для тренировки спортсменов)*
brace 1. стяжка; растяжка; распорка‖скреплять; притягивать 2. тяга 3. связь жёсткости‖придавать жёсткость
brachisting перемещение (корпуса) робота *(по обрабатываемой поверхности или по рабочей зоне с помощью ног и/или рук)*
bracket 1. кронштейн; консоль; скоба 2. квадратная скоба
clevis~ скоба; серьга
sense~ скоба концевого выключателя
brake 1. тормоз; тормозное устройство‖тормозить 2. ограничитель хода 3. фиксатор *(звена робота)*
electrically-released~ тормоз *или* фиксатор, отпускающий при подаче электрического сигнала
emergency~ аварийный тормоз
ER-~ тормоз *или* фикса-

тор, отпускающий при подаче электрического сигнала

fail-safe~ тормоз, срабатывающий при отключении питания; аварийный тормоз

friction~ фрикционный тормоз

latch~ фиксатор с защёлкой

solenoid~ соленоидный тормоз

braking 1. торможение 2. включение тормоза

dynamic~ динамическое торможение

branch 1. ветвь *(программы)*; переход *(на ветвь программы)* 2. отвод; патрубок; тройник

active~ активизированная ветвь

adaptive~ адаптивный переход

computed~ вычисляемый переход

conditional~ условный переход

unconditional~ безусловный переход

breadboard макет ‖ макетный

intelligent~ 1. макет интеллектуального устройства; интеллектуальный макет 2. микропроцессорная макетная плата

breadboarding макетирование

break 1. разрыв 2. прерывание; пауза 3. размыкание

breakage поломка; авария

tool~ поломка инструмента

breakaway 1. аварийное прекращение *(выполнения программы роботом)* 2. аварийное отсоединение *(рабочего органа робота от запястья при перегрузке)*

breakdown поломка; выход из строя

breaking:

beam~ перекрытие [прерывание] луча *(в фотоэлектрическом датчике)*

breakpoint 1. контрольная точка *(в программе)* ‖ вводить контрольные точки 2. точка останова; точка прерывания *(программы)*

brick модуль; блок

bridge мост

measuring~ (электро)измерительный мост

traveling~ направляющий мост портального робота; портальный мост

Wheatstone~ мост Уитстона

brighten подсвечивать

brush 1. щётка 2. кисть *(малярная)*

commutator~ коллекторная щётка

contact~ контактная щётка *(электродвигателя)*

pneumatic paint~ краскопульт

bucket 1. черпак; ковш; совок 2. совковое *или* ковшеобразное захватное устройство 3. область памяти *(адресуемая как единое целое)*

buckle 1. скоба; стяжная муфта; хомут(ик) 2. прогиб; изгиб

buckling прогиб

arm~ прогиб руки (*робота*)
elastic~ упругий прогиб
budgets ресурсы, возможности
storage~ ресурсы памяти
timing~ ресурсы времени, временны́е ресурсы
buff 1. полировальный круг ǁ полировать 2. поглощать удар; смягчать толчок
buffer 1. буфер, буферное устройство 2. буфер, буферный накопитель ǁ заполнять буфер; буферизовать 3. амортизатор 4. резервный запас (*материалов*)
communication~ буфер связи, буфер сообщений (*передаваемых по линиям связи*)
data~ буфер данных
frame~ буфер кадров, кадровый буфер (*в СТЗ*)
instruction~ буфер команд
part~ буферный накопитель деталей
refresh~ буфер регенерации (*напр. изображения*)
robot~ 1. амортизатор *или* демпфер (движений) робота 2. буфер (мобильного) робота 3. буферное запоминающее устройство робота
send~ пересылочный буфер (*в системе передачи данных*)
buffering 1. буферизация 2. накопление (*напр. деталей*) 3. запоминание информации в буферном ЗУ 4. амортизация; демпфирование

data~ буферизация данных
image~ запоминание изображения в буферном ЗУ, буферизация изображений
memory~ организация буферов в памяти
bug программная ошибка
builder:
robot(ic)~ строительный робот, робот-строитель
buildup 1. возрастание, увеличение (*напр. рабочей нагрузки*) 2. развёртывание работ
built-in встроенный
bulldozer:
robot(ic)~ робот-бульдозер
bumper амортизатор; буфер; бампер
bundle связка; пучок
fiber optic~ волоконный световод
burden 1. груз; нагрузка ǁ нагружать 2. грузоподъёмность
burner горелка; форсунка
burn-in приработка аппаратуры; *проф.* выжигание дефектов
burr 1. заусенец 2. точильный камень
bus 1. шина ǁ соединять с помощью шины 2. магистральная шина, магистраль 3. канал (*передачи информации*)
address~ шина адреса, адресная шина
clock~ шина синхронизации
common~ общая шина
communication~ 1. канал

связи 2. коммуникационная шина
control~ управляющая шина
data~ шина данных, информационная шина
ground~ земляная шина
high-speed~ высокоскоростная шина
input~ входная шина
input/output~ шина ввода-вывода
instruction~ шина команд, командная шина
instrumentation~ шина для подключения контрольно-измерительных приборов
local~ локальная [местная] шина
memory~ шина памяти
output~ выходная шина
polled~ шина с последовательным опросом *(узлов)*
processor~ процессорная шина
read~ шина считывания
ring~ кольцевая шина, *проф.* кольцо
video~ шина видеосигналов
μp~ микропроцессорная шина
bus-compatible совместимый по шине
bush(ing) 1. втулка; вкладыш; гильза 2. изоляционная трубка; проходной изолятор
bussing разводка шинных соединений
button кнопка; клавиша
control~ кнопка управления

emergency [E-stop] ~ кнопка аварийного выключения; кнопка аварийного останова
run [start] ~ пусковая кнопка, кнопка «пуск»
stop~ кнопка останова, кнопка «стоп»
touch-sensitive~ сенсорная кнопка
buzzer устройство звуковой сигнализации, зуммер
bypass 1. обход‖обходить 2. шунт‖шунтировать, ставить перемычку
byte 1. байт 2. слог *(машинного слова)*
byte-oriented байтовый; с байтовой организацией; с побайтовой обработкой
bywork вспомогательные работы

C

cabinet:
  control ~ шкаф (устройства) управления; стойка управления
  robot control ~ стойка управления роботом
cable 1. кабель; многожильный провод 2. трос; тросик
  brake ~ тормозной трос
  data ~ (кабельный) канал (для) передачи данных, информационный кабельный канал
  fiber ~ волоконно-оптический кабель

flexible ~ 1. гибкий кабель 2. гибкий трос(ик)
imaging ~ световод для (передачи) изображений
lightguide ~ световод
optical ~ оптический кабель; световод
power ~ силовой кабель
pulling ~ тяговый трос(ик)
services ~ кабель [кабельный канал] для технического обслуживания, технический кабельный канал

cabling прокладка кабеля, монтаж кабельной проводки

cage:
ball ~ шариковая обойма; сепаратор шарикоподшипника
planet ~ коробка планетарной передачи
roller ~ роликовая обойма (*в подшипнике*)

calculation вычисление; расчёт; подсчёт (*см. тж* **computation**)

calculator вычислительное устройство, вычислитель

calculus 1. исчисление 2. вычисления
~ of approximations 1. приближённые вычисления 2. численные методы
~ of variations вариационное исчисление
differential ~ дифференциальное исчисление
integral ~ интегральное исчисление
predicate ~ исчисление предикатов

caliber 1. калибр 2. размер; диаметр 3. измерительный инструмент

calibration 1. калибровка; градуировка; тарирование 2. поверка
robot ~ калибровка робота

call 1. вызов; обращение‖вызывать; обращаться 2. переход к подпрограмме

ca(l)liper кронциркуль; штангенциркуль
sliding ~ штангенциркуль
thread ~ резьбомер

cam кулачок

camera 1. камера; телевизионная камера, телекамера; фото- *или* кинокамера 2. камера; отсек
agile ~ подвижная камера
black-and-white ~ чёрно-белая телекамера
CCD [charge-coupled-device] ~ ПЗС-камера, камера на ПЗС, телекамера на базе приборов с зарядовой связью
charge injection-device [CID-] ~ ПЗИ-камера, камера на ПЗИ, телекамера на базе приборов с зарядовой инжекцией
emitron ~ эмитрон, передающая телекамера
fixed ~ фиксированная [неподвижная] телекамера
flying spot ~ телекамера с бегущим лучом
linear array ~ 1. линейная телекамера 2. линейка фоточувствительных элементов
matrix array ~ 1. матричная телекамера 2. матрица

фоточувствительных элементов

overhead ~ телекамера, устанавливаемая над рабочей зоной (*робота*)

solid-state ~ твердотельная [полупроводниковая] телекамера

vidicon ~ (теле)камера на видиконе, видиконная камера

camshaft кулачковый вал

cancellation 1. отмена (*команды или сигнала*) 2. гашение (*напр. луча*)

capabilit/y 1. способность; возможность 2. производительность 3. характеристика

accomodation ~ 1. способность к аккомодации (*в СТЗ*) 2. способность к адаптации (*напр. робота*)

adaptive ~ способность к адаптации (*напр. робота*); *мн.* адаптационные возможности

control ~ **ies** 1. возможности (системы) управления 2. характеристики (системы) управления

decision-making ~ способность к принятию решений

functional ~ **ies** 1. функциональные возможности 2. функциональные характеристики

learning ~ способность к обучению, обучаемость

logic ~ **ies** логические возможности

manipulative ~ манипуляционная способность, манипулятивность

mechanical ~ 1. способность к выполнению механических операций 2. *мн.* возможности механической части (*робота*)

multitask ~ способность к перепрограммированию на другие задания

performance ~ **ies** 1. функциональные возможности 2. рабочие характеристики

robot ~ **ies** 1. возможности робота 2. производительность робота 3. характеристики робота

sensory ~ **ies** 1. возможности очувствления робота 2. возможности сенсорной системы 3. характеристики сенсорной системы

technological ~ **ies** технологические возможности

capacity 1. ёмкость; объём; вместимость 2. производительность 3. способность

bearing [carrying] ~ несущая способность; грузоподъёмность

cylinder ~ (полный) объём цилиндра

holding ~ 1. вместимость, ёмкость 2. удерживающая способность (*захватного устройства*)

information ~ информационная ёмкость, пропускная способность канала информации

lift ~ грузоподъёмность

line ~ пропускная способность линии

CAP

load ~ 1. допустимая нагрузка 2. грузоподъёмность

memory ~ ёмкость памяти, ёмкость ЗУ

overload ~ способность работать с перегрузкой, способность выдерживать перегрузку

production ~ производительность

rated load ~ номинальная грузоподъёмность

storage ~ ёмкость памяти, ёмкость ЗУ

visual ~ 1. возможности зрительной системы (*робота*) 2. ёмкость памяти изображения

capstan кабестан; ворот; барабан; шпиль

capture 1. сбор (*данных*) ‖ собирать (*данные*) 2. захват ‖ захватывать

sample ~ осуществление выборки

satellite ~ захват [поимка] спутника (*космическим роботом*)

car транспортное средство; тележка

robot(ic) ~ робокар

card 1. карта; перфокарта 2. плата (*см. тж* **board**)

add-in ~ комплектующая плата

add-on ~ дополнительная плата, плата дополнительного устройства

breadboard ~ макетная плата

circuit ~ монтажная плата

inferface ~ плата сопряжения, интерфейная плата

joint control ~ плата управления степенью подвижности (*сочленения манипулятора*)

logic ~ плата с логическими схемами, *проф.* плата логики, логическая плата

plug-in ~ съёмная [сменная] плата

cardan кардан

care:

robot health ~ средства диагностики и ремонта роботов

carousel конвейерная система карусельного типа; карусель

carriage 1. каретка; салазки 2. суппорт 3. шасси; платформа; рама 4. несущая конструкция 5. тележка; вагонетка

carrier 1. салазки; ползун 2. несущая конструкция 3. держатель; кронштейн 4. транспортёр 5. водило 6. несущая (частота) 7. носитель (*информации*)

counterweight ~ держатель противовеса

data [information] ~ носитель информации

load ~ 1. грузовой транспортёр 2. держатель груза

picture ~ несущая (частота) изображения

planet ~ водило планетарной передачи

tool ~ держатель инструмента

case 1. кожух; корпус; коробка 2. случай 3. регистр (*клавиатуры*)

cassette кассета
   digital ~ кассета с цифровой информацией
   software ~ программная кассета
   tape ~ кассета (для) магнитной ленты

casting:
   robotic ~ роботизированное литьё

castor пассивное колесо; колёсико; ролик (*напр. робокара*)

catch 1. захватное устройство ‖ захватывать 2. защёлка; фиксатор; собачка

catcher ограничитель хода

category категория, класс (*напр. в распознавании образов*)

catenate связывать, соединять (*в цепочку или ряд*)

caterpillar гусеница; гусеничный ход

catopter зеркало; отражатель (*в СТЗ*)

cell 1. камера; секция; отсек 2. производственная ячейка; производственный модуль; гибкий производственный модуль, ГП-модуль, ГПМ 3. элемент; ячейка (*памяти, матрицы*) 4. элемент (*фото- или электрический*) 5. клетка
   barrier layer ~ фотоэлемент с запирающим слоем
   dry ~ сухой элемент (*электрический*)
   flexible ~ гибкая производственная ячейка; гибкий производственный модуль, ГП-модуль, ГПМ
   hot ~ 1. горячая камера 2. камера с радиоактивными веществами
   integrated manufacturing ~ интегрированная производственная ячейка
   light ~ фотоэлемент
   photoconducting [photoconductive] ~ фоторезистор; элемент с внутренним фотоэффектом
   photoelectric ~ 1. фотоэлемент 2. фотодиод 3. фототранзистор
   photoemissive ~ элемент с внешним фотоэффектом; эмиссионный фотоэлемент
   photoresistance ~ фоторезистор; элемент с внутренним фотоэффектом
   resolution ~ клетка растра, пиксел, элемент изображения (*в СТЗ*)
   robotic ~ роботизированная производственная ячейка; роботизированный комплекс, РТК
   test ~ испытательная *или* контрольная ячейка
   virtual ~ абстрактная [виртуальная] производственная ячейка (*представляемая в программной реализации*)
   work ~ производственная ячейка; производственный модуль; гибкий производственный модуль, ГП-модуль, ГПМ

center 1. центр; середина ‖

CEN

центрировать 2. (производственный) центр

~ **of compliance** центр податливости

~ **of gravity** 1. центр тяжести 2. центр формы (*объекта на изображении*)

~ **of inertia** центр инерции

~ **of mass** центр масс

~ **of rotation** центр вращения

assembly ~ сборочный центр

computer-aided design ~ центр автоматизированного проектирования; автоматизированное конструкторское бюро

dead ~ мёртвая точка

flexible manufacturing ~ гибкий производственный центр

machining ~ 1. центр механической обработки, центр механообработки 2. обрабатывающий центр, многоцелевой станок

remote compliance ~ вынесенный центр податливости

centering центрирование; установка на центр ‖ центрирующий

centerline средняя линия

centroid центроид; центр формы (*объекта на изображении*)

cepstrum кепстр (*энергетический спектр логарифма энергетического спектра сигнала*)

certifier контрольное устройство

chain цепь; цепочка

CHA

articulated (link) ~ шарнирная цепь

attachment ~ соединительная цепь

band ~ плоская цепь; ленточная цепь

closed kinematic ~ замкнутая кинематическая цепь

conveyor ~ конвейерная цепь

coupling ~ соединительная цепь

driving ~ приводная цепь

kinematic ~ кинематическая цепь

link ~ шарнирная цепь

multilink ~ 1. многозвенная цепь 2. многозвенная кинематическая цепь

open kinematic ~ разомкнутая кинематическая цепь

pitch ~ калиброванная цепь, цепь с калиброванным шагом

reasoning ~ цепочка рассуждений (*в СИИ*)

roller ~ роликовая цепь

chaining 1. связывание; формирование цепочки (*напр. операций*); сцепление (*программ*) 2. построение логического вывода (*в СИИ*) 3. соединение в кинематическую цепь

chamber 1. камера, полость; отсек 2. цилиндр (*насоса или двигателя*)

volume ~ резервуар для сжатого воздуха (*в пневмоприводе*)

chamfer фаска ‖ снимать фаску

change изменение, перемена;

44

смена, замена ‖ изменять; заменять

configuration ~ 1. изменение комплекта оборудования; изменение конфигурации (*системы*) 2. изменение (пространственного) положения (*манипулятора*)

control ~ 1. смена режима управления 2. замена управляющего устройства

gripper ~ смена захватного устройства

speed ~ изменение скорости; переключение скорости

tool ~ смена инструмента

changeover 1. переналадка (*процесса*) 2. смена, замена 3. переключение 4. переход (*к другой технологии*)

changer 1. устройство (для) смены 2. преобразователь 3. переключатель

automatic pallet ~ устройство (для) автоматической смены палет

end-effector ~ устройство (для) смены рабочих органов (*робота*)

frequency ~ преобразователь частоты

pallet ~ устройство (для) смены палет

sign ~ (знако)инвертор

speed ~ 1. редуктор 2. переключатель скоростей

tool ~ устройство (для) смены инструментов

changing смена; замена

robotic tool ~ 1. роботизированная смена инструментов 2. смена инструмента робота

channel 1. канал 2. канал связи; информационный канал

audio ~ звуковой канал; речевой канал

clock ~ канал синхронизации

communication ~ канал связи; канал передачи данных

data ~ канал (передачи) данных; информационный канал

idle ~ незанятый канал

intelligent input ~ интеллектуальный входной канал

interface ~ канал сопряжения, интерфейсный канал

I/O ~ канал ввода-вывода

motion ~ канал управления движениями (*робота*)

noiseless ~ канал без помех

noisy ~ канал с помехами

redundancy ~ резервный канал

sensory ~ сенсорный канал, канал сенсорной информации

sprocket ~ синхродорожка (*на перфоленте*); дорожка ведущих отверстий

video ~ видеоканал; канал изображения

voice ~ речевой канал; звуковой канал

character 1. знак, символ 2. признак

alpha(nu)meric ~ буквенно-цифровой знак

don't care ~ безразличный символ

hand-printed ~ знак, написанный печатным шрифтом от руки

hand-written ~ рукописный знак, рукописный символ

identification ~ знак [символ] (для) идентификации, опознавательный знак

machine-readable ~ машиночитаемый знак

printed ~ печатный знак, печатный символ; машинописный знак, машинописный символ

symbolic ~ (символический) знак, символ

characteristic характеристика; (характерная) особенность; признак ‖ характеристический, характерный

acceleration/deceleration ~ характеристика разгона — торможения *(привода робота)*

amplitude-frequency ~ амплитудно-частотная характеристика

current-illumination ~ световая характеристика *(фотоэлемента)*

current-voltage ~ вольтамперная характеристика

drive load ~ нагрузочная характеристика привода

dynamic ~ динамическая характеристика

forward ~ прямая характеристика; характеристика передачи в прямом направлении

frequency ~ частотная характеристика

gain-frequency ~ амплитудно-частотная характеристика

gain-phase ~ амплитудно-фазовая характеристика

global ~ глобальная (характерная) особенность; глобальный признак *(объекта на изображении)*

hysteresis ~ гистерезисная характеристика; петля гистерезиса

load ~ нагрузочная характеристика

local ~ локальная (характерная) особенность; локальный признак *(объекта на изображении)*

manipulative ~ манипулятивность

nominal ~ номинальная характеристика

operating ~ 1. рабочая характеристика 2. эксплуатационная характеристика

operational ~s рабочие параметры

performance ~ 1. рабочая характеристика 2. характеристика эффективности

phase ~ фазовая характеристика

piece-wise ~ кусочно-линейная характеристика

relay ~ релейная характеристика

response ~ частотная характеристика

reverse ~ обратная характеристика

saturation ~ характеристика насыщения

static ~ статическая характеристика

steady-state ~ стационарная характеристика; характеристика установившегося режима

time (response) ~ временна́я характеристика; переходная функция

voltage-current ~ вольтамперная характеристика

charge 1. заряд‖заряжать 2. загрузка‖загружать 3. плата; *мн.* расходы 4. нагрузка‖нагружать

  extra ~ 1. дополнительная нагрузка 2. добавочная плата (*напр. за дополнительные возможности*)

  maintenance ~s эксплуатационные расходы

  picture ~ потенциальный рельеф (*в СТЗ*)

  shift ~s расходы на одну смену

charger 1. загрузочное устройство, загрузчик 2. кассета; обойма

chart 1. схема 2. чертёж; диаграмма; график; таблица 3. карта

  bubble ~ схема (*процесса*), изображаемая кружками и стрелками

  communication ~ 1. таблица соединений 2. схема соединений

  control ~ 1. контрольная карта 2. диаграмма управления

  control-flow ~ блок-схема управляющей логики; блок-схема алгоритма

  flow ~ 1. блок-схема 2. технологическая карта

  layout ~ 1. схема расположения (*напр. оборудования ГПС*) 2. монтажная схема

  load ~ диаграмма распределения нагрузки (*напр. между модулями ГПС*)

  logic ~ логическая блок-схема

  navigation ~ навигационная карта

  process ~ (блок-) схема процесса; технологическая схема

  progress ~ временна́я диаграмма хода (*процесса*)

  reliability ~ карта характеристик надёжности

  robot-man ~ схема взаимодействия робота и человека

  time [timing] ~ временна́я диаграмма

  trouble ~ таблица неисправностей

chassis:

  robot ~ шасси робота; ходовая часть (мобильного) робота

check 1. проверка; контроль‖проверять; контролировать 2. стопор; затвор; предохранитель

  assembly ~ 1. проверка (правильности) сборки 2. контроль узла

  automatic ~ 1. автоматический контроль 2. аппаратный контроль

  block ~ 1. проверка по блокам 2. контроль блоков

  built-in ~ встроенный контроль

  composition ~ 1. проверка состава, проверка комплек-

тации *(деталей при сборке)* 2. проверка полноты *(сообщения)*
connectivity ~ проверка связности *(областей изображения)*
consistency ~ проверка на непротиворечивость
cross ~ перекрёстная проверка; перекрёстный контроль
current ~ текущая проверка; текущий контроль
cycle ~ 1. проверка цикла 2. циклический контроль
cyclic ~ циклическая проверка; циклический контроль
design rule ~ проверка проектных норм, нормоконтроль
diagnostic ~ диагностический контроль
dynamic ~ динамический контроль
error ~ контроль ошибок; проверка на наличие ошибки
functional ~ функциональная проверка; функциональный контроль
hardware ~ 1. аппаратный контроль *(в отличие от программного)* 2. проверка аппаратуры
in-line ~ оперативный контроль
internal ~ внутренний контроль; встроенный контроль
logical ~ логическая проверка; логический контроль
nondestructive ~ неразрушающий контроль

plan ~ 1. контроль плана *(действий робота)* 2. плановая проверка
program ~ 1. проверка программы 2. программный контроль *(в отличие от аппаратного)*
programmed ~ 1. запрограммированная проверка 2. программный контроль *(в отличие от аппаратного)*
robot ~ 1. контроль *или* проверка робота 2. контроль *или* проверка с помощью робота, роботизированный контроль; роботизированные испытания
robotic ~ контроль *или* проверка с помощью робота, роботизированный контроль; роботизированные испытания
run-time ~ динамическая проверка, проверка в ходе выполнения *(напр. операции)*
selection [selective] ~ выборочная проверка; выборочный контроль
software ~ 1. программный контроль *(в отличие от аппаратного)* 2. проверка программного обеспечения
static ~ статический контроль
system ~ 1. проверка *или* контроль системы 2. системная проверка; системный контроль
wired-in ~ аппаратный контроль; *проф.* «запаянные» средства контроля

CHE

checkability контролепригодность; проверяемость

checker блок контроля; блок проверки; испытательное устройство

  assertion ~ блок проверки утверждений *(в СИИ)*

  robotic ~ робот-контролёр; роботизированное испытательное устройство

checkerboarding разбиение изображения на клетки *(при графическом вводе)*

checking проверка; контроль *(см. тж* **check)** ◊ **~ for redundancy** проверка на наличие избыточности

  watchdog ~ контроль с помощью сторожевого устройства

checkpoint контрольная точка

checksum контрольная сумма‖вычислять контрольную сумму

check-up технический осмотр; проверка состояния

chip 1. кристалл 2. микросхема 3. элементарный сигнал, элементарная посылка

  AI ~ микросхема системы искусственного интеллекта

  code ~ кодовый импульс

  custom ~ 1. заказной кристалл 2. заказная микросхема

  DSP ~ микросхема для систем цифровой обработки сигналов

  filter ~ микросхема фильтра

  microprocessor ~ кристалл микропроцессора

CIR

chock 1. (зажимной) патрон *(см. тж* **chuck)** 2. клин‖заклинивать

choke дроссель

chore рутинная работа

  bookkeeping ~s учёт статистики использования системы

  input/output ~s рутинные операции ввода — вывода

chuck (зажимной) патрон

  air ~ пневматический патрон

  centering ~ центрирующий патрон

  collet ~ цанговый патрон

  jaw ~ кулачковый патрон

  pneumatic ~ пневматический патрон

  split ~ цанговый патрон

  universal ~ универсальный патрон

chute лоток; жёлоб

circle круг; окружность

  addendum ~ окружность вершин зубьев *(зубчатого колеса)*

  dedendum ~ окружность впадин зубьев *(зубчатого колеса)*

  swinging ~ поворотная платформа; поворотное основание *(напр. робота)*

  unit ~ единичный круг

circlet кольцо

circuit схема; цепь; контур *(см. тж* **network)**

  alarm ~ цепь аварийной сигнализации

  closed ~ замкнутый контур

  control ~ схема управления; цепь управления; контур управления

fault-secure ~ отказобез-опасная схема
feedback ~ цепь обратной связи; контур обратной связи
holding ~ схема блокировки; цепь блокировки
measuring ~ измерительный контур
message ~ цепь передачи сообщений
redundant ~ избыточная схема; резервная схема
robot control ~ контур управления роботом
sample-hold ~ схема выборки и запоминания *(сигналов)*
virtual ~ виртуальная цепь, виртуальный канал *(передачи сообщений)*

circuitry схемы; цепи; схематика

circulation 1. круговое движение 2. циркуляция

circumcenter центр описанного круга *или* шара

circumcircle описанная окружность

circumflexion кривизна; изгиб

clack:
ball ~ шаровой клапан

clamp зажим; фиксатор‖зажимать; закреплять; фиксировать

clamping фиксация; зажим; (за)крепление
automatic ~ автоматическая фиксация; автоматический зажим; автоматическое крепление

clarity:
conceptual ~ концептуальная ясность *(понятия в базе знаний СИИ)*

clash конфликт, конфликтная ситуация *(см. тж* **conflict, collision, contention**)

classification классификация; сортировка ◊ ~ **by attribute profile** классификация по виду кривой значений признаков; ~ **by exclusion** классификация путём исключения
functional robot ~ классификация роботов по функциональному назначению; функциональная классификация роботов
image ~ классификация изображений
interactive ~ интерактивная классификация
minimum distance ~ классификация по критерию минимума расстояния
nearest neighbor ~ классификация по методу ближайшего соседа
object ~ классификация объектов
part ~ классификация деталей; сортировка деталей

classifier классификатор; блок классификации

clause 1. предложение; выражение 2. оператор *(языка)* 3. пункт *(контракта)*

claw захватное устройство клешневого типа; клешневой схват

cleaner:
robotic ~ 1. робот-уборщик 2. робот для очистки деталей

robotic vacuum ~ робот-пылесос

cleaning 1. очистка 2. уборка
noise ~ подавление помех *(на изображении)*

clear сбрасывать, устанавливать в исходное состояние; очищать; гасить‖пустой, свободный; сброшенный

clearance 1. зазор; промежуток 2. клиренс *(напр. мобильного робота)* 3. установка в исходное состояние, сброс; очистка; гашение

clearness чёткость *(изображения)*

click 1. кулачок; собачка 2. храповик

clinch клинч, тупиковая ситуация *(со взаимоблокировкой процессов)*

clip 1. зажим; скрепка; хомут‖зажимать; скреплять 2. обойма 3. усечение 4. срезать, отсекать
  alligator ~ зажим типа «крокодил», *проф.* крокодил
  connection ~ соединительный хомут

clock 1. часы 2. генератор синхронизирующих импульсов, синхронизатор‖синхронизировать

closedown прекращение работы, остановка

closing закрытие; сжимание
  finger ~ 1. сжимание пальцев *(захватного устройства)* 2. расстояние между пальцами *(захватного устройства)*
  gripper ~ 1. закрытие [сжимание] захватного устройства 2. расстояние между губками захватного устройства

clue ключ‖ключевой *(о признаке)*

cluster 1. группа‖групповой 2. *мат.* кластер 3. блок; совокупность 4. группа абонентов *(в сети ЭВМ)*

clustering 1. группирование *(напр. элементов изображения)* 2. кластеризация *(в распознавании образов)* 3. разбиение совокупности на группы

clutch сцепление; муфта
  claw ~ кулачковая муфта
  electromagnetic ~ электромагнитная муфта
  friction ~ фрикционная муфта
  gear ~ зубчатая муфта
  hydraulic ~ гидравлическая муфта
  slip ~ предохранительная фрикционная муфта
  toothed ~ зубчатая муфта

coasting движение по инерции

coating:
  robotic ~ роботизированное нанесение покрытий

coaxial коаксиальный, соосный

code 1. код; шифр‖кодировать 2. система кодирования 3. код, (машинная) программа‖программировать
  bar ~ штриховой код
  chain ~ цепной код
  checkable ~ 1. код с конт-

ролем ошибок 2. контролепригодный код
color ~ цветовой код
command ~ код команды
control ~ управляющий код
correcting ~ код с исправлением ошибок
directional ~ код направления *(контура на изображении)*
Freeman ~ код Фримэна; цепной код
identification ~ идентификационный код; идентификатор
instruction ~ код команды
machine-readable ~ машиночитаемый код
magnetic bar ~ магнитный штриховой код
order ~ код команды
phonetic ~ фонетический код *(для кодирования речевых сигналов)*
RL [run-length] ~ 1. код длины пробега *(сканирующего луча при вводе изображений)* 2. код длины серии *(элементов изображения с однородными свойствами)*
source ~ исходная программа *(на входном языке транслятора)*
strip ~ штриховой код
universal product ~ многоцелевой код изделия *(в системе классификации и кодирования)*
unused ~ 1. запрещённая кодовая комбинация 2. неиспользуемая кодовая комбинация

coded 1. кодированный 2. запрограммированный
coder 1. кодовый датчик 2. шифратор; кодирующее устройство, кодер 3. блок оцифровки; преобразователь в цифровую форму
phase-shift ~ преобразователь фазового сдвига в цифровой код
position ~ 1. шифратор положения 2. позиционный кодовый датчик
voice ~ вокодер, блок кодирования речевого сигнала
voltage ~ преобразователь напряжения в цифровой код, преобразователь типа «напряжение — число»
codesign соразработка, совместная разработка
software/hardware ~ совместное проектирование программных и аппаратных средств
codeword кодовое слово
coding 1. кодирование 2. программирование
bottom-up ~ программирование снизу вверх
chain-line ~ цепное [цепочечное] кодирование
coarse-fine ~ груботочное кодирование *(изображений)*
contour ~ кодирование контуров *(изображений)*
interframe ~ межкадровое кодирование *(изображений)*
orthogonal transform ~ ко-

дирование (*изображений*) с помощью ортогонального преобразования

predictive ~ кодирование с предсказанием

statistical ~ статистическое кодирование

top-down ~ программирование сверху вниз, нисходящее программирование

coefficient коэффициент

~ **of elasticity** модуль упругости

~ **of impact** динамический коэффициент; коэффициент (взаимо)влияния

~ **of performance** коэффициент полезного действия, кпд

compression ~ коэффициент сжимаемости; коэффициент сжатия

control ~ коэффициент регулирования

conversion ~ коэффициент преобразования; переводной коэффициент

correlation ~ *мат.* коэффициент корреляции

dynamic ~ динамический коэффициент

friction ~ коэффициент трения

gain ~ коэффициент усиления

reduction ~ 1. коэффициент редукции 2. коэффициент переводной коэффициент

safety ~ коэффициент безопасности; коэффициент надёжности; запас прочности

shape ~ коэффициент формы (*признак для распознавания объектов*)

slip ~ коэффициент скольжения

spectral ~ коэффициент спектрального разложения

stiffness ~ коэффициент жёсткости

transmission ~ коэффициент передачи

weighting ~ весовой коэффициент

cog 1. зуб; зубец; шип; штырь 2. палец; кулачок; выступ

cognition познание; восприятие (*в СИИ*)

coincidence совпадение

collar 1. (переходная) муфта 2. кольцо; хомут(ик)

collection 1. совокупность; набор 2. сбор (*данных*)

prototype ~ набор эталонов

real time data ~ сбор данных в реальном времени

template ~ набор шаблонов; набор масок

collector 1. коллектор (*электродвигателя*) 2. коллектор, сборник

brush ~ щёточный коллектор

information ~ центр сбора информации

collet цанговый патрон; цанга; разрезная гильза

collision 1. конфликт, конфликтная ситуация 2. столкновение (*напр. робота с препятствием*)

data ~ конфликт из-за данных

end-effector ~ столкновение рабочего органа (*робота с препятствием*)

memory ~ конфликт по обращению к памяти

robot ~ 1. столкновение робота (*с препятствием*) 2. столкновение роботов (*между собой*)

column 1. колонна 2. колонка, столбец; графа

pedestal ~ колонна основания *или* опоры (*манипулятора*)

robot ~ колонна (корпуса) робота; корпус робота

comfort:

operational ~ комфортные условия работы; удобство работы

command 1. команда (*см. тж* **instruction**) 2. управлять (*в командном режиме*)

attention ~ команда привлечения внимания оператора

cancel ~ команда отмены (*напр. задания*)

control ~ команда управления, управляющая команда; сигнал управления

high-level ~ команда высокого уровня

improper ~ неверная команда

operator ~ команда оператора

programmed-in ~ запрограммированная команда

remote ~ дистанционная команда

sensory ~ 1. команда (*роботу*) от сенсора; сигнал сенсора 2. команда сенсорному устройству

single-keystroke ~ команда, вводимая одним нажатием клавиши

spoken ~ речевая команда; команда, подаваемая голосом

stereotyped ~ стандартная команда

system(-level) ~ системная команда

user ~ директива пользователя

verbal ~ словесная команда; устная команда

voice ~ речевая команда; команда, подаваемая голосом

commissioning ввод в эксплуатацию

communication 1. связь, общение 2. коммуникация; связь ‖ коммуникационный; связной 3. сообщение; передача

data ~ передача данных

interprocessing ~ взаимодействие между процессами

interprogram ~ связь между программами

interrobot ~ связь между роботами

intrasystem ~ внутрисистемная связь

live-to-standby ~s передача данных между основным и резервным оборудованием

long-haul ~ передача данных по длинным линиям

network ~ передача данных по сети (*ЭВМ*)

one-way ~ односторонняя связь

real-time ~ передача *(данных)* в реальном времени
robot-man ~ общение [связь] человека и робота
two-way ~ двусторонняя связь
visual ~ видеосвязь
voice ~ 1. речевая связь, речевое общение 2. речевое сообщение
wireless ~ беспроводная связь; радиосвязь

commutation 1. коммутация, коммутирование; переключение; соединение 2. *мат.* перестановка

compaction уплотнение, сжатие *(информации)*

comparator компаратор, сравнивающее устройство; блок сравнения
address ~ компаратор адресов, адресный компаратор
data ~ блок сравнения данных
limit ~ 1. устройство сравнения с порогом 2. пороговый ограничитель *(уравня сигналов)*
logic ~ логический компаратор, компаратор логических состояний
voltage ~ компаратор напряжений
zero-crossing ~ компаратор нулевого уровня

comparer *см.* **comparator**

comparison сравнение, сличение
amplitude ~ сравнение по амплитуде
bit-by-bit ~ побитовое сравнение
magnitude ~ сравнение по величине
pixel-by-pixel ~ поэлементное сравнение *(изображений)*
set-point ~ сравнение с заданной точкой
window-to-image ~ сравнение изображения с эталоном в выбранном «окне»

compartmentalization разделение рабочих зон *(между роботами)*

compatibility совместимость; соответствие
hardware ~ аппаратная совместимость; совместимость технических средств
plug-to-plug ~ полная совместимость
software ~ программная совместимость, совместимость по программному обеспечению

compatible 1. совместимый 2. *мн.* совместимые устройства
PC compatible ~ совместимый с персональной ЭВМ *(фирмы ИБМ)*

compensation компенсация; коррекция; уравнивание
dynamic ~ динамическая компенсация; динамическая коррекция
feedforward ~ компенсация по каналу прямой связи; упреждающая компенсация
gravity ~ компенсация силы тяжести
inertia ~ компенсация изменения момента инерции

(*при изменении конфигурации манипулятора*)
load ~ компенсация груза; компенсация нагрузки
model-based ~ компенсация на основе модели, компенсация по модели; коррекция на основе модели, коррекция по модели
wear ~ компенсация износа
weight ~ компенсация веса; *проф.* разгрузка (*манипулятора*)

compensator компенсатор

compilation компиляция, компилирование; компоновка
knowledge ~ компиляция знаний (*в СИИ*)

compiler компилятор, компилирующая программа; программа компоновки
conversational ~ диалоговый компилятор
high-level ~ компилятор языка высокого уровня

complement 1. дополнение‖дополнять; служить дополнением 2. дополнительный *или* обратный код числа

complete завершать, заканчивать‖завершённый; полный

completeness полнота; завершённость

completion 1. завершение, окончание 2. пополнение; расширение
query ~ расширение запроса (*с неполной информацией*)

complexity сложность; коэффициент сложности

computational ~ вычислительная сложность

compliance 1. податливость 2. упругая деформация 3. элемент с податливостью
active ~ активная податливость
passive ~ пассивная податливость
remote center ~ устройство с вынесенным центром податливости
static ~ статическая податливость

component 1. компонент, составной элемент, составная часть; деталь 2. узел; блок 3. компонента, составляющая 4. составной; сложный
acceleration ~ компонента [составляющая] ускорения
centrifugal ~ центробежная компонента, центробежная составляющая (*уравнения динамики*)
Coriolis ~ кориолисова компонента, кориолисова составляющая (*уравнения динамики*)
electronic ~ 1. электронный компонент, электронный элемент 2. электронный узел; электронный блок
force ~ компонента [составляющая] силы
forced ~ вынужденная составляющая (*движения*)
free ~ свободная составляющая (*движения*)
gravitation(al) ~ гравитационная компонента, гра-

витационная составляющая (*уравнения динамики*)
inertial ~ инерционная компонента, инерционная составляющая (*уравнения динамики*)
logical ~ логический элемент
machine ~s детали машин
microelectronic ~ 1. микроэлектронный компонент, микроэлектронный элемент 2. микроэлектронный узел; микроэлектронный блок
normal ~ нормальная составляющая (*напр. силы*)
robot ~ 1. компонент [составной элемент] робота 2. узел робота
tangential ~ тангенциальная [касательная] составляющая (*напр. силы*)
torque ~ компонента [составляющая] момента
velocity ~ компонента [составляющая] скорости
composer синтезатор; формирователь, блок формирования
motion ~ формирователь движений
speech ~ синтезатор речи
composition 1. структура; строение; состав 2. сложение (*векторов*); внутреннее произведение (*тензоров*); композиция (*элементов группы*)
~ **of forces** сложение сил
system ~ состав компонентов системы
comprehensiveness полнота
compression 1. сжатие; давление; уплотнение 2. компрессия 3. уплотнение, сжатие (*информации*)
data ~ уплотнение [сжатие] данных
computation вычисление; расчёт; подсчёт
analog ~ вычисление на аналоговых устройствах; *мн.* аналоговые вычисления; моделирование
atomic ~ элементарная вычислительная процедура
control ~ расчёт управления
digital ~ вычисление в цифровой форме
feature ~ расчёт признаков (*в распознавании образов*)
generate-and-test ~ вычисление с порождением и проверкой вариантов *или* гипотез
hybrid ~s аналого-цифровые [гибридные] вычисления
incremental ~ инкрементное вычисление; расчёт в приращениях (*напр. движения робота*)
local ~ s локальные вычисления (*в сети ЭВМ*)
motion ~ расчёт движения
numerical ~ численный расчёт
recursive ~ рекуррентный расчёт; рекурсивное вычисление
step-by-step ~s пошаговые вычисления
computation(ally)-intensive требующий большого объёма вычислений

computer вычислительная машина, ЭВМ, компьютер; вычислительное устройство, вычислитель

background ~ ЭВМ для решения фоновых [низкоприоритетных] задач

breadboard ~ макетная ЭВМ

cell management ~ управляющая ЭВМ производственной ячейки

conscious ~ «разумная» *(реализующая функции искусственного интеллекта)* вычислительная машина

control ~ управляющая ЭВМ

dedicated ~ специализированная ЭВМ

DNC ~ ЭВМ прямого числового управления

executive ~ 1. исполнительная ЭВМ; ЭВМ исполнительной системы 2. ЭВМ-диспетчер, координирующая ЭВМ

factory host ~ центральная заводская ЭВМ

fault-tolerant ~ отказоустойчивая ЭВМ

fixed-program ~ ЭВМ с жёсткой [неизменяемой] программой

front-end ~ связная ЭВМ; ЭВМ (для) предварительной обработки данных

guidance ~ ЭВМ системы наведения *(на цель)*

host ~ главная ЭВМ; ведущая ЭВМ *(в многомашинном комплексе)*

human-interactive ~ ЭВМ, взаимодействующая с (человеком-) оператором *(при супервизорном управлении роботом)*

industrial ~ ЭВМ промышленного использования, промышленная ЭВМ

interface ~ интерфейсная [сопрягающая] ЭВМ

live ~ активная ЭВМ *(имеющая резервную)*

mainframe ~ универсальная ЭВМ

master ~ 1. главная ЭВМ *(в многомашинном комплексе)* 2. ЭВМ задающего манипулятора *(при копирующем управлении)*

mechanical ~ механическое вычислительное устройство

microprogrammable ~ ЭВМ с микропрограммным управлением

motion-planning ~ ЭВМ, планирующая движения *(робота)*

navigation ~ навигационный вычислитель

node ~ ЭВМ узла сети, узловая ЭВМ

personal ~ персональная ЭВМ, ПЭВМ, ПВМ, персональный компьютер, ПК, *проф.* персоналка

process control ~ ЭВМ для управления технологическими процессами

real-time ~ ЭВМ, работающая в реальном (масштабе) времени; ЭВМ реального времени

reduced instruction set ~ ма-

COM

шина с сокращённым набором команд

remote ~ дистанционная ЭВМ

robot control ~ ЭВМ системы управления роботом; ЭВМ, управляющая роботом

scalar ~ скалярная ЭВМ (*не векторная*) ЭВМ

sensory ~ ЭВМ для обработки сенсорной информации

server ~ служебная ЭВМ (*выполняющая вспомогательные функции*)

slave ~ 1. подчинённая ЭВМ 2. ЭВМ копирующего манипулятора

supervisory ~ супервизорная вычислительная машина; ЭВМ-диспетчер, координирующая ЭВМ

task-interactive ~ ЭВМ, взаимодействующая с (удалённым) роботом при выполнении задания (*в режиме супервизорного управления*)

wired-program ~ ЭВМ с «зашитой» программой

computer-aided, computer-assisted автоматизированный; выполняемый с помощью ЭВМ

computer-based основанный на использовании ЭВМ, с использованием ЭВМ

computer-controlled управляемый (от) ЭВМ

computer-embedded со встроенной ЭВМ

computer-generated машинно-

CON

генерируемый; сформированный ЭВМ; машинный

computer-integrated 1. интегрированный [объединённый] с ЭВМ 2. интегрированный [объединённый] с помощью ЭВМ

computer-intensive требующий больших затрат вычислительных ресурсов

computer-mediated 1. (реализованный) посредством ЭВМ 2. с промежуточной ЭВМ

computer-oriented рассчитанный на использование ЭВМ; машинно-ориентированный

concavity вогнутость, вогнутый участок (*контура или поверхности объекта*)

concentric 1. концентрический 2. коаксиальный, соосный

concept 1. концепция; понятие; принцип 2. концепт (*элемент представления знаний в СИИ*)

general ~ 1. обобщённое понятие 2. общий концепт

primitive ~ 1. элементарное понятие 2. *проф.* концепт-примитив

primordial ~ 1. изначальное понятие 2. изначальный концепт

straw man ~ концепция супервизорного управления роботом («*соломенный человек*» — *сказочный персонаж, выполняющий приказы хозяина*)

subordinate ~ 1. понятие более низкого уровня классификации; родовое понятие 2. родовой концепт; подчинённый концепт

superordinate ~ 1. понятие более высокого уровня (*иерархии понятий*); видовое понятие 2. видовой концепт

conceptualization концептуализация; представление (*напр. знаний*) на концептуальном уровне; формирование концептуального представления (*в СИИ*)

conclusion вывод; (умо)заключение

concurve составная кривая, конкривая (*аппроксимированная граница объекта на изображении*)

condenser конденсор (*элемент СТЗ*)

condition 1. условие 2. состояние 3. ситуация 4. *мн.* режим

ambient ~s условия окружающей среды

boundary ~ *мат.* граничное [краевое] условие

busy ~ состояние занятости

collision ~ 1. ситуация, приводящая к столкновению 2. *мн.* условия столкновения

comfort(able) ~s комфортные условия

deadlock ~ тупиковая ситуация

dynamic ~s 1. динамические условия 2. динамический режим

exception ~ исключительная ситуация

extremal ~ 1. экстремальная ситуация 2. *мн.* экстремальные условия

extremum ~s условия экстремума

full-load ~s режим полной нагрузки

gripping ~ 1. условие захватывания (*детали роботом*) 2. состояние захватывания

hazardous ~ 1. рискованная ситуация; 2. *мн.* опасные условия

initial ~ 1. начальное условие 2. начальное состояние

loaded ~ нагруженное состояние (*напр. робота*)

marginal ~s 1. предельные условия 2. граничный режим

necessary ~ необходимое условие

nonloaded ~ ненагруженное состояние (*напр. робота*)

nonnecessary ~ необязательное условие

on-off ~s 1. условия (релейного) переключения 2. релейный режим

operation ~ 1. рабочее состояние 2. *мн.* условия работы, рабочие условия 3. *мн.* рабочий режим, режим работы 4. *мн.* условия эксплуатации, эксплуатационные условия

optimal ~ 1. оптимальная ситуация 2. *мн.* оптимальные условия

optimum ~s условия оптимума

overload ~s режим перегрузки

preclusion ~ условие исключения (*напр. альтернативы*)

prefault ~ состояние, предшествующее появлению неисправности

quasi-static ~s 1. квазистатические условия 2. квазистатический режим

ready ~ состояние готовности

stability ~ 1. состояние устойчивости 2. *мн.* условия устойчивости

starting ~ 1. начальное условие 2. *мн.* пусковой режим

static ~s 1. статические условия 2. статический режим

steady-state ~ 1. стационарное состояние 2. *мн.* стационарный [установившийся] режим

sufficient ~ достаточное условие

tail ~s постусловия (*применяемого правила вывода*)

test ~s условия испытаний

uncomfortable ~s дискомфортные условия

unsocial ~s вредные условия труда

visibility ~s условия видимости

wait ~ состояние ожидания

working ~ 1. рабочее состояние 2. *мн.* рабочие условия, условия работы 3. *мн.* рабочий режим, режим работы 4. *мн.* условия эксплуатации, эксплуатационные условия

worst-case ~s наихудшие условия

conditioning 1. приведение к требуемым (техническим) условиям; кондиционирование 2. согласование (*напр. линии передачи*)

videosignal ~ формирование стандартного видеосигнала; кондиционирование видеосигнала

conductor 1. проводник 2. провод; жила (*кабеля*) 3. направляющая

conduit труба; трубка; канал; ход

cone 1. конус 2. ступенчатый шкив

belt ~ ступенчатый ременный шкив

friction ~ конус трения

generalized ~ обобщённый конус (*в анализе изображений*)

illumination ~ конус освещённости

step ~ ступенчатый шкив

configurability способность к изменению конфигурации

configuration 1. конфигурация (*вектор обобщённых координат, определяющий пространственное положение манипулятора*) 2. форма; очертание; конфигурация (*объекта*) 3. состав оборудования; конфигурация; схема (*машины или системы*)

arm ~ конфигурация руки (*робота*)

basic ~ базовая конфигурация

computer ~ состав оборудования ЭВМ; конфигурация ЭВМ; схема ЭВМ
custom ~ заказная конфигурация
entry-level ~ минимальная [начальная] конфигурация *(модульной системы)*
goal ~ целевая конфигурация *(манипулятора)*
grasp ~ конфигурация захватывания *(состояние робота, допускающее взятие объекта)*
hardware ~ состав аппаратуры; конфигурация технических средств
initial ~ 1. начальная конфигурация *(манипулятора)* 2. исходная конфигурация *(системы)*
kinematic ~ 1. конфигурация кинематической цепи, кинематическая конфигурация 2. кинематическая схема
manipulator ~ конфигурация манипулятора
minimal [minimum] ~ минимальная конфигурация
network ~ конфигурация сети *(ЭВМ)*
problem-solving ~ конфигурация, обеспечивающая решение задач
robot ~ 1. конфигурация (руки) робота 2. состав робота
robotic system ~ конфигурация робототехнической системы; состав оборудования робототехнической системы

software ~ конфигурация программных средств; состав программного обеспечения
configuring выбор [планирование] конфигурации *(создаваемой системы)*
confirmation подтверждение
delivery ~ подтверждение приёма сообщения
confix скреплять
conflict конфликт, конфликтная ситуация *(см. тж* **collision***)*
conformity 1. согласованность; соответствие 2. конформность; совпадение формы
congruence *мат.* конгруэнтность; сравнимость
congruencing совмещение *(изображений)*
conjunct конъюнкт, член конъюнктивного выражения
conjunction *мат.* конъюнкция
connection 1. соединение; связь; присоединение; подключение 2. связность *(напр. областей на изображении)* 3. соединительный узел
flange ~ фланцевое соединение
hardwired ~ постоянное соединение, *проф.* «запаянное» соединение
link ~ 1. сочленение звеньев 2. шарнирное сочленение; шарнирное соединение
N- ~ N-связность
plug(-type) ~ разъёмное соединение, разъём

ribbon ~ соединение плоским кабелем
rigid ~ жёсткое соединение
screwed ~ винтовое соединение
threaded ~ резьбовое соединение

connectivity связность (*напр. областей на изображении*)
N- ~ N-связность

connector 1. соединительное звено; соединительная муфта 2. штуцер 3. (штепсельный) разъём 4. логический блок объединения (*в блок-схеме*)
cable ~ кабельный разъём; кабельный соединитель
female ~ розетка разъёма; гнездо разъёма
fiber-optic ~ волоконно-оптический соединитель
male ~ вилка разъёма; штекер разъёма
socket ~ гнездо разъёма; розетка разъёма

consequence 1. следствие; последствия 2. заключение; вывод

conservation 1. сохранение 2. консервация

consistency 1. непротиворечивость; совместимость; согласованность 2. логичность; последовательность 3. состоятельность 4. консистенция; плотность

console 1. пульт (управления); пульт оператора 2. консоль
command ~ командный пульт; пульт управления
computer ~ пульт (управления) ЭВМ
control ~ пульт управления
dispatcher ~ диспетчерский пульт
display дисплейный пульт
engineering ~ инженерный пульт
local ~ местный пульт
operator('s) ~ пульт оператора
remote ~ дистанционный пульт
robot ~ 1. пульт управления роботом 2. консоль робота
supervisory ~ диспетчерский пульт; пульт супервизорного управления
test ~ испытательный пульт
visual operator ~ пульт оператора с визуальным представлением информации

constant константа, постоянная (величина); коэффициент; параметр
back EMF ~ коэффициент противоЭДС (*электродвигателя*)
damping ~ коэффициент затухания; коэффициент демпфирования
distributed ~s распределённые параметры
electrical time ~ электрическая постоянная времени (*электродвигателя*)
lumped ~s сосредоточенные параметры
mechanical time ~ механическая постоянная времени (*электродвигателя*)
time ~ постоянная времени
torque ~ моментный коэф-

фициент *(электродвигателя)*

constraint 1. ограничение; ограничивающее условие 2. ограничитель

axes ~s 1. ограничения по степеням подвижности *(манипулятора)* 2. ограничения на управляемые координаты

case ~ ограничение, связанное с конкретной задачей

design ~s 1. проектные ограничения 2. ограничения конструкции

dynamic ~ динамическое ограничение

equality ~ *мат.* ограничение в виде равенства

functional ~ функциональное ограничение

geometric ~ геометрическое ограничение

hardware ~s аппаратные ограничения

inequality ~ *мат.* ограничение в виде неравенства

linear ~ линейное ограничение

mechanical ~ 1. механическая связь; механическое ограничение 2. механический ограничитель; упор

nonlinear ~ нелинейное ограничение

static ~ статическое ограничение

tight ~ жёсткое ограничение

construct 1. конструкция; структура ‖ конструировать; строить; сооружать 2. конструктив 3. структурный компонент

control ~ 1. управляющая структура 2. конструктив системы управления

knowledge-bearing ~ структура, ориентированная на представление знаний *(в СИИ)*

language ~ языковая конструкция

modular [**module**] ~ 1. модульная конструкция. 2. модульный конструктив

construction 1. конструкция; схема; проект 2. конструкция; сооружение 3. построение

articulated ~ шарнирная конструкция

modular [**module**] ~ 1. модульная конструкция 2. модульное построение

multilink ~ многозвенная конструкция

ruggedized ~ укреплённая [упрочнённая] конструкция

unit ~ 1. блочная конструкция 2. конструкция блока

consumer потребитель

consumption потребление; затраты; расход(ование)

energy ~ энергопотребление; энергозатраты; расход энергии

power ~ потребляемая мощность

contact 1. контакт, соприкосновение 2. касание 3. связь 4. соединение; контакт; контактный электрод

break ~ размыкающий контакт; нормально замкнутый контакт
brush ~ щёточный контакт
dead ~ разомкнутый контакт
female ~ гнездовой контакт; розетка (*штепсельного разъёма*)
live ~ замкнутый контакт
make ~ замыкающий контакт; нормально разомкнутый контакт
male ~ штыревой контакт; вилка (*штепсельного разъёма*)
mechanical ~ механический контакт
multiple ~ соприкосновение (*напр. робота с препятствием*) в нескольких точках
plug ~ разъёмное соединение; штепсельное соединение
point ~ 1. соприкосновение в (одной) точке 2. касание в точке 3. точечный контакт
radio ~ радиосвязь
sliding ~ скользящий контакт; ползунок
contactor контактор; (электромагнитный) пускатель
container контейнер; резервуар
content 1. содержание 2. *мн.* содержимое
contention 1. конфликт, конфликтная ситуация (*см. тж* **collision**) 2. состязание (*напр. за обладание системными ресурсами*)
context контекст

recognition ~ контекст распознавания
contiguous смежный, прилегающий (*напр. об элементе изображения*)
continuity непрерывность
contortion искривление, искажение (*напр. изображения*)
contour 1. контур; очертание 2. контур; цепь
blob ~ контур пятна (*на изображении*)
closed ~ замкнутый контур
isoluminance ~ контур постоянной яркости (*на изображении*)
occluding ~ затеняющий контур (*граница видимой части объекта и фона*)
open ~ разомкнутый контур
contraction 1. сжатие; сокращение; уплотнение; стягивание 2. втягивание (*телескопического звена манипулятора*)
control 1. управление; регулирование‖управлять; регулировать 2. управляющее воздействие; сигнал управления 3. контроль‖контролировать 4. устройство управления, управляющее устройство; регулятор; *мн.* средства управления
accuracy ~ 1. контроль точности 2. контроль правильности
active ~ активное управление
adaptive ~ адаптивное управление

65

adjustment ~ орган настройки

analog ~ 1. аналоговый сигнал управления 2. аналоговое устройство управления; аналоговый регулятор

anticipatory ~ управление с прогнозированием; упреждающее регулирование

assembly ~ 1. управление сборочным процессом 2. контроль сборки

asynchronous robot ~ асинхронное управление роботом

augmented ~ автоматизированное управление (*роботом*) в дополняющем режиме (*когда человек-оператор и ЭВМ одновременно управляют параллельно работающими подсистемами робота*)

automatic ~ 1. автоматическое управление; автоматическое регулирование 2. автоматический контроль 3. устройство автоматического управления; автоматический регулятор

axis ~ 1. управление степенью подвижности (*робота*) 2. управление координатной осью (*станка*)

bang-bang ~ 1. двухпозиционное управление; релейное управление 2. управление «по упорам»

bang-bang-off ~ трёхпозиционное управление; релейное управление с отключением

bilateral ~ 1. реверсивное управление 2. управление двустороннего действия 3. управление (*копирующим манипулятором*) с отражением усилий

bilateral master-slave ~ 1. копирующее управление двустороннего действия 2. копирующее управление с отражением усилий

built-in ~ 1. встроенное управляющее устройство 2. встроенное устройство контроля

bus priority ~ приоритетное управление шиной (*напр. в распределённой сети ЭВМ*)

casual ~ эпизодический контроль

centralized ~ централизованное управление

close-cycle [**close-loop**] ~ управление в замкнутом контуре, управление с обратной связью; регулирование по замкнутому контуру

coarse position ~ грубое позиционное управление

combined ~ 1. комбинированное (*разомкнуто-замкнутое*) управление 2. комбинированная (*аппаратно-программная или аналого-цифровая*) система управления

compliance ~ управление податливостью (*манипулятора*)

computed path ~ 1. управление с расчётом (*программной*) траектории 2.

управление движением по расчётной траектории

computer ~ 1. управление от ЭВМ; машинное управление 2. устройство управления от ЭВМ *или* с ЭВМ 3. устройство управления ЭВМ

computer numerical ~ 1. числовое программное управление типа CNC, ЧПУ типа CNC 2. устройство числового программного управления типа CNC, УЧПУ типа CNC

continuous ~ 1. непрерывное управление; непрерывное регулирование 2. непрерывный сигнал управления

continuous path ~ контурное управление; управление движением *(робота)* по непрерывной траектории

contouring ~ 1. контурное управление 2. устройство контурного управления 3. устройство управления копировальным станком

coordinated ~ согласованное [координированное] управление 2. *мн.* согласованные управляющие воздействия

coordinated axis ~ координированное управление с синхронизацией степеней подвижности, координированное управление степенями подвижности *(робота)*

cycle ~ 1. цикловое управление 2. циклическое управление 3. контроль (производственного) цикла

decentralized ~ децентрализованное управление

derivative ~ управление по производной

differential ~ дифференциальное управление

digital ~ 1. цифровое управление; цифровое регулирование 2. цифровое устройство управления; цифровой регулятор

direct ~ прямое управление; непосредственное управление

direct digital ~ прямое цифровое управление, ПЦУ

direct drive ~ 1. прямое управление приводом 2. управление непосредственным (безредукторным) приводом

direction ~ 1. управление направлением *(движения робота)*; путевое управление 2. реверсирование

direct numerical ~ прямое числовое управление

discontinuous ~ разрывное управление; прерывистое регулирование

distance ~ 1. дистанционное управление, телеуправление 2. контроль расстояния; управление расстоянием *(от рабочего органа робота до изделия)*

distributed ~ распределённое управление

electronic robot ~ электронная система управления роботом

emergency ~ 1. аварийное управление 2. аварийный сигнал управления

end-of-axis ~ поочерёдное управление степенями подвижности *(до достижения каждой из них программного значения)*

end-point ~ 1. управление состоянием концевой точки *(робота)* 2. регулирование (процесса) по выходным данным

energy-optimal ~ энергетически оптимальное управление, управление, оптимизирующее энергозатраты

expert ~ управление с использованием экспертной системы

feedback ~ управление с обратной связью, управление в замкнутом контуре

feedforward ~ 1. управление с прямой связью 2. расчётное [программное] управление 3. управление с упреждением 4. регулирование по возмущению

fine-grained ~s многоуровневые средства управления

fine position ~ точное позиционное управление

floating ~ 1. астатическое регулирование 2. астатический регулятор

force ~ управление по силе; силовое управление; регулирование силы

force/torque ~ силомоментное управление, управление по вектору сил/моментов; регулирование сил/моментов

frequency-shaped ~ управление с учётом (заданной) формы (амплитудно-)частотной характеристики

gain ~ 1. регулирование усиления 2. регулятор (коэффициента) усиления

gait ~ управление походкой *(шагающего робота)*

global ~ глобальное управление *(с учётом взаимовлияния степеней подвижности робота)*

graphic attention ~ управление с помощью мнемосхемы

gross ~ грубое регулирование

guidance ~ 1. управление наведением *(робота на цель)* 2. управление с помощью системы наведения

hardwired ~ жёсткое аппаратное управление, *проф.* «запаянное» управление

heterarchical ~ 1. гетерархическое *(в отличие от иерархического)* управление 2. гетерархическая система управления

hierarchical ~ 1. иерархическое управление 2. иерархическая система управления

image-based ~ управление *(роботом)* по изображению *(без промежуточного расчёта положения цели)*

impedance ~ управление *(электрическим или механическим)* сопротивлением

independent ~ независимое управление; несвязанное регулирование; автономное регулирование

indirect ~ непрямое [косвенное] управление

in-line ~ 1. управление (*напр. роботом*) в производственной линии 2. управление с включением ЭВМ в контур обратной связи

integral ~ интегральное управление

integrated ~ интегрированное управление

intelligent ~ управление с использованием СИИ

interactive manual-automatic ~ интерактивное полуавтоматическое управление, интерактивное управление в полуавтоматическом режиме

intermittent ~ прерывистое регулирование

joint ~ управление сочленением; управление обобщёнными координатами (*робота*)

joint level ~ управление на уровне сочленений (*в иерархической системе управления роботом*)

joint rate ~ управление скоростью движения в сочленениях; управление скоростью изменения обобщённых координат (*робота*)

keyboard ~ управление с (использованием) клавиатуры

learning ~ управление с (само)обучением

light-pen ~ управление с использованием светового пера

local ~ локальное управление (*напр. степенями подвижности робота*)

logical ~ 1. логическое управление 2. логический контроль 3. устройство логического управления; логический регулятор

manipulator level ~ управление на уровне (всего) манипулятора (*в иерархической системе управления роботом*)

manual ~ ручное управление

master ~ 1. копирующее управление 2. эталонное *или* задающее управляющее воздействие

master-slave ~ копирующее управление

mechanical robot ~ цикловое управление роботом с механической настройкой

microprocessor ~ 1. микропроцессорное управление 2. микропроцессорные средства управления

microprogramming ~ микропрограммное управление

mioelectric ~ 1. управление (*роботизированным протезом*) посредством сигналов мышц 2. управляющий сигнал от мышц

model-following ~ управление с эталонной моделью

model reference adaptive ~ адаптивное управление с эталонной моделью

motion ~ управление движением *(робота)*

move-and-wait ~ управление *(удалённым роботом)* в старт-стопном режиме *(с попеременным движением и ожиданием очередной команды)*

multichannel ~ 1. многоканальное управление; векторное управление 2. многоканальная система управления

multicircuit ~ многоконтурное управление

multilevel ~ многоуровневое управление

multiloop ~ многоконтурное управление; многосвязное регулирование

multiprocessor ~ мультипроцессорное управление

multivariate ~ многосвязное управление; многосвязное регулирование; векторное управление

nearly independent ~ почти независимое [квазинезависимое] управление

nondelay robot ~ безынерционная система управления роботом

nonlinear ~ 1. нелинейное управление 2. нелинейная система управления

numerical ~ 1. числовое программное управление, ЧПУ 2. устройство числового программного управления, УЧПУ

object level ~ управление объектного уровня

off-line ~ 1. автономное управление 2. управление *(напр. роботом)* вне (производственной) линии 3. управление, рассчитываемое не в реальном времени

on-board ~ бортовая система управления; *мн.* бортовые средства управления

on-line ~ управление в реальном времени; управление в темпе поступления информации

on-off ~ 1. релейное управление; двухпозиционное регулирование 2. двухпозиционный регулятор

open-loop ~ управление без обратной связи; регулирование по разомкнутому контуру

optimal ~ оптимальное управление

pass ~ 1. управление прохождением сигналов 2. управление прохождением *(робота)* между препятствиями

point-to-point ~ позиционное управление; управление (по принципу) «от точки к точке»

pose-to-pose ~ позиционное управление; управление (по принципу) «от позы к позе»

position (-based) ~ управление по положению; позиционное управление; регулирование положения

position/force ~ позиционно-силовое управление

predictive ~ управление с прогнозированием

preprogrammed ~ 1. управление по заданной программе 2. (заранее) запрограммированное управляющее воздействие

priority ~ приоритетное управление

process ~ управление (технологическим) процессом

production ~ 1. управление производством 2. производственный контроль; контроль продукции

production yield ~ контроль за выпуском (готовой) продукции

program ~ 1. программное управление 2. устройство программного управления

proportional ~ 1. пропорциональное [линейное] регулирование; регулирование по отклонению 2. пропорциональный регулятор, П-регулятор

proportional-integral ~ 1. пропорционально-интегральное регулирование, ПИ-регулирование; изодромное регулирование 2. пропорционально-интегральный регулятор, ПИ-регулятор; изодромный регулятор

proportional-integral-derivative [proportional-integral-differential] ~ 1. пропорционально-интегрально-дифференциальное регулирование, ПИД-регулирование 2. пропорционально-интегрально-дифференциальный регулятор, ПИД-регулятор

pulse ~ 1. импульсное управление 2. импульсное управляющее воздействие

rate ~ 1. управление по скорости; регулирование по скорости; 2. управление скоростью; регулирование скорости

real-time ~ управление в реальном времени

reflexive ~ рефлексное управление роботом (*дополняющее дистанционное управление человека-оператора*)

regulatory ~ автоматическое регулирование, управление с использованием автоматических регуляторов

remote ~ дистанционное управление, телеуправление

resolved motion ~ управление по расчётной траектории движения (*рабочего органа робота*)

resolved motion acceleration ~ управление по расчётному ускорению движения, управление по вектору ускорения (*рабочего органа робота*)

resolved motion rate ~ управление по расчётной скорости движения, управление по вектору скорости (*рабочего органа робота*)

security threat ~ контроль за нарушением техники безопасности

semiautonomous ~ полуавтономное управление (*с настройкой робота на выполнение повторяющихся операций*)

sensor-based [sensor-guided] ~ сенсорное управление, управление по сенсорной информации

sequential program ~ последовательное программное управление; цикловое программное управление

servo ~ 1. следящее управление; сервоуправление 2. следящая система управления

shared ~ совместное управление (*напр. несколькими роботами*)

single-loop ~ одноконтурное управление; односвязное регулирование

softwired numerical ~ гибкое числовое программное управление, гибкое ЧПУ

step ~ 1. ступенчатое управление; ступенчатое регулирование 2. ступенчатое управляющее воздействие

step-by-step ~ (по)шаговое управление

stepless ~ плавное регулирование

stock ~ контроль за уровнем запасов

stop-point ~ управление (*роботом*) по упорам

stored-program numerical ~ числовое программное управление на основе хранимой программы

supervisory ~ 1. супервизорное управление 2. диспетчерское управление

task-resolved ~ управление (манипуляционным роботом) по переменным задания (*в отличие от управления по степеням подвижности*)

teaching ~ 1. управление с обучением 2. управление в режиме обучения (*робота*)

terminal ~ 1. терминальное управление 2. контроль по достижению цели 3. управление оконечными устройствами 4. управление с терминала

three-dimensional ~ управление в трёхмерном пространстве; управление по трём степеням подвижности

tooling ~ управление сменой инструмента

torque/force ~ силомоментное управление, управление по вектору сил/моментов; регулирование сил/моментов

uncoordinated ~ 1. несогласованное [некоординированное] управление 2. *мн.* несогласованные управляющие воздействия

voice ~ речевое управление

controllability 1. управляемость; регулируемость 2. контролируемость

controlled управляемый

numerically ~ с числовым (программным) управлением, с ЧПУ

controller устройство управления, управляющее устройство; контроллер; регулятор (см. тж **regulator**)

adaptive ~ устройство адаптивного управления; адаптивный регулятор

air-operated ~ пневматическое устройство управления; пневматический регулятор

analog ~ аналоговое устройство управления; аналоговый регулятор

armature ~ регулятор тока якоря (электродвигателя)

automatic ~ устройство автоматического управления; автоматический регулятор

cluster ~ групповой контроллер

communications ~ связной контроллер

computer-based ~ устройство управления на базе ЭВМ; контроллер на базе ЭВМ

fuzzy ~ устройство управления с нечётким алгоритмом

generic ~ типовой регулятор

human ~ (человек-) оператор

intelligent ~ интеллектуальный контроллер, контроллер с развитой логикой

local-area ~ контроллер локальной сети (в ГПС)

logical ~ устройство логического управления; логический контроллер; логический регулятор

master ~ ведущее [задающее] устройство управления; ведущий контроллер

MRAC ~ адаптивный регулятор с эталонной моделью

network ~ сетевой контроллер

numerical ~ устройство числового программного управления, УЧПУ

peripheral ~ контроллер периферийного оборудования

positional ~ 1. устройство позиционного управления, позиционное устройство управления 2. регулятор положения; блок регулирования по положению; позиционный регулятор

program ~ устройство программного управления; программный контроллер; программный регулятор

programmable ~ программируемое устройство управления; программируемый контроллер

programmable logic ~ программируемый логический контроллер, ПЛК

remote ~ устройство дистанционного управления; дистанционный контроллер

robot ~ устройство или блок управления роботом; контроллер робота

sequential ~ 1. последовательный контроллер; последовательный регулятор 2. устройство управления последовательностью *(действий)*; устройство циклового управления

single-joint ~ устройство управления (одним) сочленением *(манипулятора)*; контроллер одной степени подвижности

teach ~ пульт управления обучением *(робота)*

torque/force ~ устройство силомоментного управления

video ~ видеоконтроллер; контроллер СТЗ

work-cell ~ устройство управления производственной ячейкой; контроллер производственной ячейки

convergence 1. слияние, сближение 2. *мат.* сходимость ◇ ~ **in probability** сходимость по вероятности

conversational диалоговый *(о режиме работы системы)*

conversationally в диалоговом режиме

conversion 1. преобразование 2. перекодирование

B/A [binary-to-analog] ~ преобразование из двоичной формы в аналоговую

concurrent ~ параллельное преобразование *(выполняемое параллельно с другими операциями)*

coordinate ~ преобразование координат

D/A ~ цифро-аналоговое преобразование

data ~ преобразование данных

decimal-to-numeric ~ преобразование десятичного кода в цифру *(для информации)*

digital ~ цифровое преобразование

digital-to-analog ~ цифро-аналоговое преобразование

digital-to-image ~ преобразование цифрового кода в изображение

direct ~ прямое [непосредственное] преобразование

forward ~ прямое преобразование

image ~ преобразование изображения

indirect ~ непрямое [сложное] преобразование

invert ~ обратное преобразование

media ~ перенесение *(данных)* с одного носителя на другой

parallel-serial ~ преобразование параллельного кода в последовательный

converter преобразователь

A/D [analog-to-digital] ~ аналого-цифровой преобразователь, АЦП

B/A [binary-to-analog] ~ преобразователь из двоичной формы в аналоговую

code ~ кодопреобразователь

counter-ramp A/D ~ аналого-цифровой преобразователь с динамической компенсацией

D/A [digital-to-analog] ~ цифро-аналоговый преобразователь, ЦАП

incremental ~ преобразователь приращений

number-to-position ~ преобразователь код — положение

number-to-voltage ~ преобразователь код — напряжение; цифро-аналоговый преобразователь, ЦАП

optoelectronic ~ оптоэлектронный [оптикоэлектронный] преобразователь

position-to-digital [position-to-number] ~ позиционно-кодовый преобразователь, преобразователь положение — код; позиционный цифровой [кодовый] датчик

pulse ~ импульсный преобразователь

ramp(-type) A/D ~ интегрирующий аналого-цифровой преобразователь

resolver-to-digital ~ преобразователь сигнала резольвера в цифровую форму, цифровой преобразователь сигнала резольвера

synchro-to-digital ~ импульсно-кодовый преобразователь; импульсный цифровой датчик *(перемещения)*

tracking ~ следящий преобразователь

video ~ преобразователь видеосигнала

voltage-to-digit(al) [voltage-to-number] ~ преобразователь напряжение — код; аналого-цифровой преобразователь, АЦП

window-setting D/A ~ цифро-аналоговый преобразователь, обеспечивающий установку окна *(на изображении в СТЗ)*

conveyance перевозка; транспортировка; доставка

conveyor конвейер; транспортёр

aerial ~ подвесной конвейер

assembly ~ сборочный конвейер

belt ~ ленточный конвейер; ленточный транспортёр

carry-and-free ~ ленточный транспортёр

chain ~ цепной конвейер; цепной транспортёр

feeding ~ подающий конвейер; загрузочный транспортёр

gravity feed ~ самотёчный конвейер

inclined ~ наклонный транспортёр

indexing ~ шаговый конвейер

jigging ~ вибрационный транспортёр, вибротранспортёр

mesh-belt ~ транспортёр с сетчатой лентой

multilane ~ многоручьевой конвейер

overhead ~ подвесной конвейер; подвесной транспортёр

pan ~ лотковый транспортёр

roller ~ роликовый конвейер; роликовый транспортёр

screw ~ винтовой транспортёр; шнек, шнековый транспортёр

tray ~ лотковый транспортёр

convolution *мат.* свёртка; свёртывание

convolver конвольвер, блок свёртки

  video ~ видеоконвольвер, блок свёртки изображения

cook:

  robot(ic) ~ робот-повар

coordinate 1. координата∥координатный 2. *мн.* система координат 3. координировать; согласовывать

  absolute ~s абсолютные координаты; абсолютная система координат

  angular ~ угловая координата

  base ~s 1. базовые координаты; базовая система координат 2. система координат, связанная с основанием *(робота)*

  Cartesian ~s декартовы координаты; декартова система координат

  controllable ~ управляемая координата; контролируемая координата

  cylindrical ~s цилиндрические координаты; цилиндрическая система координат

  end-point ~s 1. координаты концевой точки *(робота)* 2. система координат, связанная с концевой точкой *(робота)*

  external ~s внешние координаты; координаты в рабочем пространстве *(робота)*

  false ~ условная координата

  generalized ~s обобщённые координаты

  gripper ~s 1. координаты захватного устройства 2. система координат, связанная с захватным устройством

  homogeneous ~s однородные координаты

  internal ~s внутренние координаты; обобщённые координаты

  joint ~s 1. обобщённые координаты 2. координаты сочленения; координаты шарнира

  polar ~s полярные координаты; полярная система координат

  rectangular ~s прямоугольные координаты; прямоугольная система координат

  robot ~s 1. координаты робота 2. система координат, связанная с роботом

  space [spatial] ~s пространственные координаты

  spherical ~s сферические координаты; сферическая система координат

  working space ~s 1. координаты в рабочем пространстве *(робота)* 2. система координат, связанная с рабочим пространством

  world ~s мировые координаты; система координат, введённая во внешнем мире *(робота)*

wrist ~s 1. координаты запястного шарнира (*робота*) 2. система координат, связанная с запястьем (*робота*)

coordination координация; согласование

  axes ~ координация степеней подвижности (*робота*); согласование (движений) степеней подвижности (*робота*)

  eye-hand [hand-eye] ~ координация в системе «глаз — рука»; согласование (операций) СТЗ и манипулятора

  link ~ координация движений звеньев (*робота*)

coordinator координатор (*программное или аппаратное средство*)

  primary ~ главный координатор

coprocessor сопроцессор

copy 1. экземпляр 2. копия‖ копировать

core 1. сердечник 2. ядро 3. *проф.* ферритовая память; ЗУ на магнитных сердечниках

  hard ~ минимальный состав, ядро (*без которого система не может функционировать*)

  software ~ 1. программное ядро (*системы управления*) 2. ядро программного обеспечения

correction 1. коррекция; поправка 2. корректирование; исправление

  aperture ~ апертурная коррекция (*в СТЗ*)

  color ~ коррекция цвета (*в СТЗ*)

  deadlock ~ развязывание [устранение] тупиковой ситуации

  error ~ исправление ошибок

  frequency ~ частотная коррекция

  image ~ коррекция изображения

  load(ing) ~ поправка на нагрузку

  motion ~ коррекция движения

  multierror ~ исправление многократных ошибок

  parallax ~ коррекция параллакса; поправка на параллакс (*в СТЗ*)

  path ~ коррекция траектории (*движения робота*); коррекция маршрута (*мобильного робота*)

  pose ~ коррекция позы (*манипулятора*)

  position ~ коррекция положения; коррекция позиции; позиционная коррекция

corrector корректирующее устройство; блок коррекции

correlation 1. корреляция 2. соотношение; соотнесение

  cross ~ взаимная корреляция

  direct ~ положительная корреляция

  fact ~ соотнесение фактов

grade ~ ранговая корреляция
inverse ~ отрицательная корреляция
linear ~ линейная корреляция
line-to-line ~ междустрочная корреляция
negative ~ отрицательная корреляция
partial ~ частная корреляция
positive ~ положительная корреляция
rank ~ ранговая корреляция
spurious ~ ложная корреляция
time ~ временна́я корреляция

correlator коррелятор; блок корреляции

correspondence соответствие
one-to-one ~ взаимно-однозначное соответствие
template ~ соответствие (*напр. изображения*) эталону

corridor проход; коридор
dead-end ~ тупик, тупиковый проход

cost стоимость; *мн.* затраты, издержки ◊ **~ per attachment** цена (одного) подсоединения (*устройства к системе управления*)
development ~s затраты на разработку
investment ~s капитальные затраты
labor ~s трудозатраты
processing ~s затраты на обработку

cost/performance 1. соотношение затраты — эффект 2. соотношение стоимость — производительность

cotter шплинт; чека; шпонка; клин

count 1. счёт; подсчёт; отсчёт (*см. тж.* **counting**) ‖ считать; подсчитывать; отсчитывать 2. число; количество 3. номер
frequency ~ подсчёт частот (*событий*)
pin ~ число выводов (*напр. микросхемы*)
raster ~ число элементов растра

counter 1. счётчик 2. противоположный
batching ~ счётчик дозирования, дозирующий счётчик, дозатор
frequency ~ частотомер
prescale ~ счётчик с предварительно задаваемым масштабом, масштабируемый счётчик
self-stopping ~ самоостанавливающийся счётчик, счётчик с самоостановом
slave ~ управляемый счётчик
software ~ программный счётчик
up ~ суммирующий счётчик

counterbalance 1. противовес 2. уравновешивать

counterforce противодействующая сила; противодействие; сила реакции

counterpart 1. эквивалент; аналог 2. копия; дубликат

counterweight 1. противовес 2. уравновешивать

counting 1. счёт; подсчёт; отсчёт (*см. тж* count) 2. вычисление

   area ~ расчёт [вычисление] площади (*объекта на изображении*)

   corner ~ подсчёт числа углов (*у объекта*)

   hole ~ подсчёт числа отверстий (*у объекта*)

couple 1. пара‖соединять; подбирать пару 2. пара сил 3. момент (*сил*)

   ~ **of forces** пара сил

   centrifugal ~ момент центробежных сил

   kinematic ~ кинематическая пара

   thermo(electric) ~ термопара

   turning ~ вращающий момент; крутящий момент

coupler 1. соединительное устройство; сцепление; муфта 2. разъём

   acoustic ~ акустическое устройство связи

   bus ~ шинный соединитель

   screwed ~ (соединительная) муфта с резьбой

coupling 1. сочленение; соединение 2. сцепление; муфта 3. (взаимо)связь; взаимовлияние 4. передача

   adapter ~ переходная муфта

   articulated ~ шарнирное сочленение

   axis ~ 1. взаимовлияние степеней подвижности 2. соединение осей

   capacitive ~ ёмкостная связь

   close ~ сильная связь

   cross ~ перекрёстная связь; перекрёстное (взаимо)влияние

   direct ~ 1. прямое [непосредственное] соединение 2. прямая передача

   dog ~ кулачковая муфта; зубчатая муфта

   dynamical ~ динамическое взаимовлияние

   elastic ~ 1. упругое соединение 2. растяжная муфта

   electromagnetic ~ электромагнитная муфта

   equal ~ прямая передача с соотношением 1:1

   extension ~ раздвижная муфта

   flange ~ 1. фланцевая муфта 2. фланцевое соединение

   flexible ~ 1. гибкое соединение; шарнирное сочленение 2. растяжная муфта

   friction ~ фрикционная муфта, фрикцион

   Hooke's ~ универсальный шарнир; шарнир Гука; кардан

   inductive ~ индуктивная связь

   interprocess ~ связь между процессами

   loose ~ 1. свободное [нежёсткое] соединение 2. слабое взаимовлияние 3. слабая связь

   magnetic ~ индуктивная связь

   movable ~ 1. подвижное

соединение 2. раздвижная муфта; подвижная муфта
optical ~ оптическая связь
random ~ случайное соединение
ratio ~ масштабная *(повышающая или понижающая)* передача; редукционная передача
rigid ~ 1. жёсткое соединение 2. жёсткая муфта; глухая муфта
robot ~ 1. взаимовлияние степеней подвижности робота 2. сочленение робота 3. подключение робота *(к технологическому оборудованию)*
sliding ~ скользящая муфта; кардан со скользящей вилкой
slip ~ скользящая муфта; муфта с осевым перемещением
spurious ~ паразитная связь
toothed ~ 1. зубчатая муфта 2. зубчатое соединение
universal ~ универсальный шарнир; шарнир Гука; кардан
weak ~ слабая связь

course of action способ действий *(напр. робота)*

cover 1. крышка; колпак; кожух; оболочка; обшивка 2. покрывать; накрывать; 3. *мат.* покрытие
protection ~ предохранительный кожух; защитная оболочка
vertex ~ вершинное покрытие *(в графе)*

coverage 1. охват; обзор 2. зона действия; дальность действия 3. обеспечение 4. *мат.* покрытие
azimuth ~ обзор по азимуту; азимутальный сектор
camera ~ поле зрения камеры
diagnostic ~ диагностическое покрытие *(неисправностей)*
line-of-sight ~ зона прямой видимости; прямая видимость
range ~ зона действия *(напр. сенсора)* по дальности, дальнодействие; обзор по дальности
test ~ тестовое покрытие *(множества неисправностей)*

cradle:
dump ~ опрокидыватель

cramp скоба; зажим, держатель

crane (подъёмный) кран‖поднимать краном
bracket ~ консольный кран
bridge ~ мостовой кран; портальный кран
gantry ~ портальный кран
hoisting ~ (грузо)подъёмный кран
loading ~ погрузочный кран; перегружатель
robotic ~ роботизированный (подъёмный) кран; автоматический (подъёмный) кран
stacker ~ кран-штабелёр

crank 1. кривошип 2. колено‖изгибать в виде колена

crash аварийная ситуация,

авария; поломка ‖ приводить к аварии; претерпевать аварию; ломаться

program ~ разрушение [порча] программы

crawler 1. гусеница; гусеничный ход 2. экипаж на гусеничном ходу

robot(ic) ~ робот на гусеничном ходу; робот-трактор

creator 1. формирователь 2. разработчик, создатель

image ~ формирователь изображения

creeper ленточный конвейер

creeping 1. ползучесть; пластическая деформация 2. набегание *(ремня)*

crib:

tool ~ инструментальный ящик

criterion 1. критерий; признак 2. условие

clustering ~ признак группировки; критерий объединения в кластеры

control ~ критерий управления; критерий регулирования

convergence ~ критерий сходимости

cycle ~ (заданное) число повторений цикла; критерий выхода из цикла

decision ~ критерий выбора решения

fidelity ~ критерий точности; критерий правильности

Hurwitz ~ критерий Гурвица *(устойчивости системы)*

integral performance ~ интегральный критерий качества

Nyquist ~ критерий Найквиста *(устойчивости системы)*

ordering ~ критерий упорядочения

performance ~ 1. критерий (качества) функционирования 2. критерий качества

recognition ~ критерий распознавания

root-mean-square ~ критерий (минимума) среднеквадратической ошибки

Routh ~ критерий Рауса *(устойчивости системы)*

selection ~ критерий отбора

stability ~ критерий устойчивости

technological ~ технологический критерий

validation ~ критерий достоверности; критерий правильности *(напр. гипотезы)*

vector-valued ~ векторный критерий

cross:

Robert's ~ оператор Робертса *(для дифференцирования изображений)*

crossarm траверса; поперечина

cross-head 1. ползун; крейцкопф 2. крестовина

crossing:

zero ~ пересечение нулевого уровня *(напр. в обработке изображений)*

cross-point точка пересечения

cubicle:

control ~ шкаф управления; стойка управления
cuff манжета
culling отбор; выбраковка
   noise ~ устранение [подавление] шумовых элементов *(на изображении)*
cup 1. чаша 2. колпачок 3. манжета; (уплотнительное) кольцо
   bearing ~ втулка подшипника; наружное кольцо подшипника
   vacuum ~ вакуумная присоска *(захватного устройства)*
curing:
   robotic ~ 1. роботизированная вулканизация *(резины)* 2. роботизированная термообработка
current 1. (электрический) ток 2. течение; поток; струя 3. текущая запись *(напр. в базе данных)* 4. текущий
   air ~ воздушная струя; поток воздуха
   alternating ~ переменный ток
   armature ~ ток (в обмотке) якоря *(электродвигателя)*
   continuous ~ 1. непрерывный *(в отличие от импульсного)* ток 2. постоянный ток
   continuous stall ~ длительный ток при заторможенном роторе *(электродвигателя)*
   control ~ управляющий ток
   direct ~ постоянный ток
   drive ~ ток возбуждения
   effective ~ действующее значение переменного тока
   fault ~ ток короткого замыкания
   intermittent ~ прерывистый ток
   loop ~ ток контура, контурный ток
   no-load ~ ток холостого хода
   pulse ~ импульсный ток
   rated ~ номинальный ток
   saturation ~ ток (в режиме) насыщения
   starting ~ стартовый ток; пусковой ток
   supply ~ питающий ток
curtailment of sampling прекращение выборочного контроля *(в случае заведомо известного исхода)*
curtain 1. диафрагма 2. шторка 3. завеса; (защитный) экран
   safety light ~ световой занавес безопасности, предохранительный световой занавес
curvature 1. кривизна; искривление; закругление 2. кривая; линия изгиба
   Gaussian ~ гауссова [полная] кривизна *(характеристика формы поверхности распознаваемого объекта)*
curve 1. кривая 2. характеристика
   calibration ~ калибровочная кривая
   fitting ~ сглаживающая кривая; кривая, проходящая через заданные точки
   learning ~ 1. кривая обучения; характеристика обу-

чаемости 2. траектория (*робота*), задаваемая при обучении 3. график освоения
level ~ изолиния, линия (равного) уровня
recovery ~ характеристика восстановления; кривая возвращения в исходное состояние
space ~ пространственная кривая
switching ~ линия переключения
transient ~ переходная характеристика; кривая переходного процесса

cushion прокладка; амортизатор

custom-built заказной, изготовленный по техническим условиям заказчика

custom-engineered спроектированный по заказу

customizability возможность удовлетворения требований заказчика

customization изготовление по техническим условиям заказчика

customized заказной, изготовленный по техническим условиям заказчика

custom-programmed программируемый по заказу

cut 1. резание, резка, обработка резанием; проход (*режущего инструмента*)‖ резать; вырезать; отрезать 2. профиль; сечение; разрез 3. канавка; канал; прорезь

cutoff 1. отключение; отсечка 2. срезание, сокращение (*пути*) 3. останов 4. выключатель
emergency ~ 1. аварийный останов 2. аварийный выключатель
remote ~ дистанционный выключатель
safety ~ предохранительный выключатель; аварийный выключатель

cutout 1. выключатель; рубильник 2. (плавкий) предохранитель 3. очертание; контур

cutset сечение, разрез

cutter 1. режущий инструмент; резец 2. фреза 3. резак (*для газовой резки*) 4. бур 5. врубовая машина
robotic-coal ~ роботизированная врубовая машина

cutting:
robotic ~ роботизированная резка

cybernetics кибернетика
engineering ~ техническая кибернетика; инженерная кибернетика

cycle цикл; период; такт‖циклически повторять(ся) ◊ ~ **per second** период в секунду, Герц, Гц; **to** ~ **back** циклически возвращать
access ~ цикл выборки; цикл обращения
action ~ цикл операции
canned ~ групповой цикл (*в котором несколько устройств или программ запускаются одной командой*)
clock ~ такт, период тактовых *или* синхронизирующих импульсов

design ~ цикл проектирования; период проектирования
device ~ цикл работы устройства
duty ~ рабочий цикл
fixed ~ постоянный цикл
handling ~ цикл манипулирования
instruction ~ командный цикл
life ~ жизненный цикл; срок службы
limit ~ предельный цикл
manufacturing ~ производственный цикл
motion ~ цикл движений (*робота*)
"move-and-wait" ~ цикл «движение — пауза»
operating [**operation**] ~ цикл (выполнения) операции; рабочий цикл
robotic ~ цикл (работы) робота
search ~ цикл поиска
storage ~ цикл ЗУ; цикл обращения к памяти
work ~ рабочий цикл; цикл работы
cyclogram циклограмма, цикловая диаграмма
cylinder 1. цилиндр 2. барабан
actuating ~ силовой цилиндр; цилиндр привода
air ~ воздушный [пневматический] цилиндр, пневмоцилиндр
compensating ~ уравнительный цилиндр; разгрузочный цилиндр; цилиндр (системы) компенсации
double-acting ~ цилиндр двустороннего действия
generalized обобщённый цилиндр (*в анализе изображений*)
hydraulic ~ гидравлический цилиндр, гидроцилиндр
plunger ~ плунжерный цилиндр
pneumatic ~ воздушный [пневматический] цилиндр, пневмоцилиндр
rotary ~ поворотный цилиндр
single-acting ~ цилиндр одностороннего действия
telescopic ~ телескопический цилиндр

D

damage повреждение; разрушение || повреждать; разрушать
damper 1. демпфер; амортизатор; успокоитель 2. заслонка
air ~ воздушный демпфер; пневматический демпфер
inertia ~ инерционный демпфер
shock ~ амортизатор
vibration ~ успокоитель колебаний; успокоитель вибраций
damping 1. демпфирование; амортизация 2. торможение; глушение 3. затухание; успокоение; ослабление

aperiodic ~ апериодическое затухание
critical ~ критическое демпфирование
dashboard приборная доска, приборный щит
data данные; информация; сведения
analog ~ аналоговые данные; аналоговая информация
application-specific ~ прикладные данные; данные, зависящие от конкретного применения
available ~ доступные данные
binary ~ двоичные данные
business ~ деловая информация
clean ~ достоверные данные *(прошедшие контроль)*
compacted ~ уплотнённые [сжатые] данные
computer-generated ~ данные, генерируемые ЭВМ
control ~ управляющая информация
coordinate ~ информация о координатах
correction ~ поправочные данные
cost ~ данные о затратах, стоимостные данные; информация об издержках
database ~ информация в базе данных
derived ~ выводимые (из других) данные
digitized ~ оцифрованные данные
disembodied ~ разрозненные данные; несистематизированные данные
encoded ~ (за)кодированные данные
engineering ~ технические данные; техническая документация; конструктивные характеристики
environment ~ данные об окружающей среде
evaluation ~ оценочные данные; оценочная информация
field(-performance) ~ эксплуатационные характеристики; эксплуатационные данные
force/torque ~ силомоментная информация
image ~ данные об изображении; видеоинформация
imperfect ~ неточные данные
incomplete ~ неполная информация
initial ~ исходные данные; начальные данные
job ~ характеристика задания; характеристика работы
learned ~ информация, накопленная в процессе обучения
location ~ 1. данные о местоположении 2. данные, полученные от локационного датчика
machining ~ данные о режимах механической обработки
maintenance ~ параметры технического обслужива-

ния; данные об условиях эксплуатации
management ~ управленческая информация
model ~ 1. данные, полученные из модели 2. данные, закладываемые в модель
multisensory ~ данные, получаемые от нескольких (различных) сенсоров
NC ~ данные для системы ЧПУ
numeric численные данные; цифровые данные
object ~ данные, характеризующие объект
observed ~ данные наблюдений
on-line ~ 1. оперативные данные 2. данные, поступающие в реальном (масштабе) времени
parallel ~ параллельно поступающие данные
part-related ~ данные о деталях
performance ~ эксплуатационные данные; рабочие характеристики; характеристики эффективности
pixel ~ данные об элементе изображения (*характеризующие цвет, яркость и т. п.*)
plant ~ информация об объекте управления
position(al) ~ данные о (место)положении; позиционная информация
process-related ~ данные о процессе
production ~ 1. производственная информация 2. информация об изделии
prototype ~ данные об эталонном объекте
raw ~ необработанные данные
real-time ~ данные, поступающие в реальном (масштабе) времени
reduced ~ 1. уплотнённые [сжатые] данные 2. преобразованные данные
reference ~ 1. справочные данные 2. опорные данные
refined ~ уточнённые данные
remote ~ получаемые дистанционно данные
robot selection ~ данные для выбора робота (*применительно к конкретной задаче*)
run-time ~ данные режима работы (*в отличие от данных режима обучения*)
sampled ~ 1. оцифрованные данные 2. выборочные данные
sensory ~ сенсорная информация; данные, полученные от сенсорной системы; информация от датчиков
serial ~ последовательно поступающие данные
simulation ~ 1. данные для моделирования 2. результаты моделирования
source ~ исходные данные
speech ~ 1. речевые данные 2. данные о параметрах речевого сигнала
stale ~ устаревшие данные

starting ~ начальные данные; исходные данные

status ~ данные о состоянии (*напр. оборудования*)

stored ~ запоминаемые [хранимые] данные

tabular ~ табличные данные

task ~ 1. данные задачи 2. характеристика задания; информация о задании (*роботу*)

taught(-in) [**teached**] информация, введённая в процессе обучения

template ~ данные об эталонном объекте

test ~ 1. данные испытаний 2. тестовые данные

tool ~ данные об инструменте

tooling ~ технологическая информация

training ~ данные режима обучения (*робота*)

updatable ~ обновляемые данные

user ~ пользовательские данные, информация пользователя

visual ~ видеоинформация; данные, поступающие от СТЗ

workpiece ~ данные о деталях

database база данных ‖ заносить информацию в базу данных

  benchmark(ing) ~ калибровочная база данных

  design ~ база данных проектирования, проектная база данных

  distributed ~ распределённая база данных, РБД

  engineering ~ конструкторская база данных

  evaluation ~ оценочная база данных (*в системах распознавания*)

  geometric ~ база геометрических данных

  graphical interface ~ база данных с графическим языком запросов

  hierarchical ~ иерархическая база данных, база данных с иерархической структурой

  manufacturing ~ база данных о производственном процессе; технологическая база данных

  model ~ модельная база данных

  motion ~ база данных о движениях (*робота*)

  natural language ~ база данных с естественным языком запросов

  robot ~ база данных робота

  rule ~ база правил (*в ЭС*)

  technology ~ технологическая база данных

  template ~ база данных об эталонах

data-driven управляемый данными

data-sensitive чувствительный к данным

dataware информационное обеспечение

dataway информационный канал; информационная шина

date 1. дата 2. срок

due ~ оговорённый [установленный] срок

effective ~ дата вступления в силу (*напр. стандарта*)

datum 1. начало отсчёта 2. репер 3. заданная величина

position ~ 1. начало отсчёта положения 2. заданное положение; заданная позиция

deadline крайний срок (*напр. поставки оборудования*)

deadlock 1. тупик, тупиковая ситуация (*напр. при управлении робототехнической системой*) 2. *проф.* зависание (*программы*)

dealing with complexity борьба со сложностью (*при проектировании систем*)

debugging наладка (*напр. механизмов робота*); отладка (*программы*)

deburring:
robotic ~ роботизированная обдирка; роботизированное снятие заусенцев

deceearation 1. замедление 2. торможение

decision 1. решение 2. выбор

binary ~ двоичный выбор, выбор из двух альтернатив

constructional ~ конструктивное решение

design ~ проектное решение

engineering ~ инженерное решение; техническое решение

make-versus-buy ~ выбор между приобретением (*изделий*) на стороне и изготовлением собственными силами

nonprogrammable ~ непрограммируемое решение

operative ~ оперативное решение

programmable ~ программируемое решение

trade-off ~ компромиссное решение

yes-no ~ выбор типа «да — нет»

dicision-maker 1. лицо, принимающее решения, ЛПР 2. блок принятия решений

decision-making принятие решений ◊ ~ **under uncertainty** принятие решений в условиях неопределённости

autonomous ~ автономное принятие решений (*роботом*)

onboard ~ принятие решений на борту (*автономного робота*); принятие решений (с помощью) бортовой ЭВМ

on-line ~ оперативное принятие решений

portfolio ~ принятие решений по выполнению заказов (*в ГПС*)

sensory-based ~ принятие решений (*роботом*) на основе сенсорной информации

supervisory ~ принятие решений в супервизорном режиме

deck 1. колода, пачка 2. лентопротяжный механизм 3. галета (*переключателя*)

tape ~ 1. лентопротяжный механизм, 2. *проф.* магнитофон 3. комплект [набор]

(перфо)лент *(для ЧПУ)*
declarativity декларативность *(свойство представления знаний)*
declutch расцеплять; выключать; освобождать *(муфту, тормоз)*
decoder декодер; дешифратор
  command [instruction] ~ дешифратор команд
  message ~ дешифратор сообщений
  operation ~ дешифратор операций
  paper tape ~ дешифратор сигналов от перфоленты
  quadrature ~ квадратурный декодер *(дешифратор сигналов в цветных телевизионных системах)*
  voltage ~ преобразователь число — напряжение; цифроаналоговый преобразователь, ЦАП
decoding декодирование; дешифрирование
decomposition 1. декомпозиция; разложение; разбиение 2. развязка, устранение взаимовлияния
  axes ~ 1. декомпозиция управления по степеням подвижности 2. развязка [устранение взаимовлияния] степеней подвижности *(манипулятора)* 3. разложение по осям
  control ~ декомпозиция управления
  D ~ Д-разбиение *(в теории управления)*
  image ~ декомпозиция [разбиение] изображения
  modular ~ разбиение на модули
  singular value ~ сингулярная декомпозиция *(в обработке изображений)*
decoupler развязывающее устройство; блок развязки, *проф.* развязка
decoupling 1. декомпозиция 2. развязка, устранение взаимовлияния *(степеней подвижности манипулятора)* 3. разрыв связей *(при декомпозиции)*
decrease уменьшение; убывание; снижение‖уменьшать(ся); убывать; снижать(ся)
decrement 1. декремент; степень убывания 2. уменьшение 3. затухание
deduce выводить дедуктивным способом, строить [делать] дедуктивные выводы
deduction 1. дедукция; вывод; выведение 2. вычитание 3. вычитаемое ◊ **to make** ~**s** строить [делать] дедуктивные выводы
deenergize выключать, отключать *(питание)*; обесточивать
defect 1. дефект; неисправность; повреждение 2. недоработка; недостаток
  design ~ 1. конструктивный недостаток 2. проектная недоработка
definition 1. определение, дефиниция; описание 2. задание 3. чёткость *(изображения)*

goal ~ установление [определение] целей; целеуказание

job ~ формулировка (производственного) задания

path ~ задание траектории (*движения робота*)

point ~ 1. задание точки (*на траектории движения робота*) 2. описатель точки (*в программе робота*)

problem ~ постановка задачи; описание задачи

robot ~ 1. определение требований к роботу 2. определение термина «робот»

task ~ 1. формулировка (производственного) задания 2. постановка задачи; описание задачи

deflection 1. отклонение 2. прогиб; провисание; изгиб 3. преломление (*света*)

beam ~ 1. прогиб звена (*манипулятора*) 2. прогиб балки

bending ~ стрела прогиба

load ~ отклонение под нагрузкой. (*разность между положениями манипулятора с нагрузкой и без нагрузки*)

structural ~ прогиб конструкции

vertical ~ вертикальное [кадровое] отклонение (*изображения*)

defocusing дефокусировка, расфокусировка (*в СТЗ*)

deformation деформация; искажение

  automorphic ~ автоморфная деформация (*образов*)

elastic ~ упругая деформация

image ~ искажение (формы) изображения

degradation 1. ухудшение (*параметров*) 2. сокращение возможностей (*системы*) 3. снижение эффективности (*функционирования системы*)

graceful ~ постепенное сокращение возможностей (*системы*)

degree 1. степень; ступень; уровень 2. порядок (*уравнения*) 3. градус

~ of belief степень доверия (*напр. к рекомендациям СИИ*)

~ of curve 1. кривизна 2. *мат.* степень уравнения кривой

~ of disorder 1. степень неупорядоченности (*системы*) 2. степень беспорядка (*рабочей среды*)

~ of freedom 1. степень свободы (*тела*) 2. степень подвижности (*манипулятора*)

~ of polinomial степень многочлена

~ of stability степень устойчивости

~ of utilization коэффициент загрузки; коэффициент использования (*оборудования*)

rotational ~ of freedom вращательная [поворотная] степень подвижности

translational ~ of freedom поступательная степень подвижности

delay 1. задержка; запаздывание 2. выдержка времени 3. время задержки

communication ~ задержка (*сигнала*) в линии связи

dead-time ~ задержка из-за (наличия) зоны нечувствительности

network ~ задержка (*сигнала*) в сети, сетевая задержка

operating ~ задержка в работе; операционное запаздывание

phase ~ фазовая задержка; запаздывание по фазе

programmable ~ программируемая задержка

propagation ~ задержка (на время) распространения (*сигнала*)

response ~ задержка реакции (*системы*)

round-trip ~ 1. задержка, связанная с подтверждением приёма (*сигнала*) 2. круговая задержка (*суммарное время прохождения прямого и отражённого сигналов*)

service ~ задержка, связанная с обслуживанием

time ~ 1. временна́я задержка; запаздывание 2. выдержка времени

transfer ~ задержка (на время) переноса

transmission ~ задержка в цепи передачи

transportation ~ транспортное запаздывание

unit ~ единичная задержка

unpredictable ~ непредвиденная задержка

deletion 1. вычёркивание; стирание 2. удаление; исключение; уничтожение

delivery 1. подача; доставка 2. питание; снабжение 3. нагнетание

demand 1. спрос; потребность 2. запрос‖запрашивать 3. потребление

energy ~ энергопотребление

robot ~ потребность в роботах; спрос на роботы

demerit нежелательное свойство; недостаток; аргумент против

demonstration 1. демонстрация (*системы в действии*) 2. доказательство 3. наглядный показ 4. обнаружение, проявление (*напр. симптомов отказа*)

demountable разборный; съёмный

denotation 1. обозначение 2. объём понятия 3. значение, точный смысл

density 1. плотность; концентрация 2. интенсивность

~ **of distribution** плотность распределения

optical ~ оптическая плотность

probability ~ плотность вероятности

deoscillator успокоитель (*колебаний*)

depalletizing разгрузка палет

department 1. отдел; подразделение; служба 2. цех; участок

departure 1. отправка, отправление; отход 2. отклонение; уход

dependence зависимость; отношение

   causal ~ причинная зависимость

   continuous ~ непрерывная зависимость

   functional ~ функциональная зависимость

   nonlinear ~ нелинейная зависимость

dependency *см.* **dependence**

depot 1. склад 2. накопитель

depreciation амортизация; износ *(оборудования)*

depth 1. глубина; толщина 2. высота

   ~ **of focus** глубина резкости

   scene point ~ глубина точек сцены

   stereoscopic ~ стереоскопическая глубина

   tree ~ глубина дерева *(поиска)*

derivability выводимость

derivation 1. деривация 2. дифференцирование, взятие производной 3. вывод *(формулы)*

   signal ~ последовательное формирование (одних сигналов из других)

derivative *мат.* производная

descendant подчинённый узел, потомок *(в древовидной схеме)*

descent 1. спуск; снижение 2. склон; скат 3. переход от общего к частному

description 1. описание 2. характеристика

activity ~ описание операции; описание деятельности

behavior(al) ~ поведенческое описание, описание на поведенческом уровне

dynamical ~ динамическое описание, динамическая модель

formal ~ формальное описание

geometrical ~ геометрическое описание, геометрическая модель

image ~ описание изображения

indefinite ~ неопределённое описание

instance ~ описание экземпляра *или* представителя *(некоторого класса объектов)*

job ~ описание (производственного) задания

kinematical ~ кинематическое описание, кинематическая модель

object ~ описание объекта

physical ~ описание [модель] физических свойств *(напр. манипулятора)*

problem ~ описание задачи; постановка задачи

process ~ описание процесса

relational ~ реляционное описание, описание отношений *(между объектами в анализе сцен)*

shape ~ описание формы *(объектов)*

structural ~ структурное описание *(в анализе сцен)*

syntactic ~ синтаксическое описание

task ~ 1. описание (производственного) задания 2. описание задачи

descriptor дескриптор; описатель; признак

  blob ~ описатель пятна; признак пятна *(в анализе изображений)*

  boundary ~ описатель границы *(объекта на изображении)*

design 1. проектирование; расчёт 2. проект; план‖проектировать 3. конструкция; схема 4. эскиз 5. дизайн

  block ~ блочная конструкция

  computer-aided [**computer-integrated**] ~ автоматизированное проектирование

  conceptual ~ 1. разработка концепции, концептуальное проектирование 2. концептуальный проект

  configuration ~ 1. проектирование конфигурации *(системы)* 2. кинематическая схема *(манипулятора)*

  detailed ~ 1. рабочее проектирование 2. рабочий проект 3. подробная схема

  draft ~ эскизный проект

  functional ~ 1. функциональное проектирование 2. разработка функциональных схем 3. функциональная схема

  incremental ~ пошаговое [поэтапное] проектирование

  integral ~ 1. целостный проект 2. целостная конструкция

  intellectual ~ 1. интеллектуальное проектирование *(с применением СИИ)* 2. всесторонне продуманная конструкция

  layout ~ 1. проектирование (схемы) размещения 2. план размещения *(напр. оборудования в ГПС)*

  light-weight ~ облегчённая конструкция

  limit ~ расчёт по предельным нагрузкам

  manipulator ~ 1. проектирование манипулятора; расчёт манипулятора 2. конструкция манипулятора

  modular ~ модульная конструкция

  optimum ~ оптимальная конструкция

  original ~ оригинальный проект

  preliminary ~ 1. техническое проектирование; предварительное проектирование 2. технический проект; эскизный проект

  process ~ 1. эволюционное проектирование 2. технологическая схема

  robot-friendly ~ конструкция *(обслуживаемого оборудования или роботизируемого объекта)*, удобная для применения роботов; роботоориентированная конструкция

  schematic ~ 1. схемное проектирование 2. эскизное

проектирование 3. эскиз; эскизный проект

sophisticated ~ 1. изощрённый проект 2. усложнённая конструкция

trial ~ опытная конструкция

designation обозначение; наименование; маркировка

designator указатель; обозначение

design-engineering конструкторско-технологический

designer 1. проектировщик; конструктор; разработчик 2. дизайнер

desk 1. пульт; стенд 2. панель; стол

control ~ 1. пульт управления; щит управления 2. контрольная панель

operation ~ 1. пульт оператора 2. рабочий стол

test ~ 1. испытательный стенд 2. измерительный стол

despotic принудительный *(о режиме работы устройства)*

destination 1. цель 2. пункт назначения 3. назначение 4. адресат информации

destructive вредный; губительный; разрушающий *(о действующем факторе)*

detachable разъёмный; съёмный; сменный

detail 1. деталь; фрагмент; часть 2. подробность
~ **of design** 1. деталь проекта 2. элемент конструкции
pictorial ~ деталь изображения; фрагмент изображения

detection 1. определение; обнаружение 2. выделение; выявление 3. детектирование 4. распознавание

boundary ~ выделение границы *(объекта на изображении)*

collision ~ обнаружение столкновения

color ~ 1. определение цвета 2. выделение (требуемого) цвета *(при обработке цветных изображений)* 3. распознавание *(объектов)* по цветовому коду

contour ~ выделение контура *(объекта на изображении)*

edge ~ 1. выделение края *(объекта на изображении)* 2. обнаружение фронта *(импульса)*

error ~ обнаружение ошибок

failure ~ обнаружение отказов *или* повреждений

feature ~ выявление (характерных) признаков

size ~ 1. определение размеров *(объекта)* 2. обнаружение объектов заданных размеров *(на изображении)*

texture ~ 1. определение текстуры 2. выделение (требуемой) текстуры *(при обработке изображений)* 3. распознавание *(объектов)* по текстуре

detector 1. детектор; устройство обнаружения 2. чувствительный [воспринимающий] элемент 3. оператор

обнаружения; алгоритм обнаружения
collision ~ детектор столкновений
defect ~ устройство *или* алгоритм выявления дефектов
interfinger ~ межпальцевый чувствительный элемент (*в захватном устройстве*)
line ~ 1. детектор линий 2. оператор обнаружения линий (*на изображении*) 3. детектор на линейке (*чувствительных элементов*)
photodiode array ~ детектор на фотодиодной матрице
position ~ детектор положения
position sensitive ~ 1. детектор положения 2. позиционно-чувствительный детектор 3. чувствительный элемент датчика положения
proximity ~ детектор приближения; датчик близости
video ~ видеодетектор, детектор видеосигнала
detent 1. упор 2. стопор; арретир 3. собачка; защёлка 4. кулачок; палец
determination 1. определение 2. вычисление
end-point ~ 1. определение (координат) концевой точки (*рабочего органа робота*) 2. обнаружение конца фразы (*при распознавании речи*)

development 1. конструирование; разработка 2. развитие; эволюция 3. усовершенствование; улучшение 4. доводка; отладка 5. вывод (*формулы*) 6. разложение (*в ряд*) 7. мн. нововведения, новшества
advanced ~ разработка опытного образца; перспективная разработка
data ~ разработка информационной структуры (*системы*)
design ~ 1. совершенствование конструкции 2. доработка проектных решений
in-house ~ собственная разработка; разработка собственными силами (*предприятия*)
personnel ~ повышение квалификации персонала
robot ~ 1. разработка робота 2. усовершенствование робота
deviation отклонение; девиация ◊ ~ **from specification** отклонение от технических требований
anticipated ~ прогнозируемое отклонение
dynamic ~ динамическое отклонение (*движения робота от программного*)
end-effector ~ отклонение рабочего органа (*робота*)
net ~ результирующее отклонение
path ~ отклонение траектории (*напр. робота*)
standard ~ *мат.* среднеквад-

ратическое отклонение; стандартное отклонение

device 1. устройство; приспособление 2. механизм; аппарат; прибор

actuating ~ привод

adjusting ~ 1. регулировочное приспособление; установочное приспособление 2. механизм настройки; прибор настройки

alarm ~ устройство аварийной сигнализации

antistrike ~ противоударное устройство; демпфер

arresting ~ 1. ограничитель хода; упор 2. стопорный механизм

attention ~ сигнальное устройство

centering ~ центрирующее приспособление; устройство для центровки

chucking [clamping] ~ зажимное приспособление

command ~ командное устройство; командоаппарат

computing ~ вычислительное устройство

control ~ 1. устройство управления, управляющее устройство 2. контрольный прибор 3. средство контроля

control input ~ 1. устройство ввода команд *или* сигналов управления 2. управляющая рукоятка

coupling ~ стыковочное приспособление; соединительная муфта; устройство для присоединения (*напр. захватного устройства к манипулятору*)

damping ~ демпфер

data display ~ устройство отображения информации

data input ~ устройство ввода данных

decision-making ~ устройство принятия решений

delivery ~ подающее устройство

edging ~ кантовочное приспособление; кантователь

emptying ~ разгрузочное приспособление; опрокидыватель

end-effector coupling ~ устройство (для) присоединения рабочего органа (*к запястью манипулятора*)

escapement ~ 1. выпускное устройство 2. выталкиватель

external ~ внешнее устройство (*не являющееся частью робототехнической системы*)

feedback ~ устройство обратной связи

feeding ~ питатель; подающее устройство; загрузочное устройство

fixed program ~ устройство с жёсткой [неизменяемой] программой

fixing ~ 1. зажимное приспособление; фиксатор 2. стопорное устройство

graphic input ~ устройство графического ввода

gripping ~ захватное устройство

hand-exchange ~ устройст-

DEV

во для смены рабочих органов (*робота*)

hand-held programming ~ портативное программирующее устройство

handling ~ манипулятор; манипуляционное устройство

hoisting ~ грузоподъёмное устройство; подъёмник

input/output ~ устройство ввода — вывода

inspection ~ контрольно-измерительное устройство; прибор для (визуального) контроля

light-sensitive ~ светочувствительный прибор; фотоэлемент

limiting ~ ограничитель

loading ~ загрузочное устройство

manipulator-controlled ~ устройство, управляемое при помощи манипулятора

material-handling ~ 1. устройство загрузки — разгрузки материалов 2. устройство для транспортировки [переноса] материалов

multirole programmable ~ многофункциональное программируемое устройство

optical input ~ оптическое устройство ввода

optoelectronic ~ оптоэлектронный прибор

orienting ~ ориентирующее приспособление; ориентатор

peripheral *периферийное* устройство (*системы*)

DEV

pick-and-place ~ 1. подъёмно-транспортное устройство 2. цикловой манипулятор

presence-sensing ~ устройство обнаружения; сенсор наличия (*объекта*)

protective ~ защитное устройство; предохранитель

range-measuring ~ дальномер

readout ~ считывающее устройство

recording ~ записывающее устройство

robot(ic) ~ 1. робототехническое *или* роботизированное устройство; робот 2. механизм робота

rotating ~ поворотное устройство

safety ~ защитное устройство; предохранитель; *мн.* средства техники безопасности

sensing ~ 1. сенсорное устройство; устройство очувствления (*напр. робота*) 2. датчик; сенсор

sensory ~ сенсорное устройство; устройство очувствления (*напр. робота*)

setting ~ задающее устройство; *проф.* задатчик

stand-alone ~ автономное стройство

storage ~ запоминающее устройство, ЗУ

support ~ 1. поддерживающее устройство; держатель 2. вспомогательное устройство

switching ~ переключаю-

щее устройство; коммутирующее устройство
tensioning ~ натяжное приспособление; механизм натяжения
tipping ~ опрокидыватель
tool-changing ~ устройство смены инструментов
visible-warning ~ устройство визуальной сигнализации
work-holding ~ 1. захватное устройство 2. приспособление для зажима обрабатываемых деталей
dexterity 1. манёвренность; манипуляционные *или* двигательные возможности *(робота)* 2. ловкость; сноровка; гибкость
diagnosis 1. диагностика; обнаружение [выявление] ошибок. 2. диагноз
malfunction ~ диагностика сбоев; обнаружение [выявление] неправильного функционирования
off-line ~ автономная диагностика
on-line ~ диагностика в процессе работы *(устройства)*
periodic ~ периодическая проверка
preventive ~ профилактическая диагностика
remote ~ дистанционная диагностика
robot ~ диагностика робота
trouble ~ 1. диагностика неисправностей 2. аварийная диагностика

warning ~ предупредительная диагностика
diagnostics 1. *см.* **diagnosis** 2. диагностические средства
diagram диаграмма; схема; график
block ~ блок-схема; структурная схема
Bode ~ диаграмма Боде *(логарифмическая частотная характеристика системы)*
circuit ~ 1. принципиальная схема 2. схема соединений
function block ~ функциональная схема
logic(al) ~ логическая (блок-)схема
multiple activity ~ многофункциональная диаграмма операций, *проф.* циклограмма
network ~ 1. сетевой график 2. схема сети *(ЭВМ)*
route ~ 1. маршрутная схема *(материальных потоков)* 2. схема трассы *(мобильного робота)*
skeleton ~ структурная схема; блок-схема
stability ~ диаграмма устойчивости
state ~ диаграмма состояний
technological ~ технологическая диаграмма *(схема технологического процесса, совмещённая с планом производственного помещения)*
timing ~ временная диаграмма

Voronoi ~ диаграмма Вороного (*представление объектов с помощью преобразования к срединным осям*)

wiring ~ монтажная схема; схема соединений

dialog(ue) диалог; общение

man-machine ~ общение человека с машиной; диалог человека с машиной

menu ~ диалог на основе меню; диалог на основе выбора предлагаемых вариантов

prompted ~ диалог с подсказками, диалог с наводящими сообщениями (*со стороны системы*)

question /answer ~ диалог в форме вопросов и ответов

robot ~ диалоговое общение с роботом

diaphragm диафрагма; мембрана

dichotomization дихотомизация; разделение надвое

dictionary:

fault ~ словарь [таблица] неисправностей (*для диагностики*)

feature ~ словарь [таблица] признаков (*для анализа изображений*)

junction ~ словарь [таблица] связей (*для анализа изображений*)

die-casting:

robotic ~ роботизированное литьё в постоянные формы

difference 1. разница; отличие 2. разность 3. приращение

~ **of Gaussians** разность гауссианов (*оператор выделения краёв объекта на изображении*)

finite ~ конечная разность

luminance ~ яркостный контраст

differential 1. *мат.* дифференциал 2. дифференциальная передача, дифференциал

differentiation 1. установление различий; разделение 2. *мат.* дифференцирование, взятие производной

diffusion 1. распространение 2. диффузия; рассеяние

digit 1. цифра; одноразрядное число; разряд 2. знак, символ

sign ~ знаковый разряд

significant ~ значащая цифра

digital цифровой

digitization оцифровка (*аналогового сигнала*)

digitizer цифровой преобразователь, цифратор

image [picture] ~ устройство оцифровки изображений

dimension 1. размер; величина; габарит 2. размерность; измерение

array ~ размерность массива (*данных*)

boundary ~s габаритные размеры

high ~ большая размерность (*решаемой задачи*)

zero ~ безразмерность; нулевая размерность

diode диод

light-emitting ~ светодиод,

светоизлучающий диод

direct 1. направлять; указывать направление; ориентировать 2. управлять; руководить; указывать; предписывать 3. прямой; непосредственный

direction 1. направление 2. управление; руководство; указание; предписание

  approach ~ направление подхода; направление подвода *(рабочего органа робота)*

  azimuth(al) ~ азимутальное направление

  clockwise ~ направление по часовой стрелке

  counter-clockwise ~ направление против часовой стрелки

  deproach ~ направление отхода; направление отвода *(рабочего органа робота)*

  goal ~ направление в цель

  hand-referenced ~ направление в системе координат, связанной с захватным устройством; направление относительно захватного устройства *(робота)*

  link ~ направление (вдоль) звена *(манипулятора)*

  normal ~ нормальное [перпендикулярное] направление; направление нормали

  tangential ~ касательное направление; направление касательной

directive 1. директива, указание; указатель 2. управляющий; направляющий

disable 1. блокировать; отключать; выключать из работы 2. отменять *(команду)* 3. выводить из строя

disadjustment разрегулировка

disadvantage 1. недостаток, отрицательное свойство 2. неблагоприятный фактор; аргумент против 3. вред, ущерб; убыток ‖ приносить вред

disagreement 1. рассогласование 2. расхождение

disalignment 1. несовпадение осей 2. непараллельность; отклонение от прямой

disambigue устранять [снимать] неоднозначность

disapprove отклонять, отвергать, не утверждать; браковать *(решение)*

disassemble разбирать, производить разборку

discard 1. брак ‖ браковать 2. отбрасывать; отвергать; не учитывать

discipline 1. дисциплина, порядок обслуживания 2. дисциплина, область знаний

  management ~ принцип управления

  queue ~ дисциплина очереди, правило упорядочения *(объектов в очереди);* очерёдность обслуживания

disconnection разъединение; размыкание; отключение

discontinuity 1. *мат.* разрывность; разрыв непрерывности 2. неоднородность

  range ~ скачок дальности

(при измерениях дальномером)

discontinuous 1. разрывный; прерывистый 2. дискретный

discrepancy 1. расхождение 2. рассогласование 3. различие, несходство
  position ~ 1. рассогласование (в точке) позиционирования 2. различие положений
  requirements ~ несоответствие техническим требованиям

discrete 1. дискрета; элемент разбиения 2. дискретный сигнал 3. дискретный компонент 4. дискретный

discriminant 1. *мат.* дискриминант 2. отличительный признак
  part ~ идентификатор детали

discrimination 1. различение; распознавание 2. различительная способность
  color ~ 1. различение цветов; распознавание цвета 2. различение *(объектов)* по цвету
  shape ~ 1. различение формы 2. различение *(объектов)* по форме

disk диск
  abrasive ~ абразивный круг; шлифовальный круг
  brake ~ тормозной диск
  coding ~ кодирующий диск *(в оптическом кодовом датчике)*
  flexible [floppy] ~ гибкий диск; дискет(а)
  index ~ делительный диск
  stroboscopic ~ стробоскопический диск
  Winchester ~ винчестерский диск

diskette дискет(а)

disorder 1. разладка; нарушение нормальной работы 2. беспорядок 3. неупорядоченность

disordered 1. беспорядочный; хаотичный 2. неупорядоченный; неорганизованный

disoriented 1. неориентированный 2. дезориентированный

disparity 1. несоответствие; несоразмерность 2. диспаратность *(смещение соответствующих точек на стереоизображениях)*
  convergent [crossed] ~ сходящаяся диспаратность
  divergent [uncrossed] ~ расходящаяся диспаратность

dispatching диспетчеризация; координация

dispersion 1. дисперсия; разброс *(случайной величины)* 2. рассеяние; дисперсия *(света)*

displacement 1. перемещение; перенос 2. смещение; сдвиг; отклонение 3. замена; замещение; вытеснение 4. рабочий объём *(цилиндра двигателя)* 5. относительный адрес
  Cartesian ~ перемещение в декартовых координатах
  end-effector ~ 1. перемещение рабочего органа 2. отклонение рабочего органа

end-point ~ 1. перемещение конца *(манипулятора)* 2. отклонение в концевой точке

gripper ~ 1. перемещение захватного устройства 2. отклонение захватного устройства

joint ~ 1. перемещение сочленения *(манипулятора)* 2. смещение в сочленении *(манипулятора)*

labor ~ замена ручного труда

linear ~ линейное смещение

virtual ~ виртуальное перемещение

display 1. дисплей 2. устройство отображения; табло; индикатор ‖ отображать данные; индицировать 3. отображение *(данных)*; вывод данных на устройство отображения ‖ выводить данные на устройство отображения 4. изображение *(напр. на экране)*

animated ~ оживлённое изображение, мультипликация

data ~ 1. информационное табло; индикатор данных 2. отображение информации; вывод информации на устройство отображения или на экран дисплея

flat (panel) ~ плоский индикатор; индикаторная панель

graphic ~ 1. графический дисплей 2. отображение графической информации; вывод графической информации на экран дисплея 3. графическое изображение

head-mounted ~ дисплей, устанавливаемый на голове *(оператора дистанционно управляемого робота)*

image ~ 1. вывод изображений на экран; воспроизведение изображений на экране 2. изображение, показанное на экране

intensified ~ дисплей с интенсификацией свечения *(части изображения)*

mimic ~ дисплей с мнемосхемой

monitor ~ контрольный дисплей; монитор

operator's ~ операторский дисплей

overview ~ обзорный дисплей

panel ~ пультовый дисплей

remote ~ 1. дистанционный дисплей 2. выносное (информационное) табло 3. дистанционное отображение информации

robot ~ 1. экран [дисплей] робота 2. изображение робота на экране дисплея

visual ~ визуальный индикатор

dissector диссектор *(передающая телевизионная трубка)*

dissipation рассеяние; диссипация

armature ~ рассеяние *(мощности)* в обмотке якоря

energy ~ рассеяние энер-

гии; диссипация энергии
heat ~ рассеяние тепла
power ~ рассеяние мощности; потеря мощности

distance расстояние; дистанция
code ~ кодовое расстояние
focal ~ фокусное расстояние
Hamming ~ расстояние Хемминга *(в распознавании образов)*
intercluster ~ межкластерное расстояние *(в распознавании образов)*
Levenshtein ~ метрика Левенштейна *(длина преобразований от одного объекта к другому)*
look-ahead ~ просматриваемое расстояние
safe ~ безопасное расстояние; безопасная дистанция

distortion искажение
image ~ искажение изображения
raster ~ искажение растра; растровое искажение
trajectory ~ искажение траектории

distributed распределённый; рассредоточенный
geographically ~ территориально распределённый; территориально рассредоточенный
locally ~ локально распределённый

distribution 1. распределение 2. распространение; рассредоточение
bimodal ~ бимодальное распределение
binomial ~ биномиальное распределение
energy ~ 1. распределение энергии 2. энергетический спектр
multivariate ~ многомерное распределение
near-normal ~ распределение, близкое к нормальному
normal ~ нормальное распределение
probability ~ распределение вероятностей
sampling ~ выборочное распределение
skew(ed) ~ несимметричное распределение
truncated ~ усечённое распределение
uniform ~ равномерное распределение
unimodal ~ унимодальное распределение
unit ~ распределение нормированной случайной величины
univariate ~ одномерное распределение

distributor распределительное устройство, распределитель

disturbance 1. возмущение 2. нарушение *(режима)* 3. помеха 4. разрушение; повреждение
external ~ внешнее возмущение
random ~ случайное возмущение
step ~ скачкообразное возмущение
stochastic ~ стохастиче-

DIS

ское [случайное] возмущение

disuse отказ от использования

dither 1. размывание *(изображения)* 2. дрожание ‖ дрожать

diver:
  robot(ic) ~ подводный робот, робот-водолаз

diversify вводить разнообразие, диверсифицировать

diversity 1. разнесение; разновременность 2. разнообразие, диверсификация
  design ~ проектное разнообразие, диверсификация проектных решений
  functional ~ функциональное разнообразие *(обеспечивающее выполнение одной и той же функции несколькими способами)*

division 1. (раз)деление; распределение; разбиение 2. деление *(операция)* 3. подразделение; отделение; участок 4. перегородка; барьер
  maintenance ~ 1. отдел технического обслуживания 2. служба сопровождения *(выпускаемых изделий)*
  space ~ разбиение пространства 2. пространственное разделение
  support ~ служба поддержки *(разрабатываемых систем)*
  testing ~ служба испытаний
  time ~ временнóе разбиение
  trajectory ~ разбиение

DOU

траектории *(на участки)*

d-neighbor непосредственный сосед *(в анализе изображений)*

document документ; документальный источник *(информации)* ‖ документировать *(напр. разработку)*

dog 1. собачка; защёлка 2. зажим 3. кулачок; зуб 4. палец; упор
  adjustable ~ регулируемый ограничитель хода
  stop ~ (жёсткий) упор; стопор

domain 1. область 2. предметная область *(знаний)*
  control ~ область регулирования
  frequency ~ частотная область
  knowledge ~ область знаний; предметная область *(базы знаний в СИИ)*
  stability ~ область устойчивости
  time ~ временнáя область

domain-specific зависящий от (конкретной) предметной области; отражающий специфику (конкретной) предметной области

don't care безразличное состояние *(объекта, не влияющее на действия системы управления)*

dormancy состояние бездействия; заторможенность
  fault ~ заторможенность дефектов *(выражающаяся в их проявлении лишь в определённых условиях)*

doubling 1. удвоение; сдваи-

down 1. неисправный; ухудшающийся 2. направленный вниз, нисходящий 3. севший (*об источнике питания*)

download загружать (*информацию в ЗУ*)

downtime непроизводительная потеря времени; время простоя; простой

draft 1. чертёж; эскиз; набросок‖чертить; изготовлять эскиз; делать набросок 2. черновой вариант‖намечать вчерне 3. проект (*документа*)

drafting 1. вычерчивание; изготовление эскизов 2. составление проекта (*документа*)
  computer (-aided) ~ машинное изготовление чертежей

draftsman:
  robot(ic) ~ автоматический графопостроитель; робот для изготовления чертежей, робот-чертёжник

drag 1. торможение; задержка; сопротивление 2. натяжение 3. тащить; тянуть 4. медленно смещаться
  friction ~ сопротивление (из-за) трения
  viscous ~ вязкое [вязкостное] сопротивление

dramatic существенный; значительный, резкий (*об ухудшении характеристик*)

draw 1. выводить (*заключение*); делать вывод 2. чертить, вычерчивать; рисовать 3. тянуть; протягивать; волочить 4. жребий; жеребьёвка‖тянуть [бросать] жребий

drawback 1. препятствие; помеха 2. недостаток

drawing чертёж; рисунок; изображение
  assembly ~ сборочный [монтажный] чертёж
  design ~ конструкторский чертёж
  diagrammatic ~ схематический чертёж
  dimensional ~ габаритный чертёж
  general ~ 1. чертёж общего вида 2. сборочный [монтажный] чертёж
  master ~ эталонный чертёж
  rough ~ эскиз; набросок
  shop ~ рабочий чертёж

drift 1. дрейф; уход; снос 2. смещение; сдвиг; отклонение
  ~ **of development** ход разработки (*проекта*)
  ~ **of parameter** уход (значений) параметра
  end-point ~ уход концевой точки (*робота*)
  warm-up ~ температурный уход (*параметров при прогреве оборудования*)
  zero ~ 1. дрейф нуля 2. сдвиг нуля

drill 1. сверло 2. сверлильный станок‖сверлить 3. дрель 4. бур; перфоратор‖бурить

drive 1. привод; передача; движущий механизм‖при-

DRI

водить в действие 2. движущая сила‖ двигать 3. запуск 4. накопитель *(на магнитных дисках или лентах)* 5. управлять

AC-~ привод (с электродвигателем) переменного тока, электропривод переменного тока

adjustable ~ регулируемый привод; настраиваемый привод

alternating current ~ привод (с электродвигателем) переменного тока, электропривод переменного тока

back ~ привод заднего хода

belt ~ ремённая передача

bend(ing) ~ привод сгибания *(манипулятора в запястье)*

bidirectional ~ реверсивный привод

cable ~ 1. тросовая передача; гибкая передача 2. управление по кабелю, кабельное управление

cam ~ кулачковый привод

cartridge tape ~ кассетный накопитель на магнитной ленте, КНМЛ

chain ~ цепная передача

common ~ групповой привод

computer-controlled ~ привод с управлением от ЭВМ, привод, управляемый ЭВМ

convertible ~ реверсивный привод

DC-~ привод (с электродвигателем) постоянного тока, электропривод постоянного тока

direct ~ непосредственный [безредукторный] привод; прямая передача

direct current ~ привод (с электродвигателем) постоянного тока, электропривод постоянного тока

disk ~ 1. дисковод 2. накопитель на дисках

diskette ~ накопитель на дискетах, дискетный накопитель

eccentric ~ эксцентриковый привод

electric ~ электрический привод, электропривод

electromechanical ~ электромеханический привод

extension-retraction ~ привод вытягивания — отведения *(манипулятора)*; привод удлинения — втягивания *(телескопического звена манипулятора)*

flexible ~ гибкая передача

floppy ~ накопитель на гибких магнитных дисках, НГМД

fluid power ~ гидропривод; пневмопривод

friction ~ фрикционная передача

gear ~ зубчатая передача, ЗП

hard ~ накопитель на жёстких (магнитных) дисках

harmonic ~ волновой редуктор

horizontal ~ привод гори-

зонтального движения, горизонтальный привод
hydraulic ~ гидравлический привод, гидропривод
joint ~ привод сочленения; привод степени подвижности *(манипулятора)*
linear ~ 1. привод (прямо)линейного движения 2. линейный привод
magnetic ~ привод с (электро)магнитной муфтой
optical disk ~ накопитель на оптических дисках
pitch ~ привод наклона *(звена или рабочего органа манипулятора)*
planetary ~ планетарная передача
pneumatic ~ пневматический привод, пневмопривод
reversing ~ реверсивный привод
roll ~ 1. привод вращения, вращательный привод 2. привод ротации *(рабочего органа робота)*
rotary ~ 1. привод вращения, вращательный привод 2. привод вращательной степени подвижности
servo ~ сервопривод; следящий привод
signal ~ энергия сигнала *(в обработке изображений)*
sweep ~ 1. привод поворота *(корпуса робота)* 2. привод вращения, вращательный привод 3. привод качания *(звена манипулятора)*
swivel ~ 1. привод качания *(звена манипулятора)* 2. привод поворота *(корпуса робота)* 3. привод наклона *(рабочего органа робота)*
tape ~ лентопротяжное устройство
tendon ~ тросовая передача
tilt ~ привод наклона *(рабочего органа робота)*
turn ~ 1. поворотный привод 2. привод поворотной степени подвижности; привод поворота *(корпуса робота)* 2. привод ротации *(рабочего органа робота)*
vertical ~ привод вертикального движения, вертикальный привод
Winchester ~ накопитель на винчестерском диске, *проф.* винчестер
worm-gear ~ червячная передача
yaw ~ привод сгибания *(манипулятора в запястье)*
driver 1. задающее устройство 2. (первичный) двигатель; ведущий элемент 3. движитель; движущий механизм 4. водитель *(транспортного средства)* 5. драйвер *(управляющая программа)*
bus ~ драйвер канала
nut ~ гайковёрт
screw ~ винтовёрт
software ~ программный драйвер
driving 1. приведение в действие 2. запуск, пуск; возбуждение 3. управление‖ управляющий 4. приводной; ведущий; задающий

DRO

drone:
  aircraft ~ летающий робот; беспилотный самолёт
droop 1. статическое отклонение *(манипулятора от заданной позы)*; прогиб *(под действием статической нагрузки)*
drop 1. падение; снижение; спад 2. перепад 3. проход, просмотр 4. удалять, выбрасывать
dropping 1. отпускание; освобождение *(объекта роботом)* 2. игнорирование, отбрасывание *(напр. несущественной информации)*
drum барабан; цилиндр
  magnetic ~ магнитный барабан
  revolving ~ вращающийся барабан *(устройство задания программы цикловому роботу)*
  tool ~ инструментальный барабан
dual 1. дуальный, двойственный 2. двойной, сдвоенный
duality 1. двойственность 2. взаимность
dual-link двухканальный
dual-mode двухрежимный
dual-ported двухпортовый
dual-sided с двусторонней записью; двусторонний *(об информационном носителе)*
duct 1. канал; проход 2. трубка
  cable ~ кабельный канал
due 1. должный, надлежащий 2. точно, прямо ◊ ~ **to** обусловленный ‖ благодаря; из-за

DUR

dummy 1. макет 2. фиктивный; холостой; пустой *(о команде или переменной)*
dump 1. аварийное выключение, сброс *(напр. рабочей нагрузки)* 2. разгрузка ЗУ 3. опрокидыватель
  power ~ аварийное отключение электропитания
  program ~ сброс программы *(во внешнее ЗУ)*
duplex 1. дуплекс ‖ дуплексный; двусторонний *(о режиме информационного обмена)* 2. дублированный; сдвоенный
duplexing организация дуплексной передачи; дуплексная передача; установление двустороннего обмена
duplicate 1. дубликат, копия ‖ дублировать, копировать 2. удваивать, увеличивать вдвое ‖ двойной, удвоенный 3. запасной, резервный, дублирующий
duplication 1. дублирование, копирование 2. удвоение, увеличение вдвое 3. дубликат, копия
durability долговечность; живучесть; прочность; износостойкость
duration длительность; продолжительность
  acceleration ~ 1. продолжительность (стадии) ускорения 2. время разгона
  arm transfer ~ продолжительность (стадии) переноса руки *(робота)*
  cycle ~ продолжительность цикла; время цикла

deceleration ~ 1. продолжительность (стадии) замедления 2. время торможения
life ~ срок службы
response ~ время реакции; время отклика
run ~ 1. длительность работы 2. время прогона
duty 1. режим (работы); условия работы; рабочий цикл 2. производительность; мощность 3. нагрузка 4. обязанность; круг обязанностей; функциональная задача
  extra ~ 1. перегрузка; режим работы с перегрузкой 2. дополнительные обязанности
  extra-heavy ~ сверхтяжёлый режим; крайне тяжелые условия работы
  heavy ~ тяжёлый режим; тяжёлые условия работы
  light ~ лёгкий режим; лёгкие условия работы
  rated ~ номинальные условия работы
  varying ~ 1. переменный режим 2. переменная нагрузка
dwell (программируемая) временна́я задержка (*в работе оборудования, обслуживаемого роботом*)
dynamics динамика
  arm ~ динамика руки (*робота*)
  control ~ динамика (системы) управления
  direct ~ прямая задача динамики
  drive ~ динамика привода
  forward ~ прямая задача динамики
  functional ~ функциональная динамика; динамика выполнения функционального задания (*роботом*)
  group ~ групповая динамика (*в системном анализе*)
  industrial ~ индустриальная [промышленная] динамика; динамика промышленного предприятия (*анализируемая при создании ГПС*)
  inverse ~ обратная задача динамики
  varying ~ переменная динамика

E

ease 1. лёгкость; удобство 2. разгружать; освобождать; облегчать; отпускать (*напр. гайку*) 3. убавлять; уменьшать (*напр. скорость, усилие*)
easy-to-handle удобный в обращении
easy-to-test легкопроверяемый
easy-to-use удобный в обращении
eccentric эксцентрик; кулачок
echo эхосигнал, отражённый сигнал ‖ отражаться
edge 1. край; контур (*объекта на изображении*) 2. реб-

ро *(графа)* 3. фронт *(импульса)* 4. кромка; остриё; лезвие

back~ задний фронт *(импульса)*

cutting~ режущая кромка; лезвие

leading ~ 1. передний фронт *(импульса)* 2. рабочая кромка

noise ~ шумовой контур; ложный контур

robot ~ габариты робота

soft ~ нечёткий [нерезкий, размытый] край

stroke ~ граница [край] штриха *(при считывании штрихового кода)*

edging 1. оконтуривание, выделение краёв 2. контур *(объекта на изображении)*

edit редакционное изменение‖ редактировать

editing редактирование

editor редактор, программа редактирования

graphics ~ графический редактор, программа редактирования графической информации

interactive ~ диалоговый редактор, программа интерактивного редактирования

pictorial ~ (программа-)редактор изображений

effect 1. действие; воздействие; влияние‖ (воз)действовать; влиять 2. эффект; результат

~ **of action** результат действия

~ **of behavior** результат поведения

causal ~ причинно-следственное влияние

close-up ~ эффект крупного плана *(в СТЗ)*

coupling ~ взаимное влияние *(степеней подвижности манипулятора)*

degrading ~ эффект ухудшения рабочих характеристик

dynamic ~ 1. влияние динамики; динамическое влияние; динамическое воздействие 2. динамический эффект

failure ~s последствия отказа

Hall ~ эффект Холла

mutual ~ взаимодействие; взаимовлияние

net ~ 1. суммарное влияние 2. результирующий эффект

photoelectric ~ фотоэлектрический эффект, фотоэффект

rationalization ~ 1. организационный эффект 2. эффект рационализации

side ~ побочный эффект

stroboscopic ~ стробоскопический эффект

synerg(et)ic ~ синергический эффект, синергизм; эффект совместного действия *(нескольких подсистем)*

volume ~ количественный эффект

effectiveness действенность; эффективность

effector 1. рабочий орган *(робота)* 2. исполнительное устройство; эффектор

adaptable ~ 1. адаптивный рабочий орган; настраиваемый рабочий орган 2. адаптируемый эффектор
end ~ рабочий орган *(см. тж end-effector)*
robot ~ рабочий орган робота
efficiency 1. эффективность; продуктивность; рентабельность 2. коэффициент полезного действия, кпд
computational ~ вычислительная эффективность; простота вычислений
cost ~ эффективность затрат
detection ~ 1. чувствительность детектирования 2. чувствительность при обнаружении
lens ~ разрешающая способность линзы *(в СТЗ)*
net ~ результирующий кпд
radiant ~ кпд источника излучения *(напр. в СТЗ)*
effort 1. усилие; напряжение 2. попытка
braking ~ тормозное усилие
centrifugal ~ центробежная сила
moving ~ движущее усилие
programming ~ работа по программированию
starting ~ пусковое усилие, сила трогания
eigenfunction собственная функция
eigenvalue собственное значение; характеристическое число *(матрицы)*
eigenvector собственный вектор

ejector 1. выталкиватель; выбрасыватель 2. эжектор
elasticity 1. упругость; эластичность 2. гибкость, адаптационная способность
elbow 1. локтевой шарнир, локоть *(робота)* 2. коленчатый патрубок; колено
electives (выбираемые пользователем) факультативные программы
electrics электрооборудование; электрическая часть
electromagnet электромагнит
gripping ~ электромагнитное захватное устройство
plunger ~ втяжной электромагнит
electronics 1. электроника 2. электроника, электронные схемы
control ~ управляющая электроника, электронные схемы управления
digitizing ~ электронные схемы оцифровки *(аналоговых сигналов)*
robot ~ электронные блоки робота
signal-processing ~ электронные схемы обработки сигналов
electronification *проф.* электронизация *(внедрение промышленной электроники)*
element 1. элемент; (составная) часть 2. элемент, компонент; деталь; звено; орган
acicular sensing ~ иглообразный [игольчатый] чувствительный элемент
AND ~ элемент И

111

arithmetic ~ арифметический элемент
array ~ элемент массива
comparison ~ элемент сравнения; орган сравнения; нуль-орган
computational [computing] ~ вычислительный элемент
control ~ элемент (системы) управления; орган управления
dead time ~ звено запаздывания
detecting [detector] ~ чувствительный [воспринимающий] элемент
dynamic(al) ~ динамический элемент; динамическое звено
image ~ 1. фрагмент изображения; часть изображения 2. элемент изображения, пиксел
kinematic сhain ~ элемент кинематической цепи; звено кинематической цепи
linear ~ линейный элемент; линейное звено
list ~ элемент списка
logic(al) ~ логический элемент
matching ~s соответственные элементы *(на паре стереоизображений)*
matrix ~ элемент матрицы
nonlinear ~ нелинейный элемент; нелинейное звено
OR ~ элемент ИЛИ
photo ~ фотоэлемент
picture ~ элемент изображения, пиксел
primary ~ 1. первичный элемент 2. основной элемент
processing ~ 1. обрабатывающий элемент 2. процессорный элемент
processor ~ процессорный элемент
sensing [sensitive] ~ 1. чувствительный [воспринимающий] элемент 2. датчик, сенсор 3. элемент (системы) очувствления
shared processing ~ совместно используемый процессорный элемент
storage ~ элемент ЗУ, запоминающий элемент
structural ~ элемент конструкции
switching ~ переключающий элемент
threshold ~ пороговый элемент

elevation 1. вертикальная проекция; вид *(на чертеже)* 2. угол возвышения 3. высота; возвышение; подъём
  back ~ вид сзади
  front ~ вид спереди
  manipulator ~ высота (подъёма) манипулятора; степень поднятия/опускания манипулятора
  rear ~ вид сзади
  side ~ вид сбоку

elevator подъёмник
  belt ~ ленточный подъёмник
  screw ~ шнековый подъёмник

elicitation выявление; извлечение
  knowledge ~ извлечение знаний

elimination 1. удаление; устранение 2. *мат.* исключение (*неизвестного*)

hidden line ~ удаление невидимых линий (*при анализе сцен или синтезе изображений*)

noise ~ устранение шумов или помех

redundancy ~ устранение избыточности

elongation удлинение; вытянутость

emergency непредвиденная ситуация; авария; выход из строя ‖ аварийный; экстренный

emitter 1. излучатель; источник 2. эмиттер

infrared ~ источник инфракрасного [теплового] излучения; инфракрасный излучатель

enable 1. разблокировать 2. отпирать; снимать запрет; разрешать (*функционирование*)

encapsulate 1. заключать в корпус 2. герметизировать 3. формировать пакеты данных

encasement кожух; обшивка

encipher кодировать; шифровать

encirclement обход по контуру (*в анализе устойчивости системы управления или в обработке изображений*)

enclosure ограждение; ограда

encoder 1. кодовый датчик 2. кодирующее устройство; шифратор

absolute ~ кодовый датчик абсолютного положения; абсолютный кодовый датчик

incremental ~ инкремент(аль)ный кодовый датчик; кодовый датчик относительного положения

joint position ~ кодовый датчик положения сочленения (*манипулятора*)

linear ~ линейный кодовый датчик; кодовый датчик линейного перемещения

optical ~ оптический кодовый датчик

position ~ позиционный кодовый датчик

pulse ~ 1. импульсный кодовый датчик 2. импульсный шифратор

resolver-to-digital ~ кодовый датчик с оцифровкой сигнала резольвера

rotary ~ кодовый датчик угла поворота

shaft ~ кодовый датчик (углового) положения вала или оси (*напр. звена робота*)

encoding кодирование; шифрование

convolutional ~ свёрточное кодирование (*сообщений*)

run-length ~ кодирование (*изображений*) длинами пробега (*сканирующего луча*), кодирование (*изображений*) длинами серий (*однородных элементов*)

encounter столкновение; (непредвиденная) встреча ‖ сталкиваться; встречаться

end 1. конец; окончание 2. край; конец; торец ‖ крайний; конечный

dead ~ 1. останов без возможности повторного пуска 2. тупик

distal ~ 1. дальний конец 2. конец *(кинематической цепи)* манипулятора со стороны рабочего органа

optical front ~ оптическая часть *(СТЗ)*; объектив

proximal ~ 1. ближний конец 2. конец *(кинематической цепи)* манипулятора со стороны основания

endanger представлять опасность

end-effector рабочий орган *(робота)*

   general-purpose ~ универсальный рабочий орган; рабочий орган общего назначения

   multipurpose ~ многофункциональный рабочий орган

   removable ~ сменный [съёмный] рабочий орган

   special-purpose ~ специализированный рабочий орган

endpoint:

   robot ~ 1. концевая точка робота; конец (руки) робота 2. конечная точка (маршрута) робота

energize 1. возбуждать 2. подавать питание

energy энергия; мощность

   image ~ мощность [энергия] изображения

   kinetic ~ кинетическая энергия

   pattern ~ мощность [энергия] образа

   potential ~ потенциальная энергия

engagement зацепление; защёлкивание

engine 1. двигатель 2. машина; механизм

   air ~ 1. пневматический двигатель 2. компрессор

   air-cooled ~ двигатель с воздушным охлаждением

   direct-drive ~ безредукторный двигатель

   driving ~ приводной двигатель

   fan ~ 1. двигатель, охлаждаемый вентилятором 2. мотор вентилятора

   geared ~ двигатель с редуктором

   high-power ~ мощный двигатель

   high-speed ~ высокоскоростной двигатель

   hoisting ~ подъёмная машина

   inference [**inferencing**] ~ «машина» [механизм] логического вывода *(в СИИ)*

   jet(-propulsion) ~ реактивный двигатель

   lock ~ механизм блокировок

   pancake ~ плоский двигатель

   piston [**reciprocating**] ~ поршневой двигатель

   reversing ~ реверсивный двигатель

   simulation ~ спецпроцессор (для) моделирования

   steering ~ рулевой двигатель, двигатель рулевого управления

   transform ~ спецпроцессор (для) преобразований

engineer 1. инженер 2. механик; техник 3. специалист
  data-processing ~ специалист по обработке данных
  design ~ инженер-конструктор; разработчик
  field ~ специалист по эксплуатации, *проф.* эксплуатационник
  hardware design ~ специалист по разработке аппаратуры, разработчик технических средств
  industrial ~ специалист по организации производства
  knowledge ~ специалист по технике представления и использования знаний (*в СИИ*)
  management ~ специалист по системам управления
  robotic ~ 1. инженер *или* техник по эксплуатации роботов 2. специалист по робототехнике
  software ~ специалист по программному обеспечению, разработчик программных средств
  system ~ 1. системотехник 2. специалист по системам
engineering 1. проектирование; конструирование 2. техника
  automatic control ~ 1. техника автоматического управления *или* регулирования 2. автоматика
  communication ~ техника связи
  computer-aided ~ автоматизированная разработка; автоматизированное конструирование
  control systems ~ 1. проектирование систем управления 2. системный анализ (*задач или устройств*) управления
  human ~ инженерная психология
  industrial ~ организация производства
  knowledge ~ техника представления знаний, *проф.* инженерия знаний (*методы и средства представления, хранения и использования знаний в СИИ*)
  project ~ техника проектирования
  requirements ~ технология выработки требований (*в разрабатываемой системе*)
  robotic ~ 1. робототехника 2. конструирование роботов
  systems ~ 1. проектирование (больших) систем; системотехника 2. системное проектирование 3. техника системного анализа
  value ~ инженерно-стоимостный анализ; технико-экономический анализ
enhancement усовершенствование; улучшение; развитие; модернизация
  edge ~ подчёркивание контуров (*при обработке изображений*)
  image ~ улучшение (качества) изображения
  yield ~ увеличение выхода (годной) продукции
enlargement расширение; увеличение

ENR

angular ~ угловое увеличение
image ~ увеличение изображения
enrichment:
job ~ улучшение организации труда
enterprise 1. предприятие 2. предметная область *(базы данных)*
entity 1. объект 2. сущность; категория
application ~ прикладная компонента *(программного обеспечения)*
data ~ информационный объект
external ~ внешний объект; объект окружающей среды
whole ~ целостный объект, единое целое
entry 1. ввод; вход 2. введённые данные; входное сообщение 3. элемент *(напр. таблицы)* 4. вхождение 5. проникновение *(через систему защиты)*
command ~ командный вход *(управляемого устройства)*
data ~ информационный вход *(устройства)*
data description ~ элемент описания данных
job ~ ввод задания
keyboard ~ ввод с клавиатуры
manual ~ ручной ввод
prompted ~ ввод с подсказкой; предписанный ввод
push-button ~ кнопочный ввод

ENV

remote job ~ дистанционный ввод заданий
tree ~ элемент древовидной структуры
envelope 1. оболочка; кожух 2. огибающая 3. граница *(области)*
restricted work ~ запретная *(для персонала)* зона *(в рабочем пространстве робота)*
robot motion ~ граница зоны движений робота
robot working ~ граница рабочего пространства робота
environment 1. рабочая среда *(робота)* 2. среда; окружение; обстановка; (внешние) условия 3. условия эксплуатации
clustered ~ упорядоченная среда
cluttered ~ загромождённая среда
computing ~ вычислительная среда
demanned ~ условия безлюдного производства
explosive ~ взрывоопасная среда
external ~ 1. внешняя среда 2. условия эксплуатации
extremal ~ экстремальная среда
hostile ~ агрессивная среда
manufacturing ~ 1. рабочая среда 2. производственные условия
on-line ~ 1. условия, требующие работы в реальном времени 2. реальная рабочая среда

problem ~ 1. проблемная среда 2. условия задачи
programming ~ условия программирования (*робота*)
programming-free ~ условия, исключающие потребность в программировании
real-life ~ 1. реальные условия (*в отличие от моделируемых*) 2. реальная рабочая среда
run-time ~ условия эксплуатации
space-limited ~ 1. стеснённые условия 2. ограниченное рабочее пространство
structured ~ структурированная среда
support ~ средства поддержки; обеспечивающие средства
task ~ 1. среда, в которой выполняется задание 2. рабочие условия (выполнения) задания
unordered ~ неупорядоченная [неорганизованная] среда
unstructured ~ неструктурированная среда
use ~ условия использования; условия эксплуатации
user ~ условия работы (*робота*) у пользователя

epure эпюра

equalization 1. выравнивание; уравнивание 2. стабилизация; уравновешивание
adaptive ~ адаптивная компенсация
histogram ~ выравнивание гистограммы (*в обработке изображений*)
spectral ~ усреднение энергетического спектра (*сигнала в обработке изображений*)

equate 1. приравнивать; равнять(ся) 2. составлять уравнение; устанавливать равенство

equation уравнение; равенство
algebraic ~ алгебраическое уравнение
approximate ~ 1. аппроксимирующее уравнение 2. приближённое уравнение
arm motion ~ уравнение движения руки (*робота*)
characteristic ~ характеристическое уравнение
closing ~ замыкающее уравнение, уравнение замыкания (*контура регулирования*)
difference ~ разностное уравнение, уравнение в конечных разностях
differential ~ дифференциальное уравнение
dynamic ~ уравнение динамики, динамическое уравнение
generating ~ порождающее уравнение
Gibbs-Appel ~s уравнения Гиббса-Аппеля (*динамики механических систем*)
heterogeneous ~ неоднородное уравнение
homogeneous ~ однородное уравнение
integral ~ интегральное уравнение

kinematic ~ уравнение кинематики

Lagrange [Lagrangian] ~ уравнение Лагранжа

linear ~ линейное уравнение

manipulator dynamic ~ уравнение динамики манипулятора

matrix ~ матричное уравнение

motion ~ уравнение движения

Newton ~ s уравнения Ньютона

nonlinear ~ нелинейное уравнение

partial differential ~ дифференциальное уравнение в частных производных

perturbed ~ возмущённое уравнение, уравнение возмущённого движения

reduced ~ приведённое уравнение

steady-state ~ уравнение стационарного состояния; уравнение (для) установившегося режима

transient ~ 1. уравнение переходного процесса 2. уравнение для переходного режима

vector ~ векторное уравнение

equidistant эквидистантный, равноотстоящий, равноудалённый, с равными промежутками

equilibrant уравновешивающая сила; уравновешивающий момент

equilibrium равновесие

~ **of forces** равновесие сил

~ **of torques** равновесие моментов

dynamic ~ динамическое равновесие

indifferent [neutral] ~ безразличное равновесие

stable ~ устойчивое равновесие

static ~ статическое равновесие

unstable ~ неустойчивое равновесие

equipment оборудование; аппаратура; оснастка

ancillary ~ вспомогательное оборудование; вспомогательная аппаратура

automated ~ автоматизированное оборудование

automation ~ средства автоматики

calibration ~ калибровочная аппаратура; оборудование для калибровки (робота)

charging ~ загрузочное оборудование

control ~ 1. аппаратура управления; аппаратура регулирования 2. аппаратура контроля

data communications ~ аппаратура передачи данных

display ~ 1. индикаторное оборудование 2. дисплейная аппаратура

feeding ~ оборудование для подачи (напр. деталей)

fixed ~ несъёмное оборудование; фиксированная оснастка

guidance ~ 1. аппаратура наведения (*напр. мобильного робота*) 2. направляющие приспособления

handling ~ манипуляционное оборудование; манипуляционное устройство

hoisting [lifting] ~ (грузо-)подъёмное оборудование

loading ~ загрузочное оборудование

maintenance ~ 1. эксплуатационное оборудование 2. ремонтное оборудование

manufacturing ~ производственное оборудование; производственная оснастка

material-handling ~ загрузочно-разгрузочное оборудование; оборудование для транспортировки [переноса] материалов

metering ~ измерительная аппаратура; измерительное оборудование

overhead ~ подвесное оборудование; оборудование, установленное над рабочей зоной

processing ~ 1. технологическое оборудование 2. оборудование для обработки (*данных*)

production ~ производственное оборудование

remote control ~ аппаратура дистанционного управления, аппаратура телеуправления

robot protection ~ защитные приспособления робота; средства защиты робота (*напр. от радиации*)

safety ~ техника безопасности; оборудование, обеспечивающее безопасность; защитные приспособления

self-test ~ аппаратура с самоконтролем

signal-conversion ~ устройство преобразования сигналов

slave ~ 1. подчинённое оборудование; оборудование, работающее в подчинённом режиме 2. оборудование копирующего манипулятора

standby ~ резервное оборудование

supervisory ~ 1. контрольная аппаратура 2. диспетчерское оборудование 3. оборудование системы супервизорного управления (*роботом*)

support ~ вспомогательное оборудование

technological ~ технологическое оборудование; технологическая оснастка

telematics ~ телемеханическое оборудование

test(ing) ~ испытательное оборудование; испытательная *или* проверочная аппаратура

tool ~ 1. инструментальная оснастка 2. набор инструментов

unattended ~ необслуживаемое (*оператором*) оборудование

working ~ действующее оборудование

work-transfer ~ оборудование для транспортировки [переноса] деталей *или* изделий

erect 1. устанавливать; монтировать; сооружать 2. прямой; вертикальный

ergonomics эргономика
   robot ~ эргономика роботов

error ошибка; погрешность; отклонение
   absolute ~ абсолютная ошибка; абсолютная погрешность
   accumulated ~ накопленная [суммарная] ошибка *или* погрешность
   actual ~ фактическая ошибка
   admissible ~ допустимая ошибка; допустимая погрешность
   alignment ~ 1. погрешность юстировки 2. погрешность центровки 3. погрешность выравнивания *(деталей роботом)*
   angular ~ 1. угловая ошибка; угловая погрешность 2. ошибка в определении угла
   approximation ~ ошибка аппроксимации; погрешность аппроксимации
   black-to-white ~ ошибка при переходе от чёрного к белому *(в обработке изображений)*
   constant ~ постоянная [систематическая] ошибка
   construction ~ 1. конструктивная недоработка 2. ошибка монтажа
   contouring ~ 1. контурная погрешность; ошибка контурного управления; ошибка отслеживания контура 2. ошибка выделения контура *(объекта на изображении)*
   control ~ ошибка (системы) управления; погрешность управления; ошибка регулирования
   decision ~ ошибка при принятии решения, ошибочное решение
   design ~ ошибка проектирования
   drift ~ ошибка из-за ухода параметров; ошибка из-за дрейфа *(нуля)*
   dynamic ~ динамическая ошибка; динамическая погрешность
   end-point ~ отклонение *или* погрешность в концевой точке *(руки робота)*
   gross ~ грубая ошибка
   human factor ~ ошибка игнорирования человеческого фактора *(связанная с игнорированием присутствия человека в системе)*
   input ~ 1. ошибка на входе 2. ошибка входной величины 3. ошибка ввода
   input/output ~ ошибка ввода — вывода
   inspection ~ ошибка контроля
   instrumental ~ инструментальная погрешность
   mean(-root)-square ~ среднеквадратичная [среднеквадратическая] ошибка

measuring [**metering**] ~ ошибка измерения

nonobvious ~ неявная ошибка

obvious ~ явная [очевидная] ошибка

operating ~ 1. ошибка из-за нарушения правил эксплуатации 2. ошибка в работе

operator ~ ошибка оператора

orientation ~ 1. ошибка ориентации; погрешность ориентации (*напр. рабочего органа робота*) 2. погрешность определения ориентации (*объекта*)

output ~ 1. ошибка на выходе 2. ошибка выходной величины 3. ошибка вывода

path-following ~ ошибка отслеживания траектории; погрешность отслеживания траектории

percentage ~ относительная ошибка

permissible ~ допустимая ошибка; допустимая погрешность

positioning ~ ошибка при позиционировании; погрешность позиционирования

program ~ ошибка в программе; программная ошибка

random ~ случайная [несистематическая] ошибка

range ~ 1. отклонение по дальности 2. ошибка измерения дальности

recoverable ~ исправимая ошибка; ошибка, допускающая восстановление (*нормальной работы*)

relative ~ относительная ошибка

repeatability ~ 1. погрешность повторяемости, погрешность, характеризующая повторяемость (*движений робота*) 2. ошибка из-за неидеальной повторяемости

requirement ~ ошибка в определении (технических) требований

resolution ~ 1. погрешность, характеризующая разрешающую способность 2. ошибка из-за ограниченной разрешающей способности

resultant ~ суммарная [накопленная] ошибка *или* погрешность; результирующая ошибка *или* погрешность

root-mean-square ~ среднеквадратичная [среднеквадратическая] ошибка

round-off ~ ошибка округления

sequence ~ 1. ошибка в последовательности (*действий*) 2. ошибка из-за неправильной последовательности (*действий*)

setup ~ ошибка начальной установки; ошибка настройки

software ~ ошибка в системе программного обеспечения; программная ошибка

specification ~ 1. ошибка в описании 2. ошибка в технических требованиях
spurious ~ кажущаяся ошибка; ложная ошибка
"staleness" ~ 1. ошибка запаздывания (*при дискретизации аналоговых сигналов*) 2. ошибка из-за износа; ошибка из-за старения (*оборудования*)
static ~ статическая ошибка; статическая погрешность
steady-state ~ установившаяся ошибка; статическая ошибка
systematic ~ постоянная [систематическая] ошибка
timing ~ 1. ошибка синхронизации 2. ошибка отсчёта времени
tolerated ~ допустимая ошибка; допустимая погрешность
total ~ 1. общая ошибка 2. суммарная [накопленная] ошибка *или* погрешность
transformation ~ ошибка преобразования
transmission ~ ошибка передачи
true ~ истинная ошибка; истинная погрешность
truncation ~ ошибка усечения; ошибка отбрасывания (*остаточного члена формулы*)
uncompensated ~ некомпенсированная ошибка
underrun ~ ошибка из-за неполного завершения работы программы

unrecoverable ~ неисправимая ошибка; ошибка, не допускающая восстановления (*нормальной работы*)
white-to-black ~ ошибка при переходе от белого к чёрному (*в обработке изображений*)
zero point ~ 1. уход нуля; ошибка при установке нуля 2. ошибка из-за ухода *или* неточной установки нуля

estimate оценка‖оценивать (*см. тж* **estimation**)
  lower(-bound) ~ оценка снизу, нижняя оценка
  maximum likelihood ~ оценка максимального правдоподобия
  sample ~ выборочная оценка, оценка по выборке
  time ~ временная оценка
  upper(-bound) ~ оценка сверху, верхняя оценка

estimation 1. оценка (*см. тж* **estimate**) 2. оценивание
  adaptive ~ адаптивное оценивание
  cost ~ оценка уровня затрат
  error ~ оценка погрешности
  least square ~ 1. оценка по методу наименьших квадратов 2. оценивание по методу наименьших квадратов
  minimum variance ~ 1. оценка с минимальной дисперсией 2. оценивание с минимальной дисперсией
  parameter ~ 1. оценка па-

раметров 2. оценивание параметров

statistical ~ 1. статистическая оценка 2. статистическое оценивание

estimator 1. устройство *или* блок оценки, эстиматор 2. формула оценки; оценочная функция 3. (статистическая) оценка

biased ~ смещённая оценка

efficient ~ эффективная оценка

ratio ~ оценка в виде отношения

unbiased ~ несмещённая оценка

E-stop кнопка аварийного отключения *(оборудования)*

evaluation 1. оценка 2. вычисление; расчёт

application ~ (технико-экономическая) оценка применения

benchmark ~ 1. контрольная оценка 2. аттестационная оценка

cost-benefits ~ оценка эффективности затрат

experimental ~ экспериментальная оценка

performance ~ оценка (качества) функционирования

practical ~ практическая оценка, оценка на практике

qualitative ~ качественная оценка

quantitative ~ количественная оценка

theoretical ~ 1. теоретическая оценка 2. теоретический расчёт

visual ~ визуальная оценка; оценка на глаз

evaluator 1. вычислитель 2. устройство *или* блок оценки, эстиматор

event 1. событие 2. исход; результат

automatic ~ автоматическое событие *(происходящее в заданное время и контролируемое устройством управления)*

disjoint ~s несовместные [взаимоисключающие] события

exhaustive ~s полная система событий

external ~ внешнее событие; событие во внешней среде

functional ~ исход [результат] функционирования

independent ~ независимое событие

interrupt ~ прерывающее событие

null ~ невозможное событие

operator-triggered ~ событие, инициируемое оператором

random ~ случайное событие

triggering ~ запускающее событие; инициирующее событие

evolution 1. развитие, эволюция 2. изменение *(во времени)*

exact точный; верный, безошибочный

example 1. пример 2. образец

excentricity эксцентриситет

exception 1. исключение 2. исключительная ситуация; исключительный случай
  run-time ~ исключительная ситуация в процессе работы
  specification ~ 1. исключительная ситуация при нарушении заданных условий 2. исключение, предусмотренное в технических требованиях

exchange 1. смена ‖ сменять 2. обмен *(данными)* ‖ обмениваться *(данными)* 3. аппаратура обмена; (автоматический) коммутатор каналов 4. перестановка модулей *(при компоновке модульных конструкций)*
  automatic ~ 1. автоматическая смена *(напр. инструмента)* 2. автоматический обмен 3. автоматический коммутатор каналов
  automatic gripper ~ автоматическая смена захватного устройства; автоматическая смена схвата
  bus ~ обмен по шине
  data ~ обмен данными, информационный обмен
  end-to-end ~ сквозной (информационный) обмен *(в сети ЭВМ)*
  input-output ~ коммутатор ввода-вывода
  message ~ 1. обмен сообщениями 2. аппаратура обмена сообщениями
  remote computer system ~ аппаратура обмена между вычислительной системой и дистанционными устройствами
  tool ~ смена инструмента
  two-way ~ двусторонний обмен

excitation возбуждение

execution исполнение; выполнение *(программ, команд)*
  command ~ исполнение команды
  concurrent ~ одновременное [параллельное] выполнение *(нескольких операций)*
  instruction ~ исполнение команды
  job ~ выполнение работы
  motion ~ выполнение движения
  plan ~ выполнение [реализация] плана действий
  program ~ исполнение программы
  remote ~ дистанционное выполнение
  (single-)step ~ пошаговое исполнение
  task ~ выполнение задания *(роботом)*
  trajectory ~ исполнение (движения по) траектории, реализация траектории *(роботом)*

executive диспетчер; организующая программа

exertion:
  force/torque ~ приложение усилий/моментов

exfoliation:
  sucker ~ отлипание [отпускание] присоски *(захватного устройства)*

existence существование

exit 1. выход; выходной канал 2. окончание (*программы*); выход (*из программы*)

exoskeleton экзоскелетон (*многозвенный механизм, надеваемый на человека и управляемый в копирующем или супервизорном режиме*)

expandability расширяемость; наращиваемость

expansible 1. растяжимый; способный расширяться 2. *мат.* разложимый

expansion 1. расширение; наращивание 2. растяжение 3. *мат.* разложение

  heat ~ тепловое расширение

  memory ~ расширение памяти

  sweep ~ растяжение развёртки (*в СТЗ*)

experience опыт; квалификация; мастерство

experiment эксперимент ‖ проводить эксперимент, экспериментировать

  computer ~ машинный эксперимент

  controlled ~ управляемый эксперимент

  designed ~ спланированный эксперимент

  model ~ эксперимент с моделью; эксперимент на модели, модельный эксперимент

  natural ~ натурный эксперимент; эксперимент в естественных условиях

  robotized ~ роботизированный эксперимент

  seminatural ~ полунатурный эксперимент (*на модели в комплексе с реальной аппаратурой*)

  simulation ~ имитационный эксперимент; эксперимент с использованием имитационного моделирования

  test-bed-based ~ эксперимент с использованием макета *или* испытательного стенда

expert специалист; эксперт (*в определённой области знаний*)

expertise 1. экспертные знания; опыт 2. экспертиза (*напр. проектных решений по системе*)

  computerized ~ компьютеризованные [заложенные в память ЭВМ] экспертные знания

  human ~ человеческий опыт (*используемый в экспертной системе*)

explainer блок объяснения (*действий СИИ*)

explicit явный; определённый; подробный

exposure внешнее воздействие, внешнее влияние

expression выражение

  approximate ~ приближённое выражение

  Boolean ~ булево выражение

  call ~ вызывающая фраза (*реализующая обращение к подпрограмме*)

conditional ~ условное выражение
graphic ~ графическое представление
logical ~ логическое выражение
numerical ~ численное выражение

expressiveness выразительные возможности *(языка программирования)*

extender 1. удлинитель 2. расширитель

extensibility расширяемость; наращиваемость

extension 1. вытягивание; выдвижение 2. расширение; наращивание; продолжение 3. протяжённость 4. наставка; удлинитель
arm ~ 1. вытягивание *или* выдвижение руки *(робота)* 2. удлинитель руки *(робота)*
boom ~ выдвижение звена *(манипулятора в призматическом сочленении)*
elbow ~ вытягивание *(манипулятора)* за счёт разгибания локтевого шарнира
joint ~ выдвижение *(звена манипулятора)* в (призматическом или телескопическом) сочленении; вытягивание *(манипулятора)* за счёт разгибания сочленения
language ~ расширение языка

externally-driven с внешним возбуждением, управляемый внешними сигналами

extinguisher:
robot(ic) ~ автоматический огнетушитель; робот-пожарный

extraction извлечение; выделение
contour ~ выделение контура *(объекта на изображении)*
edge ~ выделение края *(объекта на изображении)*
feature ~ выделение (характерных) признаков *(на изображении)*
signal ~ выделение сигнала *(на фоне помех)*
workpiece ~ извлечение деталей *(из тары)*

extractor:
edge ~ блок выделения края *(объекта на изображении)*
feature ~ блок выделения (характерных) признаков *(на изображении)*
square-root ~ блок извлечения квадратного корня

extrapolation экстраполяция

extremity конечность *(манипуляционного или шагающего робота)*

extremum *мат.* экстремум

extrusion 1. выпячивание *(выдающийся участок объекта на изображении)* 2. выталкивание; вытеснение; выдавливание 3. штамповка вытяжкой

eye глаз; видеосенсор *(робота)*

eyeballing визуальный контроль; осмотр

eye-in-hand «глаз на руке»

(тип системы очувствления робота)

eyesight поле зрения

F

fabrication изготовление; производство

face 1. экран *(напр. дисплея)* 2. лицо; лицевая сторона; вид спереди 3. торец; грань; фаска

  friction ~ поверхность трения, фрикционная поверхность

  support [thrust] ~ опорная поверхность

faceplate лицевая панель *(напр. пульта управления)*

facet 1. фацет, аспект *(элемент фреймового представления знаний)* 2. грань; фаска

facilit/y 1. устройство 2. *мн.* оборудование; аппаратура; оснастка 3. *мн.* средства

  auxiliary ~ies вспомогательное оборудование; вспомогательные приспособления

  calibration ~ies 1. калибровочные устройства 2. аппаратура калибровки 3. средства калибровки

  communication ~ies средства связи

  computing ~ies вычислительные средства

  control ~ies 1. устройства управления 2. средства управления

  database ~ies средства базы данных

  disaster ~ies 1. средства аварийного резерва 2. средства аварийной защиты

  input/output ~ies 1. аппаратура ввода/вывода 2. средства ввода — вывода

  lighting ~ осветительное устройство

  maintenance ~ies 1. эксплуатационное оборудование 2. ремонтное оборудование

  management ~ies средства управления

  perceptual ~ies перцепционные возможности, способности *(робота)* к восприятию *(объектов рабочей среды)*

  peripheral ~ies периферийное оборудование

  robotic ~ies 1. робототехнические устройства 2. средства робототехники

  robot-programming ~ies средства программирования робота

  robot-teaching ~ies средства обучения робота

  security ~ies 1. защитные устройства; защитные приспособления 2. средства (техники) безопасности; средства защиты

  storage ~ies 1. склады; складское оборудование 2. запоминающие устройства; накопители *(информации)* test ~ies 1. испытательное оборудование 2. средства проверки; средства тестирования

visual ~ies 1. оборудование СТЗ 2. средства технического зрения

watch ~ies средства наблюдения *(за состоянием системы)*

factbase база (данных для хранения) фактов, *проф.* фактуальная база данных

factor 1. фактор; показатель 2. множитель; коэффициент *(см. тж* **coefficient***)* 3. агент; посредник

amplification ~ коэффициент усиления

assurance ~ коэффициент прочности; запас прочности

asymmetry ~ коэффициент ассимметрии *(признак распознаваемого объекта)*

attenuation ~ коэффициент ослабления; коэффициент затухания

branching ~ коэффициент ветвления *(напр. в дереве поиска)*

certainty ~ показатель [коэффициент] уверенности *или* достоверности *(гипотезы, генерируемой в СИИ)*

common ~ общий множитель

complexity ~ показатель сложности

contrast ~ коэффициент контрастности

correction ~ поправочный коэффициент; коэффициент коррекции

coupling ~ 1. коэффициент связи 2. коэффициент взаимовлияния *(степеней подвижности манипулятора)* 3. фактор взаимовлияния

damping ~ коэффициент затухания

degradation ~ коэффициент снижения производительности

diffuse reflection ~ коэффициент рассеянного отражения

dissipation ~ 1. коэффициент рассеяния 2. коэффициент потерь

distortion ~ 1. коэффициент искажения 2. фактор, вызывающий искажения

elongation ~ коэффициент вытянутости *(признак распознаваемого объекта)*

engineering ~s технические условия

enlargement ~ коэффициент увеличения *(напр. изображения)*

expansion ~ 1. коэффициент расширения 2. коэффициент растяжения *(напр. изображения)* 3. коэффициент разложения

feedback ~ коэффициент обратной связи

form ~ коэффициент формы *(признак распознаваемого объекта)*

human ~ *проф.* человеческий фактор

intermittency ~ скважность *(импульсов)*

loss ~ коэффициент потерь
noise ~ коэффициент шума, шум-фактор
operational ~ 1. эксплуатационный показатель 2. эксплуатационный фактор 3. *мн.* рабочие характеристики
proportional control ~ коэффициент пропорционального управления
proportionality ~ коэффициент пропорциональности
quality ~ коэффициент добротности; добротность
reflection ~ коэффициент отражения
scale [scaling] ~ 1. масштабный коэффициент 2. масштабный множитель 3. цена деления шкалы
stability ~ коэффициент устойчивости; запас устойчивости
time ~ 1. временной коэффициент 2. фактор времени
transfer ~ коэффициент передачи
unbalance ~ коэффициент неравномерности нагрузки
work load ~ коэффициент (рабочей) загрузки

factory завод; фабрика; (промышленное) предприятие
~ of a future завод будущего
automated ~ завод-автомат; автоматизированное предприятие
computer-integrated ~ комплексно автоматизированное предприятие
flexible manufacturing ~ гибкое производственное предприятие
unmanned ~ безлюдное (роботизированное) предприятие

factory-wide в масштабах предприятия

fail 1. повреждаться; выходить из строя; отказывать *(в работе)* 2. не достигать успеха *(напр. при поиске решения)*

failproof защищённый от отказов

fail-safe отказобезопасный

fail-soft с постепенным ухудшением параметров *(при неисправностях)*; с амортизацией отказов

failure 1. отказ *(в работе)*; неисправность; повреждение; разрушение; сбой 2. неудача, неблагоприятный исход 3. несостоятельность; неспособность
ageing ~ отказ вследствие старения
benign ~ неопасный отказ
chance ~ случайный сбой
chargeable ~ *проф.* ответственный отказ *(по вине изготовителя оборудования)*
complete ~ полный отказ
critical ~ критический [опасный] отказ
detectable ~ обнаружимый отказ
ED ~ отказ из-за ошибки проектирования оборудования
EM ~ отказ из-за плохого качества изготовления оборудования

equipment design ~ отказ из-за ошибки проектирования оборудования

equipment manufacturing ~ отказ из-за плохого качества изготовления оборудования

fatal ~ *проф.* фатальный отказ *(не нейтрализуемый системными средствами)*

fatigue ~ усталостное разрушение

functional ~ функциональная неисправность

gripping ~ неудача при захватывании *(объекта роботом)*

incipient ~ состояние, близкое к отказу; зарождающийся отказ

intentional ~ умышленно вызванный отказ

intermittent ~ перемежающийся отказ; *мн.* перемежающиеся сбои

latent ~ скрытый [неявный] отказ

long-term ~ длительный отказ

malign ~ опасный отказ

mechanical ~ 1. механическое повреждение 2. отказ механической части *(робота)*

misuse ~ отказ из-за неправильного обращения

multiple ~ множественный отказ

nonchargeable ~ *проф.* неответственный отказ *(не по вине изготовителя отказавшего оборудования)*

operational ~ эксплуатационный отказ *(1. из-за неправильной эксплуатации 2. на этапе эксплуатации)*

part design [PD] ~ отказ из-за ошибок проектирования узла *или* детали

program ~ сбой программы

random ~ случайный сбой

search ~ неудача при поиске, неудачный поиск

short-term ~ кратковременный отказ

software ~ неисправность программного обеспечения

software error ~ отказ из-за ошибки в программном обеспечении

structural ~ разрушение конструкции

undetectable ~ необнаруживаемый отказ

wear-out ~ износовый отказ, отказ из-за износа

failure-free безотказный

false ложь *(значение логической функции)* ‖ ложный

family семейство; ряд; серия

~ **of curves** семейство кривых

~ **of designs** 1. семейство конструкций 2. семейство проектных решений

~ **of solutions** семейство решений

compatible ~ семейство совместимых устройств *или* систем

computer ~ семейство [ряд] ЭВМ

IC ~ семейство интегральных схем, семейство ИС

logic ~ семейство логических элементов, *проф.* тип логики

  robot ~ семейство роботов

  task ~ семейство задач

fan вентилятор; лопасть вентилятора

fast-acting быстродействующий

fasten скреплять; соединять; свинчивать; зажимать

fastener скоба; зажим; соединительная деталь; *мн.* крепёжные детали, крепёж

fault 1. повреждение; неисправность 2. ошибка 3. дефект; недостаток

  assembly ~ 1. дефект сборки 2. ошибка при сборке

  coupling ~ 1. неисправность типа паразитной связи 2. ошибка из-за взаимовлияния *(степеней подвижности манипулятора)*

  design ~ ошибка проектирования

  image ~ искажение изображения; дефект изображения

  interactive ~ неисправность, вызванная взаимовлиянием *(процессов)*

  latent ~ 1. скрытая [неявная] неисправность 2. скрытый дефект

  manufacturing ~ производственный дефект

  multiple ~s 1. множественные неисправности 2. множественные ошибки

  single ~ 1. одиночная неисправность 2. одиночная ошибка

  solid ~ устойчивая неисправность

  stuck-at ~ неисправность типа застревания в одном состоянии

  sustained ~ устойчивое повреждение; устойчивая неисправность

  untestable ~ непроверяемый дефект

  worst-case ~ неисправность, проявляющаяся в самом тяжёлом режиме работы

fault-intolerant чувствительный к отказам, не обладающий свойством отказоустойчивости

fault-tolerance отказоустойчивость

  algorithm-based ~ алгоритмическая отказоустойчивость

  function-level ~ функциональная отказоустойчивость

  hardware ~ аппаратная отказоустойчивость

faulty неисправный, дефектный

feasibility 1. осуществимость; достижимость 2. обоснованность; целесообразность

  engineering ~ техническая осуществимость

  operating ~ 1. функциональная реализуемость 2. жизнеспособность в реальных условиях эксплуатации

  technical ~ 1. техническая осуществимость 2. технико-экономическое обоснование

feature 1. признак; особенность (*распознаваемого объекта*) 2. свойство; характерная черта

ancestral ~s унаследованные свойства (*от предшествующей модификации системы*)

classification ~ классификационный признак

contour ~ контурный признак

directional ~ 1. признак направления 2. признак, определяемый по ориентации (*объекта или фрагмента*)

distinctive ~ отличительный [дифференциальный] признак

global ~ глобальный признак

high-level ~s признаки высокого уровня

histogram ~ гистограммный признак

intensity ~ яркостный признак

key ~ ключевой признак

linguistic ~ лингвистический [вербальный, описательный] признак (*в распознавании образов*)

local ~ локальный признак

low-level ~s признаки низкого уровня

numerical ~ численный признак; количественный признак

prominent ~ ориентир (*на местности*)

qualitative ~ качественный признак

quantitative ~ количественный признак

spatial spectral ~ пространственно-спектральный признак (*распознаваемого объекта*)

topological shape ~ топологический признак формы; топологическая характеристика формы (*объекта*)

verbal ~ вербальный [описательный, лингвистический] признак (*в распознавании образов*)

federation объединение, интеграция

feed 1. подача ‖ подавать 2. питание; снабжение ‖ питать; снабжать 3. (начальная) установка числа (*в счётном устройстве*)

air ~ 1. подача (сжатого) воздуха 2. пневмоподача

belt ~ подача с помощью ленты *или* ремня

conveyor ~ конвейерная подача

dial ~ револьверная подача

forced ~ принудительная подача

gravity ~ гравитационная подача; подача самотёком

magazine ~ магазинная подача

rack ~ подача посредством зубчатой рейки

ratchet ~ подача посредством храпового колеса

robot ~ 1. подача с помощью робота 2. подача (*деталей*) к роботу

screw ~ винтовая подача
shunt ~ *эл.* параллельное питание
wire ~ подача (сварочной) проволоки

feedback обратная связь ◊
from product quality обратная связь по качеству продукции
  adaptive ~ адаптивная обратная связь
  bilateral ~ двусторонняя обратная связь
  cross ~ перекрёстная обратная связь
  delayed ~ запаздывающая обратная связь; обратная связь с запаздыванием
  derivative ~ обратная связь по производной
  elastic ~ регулируемая [гибкая] обратная связь
  feature ~ обратная связь по признакам (*изображения*)
  force ~ обратная связь по усилию, силовая обратная связь
  global ~ глобальная обратная связь
  integral ~ интегральная обратная связь
  internal ~ внутренняя обратная связь
  lagging ~ запаздывающая обратная связь; обратная связь с запаздыванием
  linear ~ линейная [пропорциональная] обратная связь
  local ~ локальная [местная] обратная связь
  multiple sensory ~ многоканальная сенсорная обратная связь; обратная связь по сигналам от нескольких сенсоров
  negative ~ отрицательная обратная связь
  position ~ обратная связь по положению, позиционная обратная связь
  positive ~ положительная обратная связь
  proportional ~ пропорциональная [линейная] обратная связь; жёсткая обратная связь
  rate ~ обратная связь по скорости; обратная связь по производной
  sensory ~ сенсорная обратная связь
  servo ~ следящая обратная связь
  state ~ обратная связь по состоянию (*системы*)
  tachometer ~ тахометрическая обратная связь; обратная связь по скорости (*в сочетании манипулятора*)
  torque/force ~ силомоментная обратная связь
  touch ~ обратная связь по сигналу касания, тактильная обратная связь
  user ~ обратная связь (поставщика) с пользователем (*системы*)
  visual ~ зрительная [визуальная] обратная связь

feeder 1. питатель; подающий механизм; загрузочное устройство 2. фидер
  apron ~ ленточный питатель

bin ~ бункерный питатель
bowl ~ чашечный питатель
chain ~ цепной подающий механизм
chute ~ лотковый питатель
disk ~ дисковый питатель
drum ~ барабанный питатель
magazine ~ магазинный питатель
mechanical ~ механический питатель
plunger ~ плунжерный питатель
programmable ~ программно-управляемый [программируемый] питатель
rotary table ~ тарельчатый питатель; питатель типа поворотного стола
screw ~ шнековый питатель; шнек, шнековый транспортёр
shaker [vibratory] ~ вибрационный питатель

feedforward 1. упреждение; предварение 2. прямая связь; опережающая связь

feeding 1. подача 2. питание (*см. тж* **feed**) ‖ питающий
material ~ подача материалов

feeler щуп; чувствительный элемент

fembot женщина-робот (*роботизированный манекен*)

fence 1. ограждение, ограда 2. предохранительный кожух

fettling:
robotic ~ роботизированная очистка слитков

fiber 1. (оптическое) стекловолокно 2. световод, светопровод 3. волокно; нить; волосок
optical ~ 1. оптическое стекловолокно 2. световод, светопровод

fidelity точность (*воспроизведения*); верность (*передачи информации*)

field 1. поле; пространство; область 2. поле, группа разрядов (*кодового слова*) 3. область, сфера
~ **of application** область [сфера] применения
~ **of gravity** поле тяготения, гравитационное поле
data ~ поле данных
deformation ~ поле деформаций (*изображения*)
electromagnetic ~ электромагнитное поле
gradient ~ поле градиентов (*напр. изображения*)
image ~ поле изображения
instruction ~ поле команды
magnetic ~ магнитное поле
picture ~ поле изображения
receptive ~ рецептивное поле (*чувствительного элемента*)
specialist ~ специальная область знаний (*отражаемая в базе знаний*)
vector ~ векторное поле
visual ~ поле зрения

field-programmable программируемый в условиях эксплуатации

field-replaceable допускающий замену в условиях эксплуатации

figure 1. фигура; рисунок 2.

цифра‖обозначать цифрами

~ **of merit** показатель качества *(напр. управления)*

noise ~ коэффициент шума, шум-фактор

filament нить; волосок; волокно

fiber-glass ~ стекловолокно

file файл‖формировать файл; заносить в файл; хранить в файле

command ~ командный файл

control program ~ файл управляющей программы *(робота)*

data ~ файл данных; информационный файл *(в отличие от программного)*

detail ~ файл оперативной информации, текущий файл

feature ~ файл признаков

master ~ главный файл; файл нормативно-справочной информации

object ~ 1. объектный файл 2. файл данных об объектах

part production ~ файл технологических параметров деталей

robot parameters ~ файл параметров робота

routing ~ 1. файл технологических маршрутов 2. файл трассировки

setup ~ 1. паспортный файл 2. файл уставок

tool-life ~ файл срока службы инструмента

visual calibration ~ файл (параметров) калибровки СТЗ

filling:

contour ~ заполнение контура *(в обработке изображений)*

film 1. плёнка; тонкий слой 2. фотоплёнка

filter 1. фильтр‖фильтровать 2. фильтр *(аппаратные и/или программные средства фильтрации информации)*

air ~ воздушный фильтр

analog ~ аналоговый фильтр

band-pass ~ полосовой фильтр

band-stop ~ (полосовой) заградительный [заграждающий, режекторный] фильтр

Bessel ~ фильтр Бесселя

Butterworth ~ фильтр Баттеруорта

coding ~ кодирующий фильтр

comb ~ гребенчатый фильтр *(с несколькими полосами пропускания)*

compensating ~ 1. выравнивающий фильтр, корректирующий фильтр 2. компенсационный (свето)фильтр

critically damped ~ критически демпфированный фильтр

data ~ информационный фильтр

digital ~ цифровой фильтр; дискретный фильтр

high-pass ~ фильтр верхних частот, ФВЧ

Kalman ~ фильтр Калмана

light ~ светофильтр
low-pass ~ фильтр нижних частот, ФНЧ
matched ~ согласованный фильтр
median ~ медианный фильтр
optical ~ оптический фильтр
pattern matching ~ 1. фильтр с согласованием образов 2. фильтр с проверкой совпадения кодов или образов
selective ~ избирательный [селективный] фильтр
smoothing ~ сглаживающий фильтр
zero-crossing ~ фильтр нулевого контура (*выделяющий линию нулевого уровня при обработке изображений*)

filtering фильтрация
digital ~ цифровая фильтрация
homomorphic ~ гомоморфная фильтрация
logical ~ логическая фильтрация
matched ~ согласованная фильтрация
median ~ медианная фильтрация
spatial frequency ~ пространственная частотная фильтрация
thresholding ~ пороговая фильтрация; фильтрация путём сравнения с порогом
Wiener ~ винеровская фильтрация

finder 1. видоискатель, визир 2. пеленгатор; прибор для обнаружения 3. дальномер
corner ~ блок *или* оператор обнаружения уголков (*на изображениях объектов*)
direction ~ пеленгатор; прибор для определения направления (*на цель*)
distance ~ дальномер
edge ~ блок *или* оператор обнаружения краёв (*объектов на изображении*)
range ~ дальномер
view ~ видоискатель

finding 1. обнаружение; отыскание; нахождение 2. *мн.* полученные данные; сведения
edge ~ обнаружение [нахождение] краёв (*объектов на изображении*)
fault ~ отыскание неисправностей
orientation ~ определение ориентации (*объекта, напр. с помощью СТЗ*)
position ~ определение (место)положения
range ~ определение расстояния; определение дальности

findpath 1. поиск пути; поиск маршрута (*мобильного робота*) 2. поиск траектории

finger 1. палец; губка (*захватного устройства*) 2. штифт 3. указатель, стрелка
articulated ~ шарнирный палец
detection ~ воспринимающий штифт (*в тактильном сенсоре*)

easy-to-remove ~s съёмные пальцы; съёмные губки
gripper ~ палец *или* губка захватного устройства; палец *или* губка схвата
index ~ 1. фиксатор; стопорный штифт 2. «указательный палец» (*антропоморфного захватного устройства*)
pressurized ~ палец с изгибающейся (*при подаче сжатого воздуха*) камерой
robot ~ палец (*захватного устройства*) робота

finish 1. окончание; конец 2. отделка; доводка; чистовая обработка‖отделывать; обрабатывать начисто
surface ~ шероховатость поверхности; качество (отделки) поверхности

finishing:
robotic: ~ роботизированные операции отделки

finite конечный; ограниченный

fireman:
robot(ic) ~ робот-пожарный

firm 1. фирма 2. твёрдый; крепкий; плотный; стойкий
engineering ~ проектная фирма, конструкторская фирма
robot-producing ~ фирма-изготовитель роботов

firmware 1. программируемое оборудование 2. программно-аппаратные средства 3. программы ПЗУ; встроенные программы

fit 1. посадка; величина зазора‖входить без зазора; плотно прилегать 2. подгонка; пригонка‖подгонять; пригонять; точно соответствовать; подходить
clearance ~ посадка с зазором
close ~ 1. точная посадка; тугая посадка 2. точная пригонка
exact ~ 1. неподвижная посадка 2. точная пригонка
loose ~ свободная [неплотная] посадка
tight ~ тугая посадка

fitting 1. подгонка; пригонка; посадка (*при сборке*) 2. сглаживание; согласование; подбор (*кривой*) по точкам
curve ~ подбор *или* вычерчивание кривой по точкам
least squares ~ подбор методом наименьших квадратов
robot ~ пуск и наладка робота

fix 1. устанавливать 2. закреплять; зажимать; фиксировать 3. местоположение

fixed 1. неподвижный; стационарный 2. закреплённый; фиксированный

fixing 1. установка 2. (за)крепление; фиксация‖крепёжный; фиксирующий 3. *мн.* снаряжение; оборудование; оснастка
detachable ~ разъёмное крепление
elastic ~ упругое крепление
rigid ~ жёсткое крепление

fixture зажимное приспособ-

ление; крепление; фиксатор
component turnround ~ зажим поворотного типа
programmable ~ программно-управляемое [программируемое] зажимное приспособление
quick change ~ быстросменное зажимное приспособление
weld ~ зажимное приспособление под сварку; фиксатор свариваемых деталей
workholding ~ зажимное приспособление для деталей; фиксатор деталей

flag флаг, флажок; (флаговый) признак *(сигнализирующий о происшедшем событии)*

flange фланец
arm ~ фланец руки *(робота)*
coupling ~ соединительный фланец; стяжной фланец
gripper ~ фланец захватного устройства; фланец схвата
end-effector ~ фланец рабочего органа
hand ~ фланец захватного устройства руки *(робота)*
manipulator ~ фланец манипулятора
ring ~ кольцевой фланец
wrist ~ фланец запястья *(руки робота)*

flare 1. блик; засветка 2. раструб; (коническое) расширение

flash 1. вспышка; блеск; отблеск 2. лампа-вспышка

flat 1. плоскость‖плоский 2. грань; фаска 3. настил 4. горизонтальный участок *(траектории)*; плато

flexiarm 1. гибкая рука *(робота)* 2. рука *(робота)* со многими избыточными степенями подвижности

flexibility 1. гибкость, нежёсткость; эластичность 2. (функциональная) гибкость; перестраиваемость
arm ~ гибкость [нежёсткость] руки *(робота)*
computing ~ вычислительная гибкость, гибкость вычислений
control ~ гибкость управления
expansion ~ гибкость при наращивании, гибкость при расширении *(системы)*
gripper ~ гибкость захватного устройства; эластичность захватного устройства
machine ~ 1. гибкость станка *или* машины 2. гибкость станочного парка
manipulating ~ манипуляционная гибкость
manipulator ~ 1. гибкость [нежёсткость] манипулятора 2. манипуляционная гибкость
operation ~ операционная гибкость; эксплуатационная гибкость
process ~ гибкость технологии, технологическая гибкость
product ~ номенклатурная гибкость, гибкость номен-

FLE — FLU

клатуры (*изделий производства*)

production ~ производственная гибкость

programming ~ гибкость программирования

replacement ~ возможность гибкой замены (*напр. инструмента*)

routing ~ гибкость маршрутизации

software ~ 1. гибкость программного обеспечения 2. гибкость, достигаемая благодаря программному обеспечению; программная гибкость

structural ~ 1. гибкость [нежёсткость] конструкции 2. структурная гибкость

volume ~ гибкость по объёмам выпуска (*изделий*)

flexible 1. гибкий, нежёсткий; сгибающийся (*о конструктивном элементе*) 2. гибкий; многоцелевой; легко приспосабливаемый; перестраиваемый (*на выполнение различных задач*)

flexion сгибание (*манипулятора в сочленении*)

flexspline гибкое зубчатое колесо (*волнового редуктора*)

flexure 1. изгиб; кривизна; искривление; прогиб; выгиб 2. отклонение

flip-flop 1. (двухпозиционное) реле 2. триггер

floating 1. плавающий; незакреплённый 2. астатический

floor 1. пол; настил; перекрытие 2. площадка

assembly ~ 1. монтажная площадка 2. сборочный цех

magnetic ~ магнитный пол

testing ~ испытательный стенд; испытательная площадка

floor-mounted смонтированный на полу, напольный

flow 1. поток ‖ поточный 2. процесс; ход 3. алгоритм; порядок выполнения (*действий*)

~ **of material** материальный поток

control ~ 1. процесс управления 2. алгоритм управления

data ~ поток данных; информационный поток

failure ~ поток отказов

information ~ информационный поток

motion ~ последовательность движений

optical ~ оптический поток

program ~ 1. ход [процесс выполнения] программы 2. блок-схема программы; алгоритм программы

flowchart блок-схема

process ~ блок-схема технологического процесса

flowcharting составление [разработка] блок-схем

flowgraph блок-схема (*программы*)

flowsheet технологическая карта

fluctuation 1. флуктуация; случайное [нерегулярное]

FLU

изменение 2. отклонение; колебание; вариация

fluid 1. жидкость‖жидкий; текучий 2. газ

  pressure ~ гидравлическая жидкость

fluidics струйная техника, флюидика

fluted рифлёный; гофрированный

flux:

  luminous ~ световой поток

flyback обратный ход *(луча развёртки в СТЗ)*

flywheel маховик

FMS [flexible manufacturing system] гибкая производственная система, ГПС

  conveyor-based ~ ГПС конвейерного типа

  dedicated ~ специализированная ГПС

  engineered ~ заказная ГПС *(сконструированная по техническим условиям заказчика)*

  modular ~ модульная ГПС

  random ~ нерегулярная ГПС *(способная к произвольной смене выпускаемых изделий)*

  rotational part ~ ГПС по выпуску деталей (типа тел) вращения

  sequential ~ последовательная [регулярная] ГПС *(выпускающая различные изделия партиями)*

  show-room ~ демонстрационная ГПС

  turnkey ~ ГПС, сдаваемая «под ключ»

focus фокус‖фокусировать; наводить на резкость

focusing фокусировка; наведение на резкость

FOL

folding 1. сгибание; складывание‖складной 2. свёртка, свёртывание

follow 1. следить; отслеживать 2. повторять 3. следовать; вытекать

follower 1. следящее устройство; следящее звено; устройство отслеживания 2. повторитель 3. ведомый элемент *(передачи)* 4. программа *или* оператор прослеживания

  accomodating edge ~ оператор прослеживания контуров *(объектов на изображении)* с аккомодацией

  cam ~ кулачковое следящее устройство

  contour ~ оператор прослеживания контуров *(объектов на изображении)*

  curve ~ 1. оператор прослеживания кривых *(на изображении)* 2. графопостроитель

  emitter ~ эмиттерный повторитель

  line ~ оператор прослеживания линий *(на изображении)*

  path ~ устройство *или* система отслеживания траектории

  seam ~ устройство отслеживания сварного шва

following 1. слежение; отслеживание; прослеживание 2. наблюдение 3. следующий; последующий

contour ~ 1. прослеживание контуров *(объектов на изображении)* 2. движение вдоль заданного контура, отслеживание контура *(рабочим органом робота)*
curve ~ 1. прослеживание кривых *(на изображении)* 2. движение вдоль заданной кривой, отслеживание кривой
path ~ движение вдоль заданной траектории, отслеживание траектории; движение по заданному пути
route ~ движение по заданному маршруту
seam ~ отслеживание сварного шва
trajectory ~ движение вдоль заданной траектории, отслеживание траектории
follow-on последующая модель, модификация
follow-up 1. жёсткая обратная связь 2. следящее устройство||следить, отслеживать 3. календарный контроль
foolproof защищённый от неумелого обращения, *проф.* «защищённый от дурака»; не требующий квалифицированного обслуживания
foot 1. стопа [опора] ноги *(шагающего робота)* 2. ножка; стойка
footprint опорная поверхность; площадь основания
forbidden запрещённый; запретный
force 1. сила, усилие 2. вынуждать; заставлять 3. форсировать
accelerating [**acceleration, accelerative**] ~ ускоряющая сила
back electromotive ~ противоэлектродвижущая сила, противоэдс
balance [**balancing**] ~ уравновешивающая сила
bearing ~ несущая способность; нагрузочная способность; грузоподъёмность *(конструкции)*
breakaway ~ 1. сила отрыва; сила страгивания *(с места)* 2. разрушающая сила
centrifugal ~ центробежная сила
centripetal ~ центростремительная сила
compensation ~ сила компенсации; компенсирующая сила
compliant ~ податливое усилие
component ~ составляющая сила
compressive ~ сжимающее усилие
control ~ управляющее усилие
Coriolis ~ сила Кориолиса, кориолисова сила
counter(acting) ~ противодействующая сила; противодействие
coupling ~ 1. связывающая сила, сила связи 2. сила взаимовлияния *(степеней подвижности робота)*
critical ~ критическое усилие

cross ~ поперечная сила
damping ~ демпфирующая сила
decelerating [deceleration, decelerative] ~ тормозящая [замедляющая] сила
directing ~ направляющая сила
distributed ~ распределённая сила; распределённая нагрузка
drive ~ 1. усилие, развиваемое приводом 2. движущая сила
driving ~ движущая сила; тяговое усилие
dynamic ~ динамическое усилие; динамическая нагрузка
elastic ~ упругая сила; сила упругости
electromotive ~ электродвижущая сила, эдс
equilibrant ~ уравновешивающая сила
external ~ внешняя сила
friction(al) ~ сила трения
generalized ~ обобщённая сила
gravitation(al) [gravity] ~ сила гравитации, сила тяжести
grip(ping) ~ усилие захватывания
horizontal ~ горизонтальная сила
inertial ~ сила инерции, инерционная сила
interacting ~ сила взаимодействия
internal ~ внутренняя сила
joint ~ 1. сила, действующая в сочленении (*манипулятора*) 2. суммарная [общая] сила 3. *мн.* объединённые усилия
lateral ~ поперечная сила; боковая сила
motive [moving] ~ движущая сила
net ~ равнодействующая [результирующая] сила
normal ~ нормальная сила, сила, направленная по нормали
pinch(ing) ~ сила сжатия (*губок захватного устройства*)
pressing ~ сила прижатия, прижимающая сила; сила давления
propulsive ~ движущая (вперёд) сила; толкающая сила
rated ~ расчётная сила; номинальная сила
reacting ~ сила реакции; противодействующая сила
resistance ~ сила сопротивления
resultant ~ равнодействующая [результирующая] сила
robot ~ усилие, развиваемое роботом
rotary [rotation(al)] ~ вращающая сила, вращательное усилие
side ~ боковая сила
single ~ сосредоточенная сила
starting ~ пусковое усилие; сила, преодолевающая трение *или* инерцию покоя
tangential ~ касательная

FOR

[тангенциальная] сила, сила, направленная по касательной
tractive ~ тяговое усилие; сила тяги
turning ~ вращающая сила, вращательное усилие
upward ~ подъёмная сила; сила, направленная вверх
vectorial ~ вектор силы

forced 1. вынужденный; принудительный 2. форсированный; усиленный

forearm предплечье *(звено манипулятора между локтевым и запястным шарнирами)*

forecasting 1. прогнозирование 2. прогноз, предсказание
collision ~ прогнозирование столкновений *(робота с препятствиями)*
demand ~ прогнозирование спроса
exponentially smoothed ~ прогнозирование по методу экспоненциального сглаживания
fault ~ прогнозирование неисправностей
long-range ~ 1. долгосрочное прогнозирование 2. долгосрочный прогноз
material requirements ~ прогнозирование материальных потребностей
motion ~ прогнозирование движения
moving-average ~ прогнозирование по методу скользящего среднего
short-range ~ краткосрочное прогнозирование 2. краткосрочный прогноз

forging:
robotic ~ роботизированная ковка

fork 1. (раз)ветвление, развилка 2. вилка‖вильчатый
conditional ~ разветвление *(программы)* по условному переходу
gripping ~ вильчатое захватное устройство
program ~ (раз)ветвление программы

form 1. форма; вид; тип 2. очертание; контур 3. формировать; образовывать 4. бланк документа
analog ~ аналоговая [непрерывная] форма *(сигнала)*
analytic(al) ~ аналитическое выражение
blob ~ очертание пятна *(на изображении)*
conjunctive ~ конъюнктивная форма; конъюнктивное выражение
digital ~ цифровая [дискретная] форма *(сигнала)*
disjunctive ~ дизъюнктивная форма; дизъюнктивное выражение
linear ~ линейная форма, линейная целевая функция *(в задачах оптимального управления)*
object ~ 1. форма объекта 2. очертание объекта; контур объекта
quadratic ~ квадратичная форма
reduced ~ преобразованная

FOR

форма; приведённая форма

skeleton ~ 1. схематическое изображение 2. скелетная (графическая) модель

true ~ 1. естественная форма *(не преобразованная)* 2. прямой код *(числа)*

formality формальность, формализованность

formalization формализация

AI ~ формализация в терминах искусственного интеллекта

format 1. формат‖задавать формат, форматировать 2. форма *(представления)*

data ~ формат данных

fixed ~ фиксированный [жёсткий] формат

free ~ свободный [произвольный] формат

image ~ формат изображения

instruction ~ формат команды

matrix ~ табличная форма; матричная форма

menu ~ форма *(диалога)* типа выбора (из) меню

packed ~ упакованный формат *(данных)*

formation формирование; создание; составление; образование

concept ~ формирование понятий *(в СИИ)*

image ~ формирование изображений *(в СТЗ)*

plan ~ формирование плана *(действий робота)*

robot motion ~ формирование движений робота

word ~ словообразование *(в синтезаторах речи)*

formatless неформатированный, бесформатный

forming:

robotic ~ 1. роботизированная формовка 2. роботизированная штамповка

formula 1. формула; (аналитическое) выражение 2. состав; композиция

asymptotic ~ асимптотическая формула

Bayes' ~ формула Байеса, байесова формула

closed ~ замкнутая формула; замкнутое выражение

design ~ расчётная формула

forward kinematics ~ аналитическое решение прямой кинематической задачи

interpolation ~ интерполяционная формула

inverse kinematics ~ аналитическое решение обратной кинематической задачи

inversion ~ формула обратного преобразования

Newton-Euler ~ формула Ньютона—Эйлера *(численного решения дифференциальных уравнений)*

recurrence ~ рекуррентная формула

formulation формулировка, формулирование; постановка *(задачи);* определение

model ~ определение модели; разработка модели

problem ~ постановка задачи; формулировка задачи

foundation основание; фундамент

fragment фрагмент (*напр. изображения*) ‖ разбивать на фрагменты

frame 1. рама; каркас 2. рамка; кадр (*изображения*) 3. группа [блок] данных 4. система отсчёта; система координат 5. фрейм (*в СИИ*)

  action ~ кадр программы действий (*робота*)

  bed ~ станина; рама основания

  full ~ полный кадр

  generalized coordinate ~ система обобщённых координат

  generic ~ родовой фрейм; фрейм-прототип

  hierarchical ~ иерархическая система фреймов

  knowledge ~ фрейм знаний

  movable ~ 1. подвижная рама (*основания робота*) 2. подвижная система координат

  object-centered coordinate ~ система координат относительно объекта

  picture ~ 1. рамка изображения; кадр изображения 2. система координат, связанная с картинной плоскостью

  problem ~ фреймовое представление задачи, фрейм задачи

  rigid ~ жёсткая рама; жёсткий каркас

  role ~ ролевой фрейм

  scanning ~ кадр развёртки

  solution ~ фреймовое представление решения, фрейм решения

  video ~ 1. кадр изображения; рамка изображения 2. система координат, связанная с видеодатчиком

  viewer-centered coordinate ~ система координат относительно наблюдателя

  world ~ 1. система координат мира (*робота*) 2. фрейм мира

  wrist ~ система координат, связанная с запястьем (*манипулятора*)

frame-based основанный на фреймовом представлении

framework каркас; остов; конструкция

  conceptual ~ система понятий (*в базах знаний*)

  logical ~ логическая основа

framing 1. формирование кадра; кадрирование 2. кадровая синхронизация

free 1. освобождать ‖ свободный; незакреплённый 2. холостой (*о ходе*)

freedom 1. свобода 2. люфт; зазор

  motion ~ степень подвижности (*манипулятора*)

free-standing автономный

freeze 1. фиксировать; останавливать; *проф.* «замораживать» (*напр. степень подвижности робота*) 2. «зафиксировать положение» (*команда в языке программирования*)

freeze-frame стоп-кадр (*в СТЗ*)

frequency 1. частота 2. повторяемость; встречаемость

angular ~ угловая частота
audio ~ звуковая частота
base ~ основная частота, частота основной гармоники
clock ~ тактовая частота
conversion ~ частота преобразования
cutoff ~ частота отсечки; частота среза; граничная [предельная, критическая] частота
frame ~ кадровая частота
free ~ собственная частота; частота свободных колебаний
fundamental ~ основная частота, частота основной гармоники
horizontal ~ частота строк
instruction ~ частота (следования) команд
natural ~ собственная частота
resonance [resonant] ~ резонансная частота
scanning ~ частота развёртки
spatial ~ пространственная частота
switching ~ частота переключения
sync ~ частота синхронизации
undamped natural ~ собственная частота без затухания; собственная частота незатухающих колебаний
vibration ~ частота колебаний; частота вибраций
video [vision] ~ видеочастота; частота видеосигнала
voice ~ частота речевого диапазона

friction трение

~ **of motion** трение движения, кинематическое трение
~ **of rest** трение покоя, статическое трение
backlash ~ трение мёртвого хода
dry ~ сухое трение
fluid ~ жидкостное трение
joint ~ трение в сочленении
no-load ~ трение холостого хода
rolling ~ трение качения
sliding ~ трение скольжения
static ~ трение покоя, статическое трение
viscous ~ вязко(стно)е трение

friendliness удобство обращения *(с системой)*; *проф.* дружелюбие, дружественность *(системы по отношению к пользователю)*

friendly удобный, *проф.* дружественный, дружелюбный

user ~ удобный для пользователя, *проф.* дружелюбный [дружественный] к пользователю

front 1. передняя сторона ‖ передний 2. фронт

(im)pulse ~ фронт импульса
wave ~ фронт волны

front-end связная ЭВМ; ЭВМ (для) предварительной обработки данных

intelligent ~ интеллектуальные средства предварительной обработки данных

frontlighting подсветка [освещение] спереди (*в СТЗ*)

fulcrum 1. точка опоры (*рычага*); ось шарнира; центр шарнира; центр вращения 2. точка приложения силы; моментный полюс

full-function с полным набором функциональных возможностей, функционально полный

full-scale полномасштабный; в натуральную величину

full-screen полноэкранный, во весь экран

function 1. функция; назначение; действие‖функционировать; действовать; работать 2. *мат.* функция, функциональная зависимость 3. (функциональное) подразделение, (функциональная) группа (*напр. разработчиков*)

adaptive ~ функция адаптации (*робота*)

additive ~ аддитивная функция

analog ~ непрерывная функция

AND ~ функция И, конъюнкция

autocorrelation ~ автокорреляционная функция

Bayes decision ~ байесова решающая функция

Boolean ~ булева функция

characteristic ~ характеристическая функция

circuit ~ функциональное назначение схемы

composite ~ сложная функция

compulsion ~ вынуждающая функция (*в уравнениях движения*)

continuous ~ непрерывная функция

control 1. управляющая функция 2. функция (системы) управления; действие (системы) управления

correction ~ корректирующая [поправочная] функция, функция коррекции

correlation ~ корреляционная функция, функция корреляции

criterion ~ критериальная функция, функция критерия

cross-correlation ~ взаимнокорреляционная функция

decision ~ решающая функция, функция выбора решения

decision-making ~ функция принятия решений; принятие решений

describing ~ характеристическая функция

Dirac ~ функция Дирака, дельта-функция

discriminant ~ дискриминантная [дискриминирующая, различающая] функция

distribution ~ функция распределения

driving ~ задающая функция

entity-to-entity ~ функция, задающая связи между объектами (*базы данных*)

error ~ функция ошибок;

интеграл (вероятности) ошибок
essential ~s жизненно важные функции
evaluated ~ вычисленное значение функции
executive ~ 1. организующая [диспетчерская] функция 2. функция исполнительной системы
explicit ~ явная функция
exponential ~ экспоненциальная [показательная] функция
feedback ~ 1. функция [задача] обратной связи 2. функция [функциональная зависимость], реализуемая схемой обратной связи
forcing ~ вынуждающая функция *(в уравнениях движения)*
generalized ~ обобщённая функция
Gibbs ~ функция Гиббса *(энергия ускорения механической системы)*
goal ~ целевая функция; критериальная функция, функция критерия
Hamiltonian ~ функция Гамильтона, гамильтониан
harmonic ~ гармоническая функция
homogeneous ~ однородная функция
implicit ~ неявная функция
intelligent ~ задача искусственного интеллекта, интеллектная функция
interpolating ~ интерполирующая функция

intrinsic ~ встроенная функция
inverse ~ обратная функция
Lagrangian ~ функция Лагранжа, лагранжиан
library ~ библиотечная функция *(предусмотренная библиотекой программ)*
likelihood ~ функция правдоподобия
linear ~ линейная функция
logic(al) ~ логическая функция
maintenance ~ группа сопровождения; группа эксплуатации; группа ремонта
majority ~ мажоритарная функция
membership ~ функция принадлежности *(в нечётких множествах)*
multiple-valued ~ многозначная функция
NOT ~ функция НЕ, отрицание
objective ~ целевая функция
OR ~ функция ИЛИ, дизъюнкция
penalty ~ штрафная функция, функция штрафа
piece(wise) continuous ~ кусочно-непрерывная функция
piece(wise) linear ~ кусочно-линейная функция
planning ~ 1. функция [задача] блока планирования 2. группа планирования
polinomial ~ полиномиальная функция

power ~ степенная функция

programmed ~ запрограммированная функция

pulse ~ импульсная функция

ramp ~ линейно нарастающая функция (*времени*)

random ~ случайная функция

rate-distortion ~ зависимость искажений (*напр. изображений*) от скорости передачи (*информации*)

response ~ 1. частотная характеристика 2. функция отклика

robot ~ 1. назначение робота; функция [задача] робота

routine ~ 1. стандартная функция; подпрограмма 2. стандартное действие

search ~ функция поиска; поисковая функция; поиск

sensitivity ~ функция чувствительности

service ~ 1. сервисная функция 2. группа обслуживания

single-valued ~ однозначная функция

spectral ~ спектральная функция

spline ~ *мат.* сплайн-функция, сплайн

state-to-state ~ функция смены состояний

step ~ ступенчатая функция; скачкообразная функция

support ~ группа поддержки

switching ~ переключательная [переключающая] функция

table ~ табличная функция

test 1. проверочная [контрольная] функция 2. группа испытаний

threshold ~ пороговая функция

transfer ~ 1. передаточная функция 2. функция преобразования

transient [transition] ~ переходная функция

trigonometric ~ тригонометрическая функция

vector ~ векторная функция, вектор-функция

weight(ing) ~ весовая функция

functionality 1. функция; назначение 2. действительность 3. функциональность; функциональные возможности

high ~ широкие функциональные возможности

function-compatible функционально совместимый, совместимый по функциям

functioning функционирование, работа; действие

function-oriented функционально-ориентированный

fuse 1. (плавкий) предохранитель 2. плавкая перемычка (*в ПЗУ*)

mechanical ~ механический предохранитель; механическое защитное устройство

fuse-programmable программируемый пережиганием плавких перемычек

fusing слияние, объединение

(*напр. областей изображения*)

fuzzy 1. размытый; нечёткий 2. расплывчатый (*об изображении*)

G

gab 1. зарубка; выемка 2. крюк; вилка 3. вынос; вылет
gabarit габаритный размер, габарит
gadget приспособление; устройство
gage 1. измерительный прибор 2. калибр; лекало; шаблон
  angle ~ угломер
  laser interferometric ~ 1. лазерный интерферометрический датчик (*напр. расстояния*) 2. лазерный интерферометр
  strain ~ тензодатчик
gaged калиброванный; тарированный
gaging 1. контроль; проверка; калибровка 2. измерение; измерения
  in-process ~ 1. активный контроль 2. измерение в ходе (технологического) процесса
  post-process ~ послеоперационный контроль; выходной контроль
  robot ~ проверка *или* контроль робота; калибровка робота

robotic ~ роботизированный контроль; роботизированные измерения
gain 1. усиление; коэффициент усиления; коэффициент передачи 2. прирост; увеличение 3. прибыль 4. получать (*напр. доступ*) 5. приобретать (*напр. опыт*)
  closed loop ~ усиление при замкнутой цепи обратной связи; коэффициент усиления замкнутого контура (*регулирования*)
  controlled ~ управляемое [регулируемое] усиление
  controller ~ усиление регулятора
  feedback ~ коэффициент обратной связи
  feedforward ~ коэффициент прямой связи; коэффициент усиления канала упреждения
  information ~ увеличение количества информации; прирост информации
  loop ~ усиление при замкнутой цепи обратной связи; коэффициент усиления замкнутого контура (*регулирования*)
  net ~ чистая прибыль
  open loop ~ усиление при разомкнутой цепи обратной связи; коэффициент усиления разомкнутого контура (*регулирования*)
  overall ~ общее [полное] усиление; общий [результирующий] коэффициент усиления
  power ~ усиление по мощ-

ности; коэффициент усиления мощности

variable ~ переменное усиление; меняющееся усиление

video ~ усиление видеосигнала

voltage ~ усиление по напряжению; коэффициент усиления по напряжению

gait манера ходьбы; походка *(шагающего робота)*

free ~ свободная походка

regular ~ регулярная походка

robot ~ походка (шагающего) робота

game-theoretical теоретико-игровой

ganging механическое сцепление; установка на общую ось

gantry портал; рама; платформа; помост

cantilevered ~ полупортал

gap 1. зазор; промежуток; люфт; щель; просвет 2. интервал; пробел; пропуск 3. разрыв; расхождение

~ **of application** неохваченная сфера применения *(напр. роботов в промышленности)*

annular ~ кольцевой зазор

information ~ 1. информационный разрыв 2. пробел в данных

gasket прокладка; уплотнение

gate 1. ворота; проход 2. затвор; заслонка 3. вентиль, вентильная схема; логический элемент

bus isolation ~ вентиль отключения шины

coincidence ~ вентиль [схема] совпадения

diode ~ диодный вентиль

feeding ~ питатель *(с отсечкой деталей)*

matrix ~ дешифратор

pulse 1. импульсный вентиль 2. стробирующий импульс, строб-импульс

self-opening ~ автоматический затвор

threshold ~ пороговый вентиль

gear 1. механизм; устройство 2. зубчатое колесо; шестерня 3. зубчатая передача

bevel ~ коническое зубчатое колесо

cam ~ кулачковый механизм; эксцентрик

chain ~ 1. цепное колесо; звёздочка 2. цепная передача

change ~ сменное зубчатое колесо

clutch ~ 1. зубчатая муфта 2. механизм сцепления

cone ~ коническое зубчатое колесо

cone friction ~ 1. коническая фрикционная передача 2. фрикционный редуктор

control ~ 1. механизм управления; регулировочный механизм 2. распределительный механизм

differential ~ дифференциальный механизм; дифференциальная передача; дифференциал

drive ~ 1. приводной механизм; привод 2. ведущее зубчатое колесо
driven ~ ведомое зубчатое колесо
external ~ зубчатое колесо внешнего зацепления
flexible ~ гибкое колесо
friction ~ 1. фрикционная передача 2. фрикционный диск
internal ~ зубчатое колесо внутреннего зацепления
pinion ~ шестерня
planetary ~ 1. планетарная передача 2. планетарная шестерня
rack-and-pinion ~ 1. реечная передача 2. кремальера
ratchet ~ 1. храповой механизм 2. храповое колесо
reduction ~ редуктор
reversing ~ 1. реверсивный механизм 2. зубчатое колесо обратного хода
rigid ~ жёсткое колесо
satellite ~ сателлит
screw ~ 1. винтовое зубчатое колесо 2. винтовая передача
sprocket ~ звёздочка
spur ~ прямозубое цилиндрическое колесо
sun-and-planet ~ планетарная передача
tappet ~ распределительный кулачковый механизм
timing ~ 1. распределительный механизм; синхронизирующий механизм 2. распределительное зубчатое колесо

tooth ~ 1. зубчатое колесо 2. зубчатая передача
worm ~ червячная передача
gearing 1. зубчатая передача (*см. тж* gear) 2. (зубчатое) зацепление
external ~ внешнее зацепление
internal ~ внутреннее зацепление
gearmotor мотор-редуктор
general 1. общий 2. генеральный; всеобщий; полный
generalization обобщение
generate 1. производить; создавать; образовывать; формировать; синтезировать 2. генерировать; возбуждать (*колебания*)
generation 1. создание; образование; формирование; синтез 2. генерирование; возбуждение (*колебаний*) 3. поколение; этап развития
control program ~ формирование управляющей программы (*робота*)
data ~ 1. формирование данных 2. поколение данных (*в системах с дублированием информации*)
function ~ 1. функциональное преобразование 2. генерирование функций
image [picture] ~ 1. формирование изображений 2. синтез изображений
robot ~ поколение роботов
generator 1. генератор; блок генерации 2. преобразователь

GEN   GOA

application ~ генератор прикладных программ
command ~ генератор команд
data ~ генератор данных
function ~ функциональный преобразователь; генератор функций
hypothesis ~ генератор гипотез *(в анализе сцен)*
information ~ источник информации
motion ~ генератор движений; блок формирования [синтеза] движений *(робота)*
noise ~ генератор шума
pattern ~ генератор изображений; генератор образов
program ~ 1. генератор программ 2. генерирующая программа
random number ~ генератор случайных чисел
scanning ~ генератор развёртки *(в СТЗ)*
speech ~ генератор речи; синтезатор речи
sweep ~ генератор развёртки *(в СТЗ)*
tachometer ~ тахогенератор
trajectory ~ блок генерации [формирования] траекторий; генератор [формирователь] траекторий *(движения робота)*
video ~ генератор видеосигналов
wave ~ генератор волн

generatrix *мат.* образующая
generic групповой; родовой
genericity степень универсальности

geometry 1. геометрия 2. конфигурация
   arm ~ геометрическая структура руки *(робота)*; кинематическая схема руки *(робота)*
   computational ~ вычислительная геометрия
   constructive solid ~ конструктивная блочная геометрия *(графические построения на основе комбинирования геометрических тел)*
   descriptive ~ начертательная геометрия
   projective ~ проективная геометрия
   workcell ~ конфигурация производственной ячейки
   workspace ~ геометрия рабочего пространства *(робота)*

germ *мат.* росток, зародыш, функциональный элемент *(представляющий класс эквивалентности функций)*
gib направляющая рейка; направляющая призма
gimbals 1. универсальный шарнир 2. подвес кардана
girder балка; перекладина
give 1. податливость; упругость 2. люфт; зазор
glare блики *(напр. на изображении)*
glueing:
   robotic ~ склеивание *(деталей)* роботом; роботизированная клейка; нанесение клея роботом
glut соединительный штифт
goal 1. цель; задача; целевая установка 2. целевая точка;

целевое положение *или* состояние (*робота*)
atomic ~ атомарная [элементарная] цель
base ~ 1. базисная цель 2. опорная целевая точка
composite ~ составная [сложная] цель
derived ~ производная цель (*выведенная из базисных*)
final ~ конечная [окончательная] цель
general ~ общая цель; общая задача
global ~ глобальная цель
higher-level ~ цель верхнего уровня (*в иерархии целей*)
implicit ~ неявная цель; неявная целевая установка
intermediate ~ 1. промежуточная цель; подцель 2. промежуточное целевое положение
local ~ локальная цель; подцель
lower-level ~ цель нижнего уровня (*в иерархии целей*)
position ~ целевое положение
specified ~ установленная [заданная] цель
top-level ~ цель высшего уровня (*в иерархии целей*)
goal-driven управляемый целями
goal-seeking целенаправленный (*о поиске*) 2. целеустремлённый (*о поведении*)
goniometer 1. гониометр (*угломерный инструмент*) 2. фазовращающий трансформатор

good:
  known ~ заведомо исправный
goose-neck 1. двойное колено S-образной формы 2. гибкая муфта
governing управление; регулирование‖управляющий; регулирующий
governor управляющее устройство; регулятор
grab 1. ковш; черпак 2. захватное устройство‖захватывать
grabber захватное устройство
  frame ~ устройство ввода кадра (*изображения*)
grabbing захватывание (*объекта роботом*)
  image ~ ввод изображения
  part ~ захватывание детали (*роботом*)
grabble(r) захватное устройство; механизм (для) захватывания
  satellite ~ манипулятор для захватывания спутников на орбите
gradient градиент
  field ~ градиент поля; напряжённость поля
  image ~ градиент изображения
  negative ~ антиградиент, отрицательный градиент
  penalty ~ градиент штрафной функции
  texture ~ текстурный градиент, градиент текстуры
granularity 1. крупность (*разбиения*) 2. зернистость (*напр. изображения*) 3. глубина [степень] детализации

graph 1. график; диаграмма; кривая 2. *мат.* граф

activity ~ граф операций; граф действий (*напр. робота*)

aspect ~ граф ракурса

bond ~ граф связей

circular ~ круговая диаграмма

closed ~ замкнутая кривая

connected ~ связный граф

connectivity ~ граф связности (*напр. в анализе изображений*)

directed ~ ориентированный граф

event ~ граф событий

free path ~ граф свободных путей (*при планировании движений роботов*)

indirected ~ неориентированный граф

line adjacency ~ граф смежности строк (*изображения*)

motion-velocity ~ диаграмма (изменения) скорости движения; профиль скорости (*вдоль траектории движения*)

net(work) ~ сетевой график

nonoriented ~ неориентированный граф

obstacle ~ граф препятствий

oriented ~ ориентированный граф

path ~ граф маршрутов; граф путей (*при планировании движений роботов*)

pattern ~ граф образца

planar ~ плоский граф

processing ~ граф процесса обработки

region adjacency ~ граф смежности областей (*изображения*)

section ~ подграф

software ~ 1. граф программы 2. граф структуры программного обеспечения

state ~ граф состояний

time ~ годограф

transition ~ граф переходов (*из одних состояний в другие*)

tree ~ древовидный граф, дерево

undirected ~ неориентированный граф

visibility ~ граф видимости

weighted ~ взвешенный граф

graphics 1. графика, графические средства 2. графические устройства (*ввода — вывода*) 3. графические данные

animation ~ графические средства «оживления» [мультипликации] изображений (*на дисплее*)

block ~ блочная графика

business ~ управленческая графика (*графические средства, ориентированные на представление информации управленческому персоналу*)

computer ~ машинная графика

coordinate ~ координатные графические устройства

geometric ~ геометрическая графика, графические средства (для) построения геометрических фигур

intelligent ~ интеллектуальные графические устройства

management ~ управленческая графика *(графические средства, ориентированные на представление информации управленческому персоналу)*

pixel ~ графика с поэлементным формированием изображения

presentation ~ средства (для) графического представления информации

soft-copy ~ экранные графические устройства

three-dimensional ~ трёхмерная [объёмная] графика

graphing 1. вычерчивание графиков 2. отображение графической информации

grasp 1. захватывание; взятие *(объекта роботом)*‖захватывать, брать 2. зажимание‖зажимать 3. рукоятка

ID- ~ захватывание изнутри

OD- ~ захватывание снаружи

grasping 1. захватывание; взятие *(объекта роботом) (см. тж* grasp, gripping*)* 2. зажимание

gravitation гравитация, тяготение

gravity сила тяжести; вес
   specific ~ удельный вес

gray-level полутоновый; со множеством градаций *(об изображениях)*

grid 1. сетка 2. решётка
   coordinate ~ координатная сетка
   light ~ световая решётка *(в СТЗ)*
   reference ~ координатная сетка

grinding:
   robotic ~ роботизированное шлифование
   robotic snag ~ роботизированная обдирка *(заусенцев)*

grip 1. захватное устройство‖захватывать 2. зажим‖зажимать

gripper захватное устройство; схват *(робота)*
   accessory ~ вспомогательное захватное устройство; вспомогательный схват
   active ~ активное захватное устройство
   adaptive ~ адаптивное захватное устройство; адаптивный схват
   adhesive ~ адгезионное захватное устройство
   adjustable ~ настраиваемое *или* регулируемое захватное устройство; настраиваемый *или* регулируемый схват
   air-operated ~ 1. *(механическое)* захватное устройство с пневмоприводом; *(механический)* схват с пневмоприводом 2. пневматическое захватное устройство
   alternating ~ сменное *или*

поочерёдно сменяемое захватное устройство; сменный *или* поочерёдно сменяемый схват

arm-mounted ~ захватное устройство, монтируемое [устанавливаемое] на руке *(робота)*

attraction ~ удерживающее [притягивающее] захватное устройство

basing ~ базирующее захватное устройство

cam-operated ~ захватное устройство с кулачковым приводом

centering ~ центрирующее захватное устройство; центрирующий схват

changeable ~ сменное захватное устройство; сменный схват

combined ~ комбинированное захватное устройство; комбинированный схват

command(-type) ~ захватное устройство командного типа, командное захватное устройство

compliant ~ податливое захватное устройство; податливый схват

controllable ~ управляемое захватное устройство; управляемый схват

elastic ~ гибкое [эластичное] захватное устройство; захватное устройство с эластичными камерами; схват с эластичными пальцами

electromagnetic ~ электромагнитное захватное устройство

electrostatic ~ электростатическое захватное устройство

external ~ внешнее [наружное] захватное устройство *(захватывающее объект за внешнюю поверхность)*

fingered ~ захватное устройство с пальцами, пальцевое захватное устройство; (пальцевый) схват

fixed ~ несменяемое захватное устройство; несменяемый схват

fixing ~ фиксирующее захватное устройство

flexible ~ 1. гибкое [эластичное] захватное устройство 2. функционально гибкое захватное устройство *(предназначенное для работы с различными деталями)*

grasping ~ схват

intelligent ~ интеллектуальный схват *(оснащённый системой датчиков и микропроцессорным управлением)*

internal ~ внутреннее захватное устройство *(захватывающее объект за внутреннюю поверхность)*

magnetic ~ магнитное захватное устройство

mechanical ~ механическое захватное устройство; механический схват

multifinger(ed) ~ многопальцевое захватное устройство; многопальцевый схват

multilateral ~ охватывающее *(объект со всех сторон)* захватное устройство

multiple ~ 1. многофункциональное захватное устройство 2. рабочий орган с несколькими захватными устройствами

multiposition ~ многопозиционное захватное устройство; многопозиционный схват

multipurpose ~ многоцелевое захватное устройство; многоцелевой схват

orienting ~ ориентирующее захватное устройство; ориентирующий схват

pad ~ захватное устройство с мягкими губками; схват с мягкими губками

parallel jaw ~ захватное устройство с параллельными губками

passive ~ пассивное захватное устройство

pressure pad ~ захватное устройство с эластичными *(надувными)* губками; схват с эластичными *(надувными)* губками

programmable ~ программируемое захватное устройство

robot ~ захватное устройство робота; схват робота

soft ~ мягкое захватное устройство; мягкий схват; (механическое) захватное устройство, (мягко) охватывающее поверхность объекта

supporting ~ поддерживающее захватное устройство

swing-type ~ захватное устройство с поворотными губками; схват с поворотными пальцами

task-specific ~ специализированное захватное устройство; специализированный схват

three-fingered ~ захватное устройство с тремя пальцами; трёхпалый схват

translational ~ захватное устройство с поступательно перемещающимися губками; схват с поступательно перемещающимися пальцами

two-position ~ двухпозиционное захватное устройство; двухпозиционный схват

unchangeable ~ несменяемое захватное устройство; несменяемый схват

uncontrollable ~ неуправляемое захватное устройство; неуправляемый схват

universal ~ универсальное захватное устройство; универсальный схват

vacuum ~ вакуумное захватное устройство

vacuum cup ~ захватное устройство с вакуумными присосками

vacuum pad ~ захватное устройство с вакуумными губками; схват с вакуумными губками

vice [vise] ~ захватное устройство с параллельными губками; схват с параллельными пальцами

wide-range ~ широкодиапазонное захватное устройство; широкодиапазонный схват

gripping 1. захватывание; взятие (*объекта роботом*) 2. зажимание; сжатие

  external ~ захватывание за внешнюю поверхность (*детали*)

  high-precision ~ захватывание с высокой точностью; прецизионное захватывание

  internal ~ захватывание за внутреннюю поверхность (*детали*)

  low-precision ~ захватывание с низкой точностью; грубое захватывание

groove паз; желобок; канавка; прорезь; шлиц

group совокупность; группа‖группировать

  all-round men ~ группа специалистов широкого профиля

  compound ~ составная группа

  data ~ группа данных; группа информационных объектов

  pixel ~ совокупность элементов изображения

  pulse ~ группа [серия, пачка] импульсов

  record ~ блок записей

  user ~ группа пользователей

grouping группирование

growth 1. расширение, наращивание 2. рост; развитие 3. прирост, увеличение

  modular ~ модульное наращивание (*системы*)

grummet 1. прокладка 2. шайба; втулка

guard 1. охрана‖охранять 2. защитное приспособление, защита; ограждение 3. упор; ограничитель (*хода*) 4. *мн.* средства защиты ◊ **to obtain access through the** ~ получать доступ (*к оборудованию*) при действующей защите

  gear ~ кожух зубчатой передачи

  optical ~ оптическая защита

  physical ~ физическая защита

  safety ~ средства обеспечения безопасности

guarding обеспечение защиты, защита

guessing (нестрогие) рассуждения с использованием догадок (*в СИИ*)

guidance 1. ведение; проведение; маршрутовождение (*транспортного робота*) 2. наведение, управление (*см. тж* **guiding**)

  high frequency ~ высокочастотное ведение (*транспортного робота вдоль кабеля*)

  optical ~ оптическое наведение; оптическое управление (*транспортным роботом*)

  rail ~ ведение (*транспортного робота*) с помощью направляющих рельсов

  robot ~ 1. маршрутовож-

GUI

дение 2. наведение робота *(на цель)*; управление роботом

sensory ~ сенсорное наведение

visual 1. визуальное наведение 2. управление *(роботом)* по информации от СТЗ

guide 1. направляющая; направляющее приспособление 2. ориентир 3. руководство *(вид документации на систему)*

circular ~ круговая направляющая

cylindrical ~ цилиндрическая [штанговая] направляющая

dovetail ~ направляющая типа «ласточкин хвост»

light ~ световод, светопровод

operator ~ 1. указание оператору *(со стороны системы)* 2. руководство оператора

prismatic ~ призматическая направляющая

tapered ~ коническая направляющая

V- ~ призматическая направляющая

guideway направляющая *(см. тж* guide*)*

guiding 1. ведение; проведение 2. наведение; управление *(см. тж* guidance*)*

effector ~ ведение рабочего органа *(по траектории)*

manual ~ ручное ведение *(робота по траектории)*; ручное управление *(роботом)*

HAL

off-line ~ автономное программирование *(движений мобильных или манипуляционных роботов)*

gun:

air ~ 1. краскопульт 2. пульверизатор

paint-spray ~ краскопульт

welding ~ сварочная горелка; сварочная головка

gyration вращение

gyrator гиратор; фазовращатель

gyroscope гироскоп

rate ~ гироскопический датчик [гиродатчик] (угловой) скорости

H

habilitate оборудовать; снабжать оборудованием

habituation обучение; привитие навыков

hairline визир; визирная линия

half-axle полуось

half-plane полуплоскость

halt(ing) останов

conditional ~ условный останов

nonprogrammed ~ непрограммируемый останов; незапрограммированный останов

program ~ останов программы; программный останов

programmed ~ программируемый останов; запрограммированный останов

robot ~ останов робота

Hamiltonian гамильтониан, функция Гамильтона ‖ гамильтонов

hand 1. кисть *(руки робота)*; захватное устройство; схват; рабочий орган 2. ручка; рукоятка 3. стрелка *(прибора)*

antropomorphic ~ антропоморфная кисть; захватное устройство антропоморфного типа; антропоморфный схват

articulated ~ кисть с шарнирными пальцами; шарнирное захватное устройство; схват с шарнирными пальцами

changeable ~ сменное захватное устройство; сменный схват

control ~ рукоятка управления

dext(e)rous ~ захватное устройство с разнообразными [гибкими] возможностями

magnetic ~ магнитное захватное устройство

mechanical ~ механическая кисть; механическое захватное устройство; механический схват

multifinger(ed) ~ кисть с несколькими пальцами; многопальцевое захватное устройство, многопальцевый схват

one-finger ~ кисть с одним (подвижным) пальцем; захватное устройство с одним (подвижным) пальцем

parallel finger ~ кисть с параллельными пальцами; захватное устройство с параллельными пальцами; схват с параллельными пальцами

robot ~ кисть (руки) робота; захватное устройство робота; схват робота

rugged ~ 1. жёсткая кисть; жёсткое захватное устройство 2. жёстко фиксированное захватное устройство

smart ~ кисть *или* захватное устройство *(робота)*, снабжённые сенсорами и встроенными средствами обработки информации

soft ~ 1. мягкая кисть; мягкое захватное устройство; мягкий схват 2. захватное устройство, мягко захватывающее объект

telechiric ~ кисть (механической) руки дистанционно-управляемого робота

three-finger ~ кисть с тремя пальцами, трёхпалая кисть; захватное устройство с тремя пальцами; трёхпалый схват

unchangeable ~ несменное захватное устройство; несменный схват

vacuum ~ кисть с вакуумными присосками; вакуумное захватное устройство

handchanger приспособление для смены захватных устройств

handiness удобство управления; (хорошая) управляемость

handle 1. ручка; рукоятка 2. держатель‖удерживать; держать 3. характеристика (поверхности) на ощупь 4. манипулировать 5. управлять; обращаться (с чем-л.); оперировать (данными, фактами) 6. загружать; разгружать

dead-man's ~ рукоятка с кнопкой безопасности

driving [operating] ~ ручка управления; рукоятка управления

safety ~ предохранительная рукоятка; рукоятка безопасности

tuning ~ ручка настройки

handler 1. манипулятор 2. устройство манипулирования; манипуляционный механизм, механизм для перемещения объектов 3. устройство (ручного) управления 4. программа обработки

interrupt ~ обработчик [программа обработки] прерываний

part ~ устройство манипулирования деталями; устройство транспортирования [переноса] деталей

tape ~ лентопротяжное устройство

work(piece) ~ манипулятор изделия; устройство манипулирования деталями или изделиями; устройство транспортирования [переноса] деталей или изделий

handling 1. манипулирование 2. манипуляция 3. управление; обращение (с чем-л.); оперирование (данными, фактами) 4. обработка (информации) 5. погрузочно-разгрузочные операции

customer order ~ обработка заказов потребителей

data ~ 1. обработка данных; обработка информации 2. манипулирование данными

exception ~ управление в исключительных ситуациях

information ~ обработка информации

interrupt(ion) ~ 1. обработка прерываний 2. управление прерываниями

material ~ 1. манипулирование (материальными) объектами 2. загрузочно-разгрузочные операции 3. транспортировка материалов

hanger 1. крюк; крюковое захватное устройство 2. подвеска; подвесная тяга 3. кронштейн

hang-up 1. незапланированный останов; проф. зависание (напр. программы) 2. застревание

hard 1. жёсткий; неперестраиваемый 2. аппаратный (в отличие от программного) 3. жёсткий; твёрдый; прочный 4. тяжёлый (о работе)

hardcore минимальный состав, ядро, без которого система не может функционировать

hardening:
  robotic ~ роботизированная операция упрочнения

hard-to-reach труднодоступный

hardware 1. аппаратура; оборудование; аппаратные средства (*в отличие от программных*) 2. технические средства; техническое обеспечение 3. металлические изделия, *проф.* метизы
  bare ~ 1. минимальные аппаратные средства 2. «голая» аппаратура (*без средств программного обеспечения*), *проф.* «железки»
  basic ~ основной комплект оборудования; базовый комплект оборудования
  compatible ~ совместимая аппаратура; совместимое оборудование
  control ~ аппаратура управления, аппаратные средства (системы) управления
  fastening ~ соединительная арматура; зажимное оборудование
  filter ~ аппаратура фильтрации (*информации*)
  graphics ~ аппаратное обеспечение машинной графики
  microprocessor-based ~ микропроцессорное оборудование; микропроцессорные аппаратные средства
  modeling ~ аппаратные средства моделирования
  modular ~ модульная аппаратура; аппаратура [оборудование] модульной конструкции
  plug-compatible ~ 1. полностью совместимое оборудование 2. оборудование, совместимое по разъёму
  process ~ 1. аппаратура (технологического) процесса 2. аппаратные средства управления процессом
  prototype ~ 1. (аппаратный) макет, макетные аппаратные средства 2. (устройство-) прототип
  robot ~ 1. аппаратные средства робота 2. робототехническое оборудование
  soft ~ программно-аппаратные средства
  throwaway ~ экспериментальные [пробные, временно используемые] аппаратные средства
  vision ~ аппаратные средства СТЗ

hardware-assisted обеспечиваемый аппаратурой, с аппаратной поддержкой

hardware-compatible аппаратно-совместимый

hardware-intensive 1. с большой загрузкой аппаратуры 2. преимущественно аппаратный (*о способе реализации функций системы*)

hardware-programmed 1. с аппаратно-реализованной

программой; *проф.* с «зашитой» программой 2. программируемый аппаратными средствами

hardwarily аппаратно

hardwearing износостойкость

hardwired 1. постоянно замонтированный; с фиксированным монтажом, *проф.* «зашитый» 2. с неперестраиваемой [«зашитой»] программой

harmonic гармоника ‖ гармонический

   first [fundamental] ~ первая [основная] гармоника

   higher ~ высшая гармоника

   spatial ~ пространственная гармоника

harvester:

   robot(ic) ~ 1. автоматическая уборочная (сельскохозяйственная) машина 2. робот-комбайн

haul 1. транспортировка; перевозка; доставка ‖ транспортировать; перевозить; доставлять 2. буксировка ‖ буксировать 3. протяжённость линии связи

   long ~ 1. дальняя перевозка 2. дальняя связь

hazard 1. риск, опасность; угроза 2. (короткий) паразитный импульс

   fire ~ угроза пожара; пожароопасность

head 1. головка 2. головная [передняя] часть

   changeable ~ сменная головка

   cutter ~ режущая головка

   detecting ~ чувствительная головка; искатель; щуп

   drill ~ сверлильная головка

   effector ~ головка рабочего органа *(робота)*

   grinding ~ шлифовальная головка; шлифовальная насадка

   gripping ~ захватная головка; головка захватного устройства

   painting ~ окрасочная головка; краскопульт

   robot ~ 1. головная [передняя] часть (мобильного) робота 2. головка (рабочего органа) робота

   sensor(y) ~ сенсорная [очувствлённая] головка

   tool ~ 1. инструментальная головка; держатель инструмента *(робота)* 2. резцедержатель; резцовая головка

   turret ~ револьверная головка

   video ~ головка видеосенсора

   welding ~ сварочная головка

   working ~ рабочая головка; головка рабочего органа *(робота)*

heading 1. направление движения; курс 2. заголовок *(напр. программы)* 3. головная метка

headway продвижение; движение вперёд; поступательное движение

health состояние [степень] исправности *(программных или аппаратных средств)*

hearing:
  machine ~ машинный слух, машинное восприятие звуков
  robot(ic) ~ система технического слуха робота

heart основа, основной компонент, ядро
  intelligent ~ интеллектуальное ядро (*микропроцессорной системы*)

heave поднятие, подъём ‖ поднимать

heavy 1. тяжёлый; массивный; крупный; мощный 2. вязкий; плотный; густой

heavy-duty 1. (работающий) в тяжёлом режиме; предназначенный для работы в тяжёлом режиме 2. мощный; сверхмощный

heel 1. пята; нижняя часть ножки *или* стойки 2. опора ноги (*шагающего робота*)

height 1. высота 2. амплитуда (*импульса*)

helical спираль ‖ спиральный; винтовой

helix спираль; винтовая линия; винтовая поверхность

help 1. помощь; поддержка; содействие ‖ помогать 2. вспомогательные средства 3. консультативная информация, *проф.* помощь (*пользователю со стороны СИИ*)

hermetic герметик, герметизирующий материал ‖ герметический, герметичный

hesitation кратковременное прерывание; приостановка (*работы*)

heterarchy гетерархия (*несоподчинённое отношение структурных элементов системы*)

heterogeneity гетерогенность, неоднородность

heuristic эвристический

heuristics эвристика; эвристическое правило; эвристическая процедура
  easy-likely-first ~ эвристика, рассматривающая в первую очередь легкореализуемые и наиболее вероятные варианты; эвристика типа «сначала наиболее вероятное и простое»
  force-directed ~ директивные эвристические правила
  unipath ~ эвристическое правило выбора единственной ветви (*в цепочке рассуждений СИИ*)

hierarchy иерархия; соподчинённость
  action ~ иерархия действий
  control ~ иерархия (системы) управления
  data ~ иерархия данных
  functional ~ функциональная иерархия
  generalization ~ иерархия (*понятий*) по степени общности; иерархия обобщённых представлений
  memory ~ иерархическая система запоминающих устройств, иерархия ЗУ
  multilevel ~ многоуровневая иерархия
  robot ~ иерархия роботов (*в системе с несколькими роботами*)

taxonomic ~ классификационная [таксономическая] иерархия
temporal ~ временна́я иерархия
high-duty высокопроизводительный
high(er)-level высокоуровневый, высокого уровня
highlight 1. повышенная яркость (*изображения*) 2. *мн.* (наиболее) яркие участки изображения 3. высвечивать; выделять
highlighting 1. яркое освещение 2. высвечивание; выделение 3. освещение (*сцены*) сверху
high-performance эффективный; с хорошими рабочими характеристиками; высокопроизводительный
high-precision высокоточный; прецизионный
high-speed быстродействующий; высокоскоростной
highway 1. магистральная шина, магистраль 2. канал информации 3. главная дорога; магистраль; шоссе
  data ~ 1. канал данных 2. магистраль данных
  N-bus ~ N-шинная магистраль
hinge шарнир; петля; подвеска‖навешивать (*на петлях*)
hip «(тазо)бедренный» шарнир; «бедро» (*шагающего робота*)
histogram гистограмма
  intensity ~ гистограмма интенсивностей; гистограмма яркостей

hit 1. столкновение; удар‖ударять 2. попадание (*в цель*)‖попадать (*в цель*) 3. получать (правильный) ответ
hitch 1. рывок; толчок‖двигаться рывками 2. (внезапная) остановка механизма 3. зацепление
hodograph годограф
hodometer одометр
hog прогиб; искривление; деформация
hoist подъёмник; тельфер; таль‖поднимать
hold 1. фиксация; захват(ывание)‖фиксировать; держать; удерживать 2. синхронизация 3. вмещать 4. хранить (*информацию*) 5. сдерживать; приостанавливать; останавливать 6. удовлетворяться, выполняться (*о некотором условии*)
  horizontal ~ синхронизация строк (*в СТЗ*)
  robot ~ 1. останов (движения) робота, фиксация робота (*в данной позе*) 2. удерживание объекта роботом
  vertical ~ синхронизация кадров (*в СТЗ*)
holder 1. держатель 2. оправка
  electrode ~ электрододержатель
  filter ~ держатель светофильтров (*в СТЗ*)
  PCB ~ держатель (для) печатных плат
  tool ~ 1. держатель ин-

струмента; резцедержатель 2. инструментальная оправка

work(piece) ~ держатель деталей *или* изделий

holding 1. (кратковременное) хранение (*информации или сигнала*) 2. блокировка

inventory ~ содержание запасов

holdsite место захватывания (*объекта роботом*)

failure ~ неудачно выбранное место захватывания

hole 1. отверстие (*для вставления детали*) 2. пробивка; *мн.* перфорация

access ~ окно доступа (*для технического обслуживания*)

blind ~ глухое отверстие

centering ~ 1. центрирующее отверстие; центровая метка 2. *мн.* ведущие отверстия; синхродорожка (*на перфоленте*)

code ~s кодовые отверстия (*перфоленты*)

connector ~ гнездо разъёма

control ~s управляющие пробивки (*на перфоленте*)

feed ~s синхродорожка (*на перфоленте*)

metering ~ калиброванное отверстие

mounting ~ установочное отверстие

reach-through ~ сквозное отверстие

recess ~ глухое отверстие

sprocket ~s синхродорожка (*на перфоленте*)

tapped ~ резьбовое отверстие

via ~ переходное отверстие

holistic целостный (*подчёркивающий связь между частями и целым*)

hologram голограмма

home 1. исходная позиция 2. собственный; отечественный (*о продукции*)

homing возврат в исходное положение

homing-in принцип подгонки (*при анализе фактов в СИИ*)

homogeneity гомогенность, однородность

hood кожух; чехол; колпак

hook 1. крюк; крючок 2. ловушка (*аппаратное средство отладки и диагностирования микропрограммы*) 3. добавочный микропроцессор

Hookian гуковский, линейно упругий

hookup подключение, подсоединение

hopper 1. прыгающий робот 2. карман; бункер; (загрузочная) воронка

horizon горизонт

apparent ~ видимый горизонт

planning ~ горизонт планирования

time ~ временно́й горизонт; период времени

horn 1. выступ; штырь 2. сигнальный рожок

feeder ~ упор толкателя питателя

horopter гороптер *(поверхность нулевого смещения точек стереопар в СТЗ)*

hose шланг; гибкая труба; рукав

   compressed air ~ шланг для подачи сжатого воздуха, воздушный шланг

   connection ~ соединительный шланг

host 1. главная [ведущая] ЭВМ 2. ведущий узел *(сети ЭВМ)* 3. возлагать функции ведущего узла на *какой-л.* элемент *(многомашинной системы)* 3. выполнять роль ведущего узла *(напр. в распределённой системе управления)*

   application ~ главная ЭВМ *(производственной системы)*

host-resident постоянно расположенный в ведущем узле

house 1. здание; помещение 2. фирма, компания 3. вставлять *(в корпус)*; сажать *(в гнездо)*

   robot system ~ фирма по производству робототехнических систем

   software ~ фирма по обеспечению программными средствами, программотехническая фирма

   stock ~ склад готовых изделий

   system ~ системотехническая фирма *(фирма по проектированию автоматизированных систем)*

housing 1. корпус; оправа; обойма 2. паз; ниша; углубление 3. гнездо; розетка

hub 1. втулка *(колеса)* 2. ядро *(сети ЭВМ)* 3. концентратор *(в сети ЭВМ)*

hum промышленная помеха, помеха от промышленного источника ‖ создавать помехи

human-aided с участием человека

human-friendly удобный для человека, *проф.* дружественный

humanlike человекоподобный

humanoid человекоподобный робот; робот-манекен

human-operator (человек-) оператор

hunting 1. поиск 2. слежение 3. рыскание; перерегулирование

hutch бункер; ящик

hybrid 1. гибридная система 2. гибридная схема 3. гибридный; смешанный; комбинированный

hyperstatic статически неопределимый

hypothesis гипотеза; предположение; допущение

   admissible ~ допустимая гипотеза

   alternative ~ альтернативная гипотеза

   composite ~ сложная гипотеза

   current ~ текущая [проверяемая] гипотеза

   goal ~ целевая гипотеза

   null ~ нулевая гипотеза

   simple ~ простая гипотеза

HYP IDE

statistical ~ статистическая гипотеза
verified ~ подтверждённая гипотеза
hypothesis-driven управляемый гипотезами (*о стратегии автоматического решения задач в СИИ*)
hypothesize формировать [выдвигать] гипотезу
hypothesizer блок построения гипотез
hysteresis гистерезис

I

icon 1. образ; отображение; условный графический символ 2. пиктограмма
robot ~ пиктограмма робота (*на мнемосхеме процесса*)
iconic относящийся к изображению, имеющий вид изображения
iconoscop иконоскоп
image ~ иконоскоп с переносом изображения
ideal 1. идеальный, совершенный 2. теоретический
identical тождественный; одинаковый; идентичный
identifiable (легко)опознаваемый; распознаваемый, различный
identification 1. идентификация, отождествление 2. распознавание 3. обозначение

bar code ~ 1. идентификация по штриховому коду 2. распознавание по штриховому коду 3. обозначение штриховым кодом
closed-set ~ идентификация на замкнутом множестве (*эталонов*)
end-effector ~ идентификация нужного рабочего органа (*для выполнения роботом требуемых операций*)
fault ~ идентификация ошибки
model ~ идентификация модели
object ~ 1. идентификация объекта 2. распознавание объекта
open-set ~ идентификация на открытом множестве (*эталонов*)
parameter ~ идентификация параметров
part ~ 1. идентификация детали 2. распознавание детали
visual ~ зрительное [визуальное] распознавание
voice ~ 1. идентификация голоса 2. распознавание по голосу
identifier идентификатор
leg ~ идентификатор ветви (*программы*)
part ~ идентификатор детали
point ~ идентификатор точки (*позиционирования робота*)
variable ~ идентификатор переменной
identify 1. идентифицировать,

отождествлять 2. распознавать 3. служить отличительным признаком

identity 1. идентичность, тождественность 2. *мат.* тождество

idiotproof защищённый от неумелого обращения, *проф.* «защищённый от дурака»

idle 1. простой *(оборудования)* ‖ неработающий; простаивающий, бездействующий; холостой 2. резервный

idler 1. натяжной шкив; холостой шкив 2. промежуточное зубчатое колесо, *проф.* паразитное зубчатое колесо

idling холостой ход; режим холостого хода; работа на холостом ходу

ill-conditioned 1. плохо обусловленная *(о матрице)* 2. в плохом состоянии

ill-defined плохо определённый; неточный, приближённый

ill-structured плохо структурированный; плохо организованный *(о рабочей среде)*

illuminance освещённость

illuminant источник света; осветительное средство ‖ освещающий; осветительный

illumination 1. освещение 2. освещённость 3. облучение 4. яркость

  active ~ активное освещение; управляемое освещение *(в СТЗ)*

  background ~ 1. освещённость фона 2. задняя подсветка

  daylight ~ естественное освещение; освещение дневным светом

  diffuse ~ рассеянное освещение

  flash ~ импульсное освещение

  indirect ~ отражённое освещение, освещение отражённым светом

  overhead ~ освещение сверху

illuminator 1. осветительный прибор 2. конденсор *(в оптических приборах)*

image 1. изображение; образ ‖ изображать, формировать изображение 2. отображение

  animated ~ «оживлённое» [динамическое] изображение, мультипликация *(в машинной графике)*

  background ~ фоновое изображение

  back-lit ~ изображение *(объекта)* при подсветке сзади

  bilevel ~ двухградационное [бинарное] изображение; чёрно-белое изображение

  binarized ~ бинаризованное изображение

  binary ~ 1. бинарное [двухградационное] изображение; чёрно-белое изображение 2. двоичное отображение

  blurred ~ нечёткое [нерезкое, расплывчатое] изображение

character ~ изображение (распознаваемого) знака

charge ~ 1. электрическое изображение *(в виде поля зарядов)* 2. потенциальный рельеф

coded ~ закодированное изображение; графический объект *(напр. в памяти ЭВМ)*

color ~ цветное изображение

componentwise ~ покомпонентный образ *(запоминаемый в СТЗ сцены)*

2-D ~ двумерное [плоское] изображение

3-D ~ трёхмерное [пространственное, объёмное] изображение; изображение трёхмерной сцены

digitized ~ оцифрованное изображение

display ~ визуальное отображение

dynamic ~ 1. динамическое [«оживлённое»] изображение, мультипликация *(в машинной графике)* 2. изменяемая часть изображения

enlarged ~ увеличенное изображение

feedback ~ графическая обратная связь *(с оператором процесса)*

filtered ~ профильтрованное изображение

foreground ~ основное изображение *(при наличии фонового)*

fragmented ~ изображение, разбитое на фрагменты; сегментированное изображение

gradient ~ поле градиентов изображения

gray-level [**gray-scale**] ~ полутоновое [многоградационное] изображение

hard ~ контрастное изображение

intrinsic ~ особенность [отличительная часть] изображения

Laplace ~ изображение Лапласа

low-luminosity ~ неконтрастное изображение

mental ~ умозрительный образ

nondistinct ~ нечёткое [нерезкое, расплывчатое] изображение

original ~ исходное изображение

out-of-focus ~ расфокусированное изображение

range ~ карта дальностей; дальностная картина

segmented ~ сегментированное изображение

shaded ~ изображение с тенями

shadow-free ~ бестеневое изображение

sharp ~ чёткое [резкое] изображение

shrunk ~ сжатое изображение

smooth ~ гладкое изображение

source ~ исходное изображение

space ~ 1. изображение пространственной сцены; пространственное [трёхмерное, объёмное] изображение 2. стереоскопическое изображение, стереоизображение

split ~ изображение сечения (*сцены*)

stereo ~ стереоскопическое изображение, стереоизображение

top-lit ~ изображение (*объекта*) при подсветке сверху

touch ~ тактильный образ; картина касания

unsharp ~ нечёткое [нерезкое, расплывчатое] изображение

visual ~ 1. визуальное [наглядное] изображение; зрительный образ 2. визуальное [наглядное] отображение

image-based основанный на анализе изображений (*о способе управления*)

imager устройство формирования изображений

imagery изображения; образы
  monochrome ~ одноцветные изображения

imaging 1. отображение 2. формирование изображений
  binary ~ двухградационное [бинарное] представление изображений (*без полутонов*)
  2-D- ~ формирование двумерных [плоских] изображений
  3-D- ~ формирование трёхмерных [пространственных, объёмных] изображений
  gray-level ~ полутоновое представление изображений, формирование изображений с использованием яркостной шкалы
  stereo ~ получение *или* формирование стереоизображений (*в СТЗ*)
  video ~ получение *или* формирование изображений (*в СТЗ*)

imitate имитировать; копировать

immediate 1. непосредственный 2. ближайший 3. немедленный; экстренный

immobile неподвижный; недвижимый

immovable неподвижный; стационарный; наглухо закреплённый

immunity:
  noise ~ помехоустойчивость

impact 1. воздействие; влияние ‖ воздействовать; влиять 2. соударение; столкновение 3. удар; толчок ‖ ударять(ся); сталкиваться
  cross ~ перекрёстное влияние; взаимодействие
  dynamic ~ динамическое воздействие; влияние динамики
  elastic ~ упругое соударение; упругий удар
  social ~ **of robotization** социальные последствия роботизации

impair 1. ослаблять; уменьшать 2. портить; повреждать; ухудшать 3. нечётный; непарный

impedance полное сопротивление, импеданс

adjustable ~ регулируемое [настраиваемое] сопротивление *(электрическое или механическое)*

electrical ~ полное электрическое сопротивление, импеданс

manipulator ~ (механическое) сопротивление манипулятора *(внешнему усилию)*

mechanical ~ механическое сопротивление

impel 1. приводить в движение 2. побуждать; принуждать

imperfection 1. несовершенство; неполнота 2. недостаток; дефект

impermeability непроницаемость; герметичность

impetus 1. толчок; побуждение; импульс 2. стремительность

implement 1. прибор; инструмент; орудие (производства) 2. *мн.* принадлежности; инвентарь; оснастка

implementation 1. реализация; воплощение *(замысла)* 2. внедрение; ввод в работу

implementor 1. инженер-конструктор 2. специалист по внедрению *(системы)*

implicit неявный; подразумеваемый

imply 1. заключать в себе; влечь; иметь следствием 2. значить; означать

improve улучшать(ся); совершенствовать(ся)

impulse 1. импульс; толчок 2. количество движения

basic ~ опорный импульс

direct ~ прямой импульс

reflected ~ отражённый импульс

sound ~ 1. звуковой [акустический] импульс 2. зондирующий импульс *(эхолокатора)*

timing ~ импульс синхронизации; синхроимпульс; хронирующий импульс

imputation предпосылка

inaccessible 1. недоступный *(для осмотра или ремонта)* 2. недостижимый *(о цели)*

inaccuracy неточность; погрешность

path-following [path-tracking] ~ погрешность отслеживания траектории *(роботом)*

positioning ~ погрешность позиционирования *(робота)*

systematic ~ систематическая погрешность

inadequate 1. неподходящий; несоответствующий; недостаточный; неадекватный 2. непропорциональный; несоразмерный

inbuilt встроенный

incapable 1. неспособный 2. неподдающийся *(решению)*

incidence 1. наклон; скос 2. падение *(напр. луча)*

3. инцидентность (*вершин графа*)

incident 1. случай; случайность 2. падающий (*напр. о луче*) 3. *мат.* инцидентный

in-circuit встроенный; внутрисхемный

inclusion 1. включение; вовлечение 2. *мат.* импликация

incoming входящий, поступающий

incommensurable несоизмеримый

incompatibility несовместимость; несовместность

incompleteness неполнота; незавершённость

inconsistency несовместимость; противоречивость

incontrollable неуправляемый; не поддающийся управлению

incoordination отсутствие координации; несогласованность

incorporate 1. встраивать; вмонтировать 2. соединять; объединять 3. помещать; включать

increase увеличение; возрастание; рост; прирост ‖ увеличивать(ся); повышать(ся); возрастать; расти

increment 1. возрастание; увеличение; прирост 2. *мат.* приращение, инкремент

incremental 1. возрастающий; увеличивающийся 2. инкрементальный, инкрементный, работающий в приращениях 3. поэтапный

incurvature вогнутость; искривление; изгиб (*кривой*)

indentation 1. выемка; втянутый участок (*объекта на изображении*) 2. зубец; вырез; углубление 3. вдавливание

independence независимость; автономность

data ~ 1. независимость данных 2. независимость от данных

device ~ независимость от конкретных устройств

hardware ~ аппаратная независимость; независимость от (конкретных) технических средств

robot ~ 1. независимость робота; автономность робота 2. независимость от (типа) робота

statistical ~ статистическая независимость, независимость в статистическом смысле

independent независимый; автономный; несвязанный

hardware ~ независимый от (конкретной) аппаратуры

robot ~ независимый от (типа) робота

indeterminacy неопределённость

index 1. стрелка; указатель 2. индекс; показатель; коэффициент; *мат.* показатель степени 3. индекс; указатель (*в базах данных*) 4. индекс; обозначение 5. (периодически) поворачиваться на определённый угол 6. индексировать; делить окружность на части

adjunct ~ индекс присоединения *(в алгоритмах анализа изображений)*

cycle ~ 1. индекс цикла; параметр цикла 2. число повторений цикла

fine ~ вторичный [младший] индекс *(при двойной индексации)*

gross ~ главный [старший] индекс *(при двойной индексации)*

performance ~ 1. показатель качества 2. показатель производительности

profitability ~ показатель прибыльности, рентабельность

reliability ~ показатель надёжности

indexing 1. индексация 2. индексирование; деление окружности на части 3. периодическая круговая подача

angle ~ 1. индексирование угла 2. (циклический) поворот на заданный угол

picture ~ разметка изображения

position points ~ индексация точек позиционирования *(робота)*

rotary table ~ периодическая подача поворотного стола

indication 1. индикация; указание; показание; целеуказание 2. обозначение 3. индикатор; указатель

indicator 1. индикатор; указатель 2. контрольно-измерительный прибор

availability ~ индикатор готовности *(устройства к работе)*

check ~ контрольный индикатор

dial ~ циферблатный индикатор

digital ~ цифровой индикатор

flag ~ индикатор (выполнения) условия, флаговый индикатор

in-lock status ~ индикатор занятости канала

LED ~ светодиодный индикатор

moving-dot ~ индикатор с движущейся светящейся точкой

operator ~ индикатор на пульте оператора

overload ~ индикатор перегрузки

signal ~ сигнальный индикатор, сигнализатор

status ~ индикатор состояния

inductance индуктивность

armature ~ индуктивность (обмотки) якоря *(электродвигателя)*

induction:

rule ~ вывод правил методом индукции

inductosyn индуктосин *(индуктивный кодовый датчик линейных перемещений)*

industrially-rated рассчитанный на эксплуатацию в

производственных условиях

industry 1. промышленность; индустрия 2. отрасль промышленности

robot(ics) ~ робототроение, робототехническая промышленность

robotized ~ роботизированная отрасль промышленности

industry-standard соответствующий промышленным стандартам

i-neighbor косвенный сосед *(в анализе изображений)*

inequality 1. неравенство 2. несоответствие

inert нечувствительный; инертный

inertia инерция; инерционные параметры; момент инерции

arm-side ~ инерция *или* инерционные параметры (собственно) звена манипулятора *(без учёта свойств редуктора и двигателя)*

effective ~ эффективная [действующая] инерция; эффективный [действующий] момент инерции

joint ~ 1. инерция в сочленении; момент инерции звена *(степени подвижности манипулятора)* 2. суммарный момент инерции

rotor-side ~ инерция *или* инерционные параметры двигателя и редуктора *(степени подвижности манипулятора)*

inertial 1. инерционный 2. инерциальный

inertialess безынерционный

infer делать логический вывод, логически выводить

inference (логический) вывод, (умо)заключение *(в СИИ)*

deductive ~ дедуктивный вывод

formal ~ формальный вывод

grammatical ~ грамматический вывод

inductive ~ индуктивный вывод

logical ~ логический вывод

transitive ~ транзитивный логический вывод

inferencing формирование (логического) вывода

analogical ~ вывод по аналогии

inferential дедуктивный; выведенный логически

infinity бесконечность; бесконечно удалённая точка

inflation наполнение воздухом; накачивание; надувание

inflection 1. изгибание 2. изгиб, сгиб 3. перегиб; точка перегиба

inflexible негнущийся; несгибаемый; жёсткий

inflexion *см.* **inflection**

influence влияние; воздействие ‖ влиять; воздействовать

external ~ внешнее воздействие; влияние внешних факторов

informatics информатика

information информация; сведения

  a priori ~ априорная информация

  auxiliary ~ вспомогательная информация

  complete ~ полная информация

  data location ~ информация о размещении данных *(в распределённой вычислительной системе)*

  digital ~ цифровая информация

  distinguishing ~ различительная [дискриминирующая] информация

  false ~ ложная информация

  feedback ~ информация (в канале) обратной связи

  force/torque ~ силомоментная информация

  functional ~ 1. информация о функциях 2. функциональная информация

  graphical ~ графическая информация

  haptic ~ информация для распознавания захваченного *(роботом)* объекта *(включающая в себя тактильную информацию и данные о состоянии пальцев руки робота)*

  help ~ консультативная информация *(выдаваемая пользователю в диалоговом режиме)*

  incomplete ~ неполная информация

  input ~ входные данные; исходная информация

  knowledge ~ информация типа знаний; информационное представление знаний

  local ~ локальная информация

  management ~ управленческая информация

  output ~ выходная информация

  pattern ~ информация в виде образов

  qualitative ~ качественная информация

  quantitative ~ количественная информация

  redundant ~ избыточная информация

  remote ~ дистанционная информация

  resulting ~ итоговая информация

  sampled ~ выборочная информация

  sensor(y) ~ сенсорная информация, информация, получаемая от сенсорной системы

  source ~ исходная информация

  structural ~ структурная информация

  vision [visual] ~ визуальная [зрительная] информация; информация, получаемая от СТЗ

inherent присущий, свойственный; неотъемлемый, неустранимый

inheritance наследование свойств *(в иерархической системе представления знаний)*

inhibit 1. запрещать 2. тормозить; задерживать 3. подавлять (*сигнал*)

initialization 1. инициализация; установка в начальное [исходное] состояние 2. задание начальных условий; загрузка исходных данных

initiate 1. начинать, приступать 2. инициировать; запускать; включать

inking (однотонная) закраска (*части изображения*)

in-line 1. (непосредственно) в контуре (*управления*); 2. (непосредственно) в линии (*напр. производственной*)

innovation нововведение; новшество, *проф.* инновация

labor-saving ~ нововведение, обеспечивающее экономию трудозатрат

technological ~ технологическое новшество, технологическая инновация; новая технология

in-out ввод — вывод; вход — выход

input 1. вход‖входной, на входе 2. входной сигнал; входное воздействие 3. входные данные 4. ввод; подвод; подача‖вводимый 5. затраты, вкладываемые средства 6. вводить; подавать на вход

analog ~ 1. аналоговый вход 2. аналоговые входные данные

binary ~ 1. двоичный вход 2. двоичные входные данные 3. ввод двоичных сигналов

clock ~ 1. синхронизирующий вход 2. синхронизирующий входной сигнал 3. ввод синхронизирующих сигналов

control ~ входной сигнал управления, управляющее воздействие на входе

data ~ 1. информационный вход 2. входные данные 3. ввод данных

digital ~ 1. дискретный [цифровой] вход 2. дискретные [цифровые] входные данные

encoder ~ 1. входные данные с кодового датчика 2. ввод данных с кодового датчика

force/torque ~ ввод силомоментной информации

free-floating ~ *проф.* подвешенный вход (*никуда не подсоединённый*)

graphical ~ 1. графические входные данные 2. графический ввод, ввод графических данных

keyboard ~ 1. данные, вводимые с клавиатуры 2. ввод с клавиатуры

light ~ 1. световой входной сигнал 2. входной световой поток

manual ~ 1. данные, вводимые вручную 2. ввод (*данных*) вручную, ручной ввод

multiple ~ 1. многоканальный вход 2. многократный ввод

on-line ~ ввод данных в темпе (*управляемого или наблюдаемого процесса*)

programm ~ 1. входные данные программы 2. ввод программы

pulse ~ 1. импульсный входной сигнал 2. импульсный ввод

punched tape ~ 1. входные данные на перфоленте 2. ввод с перфоленты 3. устройство ввода с перфоленты

random ~ случайный входной сигнал

real-time ~ ввод *(данных)* в реальном (масштабе) времени

reference ~ эталонный входной сигнал

remote ~ дистанционный ввод

selectable video ~ коммутируемый видеовход *(канал ввода видеосигнала в СТЗ)*

sensory ~ 1. входная сенсорная информация 2. ввод сенсорной информации

step ~ ступенчатое входное воздействие

switching ~ переключающий вход

touch ~ ввод тактильной информации

unit step ~ входной сигнал в виде единичного скачка

verbal ~ 1. речевые входные данные; речевой вход 2. речевой ввод; словесный ввод

visual ~ 1. входная визуальная [зрительная] информация 2. ввод визуальной [зрительной] информации

voice ~ речевой ввод; голосовой ввод

input/output 1. ввод — вывод; вход — выход 2. устройство ввода — вывода 3. данные (для) ввода — вывода

buffered ~ 1. ввод — вывод с использованием буферной памяти, буферизованный ввод — вывод 2. устройство ввода — вывода с буферной памятью

programmed ~ программируемый ввод — вывод

real-time ~ ввод — вывод в реальном (масштабе) времени

simultaneous ~ параллельный ввод—вывод *(выполняемый одновременно с другими операциями)*

insert 1. вкладыш; втулка; прокладка 2. запрессованная деталь‖запрессовывать *(деталь)*

insertion 1. вставление; вставка *(деталей в отверстия)* 2. установка *(компонентов в печатную плату)*

component ~ установка компонентов

robotic ~ 1. роботизированное вставление; роботизированная вставка 2. роботизированная установка

insolubility неразрешимость

inspection 1. контроль; проверка 2. осмотр

acceptance ~ приёмочный контроль

automatic visual ~ автоматический визуальный контроль

complete ~ сплошной [стопроцентный] контроль
incoming ~ входной контроль
in-line ~ контроль в потоке; контроль в (производственной) линии
in-process ~ 1. контроль в процессе работы; текущий контроль 2. осмотр в процессе работы
light-section ~ контроль *(деталей)* по методу светового [оптического] сечения *(в СТЗ)*
pattern comparison ~ контроль *(изделия)* путём сравнения с эталонным изображением
premachining ~ входной контроль перед механообработкой
random ~ выборочный контроль; выборочная проверка
robotic ~ 1. роботизированный контроль; роботизированная проверка 2. осмотр роботом
sampling ~ выборочный контроль
three-dimensional ~ 1. объёмный контроль 2. пространственный осмотр
total ~ сплошной [стопроцентный] контроль
visual ~ 1. визуальный [зрительный] контроль 2. осмотр
instability 1. неустойчивость 2. нестабильность
dynamic(al) ~ динамическая неустойчивость
numerical ~ неустойчивость численного решения
static ~ статическая неустойчивость
install 1. устанавливать; монтировать 2. вводить в действие
installation 1. установка; оборудование 2. установка; монтаж 3. размещение 4. ввод в действие; внедрение
air ~ 1. ~ пневматическая установка; пневматическое оборудование 2. станция подготовки (сжатого) воздуха
console ~ 1. консольная установка 2. расположение на консольном пульте
multirobot ~ 1. групповое внедрение роботов 2. (производственная) установка с несколькими роботами
piece-by-piece ~ 1. поэтапная реализация, поэтапное внедрение *(системы)* 2. последовательный монтаж *(деталей)*
pilot ~ опытное внедрение
robot ~ 1. роботизированная установка 2. монтаж робота; установка робота 3. ввод робота в действие; внедрение робота
turnkey robot ~ сдача робота «под ключ»
instance 1. пример 2. экземпляр
event ~ реализация события
plan ~ пункт плана *(действий СИИ)*

prototype ~ пример прототипа *(в модели мира робота)*

instant 1. момент (времени), мгновение 2. немедленный; мгновенный 3. текущий

instruct обучать; предписывать *(напр. определённую последовательность движений)*

instruction 1. команда 2. инструкция; программа действий 3. обучение

assembly ~ команда на сборку

branch(ing) ~ команда ветвления; команда перехода

call ~ команда вызова; команда обращения

conditional ~ команда условного перехода

control ~ команда управления, управляющая команда

edit ~ команда редактирования

engineering ~ 1. инструкция по техническому обслуживанию 2. *мн.* правила технической эксплуатации

fuzzy ~ нечёткая команда

general ~ основная команда *(из стандартного набора команд)*

grip(ping) ~ команда на захватывание *(детали роботом)*

halt ~ команда останова

housekeeping ~ служебная команда

illegal ~ запрещённая команда

input/output ~ команда ввода — вывода

keyboard ~ команда, вводимая с клавиатуры

macro ~ макрокоманда

maintenance ~ инструкция по техническому обслуживанию

micro ~ микрокоманда

move ~ 1. команда на движение *(робота)* 2. команда пересылки *(данных)*

position ~ команда позиционирования *(робота)*

repeat ~ команда повторения

repetition ~ команда организации цикла

return ~ команда возврата

robot ~ 1. команда роботу 2. обучение робота

robot-specific ~ роботоориентированная команда

stop ~ команда останова

transfer ~ 1. команда на переход *(робота из одного положения в другое)* 2. команда передачи управления

vision ~ 1. обучение СТЗ 2. команда СТЗ

instructor инструктор; оператор *(обучающей системы)*

instrument 1. прибор 2. инструмент; приспособление

calibration ~ калибровочный прибор, калибратор

gaged ~ 1. калиброванный прибор 2. поверенный инструмент *или* прибор

measuring ~ 1. измерительный прибор 2. измерительный инструмент

navigation ~ навигационный прибор

robot ~ 1. инструмент робота 2. роботизированный аппарат

testing ~ контрольно-измерительный прибор

instrumentation 1. контрольно-измерительные приборы; контрольно-измерительное оборудование 2. оснащение оборудованием *или* приборами

instrumentware приборное оснащение

intact 1. работоспособный 2. целый, неповреждённый

integer целое число‖целочисленный

integral 1. *мат.* интеграл‖интегральный 2. целое число‖целочисленный 3. неотъемлемый; целый

  convolution ~ интеграл свёртки

  Duhamel ~ интеграл Дюамеля

  Fourier ~ интеграл Фурье

integrate 1. *мат.* интегрировать 2. встраивать; вводить (*напр. робот в технологический процесс*) 3. объединять; составлять целое, интегрировать

integrated 1. комплексный (*об автоматизации*) 2. интегрированный (*о системе*)

integration 1. *мат.* интегрирование 2. режим интегрирования 3. объединение в одно целое, интеграция 4. сборка (*модулей программы*) 5. компоновка, комплектация, комплектование

  document ~ комплектование документации

in-line ~ встраивание в процесс

large-scale ~ интеграция высокого уровня

numerical ~ численное интегрирование

phased ~ поэтапная компоновка

robot ~ 1. введение робота (*в технологический процесс*) 2. интеграция робота (*с производственной системой*)

small-scale ~ интеграция малого уровня

software ~ компоновка системы программного обеспечения

integrator интегратор; интегрирующее звено

  bootstrap ~ интегратор с параметрической компенсацией погрешностей

  decision ~ решающий интегратор

  feedback ~ интегратор с обратной связью

  pip ~ импульсный интегратор

  storage ~ запоминающий интегратор, интегратор с памятью

integrity целостность, сохранность

intellect 1. интеллект 2. развитые логические функции *или* возможности

  mathematical ~ способность к выполнению математических операций

  spatial ~ способность к ориентации в пространстве

  verbal ~ способность

(СИИ) к общению на естественном языке

intelligence 1. разум, ум, рассудок, умственные способности 2. интеллект 3. развитые логические возможности *или* функции 4. сведения; информация

algorithmic ~ алгоритмические возможности

applied artificial ~ прикладная система искусственного интеллекта

artificial ~ искусственный интеллект

cognitive ~ 1. способность к познанию 2. элементы (искусственного) интеллекта, отвечающие за познание окружающей среды

decision-making ~ интеллектуальный механизм принятия решений *(роботом)*

distributed ~ распределённая система искусственного интеллекта

domain-specific ~ элементы искусственного интеллекта, зависящие от предметной области

heuristic ~ эвристические элементы (искусственного) интеллекта

machine ~ машинный интеллект

sensory ~ 1. способность к восприятию и распознаванию сенсорной информации 2. элементы (искусственного) интеллекта, отвечающие за сенсорную систему

intelligent интеллектуальный, интеллектный, «разумный»; с развитой логикой

intensity 1. интенсивность 2. яркость 3. сила; энергия 4. *эл.* напряжённость

image ~ 1. интенсивность изображения 2. яркость изображения

interaction взаимодействие

axes ~ взаимовлияние степеней подвижности *(манипулятора)*

man-machine ~ человеко-машинное взаимодействие

man-(-to)-robot ~ взаимодействие человека с роботом; диалог «человек — робот»

natural language [NL] ~ естественноязыковое взаимодействие, общение *(с системой)* на естественном языке

one-way ~ одностороннее взаимодействие

robot(-to)-robot ~ взаимодействие роботов *(между собой)*

user ~ взаимодействие между пользователем и системой; диалог пользователя с системой

interactive 1. взаимодействующий 2. интерактивный; диалоговый

interchange 1. (взаимный) обмен‖обмениваться; менять *(местами)* 2. чередование; смена‖чередоваться

interchangeable (взаимо)заменяемый; сменный

interconnection взаимосвязь; (взаимное) соединение

intercoupling 1. взаимосвязь 2. взаимовлияние

interdependent взаимозависимый; взаимосвязанный

interface 1. интерфейс; устройство сопряжения 2. сопряжение; согласование‖ сопрягать; согласовывать 3. граница; место стыковки 4. снабжать интерфейсом

analog ~ аналоговый интерфейс

bussed ~ 1. шинный интерфейс 2. шинное сопряжение, сопряжение с помощью шины

cable ~ кабельное сопряжение

command-driven ~ интерфейс командного типа

command-rich ~ интерфейс с расширенным набором команд

communications ~ связной интерфейс

computer-process ~ устройство сопряжения ЭВМ с технологическим процессом; устройство связи с объектом, УСО

contact ~ контактное сопряжение

current loop ~ интерфейс с токовой петлёй

data ~ 1. интерфейс по данным 2. информационное сопряжение

direct ~ прямое [непосредственное] сопряжение

encoder-to-computer ~ интерфейс «кодовый датчик — ЭВМ»

factory floor ~ цеховая аппаратура сопряжения (*автоматизированной системы управления с роботами*)

general-purpose ~ стандартный интерфейс; универсальный интерфейс

general-system ~ общесистемный интерфейс

gripper-arm ~ узел сопряжения *или* место стыковки захватного устройства с рукой (*робота*)

gripper-workpiece ~ граница соприкосновения захватного устройства с деталью

hardware ~ 1. аппаратный интерфейс 2. средства сопряжения технических устройств

human ~ интерфейс пользователя; человеко-машинный интерфейс

input/output ~ интерфейс ввода—вывода

intelligent ~ интеллект(уаль)ный интерфейс, интеллект(уаль)ные средства сопряжения

man-machine ~ человеко-машинный интерфейс

mechanical ~ механическое устройство сопряжения (*рабочего органа с запястьем манипулятора*)

menu-based [**menu-driven**] ~ интерфейс на основе меню

natural language [**NL**] ~ естественноязыковой интерфейс

peripheral ~ интерфейс периферийных устройств

procedural ~ сопряжение на уровне процедурного языка

programmable ~ программируемый интерфейс

sensor(y) ~ 1. интерфейс сенсорной системы; сенсорный интерфейс 2. сопряжение сенсорных устройств (*с роботом*)

serial ~ последовательный интерфейс

standardized ~ стандартный интерфейс

teaching ~ интерфейс пульта обучения (*робота*)

user ~ интерфейс пользователя

user-friendly ~ интерфейс, удобный для пользователя, *проф.* дружественный интерфейс

video [**vision**] ~ видеоинтерфейс; устройство сопряжения с СТЗ

interfacing сопряжение; согласование; установление связи

interfere мешать; препятствовать; создавать помехи

interference 1. помеха; препятствие 2. взаимное влияние, взаимовлияние 3. интерференция 4. вмешательство (*напр. оператора в работу системы*)

DOF ~ взаимовлияние [взаимное влияние] степеней подвижности (*робота*)

motion ~ помеха движению; препятствие на пути движения

supervisory ~ вмешательство (*оператора в работу робота*) в супервизорном режиме

sweep ~ помехи от развёртки (*в СТЗ*)

interferometer:

laser ~ лазерный интерферометр

interlock 1. блокировка (*выполнения программ робота или станка с ЧПУ*) ‖ блокировать 2. (взаимное) соединение; смычка

data ~ защита (*системы*) по данным

electrical ~ электрическая блокировка

mechanical ~ механическая блокировка

safety ~ защитная блокировка

intermediate промежуточное звено ‖ промежуточный; вспомогательный

interpolation интерполяция

bivariate ~ двумерная интерполяция

circular ~ круговая интерполяция

cubic ~ кубическая интерполяция

linear ~ линейная интерполяция

path ~ интерполяция траектории (*движения робота*)

spline ~ сплайн-интерполяция

square ~ квадратичная интерполяция; параболическая интерполяция

trajectory ~ интерполяция траектории (*движения робота*)

interpolator интерполятор; блок интерполяции

interpretation интерпретация, интерпретирование
- **image ~** интерпретация изображений
- **instruction ~** интерпретация команд
- **semantic ~** семантическая интерпретация
- **syntax-directed ~** синтаксическая интерпретация

interpreter интерпретатор; блок интерпретации
- **command [instruction] ~** интерпретатор команд
- **language ~** интерпретатор языка, языковой интерпретатор
- **program ~** интерпретатор программы
- **task ~** интерпретатор заданий *(робота)*

interreaction взаимодействие, взаимное воздействие

interrelation(ship) взаимосвязь; взаимозависимость

interrupt 1. прерывание ‖ прерывать 2. сигнал прерывания 3. останов(ка) ‖ останавливаться 4. разрыв; разлом ‖ разрываться; разламываться
- **channel ~** канальное прерывание
- **clock ~** прерывание от таймера
- **command ~** командное прерывание *(определяемое приоритетной командой)*
- **data ~** информационное прерывание *(определяемое поступившими данными)*
- **emergency ~** аварийное прерывание
- **error ~** прерывание по сигналу об ошибке
- **external ~** внешнее прерывание
- **hardware ~** аппаратное прерывание
- **master control ~** прерывание от главной управляющей программы *или* от ведущего устройства управления
- **operator ~** операторское прерывание, прерывание с пульта оператора
- **polling ~** прерывание по вызову, прерывание по опросу
- **priority ~** приоритетное прерывание; прерывание с приоритетом
- **program ~** 1. прерывание программы 2. прерывание по программе, программное прерывание
- **program-error ~** прерывание из-за ошибки в программе
- **query ~** прерывание по запросу

interrupt-driven управляемый прерываниями; с управлением по прерываниям

interruption *см.* interrupt

intersection 1. пересечение 2. точка *или* линия пересечения 3. *мат.* конъюнкция, логическое умножение

interspace промежуток, пространственный интервал *(напр. между точками траектории робота)*

interval 1. промежуток, интервал; отрезок 2. пауза, перерыв (*в работе*)

confidence ~ доверительный интервал

control ~ интервал регулирования

polling ~ интервал опроса

sampling ~ интервал дискретизации (*аналогового сигнала*)

intervention вмешательство (*напр. оператора в работу робота*)

intrinsic 1. присущий, свойственный 2. внутренний 3. встроенный

introduction 1. введение; включение; установление 2. новшество, нововведение

intrusion проникновение (*человека в опасную зону действия робота*)

invalid 1. неисправный; неработоспособный 2. неверный 3. недействительный

invariant 1. *мат.* инвариант‖ инвариантный 2. неизменный, постоянный

bond ~ инвариант связей (*в распознавании образов*)

integral ~ интегральный инвариант (*признак в распознавании образов*)

load ~ инвариантный к нагрузке

moment ~ моментный инвариант (*признак в распознавании образов*)

orientation ~ инвариантный к ориентации (*о признаке объекта на изображении*)

position ~ инвариантный к положению (*о характеристике робота или о признаке объекта на изображении*)

inventory 1. материально-производственные запасы 2. инвентаризация

in-process ~ незавершённое производство

inversion 1. обращение, обратное преобразование; инверсия 2. инвертирование (*сигнала*)

inverter, invertor инвертор, обратный преобразователь, инвертирующий элемент

invocation инициирование, запуск

involve 1. включать в себя; влечь за собой; вовлекать 2. завёртывать; обёртывать 3. закручивать (*спиралью*) 4. возводить в степень

inward внутренний, направленный внутрь‖внутрь

irredundant безызбыточный, неизбыточный

irregularity 1. неравномерность 2. нестандартность 3. неправильность; отклонение от нормы

irreversible необратимый

irreversive нереверсивный (*о двигателе*)

island изолированный участок
~s **of automation** островки автоматизации; выборочная [островковая] автоматизация

isochronous одновременный; повторяющийся через равные промежутки; одинаково продолжительный; изохронный

isocline изоклина
isocurve изолиния, линия (равного) уровня
isodromic изодромный (*о регуляторе*)
isophot изофота (*кривая равной освещённости*)
issue:
  instruction ~ подача команд
item элемент списка *или* структуры; айтем (*тип данных в моделях мира робота*)
  context-sensitive ~ контекстно-зависимая единица
  data ~ элемент данных
  highlighted ~ подсвеченный элемент
  logical ~ логическая единица
iteration 1. итерация, повторение 2. цикл (*программы*) 3. шаг (*в итеративном процессе*)
itinerary маршрут; трасса; путь (*с указанием пунктов и расписания движения*)

J

jab толчок; внезапный удар
jack 1. зажим; гнездо 2. пружинный переключатель 3. подъёмное приспособление 4. опора; подставка; стойка
jacket 1. кожух; чехол; оболочка; рубашка; обшивка 2. конверт (*для гибкого диска*)
Jacobian якобиан, функциональный определитель ‖ якобиев
jaggy зазубрина; неровность (*границы объекта на изображении*) ‖ зазубренный; зубчатый; неровный
jam 1. заедание; заклинивание; защемление; застревание ‖ заедать; заклинивать; защемлять; застревать 2. перебой в работе 3. (преднамеренные) помехи
jaw 1. губка; щека (*захватного устройства*) 2. кулачок 3. *мн.* зажимное приспособление; тиски; клещи
  adjustable gripper ~s регулируемые губки захватного устройства
  combination ~s комбинированные [многопрофильные] губки
  parallel ~s 1. параллельные губки 2. параллельные тиски
  sensitive ~ очувствлённая губка
  swinging ~s поворотные губки
jerk рывок; резкое движение; подрагивание ‖ двигаться резкими толчками; дёргаться
jig 1. зажимное приспособление; фиксатор ‖ зажимать; закреплять; фиксировать 2. балка 3. калибр; шаблон
jigger вибратор
jitter 1. подёргивание; дрожание; вибрация; пульсация

2. неустойчивая синхронизация

job 1. работа; задание 2. работа, труд 3. рабочее место
 created ~s новые рабочие места *(созданные в результате роботизации)*
 eliminated ~s ликвидированные *(в результате роботизации)* рабочие места
 hazardous ~ работа, связанная с риском для жизни; опасная работа; опасные условия труда
 load-unload ~ задание *(роботу)* по загрузке-разгрузке
 lost ~s ликвидированные *(в результате роботизации)* рабочие места
 manipulation ~ манипуляционное задание *(роботу)*
 monotonous ~ монотонный труд
 physically demanding ~ тяжёлый физический труд
 repetitive ~ (многократно) повторяющееся задание
 robot ~ 1. задание роботу 2. роботизированное рабочее место
 skilled ~ квалифицированный труд
 tiring ~ утомительная работа
 unskilled ~ неквалифицированный труд

job-shop предприятие, работающее по заказам; мастерская
 small-batch ~ предприятие, выпускающее изделия по заказам мелкими партиями

jogger толкатель

join 1. соединение; объединение‖соединять(ся); объединять(ся); выполнять соединение 2. операция соединения, соединение *(действие над отношениями в реляционной базе данных)*

joined составной; соединённый, присоединённый

joiner:
 robot(ic) ~ 1. робот-столяр 2. робот-монтажник

joint 1. сочленение; шарнир; узел 2. соединение; стык; шов 3. связь 4. соединённый; совместный
 active robot ~ активное [управляемое] сочленение робота
 articulated ~ 1. шарнирное сочленение 2. шарнирное соединение
 ball ~ шаровое [сферическое] сочленение; шаровой [сферический] шарнир
 ball-and-socket ~ шаровой [сферический] шарнир; карданный шарнир, кардан
 bayonet ~ 1. штыковое соединение 2. штыковой замок
 cardan ~ карданный шарнир, кардан
 complex ~ сложное сочленение; сложный шарнир *(с вращением относительно подвижной оси)*
 cylindrical ~ цилиндрическое сочленение; цилиндрический шарнир
 distributed ~ распределённое сочленение, (враща-

тельно-поступательное) сочленение с распределённой передачей движения

elbow ~ 1. «локтевой» шарнир *(манипулятора)* 2. коленчатое соединение *(труб)*

flexible ~ 1. гибкое сочленение 2. подвижное соединение

gimbal ~ карданов подвес

hip ~ «(тазо)бедренный» шарнир *(шагающего робота)*

knee ~ 1. «коленный» шарнир, *(шагающего робота)* 2. коленчатое соединение *(труб)* 3. кривошип

linear ~ линейное сочленение

lock ~ 1. запирающееся шарнирное сочленение; шарнир со стопором 2. соединение в замок

muff ~ соединение через муфту

multiple-stage ~ многоступенчатое призматическое сочленение *(в котором подвижная часть предыдущей ступени служит направляющей следующей ступени)*

N-DOF ~ сочленение с N-степенями свободы

nipple ~ штуцерное соединение

passive robot ~ пассивное [неуправляемое] сочленение робота

permanent ~ неразъёмное соединение

pivoted ~ сочленение с поворотным шарниром

powered ~ 1. сочленение, снабжённое приводом 2. активное [управляемое] сочленение *(робота)*

prismatic ~ призматическое сочленение

revolute ~ вращательное сочленение; поворотный шарнир

rigid ~ жёсткое соединение; жёсткое крепление

rotary [rotational] ~ вращательное сочленение; поворотный шарнир

screw ~ винтовое соединение

shoulder ~ «плечевой» шарнир *(манипулятора)*

single-stage ~ одноступенчатое призматическое сочленение *(с фиксированной направляющей)*

sliding ~ 1. скользящее сочленение; призматическое сочленение 2. подвижное соединение

spherical ~ шаровое [сферическое] сочленение; шаровой [сферический] шарнир

telescopic ~ телескопическое сочленение

translational ~ сочленение, обеспечивающее поступательное перемещение, *проф.* поступательное сочленение

turning ~ вращательное сочленение; поворотный шарнир

universal ~ универсальный шарнир

welded ~ сварное соединение

wrist ~ «запястный» шарнир *(манипулятора)*

jointing:
  robot ~ 1. сопряжение [объединение] роботов *(в систему)* 2. соединение *(напр. деталей)* с помощью робота

journal 1. цапфа; шейка 2. пята 3. журнал регистрации *(работ)*
  axle ~ осевая шейка; цапфа оси
  centering ~ центрирующая цапфа
  slewing ~ поворотная цапфа
  vertical ~ пята

joystick рукоятка управления; координатная ручка
  mnemonic ~ мнемоническая рукоятка

jump 1. скачок; скачкообразный сигнал; резкое изменение‖прыгать; резко изменяться 2. переход *(в программе)*
  brightness ~ перепад яркости
  conditional ~ условный переход; команда условного перехода
  unconditional ~ безусловный переход; команда безусловного перехода
  unit ~ единичный скачок

junction соединение; узел; стык

justification 1. обоснование 2. подстройка; выравнивание
  financial ~ экономическое обоснование
  hypothesis ~ подтверждение гипотезы *(в распознавании образов)*
  techno-economic ~ технико-экономическое обоснование, ТЭО

justification-based основанный на доказательстве

justify 1. подтверждать; оправдывать 2. выравнивать; подстраивать

juxtaposition 1. сопоставление 2. размещение рядом 3. (непосредственное) соседство; соприкосновение

K

keep 1. держать(ся); сохранять(ся); поддерживать; соблюдать 2. вести, проводить *(напр. работу)* 3. продолжать *(делать что-л.)*

keeper 1. держатель; хомутик 2. замок 3. якорь постоянного магнита

kernel 1. ядро 2. стержень
  program ~ ядро программы
  programming environment ~ ядро системы программирования

key 1. ключ; кнопка; клавиша; переключатель‖переключать 2. ключ, шифр, код; указатель к решению 3. чека; шпонка 4. набирать данные на клавиатуре
  activate [activation] ~ пусковая клавиша, клавиша «пуск»; клавиша активизации

KEY

change mode ~ клавиша смены режима

clear ~ клавиша сброса (*стирания содержимого памяти*)

control ~ клавиша управления, управляющая клавиша

emergency ~ клавиша аварийного останова, аварийная клавиша

entry ~ клавиша занесения (*в память*); клавиша ввода

extension ~ клавиша расширения (*функций функциональной клавиатуры*)

function ~ 1. функциональная клавиша 2. функциональный ключ

halt ~ клавиша останова, клавиша «стоп»

high ~ светлое тоновое изображение (*при настройке СТЗ*)

home ~ клавиша возврата в исходное положение

interrupt ~ клавиша прерывания

low ~ тёмное тоновое изображение (*при настройке СТЗ*)

programming ~s программирующие клавиши

release ~ клавиша освобождения

single-cycle ~ клавиша однократного (выполнения) цикла

single-step ~ клавиша пошагового прогона программы

soft ~ программируемая клавиша

KEY

start ~ пусковая клавиша, клавиша «пуск»

stop ~ клавиша останова, клавиша «стоп»

switch ~ переключатель

teach-in ~ клавиша занесения (данных) в память при обучении (*робота*)

user-definable ~ клавиша с функциями, определяемыми пользователем

keyboard 1. клавиатура; клавишный пульт, клавишная панель 2. коммутационная панель

control ~ клавиатура управления; клавишный пульт управления

customized ~ заказная клавиатура, клавиатура, изготавливаемая по техническим условиям заказчика

detached ~ съёмная клавиатура

factory-hardened ~ клавиатура, монтируемая по месту требуемому производственными условиями

function ~ функциональная клавиатура

intelligent ~ интеллектуальная клавиатура (*со встроенным микропроцессором*)

operation ~ рабочая клавиатура

operator's ~ операторский клавишный пульт; операторская клавиатура

plug-in ~ коммутационная [наборная] панель

programmed ~ программируемая клавиатура

robot control ~ клавишная

панель управления роботом
side-mounted ~ выносная клавиатура *(устанавливаемая в удобном месте)*
supervisory ~ диспетчерский пульт
teaching ~ клавишный пульт обучения *(робота)*
touch(-control) ~ сенсорная клавиатура
tuning ~ настроечная клавиатура
typewriter-style [typewriter-type] ~ клавиатура по типу пишущей машины

keyboard-driven управляемый с пульта *или* с клавиатуры

key-driven клавишный, с клавишным управлением

keypad клавишное поле *(на основной клавиатуре)*; малая клавиатура; клавишная панель
labeled ~ панель с маркированными (функциональными) клавишами

keystone:
frame ~ трапецеидальное искажение кадра *(в СТЗ)*

keystroke нажатие клавиши
combination ~ нажатие комбинации клавиш
stray ~ случайное нажатие клавиши

keystroke-driven управляемый нажатием клавиш

kick 1. толчок; бросок; отбрасывание; удар 2. обратный толчок; отдача

killer глушитель; блок подавления
noise ~ блок подавления шумов

kinematics 1. кинематика 2. кинематическая схема
antropomorphic ~ антропоморфная кинематическая схема
articulated ~ шарнирная кинематическая схема
calculated robot ~ расчётная кинематика робота
Cartesian ~ декартова [прямоугольная] кинематическая схема
closed ~ замкнутая кинематическая цепь
cylindrical ~ цилиндрическая кинематическая схема
direct forward ~ прямая задача кинематики, прямая кинематическая задача
graphical ~ графические средства воспроизведения кинематики *(робота)*
inverse ~ обратная задача кинематики, обратная кинематическая задача
manipulator ~ 1. кинематика манипулятора 2. кинематическая схема манипулятора
open ~ разомкнутая кинематическая цепь
rectangular ~ прямоугольная [декартова] кинематическая схема
robot ~ 1. кинематика робота 2. кинематическая схема робота
spherical ~ сферическая кинематическая схема

kineopsis кинеопсис *(определение вида и движения объекта по последовательным изображениям и*

оптическим скоростям)
kinescope кинескоп
kinesthesis кинестетика *(восприятие собственного перемещения конечностей и корпуса в пространстве)*
kinetostatics кинетостатика
kit набор; комплект
   tool ~ набор инструментов
knee 1. колено *(трубы)* 2. «коленный» шарнир, «колено» *(шагающего робота)*
   robot ~ «коленный» шарнир, «колено» (шагающего) робота
knob 1. кнопка 2. ручка; штурвал
   adjustment ~ ручка настройки
   control ~ ручка управления
   tuning ~ ручка настройки
know-how технические знания, *проф.* «ноухау»
knowledge 1. знания 2. сведения ◊ **to invoke** ~ активизировать использование знаний *(в СИИ)*
   declarative ~ декларативные знания
   descriptive ~ знания в форме описаний, дескриптивные знания
   domain-specific ~ знания, зависящие от конкретной предметной области
   environment(al) ~ знания об окружающей среде *(робота)*
   expert ~ знания эксперта, экспертные знания
   explicit ~ явно заданные знания *(в базе знаний СИИ)*

   factual ~ фактуальные знания, факты *(в базе знаний СИИ)*
   general ~ обобщённые знания, знания общего характера
   hardwired ~ «жёстко встроенные» знания *(в базе знаний СИИ)*
   human ~ человеческие знания *(используемые в СИИ)*
   image (-oriented) ~ знания об изображениях
   imperative ~ императивные знания, знания о действиях *(подлежащих выполнению СИИ)*
   implicit ~ неявные знания, знания в неявной форме
   preformed ~ заранее сформированные знания
   prescriptive ~ знания в форме предписаний
   private ~ индивидуальные знания
   problem-solving ~ знания о методах *или* стратегиях (автоматического) решения задач
   procedural ~ знания, представленные в процедурной форме, процедурные знания
   semantic ~ семантические знания
   temporal ~ знания с временно́й зависимостью, знания, зависящие от времени
   terrain ~ знания о местности *(рабочей зоне мобильного робота)*
   uncertain ~ неопределённые знания; неполностью определённые знания

KNO

knowledgebase база знаний
knowledge-based основанный на знаниях
K-shaped К-образный (*о пересечении контурных линий на изображении*)

L

label 1. метка; (маркировочный) знак, маркер; отметка; обозначение‖размечать; маркировать; помечать, обозначать 2. ярлык; бирка; этикетка
   operational ~ маркировочный знак
labeling маркирование, нанесение маркировочных знаков; разметка; присваивание обозначений
   region ~ разметка областей (*в анализе изображений*)
labor-intensive трудоёмкий
labyrinth лабиринт
lack отсутствие; недостаток‖испытывать недостаток; не иметь
   ~ **of coverage** недокомпенсация (*при регулировании*)
   ~ **of fit** несоответствие; несогласованность
lag отставание; запаздывание; задержка‖отставать; запаздывать; задерживать(ся)
   control ~ запаздывание управляющего воздействия; запаздывание регулирования

LAN

   dynamic ~ динамическое запаздывание
   measuring ~ 1. запаздывание измерения 2. задержка из-за измерения
   phase ~ отставание по фазе
   signal ~ запаздывание сигнала; задержка сигнала
   time ~ запаздывание [задержка] во времени, временна́я задержка
   transportation ~ транспортное запаздывание
Lagrangian лагранжиан, функция Лагранжа‖лагранжев
lamp лампа; лампочка
landmark ориентир; маркировочный знак; веха
lane ответвление, *проф.* ручей (*конвейерной линии*)
   accumulation ~ накопительная горловина (*конвейера*)
language язык‖языковой
   AI ~ язык системы искусственного интеллекта
   ALGOL-like ~ алголоподобный язык
   algorithmic(al) ~ алгоритмический язык
   assembly ~ 1. язык программирования (*робота*) для сборочных операций 2. язык ассемблера
   behavioral ~ язык описания поведения (*системы*)
   block diagram ~ язык блок-схем
   block-oriented description ~ язык блочных описаний
   block-oriented simulation ~ язык блочного моделирования

code ~ кодовый язык
command(-oriented) ~ командный язык *(программирования)*
computer ~ машинный язык; язык программирования ЭВМ
computer-dependent ~ машинно-зависимый язык
computer graphics ~ язык машинной графики
computer-independent ~ машинно-независимый язык
conversational ~ диалоговый язык
core ~ базовый язык
data-query ~ язык запросов
dedicated robot-programming ~ специализированный язык программирования роботов
evolutive ~ развивающийся язык
explicit ~ явно определённый [явный] язык
finite-state ~ язык конечных автоматов
frame-based ~ язык фреймов, фреймовый язык
functional ~ функциональный язык *(программирования)*
geometry ~ геометрический язык *(программирования роботов)*
high-level ~ язык высокого уровня
implementation ~ язык физической реализации
interactive ~ диалоговый язык; язык взаимодействия; интерактивный язык
interpretive ~ язык интерпретирующего типа
joint-level ~ язык программирования *(роботов)* на уровне степеней подвижности
kernel ~ базовый язык
knowledge ~ язык представления знаний
ladder diagram ~ язык релейных схем *(для программирования микроконтроллеров)*
low-level ~ язык низкого уровня
machine ~ машинный язык
machine-dependent ~ машинно-зависимый язык
machine-independent ~ машинно-независимый язык
machine-oriented ~ машинно-ориентированный язык
manipulator-level ~ язык программирования *(роботов)* на уровне (движений) манипулятора
medium-level ~ язык среднего уровня
mnemonic ~ 1. символический язык 2. язык мнемосхем
modeling ~ язык моделирования
motion level ~ язык программирования *(роботов)* на уровне движений
natural ~ естественный язык
NC programming ~ язык программирования УЧПУ
nonprocedural ~ непроцедурный язык
object-oriented programm-

ing ~ объектно-ориентированный язык программирования

operator-oriented ~ язык, ориентированный на оператора

parallel ~ язык параллельного программирования

picture description ~ язык описания изображений

picture-processing ~ язык обработки изображений

point-to-point level ~ язык программирования *(роботов)* на уровне переходов от точки к точке; язык программирования роботов с позиционным управлением

predicate logic ~ язык, основанный на логике предикатов

problem-oriented ~ проблемно-ориентированный язык

procedural ~ процедурный язык

programming ~ язык программирования

query ~ язык запросов

robot control ~ язык управления роботами

robot-dependent ~ роботозависимый язык

robot-independent ~ роботонезависимый язык

robot-level ~ язык программирования на уровне (всего) робота *(в отличие от программирования на уровне движений отдельных звеньев)*

robot-oriented ~ роботоориентированный язык

robot-programming ~ язык программирования роботов

robot-specific ~ роботоориентированный язык

robot vision ~ язык программирования СТЗ робота

simulation ~ язык (имитационного) моделирования

source ~ исходный язык; входной язык *(транслятора)*

specialized ~ специализированный язык

supervisory command ~ командный язык супервизорного управления

symbolic ~ символический язык

system ~ системный язык

tabular ~ табличный язык

target ~ выходной язык *(транслятора)*

task-level ~ язык уровня (рабочих) заданий; язык программирования *(роботов)* на уровне заданий

typed ~ 1. широко используемый язык программирования 2. язык, предусматривающий определение типов данных

typeless ~ язык, не предусматривающий определение типов данных

user ~ язык пользователя

user-friendly ~ язык, удобный для пользователя, *проф.* дружественный (к пользователю) язык

user-oriented ~ язык, ориентированный на пользователя

very-high-level ~ язык сверхвысокого уровня

vision ~ язык (программирования) СТЗ

laplacian лапласиан, оператор Лапласа‖лапласов

lap(ping) 1. перекрытие 2. нахлёстка; соединение внахлёстку 3. притирка

laser лазер‖лазерный

latch защёлка; собачка; запор

latching 1. защёлка; собачка; запор 2. запирание; фиксация

lateral 1. боковой; поперечный 2. горизонтальный 3. побочный; вторичный

latitude широта

lattice 1. структура 2. решётка; сетка

information ~ структура информации

light ~ световая решётка (*при структурированном освещении в СТЗ*)

law 1. закон; правило; принцип 2. формула 3. теорема

~ **of conservation of energy** закон сохранения энергии

~ **of cosines** теорема косинусов

~ **of requisite variety** закон необходимого разнообразия

~ **of sines** теорема синусов

control ~ закон управления

desired ~ заданный [требуемый] закон; желаемый закон (*напр. движения робота*)

Gaussian ~ гауссов(ский) закон (*распределения вероятностей*), закон нормального распределения

Hooke's ~ закон Гука

Kirchhoff's ~ закон Кирхгофа

motion ~ закон движения

Murphy's ~ закон Мэрфи

Newton's ~ закон Ньютона

robotics ~s законы робототехники (*по А. А. Азимову*)

transitive ~ закон транзитивности

layer 1. уровень (*иерархии*) 2. слой

application ~ прикладной уровень

boundary ~ граничный слой

coat ~ слой покрытия

control ~ управляющий уровень; уровень (системы) управления

network ~ сетевой уровень; уровень сетевого взаимодействия (*в распределённых системах управления*)

physical ~ физический уровень

pixel ~ слой пикселов, слой элементов изображения

layered 1. разделённый на уровни; многоуровневый 2. разделённый на слои; многослойный

layering 1. разбиение на слои 2. иерархическое представление (*системы*)

layout 1. размещение; расположение; компоновка; разбивка 2. схема расположения; план; чертёж; рисунок 3. топология 4. макет

lead 1. провод; проводник 2.

ввод; вывод; отвод 3. опережение; предварение 4. шаг *(винта)* 5. ход *(поршня)*

connection ~ соединительный вывод; контактный штырь

flexible ~ 1. гибкий провод 2. гибкий вывод

phase ~ опережение по фазе

leadthrough 1. проведение *(напр. робота по траектории)* 2. обучение *(робота)* проведением *(по траектории)*

leak(age) утечка; течь; просачивание

learnability обучаемость *(свойство робота)*

learning 1. (само)обучение 2. изучение ◊ ~ **by association** обучение по ассоциации; ~ **by doing** обучение путём выполнения задания *(в режиме ручного управления)*; ~ **by example** обучение на примерах; ~ **by experience** обучение на (собственном) опыте; ~ **by hypothesizing and justifying** обучение путём выдвижения и проверки гипотез; ~ **by insight** обучение, основанное на понимании

adaptive ~ адаптивное обучение

concept ~ концептуальное обучение

direct ~ прямое [непосредственное] обучение

indirect ~ косвенное [непрямое] обучение

nonsupervised ~ обучение без учителя

off-line ~ автономное обучение

on-line ~ обучение *(напр. робота)* в режиме непосредственного управления; обучение в режиме «он-лайн»

parameter ~ параметрическое обучение

robot ~ 1. обучение робота; приобретение знаний роботом 2. изучение робота

supervised ~ обучение с учителем

unsupervised ~ обучение без учителя

leg 1. нога *(шагающего робота)* 2. опора; стойка 3. ветвь *(программы)* 4. сторона; катет *(треугольника)*

active ~ 1. активная [перемещающаяся] нога 2. активная ветвь

air ~ 1. пневматическая опора 2. пневматический толкатель

passive ~ 1. пассивная [неподвижная] нога 2. пассивная ветвь

robot ~ нога (шагающего) робота

shear ~ тренога

length 1. длина; протяжённость 2. продолжительность, длительность

arm ~ длина руки *(робота)*

code ~ длина [разрядность] кода

focal ~ фокусное расстояние

gage ~ база тензометра

link ~ 1. длина звена (*напр. манипулятора*) 2. длина линии связи
operation ~ длительность операции
path ~ длина пути; длина траектории
program ~ длина [объём] программы
pulse ~ длительность [ширина] импульса
run ~ 1. длина пробега (*импульса или луча развёртки в СТЗ*) 2. длина серии (*кода изображения*)

lengthen удлинять(ся)
lens 1. линза; оптическое стекло 2. объектив
bifocal ~ бифокальная линза
camera ~ объектив (теле)камеры
condenser ~ конденсорная линза
corrected ~ коррегированный [исправленный] объектив
focusing ~ фокусирующая линза
pancratic ~ панкратический объектив, объектив с регулируемой оптической силой
zoom ~ объектив с переменным фокусным расстоянием; вариообъектив

lettering 1. буквенное обозначение 2. присваивание буквенных обозначений
level 1. уровень; ступень; степень 2. горизонт; горизонталь 3. ватерпас; нивелир; уровень 4. выравнивать
~ **of automation** степень автоматизации; уровень автоматизации
~ **of confidence** 1. степень уверенности 2. уровень достоверности; доверительный уровень; уровень значимости
actuator ~ уровень привода (*в системе управления роботом*)
axes ~ уровень степеней подвижности (*при аналитическом программировании роботов*)
black ~ уровень чёрного (*в СТЗ*)
control ~ уровень (системы) управления
engineering ~ технический уровень
execution ~ исполнительный уровень (*системы управления роботом*)
gray ~ уровень яркости (*многоградационного изображения*)
hierarchy ~ иерархический уровень, уровень иерархии
high ~ высокий уровень‖ высокого уровня (*напр. о языке*)
higher ~ высший уровень (*напр. системы управления роботом*)
integration ~ уровень интеграции; степень интеграции
intelligence ~ уровень интеллекта; уровень искусственного интеллекта (*робота*)
intensity ~ уровень интенсивности; уровень яркости

interrupt ~ уровень прерывания
joint ~ 1. уровень обобщённых координат (*при аналитическом программировании роботов*) 2. уровень степеней подвижности (*в системе управления роботом*)
language ~ уровень языка
low ~ низкий уровень‖низкого уровня (*напр. о языке*)
lower ~ низший уровень (*напр. системы управления роботом*)
management ~ 1. управленческий уровень 2. уровень (организационного) управления
manipulator ~ уровень манипулятора (*при аналитическом программировании роботов*)
noise ~ уровень шумов; уровень помех
priority ~ уровень приоритета
reference ~ эталонный уровень; исходный уровень; уровень отсчёта
safe ~ безопасный уровень
servo control ~ уровень управления сервоприводом (*нижний уровень иерархии управления роботом*)
significance ~ уровень значимости
skilled ~ высокий уровень квалификации
strategic(al) ~ стратегический уровень (*системы управления роботом*)

supervision ~ уровень супервизорного управления (*роботом*)
tactic(al) ~ тактический уровень (*системы управления роботом*)
task ~ 1. уровень (сложности) задачи 2. уровень задания (*при аналитическом программировании роботов*)
threshold ~ пороговый уровень
unskilled ~ низкий уровень квалификации
white ~ уровень белого (*в СТЗ*)
leveling 1. выравнивание 2. установка в горизонтальное положение
level-sensitive чувствительный к уровню (*напр. сигнала*)
level-triggered запускаемый уровнем (*напр. сигнала*)
lever 1. рычаг; рукоятка 2. плечо рычага 3. балансир 4. вылет, вынос
control ~ рукоятка [ручка] управления
leverage 1. рычажная передача; рычажный механизм 2. отношение плеч рычага
lexicographically-ordered упорядоченный лексикографически, с лексикографическим упорядочением
librarian:
robot(ic) ~ робот-библиотекарь
library библиотека
command ~ библиотека команд

data ~ библиотека данных
job ~ библиотека заданий
model ~ библиотека моделей
program ~ библиотека программ
routine ~ библиотека стандартных программ
shape ~ библиотека стандартных форм (*изображений объектов в СТЗ*)
subroutine ~ библиотека стандартных подпрограмм
support ~ вспомогательная библиотека
vision ~ библиотека программ технического зрения; библиотека изображений (*в СТЗ*)

lid крышка; колпак

life долговечность; ресурс
  load ~ долговечность при полной нагрузке
  operation ~ эксплуатационный ресурс
  useful ~ срок полезного использования

lifetime срок службы
  design ~ проектный срок службы
  effective ~ действительный срок службы
  warranty ~ гарантийный срок службы

lift 1. поднятие; подъём‖поднимать(ся) 2. подъёмник; лифт

lifter 1. подъёмный механизм 2. толкатель

liftoff подъём, отрыв (*захваченного роботом объекта от опорной плоскости*)

light 1. свет‖светлый 2. освещение‖освещать 3. лампа; индикатор 4. световая сигнализация
  backscattered ~ отражённый свет
  diffuse ~ 1. рассеянный [диффузный] свет 2. рассеянное [диффузное] освещение
  emergency ~ индикатор аварийной *или* экстренной ситуации
  high ~ 1. светлый участок (*изображения*) 2. светлое пятно 3. освещение сверху
  idle ~ индикатор простоя (*оборудования*)
  incident ~ падающий свет
  indicator ~ индикаторная лампа; индикатор
  infrared ~ инфракрасный свет
  ready ~ индикатор готовности
  reflected ~ отражённый свет
  scattered ~ 1. рассеянный [диффузный] свет 2. рассеянное [диффузное] освещение
  structured ~ 1. структурированный свет 2. структурированное освещение
  warning ~s предупредительная световая сигнализация

lighting 1. освещение 2. осветительные средства 3. зажигание; воспламенение
  artificial ~ искусственное освещение
  diffuse ~ рассеянное [диффузное] освещение

outdoor ~ естественное (дневное) освещение
scattered ~ рассеянное [диффузное] освещение
strobe ~ стробоскопическое освещение
structured ~ структурированное освещение

light-sensitive светочувствительный

limb 1. лимб; круговая шкала 2. конечность
robot ~ 1. конечность робота 2. роботизированный протез конечности

limit 1. граница; предел ‖ ограничивать; ставить предел 2. допуск 3. ограничитель 4. упор
age ~ предельный срок службы; ресурс
clearance ~ габарит
confidence ~ доверительный предел
control ~ 1. контрольный предел 2. предел регулирования
elastic ~ предел упругости
fixed ~ 1. фиксированный ограничитель 2. фиксированный упор
joint ~s 1. пределы перемещения в сочленении (*манипулятора*) 2. пределы изменения обобщённой координаты 3. шарнирные упоры
lower control ~ 1. нижний контрольный предел 2. нижний предел регулирования
permissible ~ допустимый предел; допуск
stability ~ предел [граница] устойчивости
tolerable ~ допустимый предел; допуск
upper control ~ 1. верхний контрольный предел 2. верхний предел регулирования

limitation ограничение; предел
computer ~ машинное ограничение; ограничение по вычислительным ресурсам
load ~ 1. ограничение (по) грузоподъёмности 2. ограничение на груз
memory ~ ограничение (по) памяти
power ~ ограничение (по) мощности
time ~ ограничение (по) времени; ограниченность времени

limiter 1. ограничитель; ограничительный элемент 2. упор

line 1. линия 2. строка (*напр. изображения*) 3. линия; шина; провод
~ **of reasoning** цепочка рассуждений (*приводящая к решению поставленной задачи*)
~ **of sight** линия видимости; визирная линия
assembly ~ сборочная линия, линия сборки; сборочный конвейер
bee ~ кратчайшее расстояние
bit ~ разрядная линия (*шины*)
boundary ~ граничная линия

203

code [coding] ~ 1. кодовая строка 2. строка программы

command ~ командная строка

communication ~ линия связи; линия передачи данных

compressed-air ~ магистраль [линия] сжатого воздуха

computer ~ серия ЭВМ

control ~ шина управления

data ~ 1. линия (передачи) данных; информационная линия 2. шина (передачи) данных; информационная шина

datum ~ линия отсчёта; ось координат

double ~ двухпроводная линия

drive ~ 1. шина управления 2. шина возбуждения (*напр. двигателя привода*)

epipolar ~s эпиполярные линии (*в стереозрении*)

exchange ~ линия обмена (*информацией*)

flexible manufacturing ~ гибкая производственная линия, ГПЛ

guide ~ линия наведения (*робота*); маршрутопровод

hot ~ линия (связи) в состоянии готовности

input ~ входная шина

insecure data ~ незащищённая линия (передачи) данных

lead-in ~ входящая линия; ввод

main ~ 1. главный конвейер 2. магистраль

message ~ линия передачи сообщений

open-transmission ~ неэкранированная линия передачи

output ~ выходная шина

overhead ~ 1. воздушная линия; воздушная проводка 2. (подвесной) контактный провод

point-to-point ~ 1. двухточечная линия (*связи*) 2. сегмент линейной интерполяции (*траектории робота*)

power (supply) ~ линия питания; шина питания

pressure ~ напорная [нагнетательная] линия (*гидравлическая или пневматическая*)

private ~ индивидуальная [отдельная] линия (*связи*)

product ~ 1. производственная линия 2. семейство изделий

production ~ 1. производственная линия 2. поточная линия

program ~ строка программы

programmable assembly ~ программируемая сборочная линия

reference ~ опорная линия; линия отсчёта; ось координат

return ~ 1. сливная линия (*гидравлическая*); выпускная линия (*пневматическая*) 2. линия возврата (*бракованных деталей*) 3. обратный провод

robot production ~ роботизированная производственная линия

scan(ning) ~ линия развёртки; строка развёртки

sight(ing) ~ линия визирования

signal ~ сигнальная линия; сигнальный провод

single-wire ~ однопроводная линия

skeleton ~ контурная линия; линия графического препарата (*в обработке изображений*)

straight ~ прямая линия

supply ~ линия питания; шина питания

switched ~ коммутируемая линия

switching ~ линия переключения (*в скользящем режиме управления*)

telecommunication ~ линия телесвязи

tie ~ 1. линия прямой связи; канал прямой связи 2. соединительная линия

transmission ~ линия передачи (*данных*)

trunk ~ магистральная линия, магистраль

twisted signal ~ витая пара

linear линейный; прямолинейный

linearity линейность

scanning ~ линейность развёртки (*в СТЗ*)

linearization линеаризация

harmonic ~ гармоническая линеаризация

lineout сбой в линии (*связи*)

liner 1. вкладыш; втулка; гильза 2. облицовка; рубашка

link 1. звено 2. сцепление; соединение; связь‖связывать; соединять 3. кулиса; шатун 4. канал связи; линия связи; канал передачи 5. дуга (*семантической сети*)

aperiodic ~ апериодическое звено

arm ~ звено руки (*робота*)

autooscillation ~ автоколебательное звено

chain ~ 1. звено цепи 2. *мн* связи между звеньями цепочки

communication(s) ~ канал связи; линия связи

curved ~ дуговая кулиса

data ~ канал передачи данных

fiber-optic ~ волоконно-оптическая связь

fusible ~ пережигаемая перемычка (*в ПЗУ*)

implicit ~ неявная [выводимая] связь

infrared ~ 1. связь с помощью инфракрасного излучения 2. инфракрасный канал связи

kinematic ~ звено кинематической цепи

manipulator ~ звено манипулятора

physical ~ 1. физическое звено (*напр. манипулятора*) 2. физический канал (*передачи данных*)

remote control ~ канал дистанционного управления

robot ~ звено робота

straight ~ прямая кулиса
track ~ звено (полотна) гусеницы
transmission ~ канал передачи *(данных)*; линия передачи *(данных)*
tree ~ связь в древовидной структуре
valve ~ золотниковый шток

linkage 1. сцепление; соединение; связь 2. рычажный механизм; рычажная передача 3. звено
  dirigible ~ управляемая связь
  magnetic ~ потокосцепление
  multiaxis ~ рычажный механизм с несколькими степенями подвижности; многокоординатный рычажный механизм
  multidegree-of-freedom ~ рычажный механизм с несколькими степенями подвижности
  parallelogram ~ пантографический механизм; пантограф

list 1. список; перечень; реестр‖составлять список; перечислять 2. таблица
  capability ~ список разрешённых операций
  control ~ управляющая таблица
  description ~ 1. список свойств 2. описательная таблица
  goal ~ список целей *(в СИИ)*
  wait(ing) ~ список очерёдности; таблица очерёдности *(напр. выполнения заданий)*
  wiring ~ таблица монтажных соединений

listener 1. приёмник *(информации)* 2. проф. слушатель *(процесс, обеспечивающий, напр. контроль правильности ввода данных)* 3. устройство слухового восприятия

listing распечатка, листинг
  output ~ распечатка результатов *(работы программы)*
  program ~ распечатка [листинг] программы
  proof ~ контрольная распечатка, контрольный листинг
  selective ~ выборочная распечатка

liveness живучесть

load 1. груз; нагрузка‖грузить; нагружать 2. грузоподъёмность 3. загрузка‖загружать 4. заправка‖заправлять *(ленту)*
  actual ~ 1. полезная нагрузка; фактическая нагрузка 2. фактическая грузоподъёмность
  critical ~ критическая нагрузка
  dead ~ собственная масса
  distributed ~ распределённая нагрузка
  dynamic(al) ~ динамическая нагрузка
  fixed ~ 1. сосредоточенная нагрузка 2. закреплённый груз

initial program ~ начальная загрузка программы
limit(ing) ~ 1. предельная нагрузка 2. максимальная грузоподъёмность
manipulator ~ 1. нагрузка манипулятора, нагрузка на манипулятор; груз, переносимый манипулятором 2. грузоподъёмность манипулятора
motor ~ нагрузка двигателя, нагрузка на двигатель
net ~ 1. полезный груз; полезная нагрузка 2. чистая грузоподъёмность
peak ~ пиковая нагрузка
permissible ~ допустимая нагрузка
program ~ загрузка программы
rated ~ 1. номинальная нагрузка; расчётная нагрузка 2. номинальная грузоподъёмность
robot ~ 1. нагрузка робота, нагрузка на робот; груз, переносимый роботом 2. грузоподъёмность робота
safe ~ допустимая нагрузка
static ~ статическая нагрузка
total ~ полная нагрузка; суммарная нагрузка
ultimate ~ предельная нагрузка
useful ~ 1. полезная нагрузка; полезный груз 2. полезная грузоподъёмность
work(ing) ~ рабочая нагрузка

loader 1. загрузочное устройство; загрузчик 2. погрузчик 3. загрузочный транспортёр *или* конвейер 4. загрузчик *(программы)*
belt ~ ленточный транспортёр; ленточный конвейер
cassette ~ 1. кассетное загрузочное устройство; устройство загрузки кассет *(деталями)* 2. устройство [для] загрузки программ с кассет
gantry ~ портальный погрузчик
mechanical ~ 1. механический загрузчик; загрузочный механизм 2. механический погрузчик
mobile ~ самоходный погрузчик; автопогрузчик
robot(ic) ~ 1. загрузочный робот; загрузочно-разгрузочный робот 2. погрузочный робот, робот-грузчик
torque ~ моментный загружатель *(устройство пассивного отражения усилий)*
loading 1. загрузка; загрузка—разгрузка 2. погрузка
finite-capacity ~ предельная [максимальная] загрузка *(производственного оборудования)*
machine ~ 1. загрузка станков; загрузка—разгрузка станков 2. механизированная загрузка; механизированная загрузка-разгрузка
robotic ~ 1. роботизированная загрузка; роботизированная загрузка—раз-

LOA   LOC

грузка 2. роботизированная погрузка

upline ~ загрузка (данных *или* программ) по линии связи

loading-unloading загрузка—разгрузка

machine ~ 1. загрузка—разгрузка станков 2. механизированная загрузка—разгрузка

robotic ~ роботизированная загрузка—разгрузка

lobe 1. кулачок; выступ; бобышка 2. лопасть

localization 1. локализация (*напр. неисправностей*) 2. определение местоположения

locate 1. локализовать (*напр. неисправность*) 2. определять (место)положение 3. обнаруживать 4. располагаться

location 1. локализация; определение (место)положения 2. локация; обнаружение 3. размещение; расположение 4. местонахождение; (место)положение; пункт 5. положение и ориентация (*рабочего органа робота*) 6. ячейка (*ЗУ*) 7. адрес ячейки (*ЗУ*)

fault ~ 1. локализация неисправности *или* причины сбоя 2. место повреждения

memory ~ 1. ячейка ЗУ 2. адрес ячейки ЗУ

program ~ 1. местоположение программы 2. размещение программы (*в памяти*)

robot ~ 1. положение и ориентация (*рабочего органа*) робота 2. местонахождение (*мобильного*) робота 3. (рас)положение робота, место робота (*напр. в цехе*)

starting ~ 1. исходное положение и ориентация (*рабочего органа*) 2. исходное местонахождение (*мобильного робота*) 3. начальная ячейка

storage ~ 1. ячейка ЗУ 2. адрес ячейки ЗУ

locator локатор; датчик (место)положения

lock 1. замок; затвор; запор; защёлка ‖ запирать; защёлкивать 2. стопор; стопорный зажим; фиксатор; чека ‖ стопорить; фиксировать 3. блокировка ‖ блокировать ◊ **to release a** ~ снимать блокировку

global ~ глобальная блокировка

gripper ~ 1. замок захватного устройства; затвор захватного устройства 2. фиксатор захватного устройства

local ~ локальная блокировка

protection ~ защитная блокировка

system-wide ~ блокировка на системном уровне

lock-in:

software ~ программная обособленность (*в отличие от программной совместимости*)

locking запирание; блокирование; блокировка‖запирающий; блокирующий, блокировочный

centralized ~ централизованное управление блокировками

distributed ~ распределённое управление блокировками

lockout блокировка

locks-and-keys система защитных мер

lockup 1. тупик, тупиковая ситуация 2. блокировка

locomotion локомоция; передвижение *(мобильного робота)*

legged ~ 1. передвижение посредством ходьбы 2. передвижение шагающего аппарата

self-dependent ~ автономное передвижение

surface ~ передвижение *(робота)* по поверхности *(земли, планет или океана)*

locomotor движитель *(напр. мобильного робота)*

locus 1. местоположение 2. *мат.* геометрическое место точек 3. годограф

root ~ корневой годограф *(в анализе устройчивости)*

log 1. регистрация; запись; протокол‖регистрировать; записывать; протоколировать 2. журнал регистрации *(программное средство)* ◇ **to** ~ **out** регистрировать события

event ~ журнал регистрации событий

periodic ~ журнал периодического контроля *(хода управляемого процесса)*

running ~ синхронный протокол *(диалога оператора с управляющей системой)*

system ~ системный журнал

test ~ журнал испытаний

undo-redo ~ журнал регистрации отмен и восстановлений *(при сбойных ситуациях)*

logger 1. регистратор, регистрирующее устройство; самописец 2. регистрирующая программа

data ~ регистратор данных

logging регистрация; запись

error ~ регистрация ошибок

executive ~ регистрация хода выполнения *(напр. программы)*

failure ~ регистрация отказов *или* повреждений

historical ~ регистрация предыстории *(состояний системы)*

logic 1. логика 2. логическая часть, логический узел 3. логическая схема; логические схемы, логика 4. логическая процедура; алгоритм

Boolean ~ булева логика

cellular ~ логика с регулярной структурой; клеточная логика

command decode ~ логика дешифрирования команд, дешифратор команд

comparison ~ логические схемы сравнения
computer ~ логика машинного управления; машинный алгоритм
control ~ 1. логическое устройство управления; логическая схема управления 2. логика (процесса) управления; алгоритм управления
crisp ~ чёткая логика
decision-making ~ решающая логика; логика (для) выработки решений; логика принятия решений
distributed ~ распределённая логика
formal ~ формальная логика
fuzzy ~ нечёткая логика
hardwired ~ *проф.* «зашитая» логика (*в ПЗУ*)
inferential ~ логика выводов
instruction ~ командная логика
ladder ~ логика релейно-контактных схем; многоступенчатая логика (*программируемых микроконтроллеров*)
majority(-vote) ~ мажоритарная логика
processing ~ логическая последовательность обработки, алгоритм обработки
programmable [programmed] ~ программируемая логика
robot ~ 1. логика (работы) робота 2. логическая схема робота 3. логическое устройство управления роботом
stored ~ хранимая логика; *проф.* «зашитый» алгоритм
switching ~ логические схемы коммутации, коммутирующая логика; логика переключений
temporal ~ временна́я логика (*в системе логического управления*)
tristate ~ логические устройства с тремя состояниями
variable ~ программируемая логика

longitude долгота
long-life с длительным сроком эксплуатации
long-term длительный, долгосрочный
look 1. просмотр; поиск‖просматривать 2. осмотр‖осматривать
look-up поиск; просмотр‖искать; отыскивать; просматривать
loop 1. петля; виток 2. скоба; хомутик 3. контур; цепь 4. цикл (*программы*) 5. шлейф ◊ **cutting the** ~ разрыв цепи обратной связи; размыкание контура регулирования
busy-wait ~ цикл активного ожидания
closed ~ 1. замкнутая петля; замкнутый виток 2. замкнутый контур; замкнутая цепь 3. замкнутый цикл
control ~ контур управления; контур регулирования
endless ~ бесконечный цикл

feedback ~ контур обратной связи; цепь обратной связи

hysteresis ~ петля гистерезиса

iterative ~ итерационный цикл; цикл итерации

motion control ~ контур управления движением; цепь управления движением

nested ~ вложенный цикл *(в программе)*

open ~ 1. разомкнутая петля; разомкнутый виток 2. разомкнутый контур 3. разомкнутый [неполный] цикл

operation ~ 1. рабочая цепь 2. рабочий цикл

program ~ цикл программы

servo ~ следящий контур; контур следящей системы, контур сервосистемы

test ~ 1. тестовая цепь; цепь проверки 2. тестовый цикл; цикл проверки

timed ~ цикл заданной длительности

timing ~ временной цикл; цикл синхронизации

waiting ~ цикл ожидания

loose 1. свободный; свободно [неплотно] сидящий 2. разболтанный; с (большим) люфтом 3. съёмный; откидной

loosely-coupled слабосвязанный

looseness 1. неплотность; шаткость 2. зазор; люфт; разболтанность

lorry:
   robot(ic) ~ 1. роботизированная (грузовая) тележка; робокар 2. робот-(грузовой) автомобиль, робот-грузовик

loss 1. потеря, потери 2. убыток; ущерб, урон 3. утрата *(каких-л. свойств или функций)*

   data ~ потеря информации

   heat ~ тепловые потери, потери на нагрев

   hunting ~ потери на рыскание *(при выборе маршрута или линии поведения)*

   operation ~ издержки выполнения операции; потери на (данной) операции

   overall ~ суммарные потери

   power ~ потери мощности

   processing ~ потери (времени) при обработке данных

   signal ~ исчезновение сигнала

low-level низкоуровневый, низкого уровня

low-speed медленный; медленнодействующий, низкоскоростной

low-wattage с малым потреблением мощности

L-shaped Г-образный, в виде угла *(о пересечении контурных линий на изображении)*

luminosity яркость

luminous 1. светлый 2. светящийся; блестящий

lumped 1. сосредоточенный *(в отличие от распределённого)* 2. общий, взятый в целом

M

machinability 1. пригодность к станочной обработке 2. технологичность

machine 1. машина 2. станок 3. механизм 4. обрабатывать на станке; подвергать механической обработке

artificial intelligence ~ машина с элементами искусственного интеллекта

automatic ~ автоматическая машина; автомат

computing ~ вычислительная машина; вычислительное устройство; вычислитель

coordinate measuring ~ координатно-измерительная машина

cutting ~ 1. металлорежущий станок 2. машина для (газовой) резки

drilling ~ сверлильный станок

electric ~ 1. электрическая машина; электрический генератор 2. машина *или* станок с электроприводом

finite memory ~ автомат с конечной памятью

finite-state ~ конечный автомат

grading ~ сортировочный автомат

grinding ~ 1. шлифовальный станок 2. заточный станок

hostile environment ~ аппарат для работы в агрессивной среде

inspection ~ контрольно-сортировочный автомат

lifting ~ подъёмное устройство

loading ~ загрузочный механизм; загрузочное устройство; загрузочно-разгрузочное устройство

measuring ~ измерительная машина

milling ~ фрезерный станок

NC ~ станок с числовым программным управлением, станок с ЧПУ

non-NC ~ станок без ЧПУ; неавтоматизированный станок

N-state ~ автомат с N-состояниями

packaging ~ упаковочная машина

pick-and-place ~ подъёмно-транспортная машина; подъёмно-транспортное устройство

playing ~ игровой автомат

profile-milling ~ копировально-фрезерный станок

reciprocating ~ 1. возвратно-поступательный механизм; цикловой механизм 2. цикловой манипулятор; автооператор

robot ~ 1. роботизированный станок 2. робот

robotic ~ роботизированный станок

self-replicating ~ самовоспроизводящаяся машина; самовоспроизводящийся автомат

stamping ~ штамповочный пресс

stand-alone ~ автономный станок

thinking ~ (вычислительная) машина с элементами искусственного интеллекта, *проф.* «думающая» машина

turret ~ токарно-револьверный станок

unloading ~ разгрузочный механизм; разгрузочное устройство

walking ~ шагающий аппарат

welding ~ сварочная машина; сварочный автомат

machine-associated машинозависимый

machined обработанный на станке; машинного производства

machine-dependent машинозависимый

machine-independent машинонезависимый

machine-made изготовленный на станке; машинного производства

machine-readable машинночитаемый; машинно-считываемый

machinery 1. машины; машинное оборудование; станочный парк **2.** механизмы *или* алгоритмы обработки

  computing ~ вычислительное оборудование

  electrical ~ электрооборудование

  handling ~ подъёмно-транспортное оборудование; загрузочно-разгрузочное оборудование

  inference ~ схема [механизм] логического вывода (*в СИИ*)

  predicate calculus ~ аппарат исчисления предикатов

machine-sensible 1. зависящий от (типа) машины **2.** машинно-воспринимаемый

machining обработка на станке; механическая обработка, механообработка

  closed loop ~ механическая обработка [механообработка] с обратной связью

  laser ~ лазерная обработка

  robotic ~ роботизированная механическая обработка, роботизированная механообработка

  surface ~ обработка поверхности

macro макрокоманда

macrocode макрокод

magazine магазин; накопитель

  (multi)pallet ~ магазин палет; накопитель палет

  part ~ магазин деталей; накопитель деталей

  tool ~ инструментальный магазин

magnet магнит

magnification 1. увеличение **2.** усиление

magnitude 1. величина; значение **2.** *мат.* модуль

  vector ~ модуль вектора; длина вектора

main:

  supply ~ питающая [подводящая] магистраль

mainline 1. главный конвейер **2.** стержневая ветвь (*программы*)

maintainability 1. удобство эксплуатации; надёжность эксплуатации **2.** ремонтопригодность **3.** коэффициент готовности *(характеристика надёжности)*

maintenance техническое обслуживание; эксплуатация
  emergency ~ аварийное обслуживание
  operating ~ текущее обслуживание и ремонт
  postimplementation ~ обслуживание после запуска, эксплуатационное обслуживание *(производственной системы)*
  preventive ~ профилактическое обслуживание, профилактика
  remedial ~ ремонтное обслуживание; ремонтные работы
  routine ~ регламентное обслуживание
  scheduled ~ плановое обслуживание
  supplementary ~ сопровождение (системы) по модификации и усовершенствованию
  unscheduled ~ внеплановое обслуживание

make:
  beam ~ появление луча *(сигнал срабатывания фотоэлектрического датчика)*

maladjustment плохая настройка; плохая регулировка; несогласованность

malfunction неисправность; неправильная работа; сбой
  hardware ~ аппаратный сбой
  program-sensitive ~ программно-зависимый сбой
  recoverable ~ сбой с возможностью восстановления *(работоспособности системы)*

manage 1. управлять **2.** вести, организовывать *(процесс)* **3.** справляться *(напр. с заданием)*

management 1. управление **2.** организация **3.** управленческий персонал, руководство ◊ **~ by exception** управление по исключениям *(при изменении зафиксированной ситуации)*
  complexity ~ борьба со сложностью *(напр. при проектировании системы)*
  computer-assisted ~ управление с использованием ЭВМ; автоматизированное управление *(производством)*
  contingency ~ управление (оборудованием) в режиме ограничений *(в целях обеспечения большей безопасности для обслуживающего персонала ГПС)*
  data ~ управление данными *(сбором, анализом, хранением, поиском и обработкой)*
  data resource ~ управление информационными ресурсами
  inventory ~ управление (материальными) запасами

MAN

job-shop ~ управление на цеховом уровне
knowledge ~ управление использованием знаний (*в СИИ*)
operative ~ оперативное управление
personnel ~ управление кадрами
scientific ~ научная организация труда, НОТ

manager 1. управляющая программа, *проф.* (программа-) администратор; организующая программа, распорядитель **2.** управляющее устройство, устройство управления **3.** руководитель; администратор; управляющий

alert ~ аварийный администратор (*программа, организующая работу системы в аварийном режиме*)
computer ~ (программа-) распорядитель вычислительных ресурсов
configuration ~ блок реконфигурации (*системы*); (программа-) конфигуратор
database ~ (программа-) администратор базы данных
execution ~ диспетчер (*программное средство*)
knowledgebase ~ (программа-) администратор базы знаний
system ~ (программа-) администратор системы

mandrel 1. оправка **2.** шпиндель

MAN

man-hour 1. человеко-час **2.** *мн.* трудозатраты (*в человеко-часах*)
engineering ~ рабочее время технического персонала
programming ~ трудозатраты на программирование

manipulation 1. манипуляция **2.** манипулирование **3.** обработка (*информации*)
data ~ манипулирование данными
formula ~ работа с формулами; преобразование формул
graphics ~ манипулирование графическими изображениями
robotic ~ 1. манипуляция робота **2.** манипулирование (*объектами*) с помощью робота
task-resolved ~s манипуляционные действия, рассчитанные исходя из задания (*роботу*)

manipulativity манипулятивность; манипуляционная способность

manipulator манипулятор (*1. механизм для перемещения объектов 2. механическая рука робота*)
air-driven ~ манипулятор с пневмоприводом, пневматический манипулятор
anthropomorphic ~ антропоморфный манипулятор
arc-welding ~ манипулятор для дуговой сварки
articulated ~ шарнирный манипулятор
articulated balanced ~ шар-

нирно-балансирный манипулятор
assembly ~ сборочный манипулятор
automatic ~ 1. автоматический манипулятор 2. автооператор
balanced ~ сбалансированный [балансирный] манипулятор; уравновешенный манипулятор
bilateral ~ манипулятор двустороннего действия; манипулятор с отражением усилий
bipositional ~ двухпозиционный манипулятор
boom-mounted ~ консольный манипулятор
bridge-mounted ~ мостовой манипулятор
by-work ~ манипулятор для вспомогательных работ
Cartesian ~ манипулятор, работающий в декартовой [прямоугольной] системе координат, *проф.* декартов манипулятор
casting ~ манипулятор для литейного производства
chain ~ цепной манипулятор (*состоящий из большого числа однотипных звеньев*)
charging ~ загрузочный манипулятор
coating ~ манипулятор для нанесения покрытий
crawler-mounted ~ манипулятор на гусеничной платформе
cylindrical ~ манипулятор, работающий в цилиндрической системе координат, *проф.* цилиндрический манипулятор
depalletizing ~ манипулятор для разгрузки палет
dipping ~ манипулятор для погружения [макания] деталей (*в жидкость*)
direct-drive ~ манипулятор с непосредственным [безредукторным] приводом
double-arm ~ двурукий манипулятор, манипулятор с двумя руками
double-track ~ двухрельсовый манипулятор; манипулятор с двумя направляющими
electric(ally)-driven ~ электромеханический манипулятор, манипулятор с электроприводом
extendable ~ манипулятор с выдвижным звеном
external ~ наружный [внешний] манипулятор (*по отношению к обитаемому аппарату*)
feeding ~ загрузочный манипулятор; подающий манипулятор
fine ~ прецизионный манипулятор
fixed sequence ~ 1. манипулятор с фиксированной [жёсткой] последовательностью действий; непрограммируемый манипулятор 2. автооператор
flexible ~ гибкий [нежёсткий] манипулятор
flow-line ~ манипулятор для обслуживания поточной линии

folding-arm ~ складной [складывающийся] манипулятор

force-reflecting ~ манипулятор с отражением усилий

forging ~ ковочный [кузнечный] манипулятор

forming ~ 1. манипулятор для (выполнения) формовочных операций 2. манипулятор для обслуживания прессов *или* штампов

foundry ~ манипулятор для литейного производства

full-programmable ~ полностью программируемый манипулятор; манипуляционный робот

hydraulic(ally-driven) ~ гидравлический манипулятор, манипулятор с гидроприводом

industrial ~ промышленный манипулятор

limber ~ гибкий [нежёсткий] манипулятор; податливый манипулятор

limited sequence ~ манипулятор с ограниченной последовательностью *(действий)*, цикловой манипулятор

loading ~ 1. загрузочный манипулятор; загрузочно-разгрузочный манипулятор 2. погрузочный манипулятор

loading-unloading ~ загрузочно-разгрузочный манипулятор

machine tool ~ 1. манипулятор для обслуживания станков 2. манипулятор, установленный на станке

manned ~ 1. манипулятор с ручным управлением 2. манипулятор (аппарата) с человеком-оператором на борту

master ~ ведущий [задающий, управляющий] манипулятор *(при копирующем управлении)*

master-slave ~ копирующий манипулятор

material-feeding ~ манипулятор для подачи материалов

material-handling ~ загрузочно-разгрузочный манипулятор; манипулятор для перемещения материалов

mechanical ~ механический манипулятор

mobile ~ мобильный [подвижный] манипулятор

mobile remote ~ дистанционно-управляемый манипулятор на подвижной платформе

monorail ~ монорельсовый манипулятор; манипулятор с одной направляющей

multiaxes ~ манипулятор с несколькими степенями подвижности; многокоординатный манипулятор

multifunctional ~ многофункциональный манипулятор

multijoint ~ многозвенный манипулятор; манипулятор с несколькими сочленениями; манипулятор с несколькими степенями подвижности

multilink ~ многозвенный манипулятор
multimode ~ многорежимный манипулятор
multipositional ~ многопозиционный манипулятор
myoelectric ~ манипулятор, управляемый электрическими сигналами мышц
N-axes ~ манипулятор с N-степенями подвижности; N-координатный манипулятор
nonprogrammable ~ неперепрограммируемый манипулятор; автооператор
off-track ~ безрельсовый манипулятор
orbital capture ~ манипулятор для захватывания спутников на орбите
oven ~ манипулятор для обслуживания печи
painting ~ окрасочный манипулятор
piling ~ манипулятор-штабелёр
plating ~ манипулятор для обслуживания операций гальванопокрытия
pneumatical(ly-driven) ~ пневматический манипулятор
position-controlled ~ манипулятор с позиционным управлением, позиционный манипулятор
pouring ~ манипулятор для разливки (*металла в изложницы*)
power ~ силовой манипулятор; мощный манипулятор
press(-working) ~ манипулятор для обслуживания прессов *или* штампов
programmable ~ программируемый манипулятор; манипуляционный робот
pruning ~ манипулятор для обрезки деревьев
rate-controlled ~ манипулятор, управляемый по скорости
rectangular [rectilinear] ~ манипулятор, работающий в прямоугольной [декартовой] системе координат, *проф.* декартов манипулятор
redundant ~ избыточный манипулятор
remote ~ 1. удалённый [дистанционный] манипулятор 2. дистанционно-управляемый манипулятор, манипулятор с телеуправлением
remotely-controlled ~ дистанционно-управляемый манипулятор, манипулятор с телеуправлением
reprogrammable ~ перепрограммируемый манипулятор; манипуляционный робот
robot ~ 1. манипулятор робота 2. манипуляционный робот
robotic ~ манипуляционный робот
semiautomatic remote ~ манипулятор с полуавтоматическим дистанционным управлением, полуавтоматический дистанционно-

MAN

управляемый манипулятор
sensor-based ~ очувствлённый манипулятор
shuttle-attached ~ манипулятор, прикреплённый к космическому «челноку»
slave ~ копирующий манипулятор; исполнительный [ведомый, рабочий] манипулятор (*при копирующем управлении*)
space ~ космический манипулятор
spherical ~ манипулятор, работающий в сферической системе координат, *проф.* сферический манипулятор
spot-welding ~ манипулятор для точечной сварки
spray-painting ~ манипулятор для окраски распылением
stacker ~ манипулятор-штабелёр
stoking ~ манипулятор для загрузки топлива (*в печь*)
teeming ~ манипулятор для разливки металла (*в изложницы*)
telescopic ~ телескопический манипулятор; манипулятор с выдвижным звеном
torch ~ манипулятор горелки
track-riding ~ манипулятор, перемещающийся по (направляющему) рельсу *или* рельсам
transfer ~ манипулятор для переноса *или* перестановки объектов
undersea [underwater] ~ подводный манипулятор
unilateral ~ манипулятор одностороннего действия; манипулятор без отражения усилий
unloading ~ разгрузочный манипулятор
vehicle-mounted ~ манипулятор на самоходном шасси; манипулятор, установленный на мобильном аппарате
warehouse ~ манипулятор для складских работ
work(piece) ~ манипулятор изделия
man-made искусственный, созданный человеком
man-month 1. человеко-месяц 2. *мн.* трудозатраты (*в человеко-месяцах*)
manning 1. комплектование штатов 2. выполнение управленческих функций
supervisory ~ супервизорное управление (*удалённым роботом*)
manoeuvrability маневренность; подвижность; удобство в управлении
man-power рабочая сила; трудовые ресурсы
man-scheduling 1. планирование потребности в трудовых ресурсах; планирование людских ресурсов 2. планирование трудозатрат
manual 1. руководство; справочник; инструкция; описание 2. ручной; с ручным управлением
operator ~ руководство (для) оператора

programmer ~ руководство (для) программиста

programming ~ руководство по программированию

reference ~ справочное руководство

system description ~ техническое описание системы

user ~ руководство (для) пользователя

manufacturer производитель; изготовитель

original equipment ~ (фирма-)изготовитель комплектного оборудования

robot ~ (фирма-)изготовитель роботов

software ~ фирма по разработке программного обеспечения

manufacturing производство; изготовление *(см. тж* **production)**

computer-aided ~ автоматизированное производство

computer-controlled ~ автоматизированное производство с управлением от ЭВМ

flexible (computerized) ~ гибкое автоматизированное производство, ГАП

high-technology ~ производство с высокоразвитой технологией

integrated computer-aided ~ интегрированное автоматизированное производство; гибкое автоматизированное производство, ГАП

large-batch ~ крупносерийное производство

medium-batch ~ среднесерийное производство

robot-based ~ роботизированный производственный процесс; роботизированное производство

small-batch ~ мелкосерийное производство

special ~ 1. специальное производство 2. индивидуальное производство

unmanned ~ безлюдное производство

manuscript рукописный бланк *(для кодирования программы станка с ЧПУ)*

map 1. карта; план; схема‖наносить на карту; составлять карту *или* схему; картографировать *(напр. окружающий мир робота)* 2. карта распределения *(напр. памяти)* 3. отображение‖отображать ◊ **to ~ over** отображать; устанавливать соответствие

allocation ~ схема распределения; таблица распределения *(напр. памяти)*

configuration ~ 1. карта пространства конфигураций 2. отображение в пространство конфигураций

depth ~ карта глубины *(в обработке изображений)*

needle ~ игольчатая карта, карта стрелок *(поле проекций нормалей к поверхностям объекта на изображении)*

orientation ~ карта ориентаций *(участков поверхностей объектов анализируемой сцены)*

reflectance ~ карта отра-

MAP

жательной способности *(в обработке изображений)*

semantic ~ семантическое отображение

sketch ~ эскиз сцены; графический препарат *(в обработке изображений)*

surface orientation ~ карта локальной ориентации поверхности *(объектов анализируемой сцены)*

MAP-compatible удовлетворяющий требованиям стандарта **MAP**

mapping 1. составление карты *или* схемы; картографирование *(напр. окружающего мира робота)* 2. отображение

bit ~ поэлементное отображение *(напр. изображения в памяти)*

world ~ картографирование (окружающего) мира *(робота)*

margin 1. предел(ы); запас *(напр. прочности)* 2. край; грань; полоса; кайма 3. поле *(страницы)*

safety ~ предел(ы) безопасности; запас прочности; запас надёжности

security ~ запас надёжности

stability ~ запас устойчивости

mark 1. отметка; метка, маркер ‖ маркировать; размечать 2. знак 3. ориентир; веха

adjusting ~ установочная *или* регулировочная метка;

MAS

установочная *или* регулировочная риска

gage ~ отметка; контрольная риска

hold ~ сигнал отсутствия передачи *(по линии связи)*

identification ~ идентификационная метка

photosensing ~ 1. оптически считываемая метка 2. светочувствительная метка

reference ~ репер; точка отсчёта

marker 1. маркер *(см. тж* **mark**) 2. инструмент для разметки

market:

domestic ~ внутренний рынок

hightech ~ рынок изделий сложных технологий

industrial robot ~ рынок промышленных роботов

marking 1. обозначение; отметка 2. разметка; маркировка

robot ~ 1. маркировка робота 2. роботизированная маркировка; роботизированная разметка

robotic ~ роботизированная маркировка; роботизированная разметка

marriage (точная) пригонка *(одной детали к другой)*

mask 1. трафарет; маска; шаблон ‖ маскировать, накладывать маску 2. рамка *(изображения)* 3. диафрагма

coded ~ кодирующий трафарет *(в СТЗ)*

directional ~ направленная

маска (фильтр, выделяющий направление участка контура объекта на изображении)

masking 1. маскирование **2.** диафрагмирование

beam ~ диафрагмирование луча

mass 1. масса **2.** массовый

apparent ~ присоединённая масса

balance ~ уравновешивающая масса; масса противовеса

operating ~ рабочая нагрузка

reduced ~ приведённая масса

unbalanced ~ неуравновешенная масса

master 1. ведущий [задающий, управляющий] механизм; ведущее [задающее, управляющее] устройство **2.** управлять; руководить **3.** главный; основной

bus ~ **1.** «хозяин» шины **2.** устройство управления передачей данных по шине

human ~ (человек-)оператор

replica ~ ведущий [задающий, управляющий] манипулятор (копия ведомого манипулятора при копирующем управлении)

mastership статус ведущего (устройства); обладание статусом ведущего (устройства

bus ~ владение шиной

mat:

pressure-sensitive ~ защитный коврик с датчиками давления (предотвращающий проход человека в опасную зону работающего робота)

matching 1. согласование; сопоставление; совмещение **2.** подгонка; подбор; выравнивание **3.** калибровка

average gray-level ~ согласование или сопоставление (изображения с эталоном) по усреднённому полутоновому изображению

direct ~ прямое [непосредственное] согласование или сопоставление (изображения с эталоном)

geometrical ~ **1.** геометрическое сопоставление (при анализе сцен) **2.** подбор геометрических параметров (напр. робота)

impedance ~ **1.** согласование входного сопротивления **2.** согласование механического сопротивления (манипулятора)

iterative ~ согласование методом последовательных приближений, итерационное согласование

mask ~ сопоставление с маской (при распознавании образов)

model ~ **1.** согласование с моделью **2.** подбор модели

pattern ~ **1.** сопоставление образов **2.** сопоставление [сравнение] с образцом

statistical gray-level ~ согласование *или* сопоставление *(изображения с эталоном)* по распределению яркости полутонового изображения

stereo ~ согласование изображений стереопары *(в СТЗ)*

template ~ сопоставление с эталоном; сопоставление с шаблоном *(при распознавании образов)*

time ~ согласование во времени, временно́е согласование *(напр. операций роботов)*

mate 1. парная деталь; сопряжённая деталь‖сопрягать; соединять; сцепляться *(о зубчатых колёсах)* 2. ответная часть разъёма

material материал

composite ~ композитный материал

engineering ~s машиностроительные материалы

grinding ~ абразивный материал

reflecting ~ (свето)отражающий материал

sealing ~ уплотняющий материал; герметизирующий материал; изоляционный материал

matrix 1. матрица 2. таблица

acceleration ~ матрица ускорений

block ~ блочная матрица

calibration ~ 1. калибровочная матрица 2. калибровочная таблица

coefficient ~ матрица коэффициентов

composite ~ составная [композитная] матрица

constraint ~ матрица ограничений

co-occurence ~ матрица совместной встречаемости (**уровней яркости элементов изображения**)

coordinate transformation ~ матрица преобразования координат

correcting ~ 1. корректирующая матрица 2. таблица поправок

correlation ~ корреляционная матрица

diagonal ~ диагональная матрица

distance ~ матрица расстояний

dynamic flexibility ~ матрица динамической гибкости

dynamic viscosity ~ матрица динамической вязкости

encoder ~ кодирующая [шифраторная] матрица

force ~ матрица сил

force/torque ~ матрица сил/моментов

full rank ~ матрица полного ранга

function(al) ~ функциональная матрица, матрица — функция

hand ~ матрица переменных, описывающих состояние рабочего органа *(робота)*

homogeneous coordinate ~ матрица однородных координат

ill-conditioned ~ плохообус-

ловленная [слабообусловленная] матрица
incidence ~ матрица инцидентности
inertia ~ матрица инерции
interconnect(ion) ~ коммутационная матрица
inverse ~ обратная матрица
Jacobian ~ матрица Якоби, якобиан
LED [light-emitting-diode] ~ светодиодная матрица, матрица светодиодов
loss ~ матрица потерь
memory ~ 1. матричное запоминающее устройство, матричная память 2. матрица памяти
nonsingular ~ невырожденная [неособенная] матрица
orientation ~ матрица ориентации (*напр. рабочего органа робота*)
orthogonal ~ ортогональная матрица
partitioned ~ разделённая матрица
photodiode ~ фотодиодная матрица
position ~ матрица положения
projective ~ матрица проективного преобразования, матрица проецирования, проективная матрица
quasi-diagonal ~ квазидиагональная матрица
rectangular ~ прямоугольная матрица
reduced ~ приведённая матрица

rotation ~ матрица (преобразования) поворота
selection ~ 1. матрица выборки 2. матричный дешифратор
sensing ~ чувствительная [воспринимающая] матрица; матрица чувствительных элементов
singular ~ вырожденная [особенная] матрица
square ~ квадратная матрица
state ~ матрица состояния
symmetric(al) ~ симметричная [симметрическая] матрица
tactile ~ тактильная матрица, матрица тактильных датчиков
transfer ~ 1. матрица переноса; матрица сдвига 2. матрица перехода (*напр. из одной системы координат в другую*)
transformation ~ матрица преобразования
transition ~ матрица перехода (*напр. из одной системы координат в другую*)
transposed ~ транспонированная матрица
triangle ~ треугольная матрица
unit ~ единичная матрица
velocity ~ матрица скоростей
zero ~ нулевая матрица

matter вещество
glue(ing) ~ клеющее вещество
sealing ~ герметизирующее вещество, герметик

MAX MEC

maximization максимизация; достижение максимума
maximum максимум
  conditional ~ условный максимум
  global ~ глобальный максимум
  local ~ локальный максимум
  overall ~ глобальный максимум
maze лабиринт
mean 1. среднее значение‖средний 2. средство; способ 3. значить, иметь значение 4. посредственный (*о характеристике*)
  computational [**computing**] ~s вычислительные средства
  control ~s средства управления; средства регулирования
  measuring ~s измерительные средства
  perception ~s средства восприятия (*сенсорной информации*); средства очувствления (*робота*)
  sample ~ выборочное среднее
measure 1. мера‖мерить; измерять 2. мерило, критерий; масштаб; показатель 3. единица измерения 4. средство; мера
measurement 1. измерение; замер 2. размер
  angular ~ угловое измерение
  dimensional ~s измерения габаритных *или* характерных размеров объекта
  direct ~ непосредственное [прямое] измерение
  distance ~ измерение расстояния, измерение дистанции; измерение дальности
  indirect ~ косвенное измерение
  in-process ~ измерение в ходе процесса
  linear ~ измерение длины; измерение линейных размеров
  path ~ 1. измерение (параметров) траектории (*робота*) 2. измерение (пройденного) пути (*мобильного робота*)
  precision ~ прецизионное измерение
  reliability ~ количественная оценка надёжности
  remote ~ дистанционное измерение, телеизмерение; телеметрия
  trajectory ~ измерение (параметров) траектории (*робота*)
mechanical 1. механический 2. автоматический 3. машиностроительный
mechanics механика
  applied ~ прикладная механика
  fine ~ точная механика
  theoretical ~ теоретическая механика
mechanism 1. механизм; устройство; аппарат 2. механизм (*действие*); алгоритм
  active ~ активный механизм
  actuating ~ приводной ме-

ханизм; исполнительный механизм

adaptation ~ механизм адаптации, адаптационный механизм

blocking ~ блокировочный механизм, механизм блокировки; запорный механизм

block wakeup ~ механизм блокировки — активизации

cam ~ кулачковый механизм

centering ~ центрирующий механизм

charging ~ загрузочный механизм

clamping ~ зажимной механизм; фиксирующий механизм

computing ~ 1. вычислительное устройство 2. алгоритм вычислений

control ~ механизм управления; механизм регулирования

conversion ~ 1. механизм преобразования 2. алгоритм преобразования

cord ~ тросовый механизм

coupling ~ соединительный механизм; механизм сочленения

decision(-making) ~ алгоритм принятия решений

delivery ~ механизм подачи, подающий механизм

drive ~ приводной механизм

executive ~ исполнительный механизм

feed(ing) ~ механизм подачи, подающий механизм

fixing ~ 1. фиксирующий механизм; зажимной механизм 2. стопорный механизм

following ~ 1. следящий механизм; следящее устройство 2. копирующий механизм

friction ~ фрикционный механизм, фрикцион

gripping ~ 1. захватное устройство 2. зажимной механизм

guidance ~ 1. механизм наведения; устройство наведения 2. направляющий механизм; направляющее приспособление

handling ~ 1. манипуляционный механизм 2. загрузочно-разгрузочный механизм

hoisting ~ (грузо)подъёмный механизм

homeostatic ~ гомеостатический механизм

inferential ~ механизм логического вывода

interprocess ~ механизм связи между процессами

lifting ~ подъёмный механизм

loading ~ загрузочный механизм; загрузочно-разгрузочный механизм

locking [lockout] ~ 1. стопорный механизм; запорный механизм 2. блокировочный механизм, механизм блокировки

magnetic tape ~ 1. блок магнитной ленты, *проф.* магнитофон 2. лентопротяжный механизм

material-handling ~ 1. загрузочно-разгрузочный механизм 2. механизм транспортировки материалов
orienting ~ ориентирующий механизм
pattern-matching ~ алгоритм сопоставления с эталоном, алгоритм сравнения с образцом
pen-driving ~ привод пера самописца
reading ~ считывающий механизм
retaining ~ стопорный механизм
reversing ~ реверсивный [реверсирующий] механизм
safety ~ предохранительный механизм; механизм (техники) безопасности
servo ~ сервомеханизм; следящий механизм; механизм сервосистемы
speed-up ~ механизм увеличения быстродействия
stacking ~ штабелёр
straight-line ~ механизм прямолинейного перемещения
tape-drive ~ лентопротяжный механизм
tape-feed ~ механизм подачи ленты
teleological ~ аппарат с целенаправленным поведением
timing ~ механизм синхронизации; устройство синхронизации
transfer ~ 1. передаточный механизм; механизм передачи 2. механизм перемещения *(деталей)*
transmission ~ передаточный механизм; трансмиссия
walking ~ шагающий аппарат
wire feed ~ механизм подачи (сварочной) проволоки
mechanization механизация
mecha(no)tronics механотроника
median 1. медиана 2. средний; срединный
medium 1. среда; материал 2. средство; способ 3. промежуточное звено 4. носитель *(информации)* 5. средний; промежуточный
actuating ~ рабочее тело
automation ~ средство автоматизации
program ~ программоноситель
meet 1. пересечение‖пересекать(ся) 2. встречать(ся) 3. удовлетворять *(требованиям)*
member 1. часть; деталь; элемент; звено; орган 2. член *(уравнения);* элемент *(множества)*
~ of equation член уравнения
~ of kinematic chain звено кинематической цепи
boundary ~ ограничитель *(хода)*
elastic ~ упругий элемент *(датчика)*
fixing ~ фиксирующий элемент *(конструкции)*

guide ~ направляющий элемент *(конструкции)*
measuring ~ измерительный элемент
rotating ~ вращающееся [поворотное] звено
set ~ элемент множества
supporting ~ несущий элемент *(конструкции)*
membrane диафрагма; мембрана
memory память, запоминающее устройство, ЗУ *(см. тж* **storage***)*
  addressable ~ адресуемая память
  analog ~ аналоговое ЗУ, память аналоговых данных
  auxiliary [backing] ~ вспомогательное ЗУ
  buffer ~ буферная память, буферное ЗУ
  bulk ~ память [ЗУ] большого объёма
  control ~ память [ЗУ] устройства управления
  data ~ память (для хранения) данных
  dedicated ~ специализированное ЗУ
  embedded ~ встроенное ЗУ
  external ~ внешняя память, внешнее ЗУ
  finite ~ конечная память
  flip-flop ~ память [ЗУ] на триггерах, триггерная память, триггерное ЗУ
  floppy disk ~ память [ЗУ] на гибких дисках
  frame ~ память кадров *(изображений)*
  frame-buffer ~ буферная память кадров
  hierarchical ~ иерархическая память
  high-capacity ~ память [ЗУ] большой ёмкости
  high-speed ~ быстродействующая память, быстродействующее ЗУ
  image ~ память (для хранения) изображения
  internal ~ внутренняя память, внутреннее ЗУ; оперативная память, оперативное ЗУ, ОЗУ
  long-term ~ долговременная память, долговременное ЗУ, ДЗУ
  main ~ основная память; оперативное запоминающее устройство, ОЗУ
  mass ~ память [ЗУ] (сверх)большой ёмкости
  matrix ~ матричная память, матричное ЗУ
  microcode ~ память микропрограмм
  microinstruction ~ память микрокоманд
  modular ~ модульная память, модульное ЗУ
  multiport ~ многопортовая память
  nonvolatile ~ энергонезависимая память, энергонезависимое ЗУ *(без потери информации при выключении питания)*
  onboard ~ бортовое ЗУ *(мобильного робота)*
  operation ~ 1. операционная память, память операций 2. память рабочих программ *(робота)*
  programmable read-only ~

программируемая постоянная память, программируемое постоянное ЗУ, ППЗУ
protected ~ защищённая память
quick-access ~ память [ЗУ] с малым временем выборки
random-access ~ 1. память [ЗУ] с произвольной выборкой, ЗУПВ 2. оперативное запоминающее устройство, ОЗУ (*интегрального типа*)
read-only ~ постоянное запоминающее устройство, ПЗУ
read/write ~ оперативное запоминающее устройство, ОЗУ
reprogrammable ~ перепрограммируемая память
robot ~ 1. память робота, ЗУ робота 2. информация, запомненная роботом 3. память управляющего устройства робота
R/W ~ оперативное запоминающее устройство, ОЗУ
search ~ ассоциативная память, ассоциативное ЗУ
shareable [shared] ~ совместно используемая память, совместно используемое ЗУ (*напр. связанное с несколькими процессорами*)
short-term [short-time] ~ кратковременная память, кратковременное ЗУ
slave ~ подчинённое ЗУ
smart ~ интеллектуальная память (*с предварительной обработкой выдаваемой или записываемой информации*)
teaching ~ 1. память режима обучения 2. память устройства обучения (*робота*)
template ~ память (для хранения) эталонов (*изображений*)
video ~ память видеоданных
volatile ~ энергозависимая память, энергозависимое ЗУ (*с разрушением информации при выключении питания*)
work ~ рабочая память
write-once ~ память с однократной записью (*без возможности перезаписи информации*)
memoryless без памяти; без запоминания
memory-limited ограниченный возможностями памяти
memory-mapped 1. с распределением памяти 2. отображаемый в памяти
memory-resident находящийся постоянно в оперативной памяти, (ОЗУ-)резидентный
menu меню (*перечень вариантов выбора*)
"fill-in-the-form" ~ меню с форматированным вводом
help ~ консультационное меню
worksheet-like ~ меню блокнотного типа
menu-and-prompt в режиме меню с подсказками
menu-driven управляемый с помощью меню

merge 1. слияние; объединение‖сливать; объединять 2. программа слияния; программа объединения (*напр. массивов данных*)

merging слияние; объединение
  ~ **of attributes** объединение атрибутов (*отношений в базе знаний*)
  blob ~ слияние пятен (*на изображении*)
  edge ~ 1. слияние краёв (*выделенных на изображении объекта*) 2. слияние рёбер (*графа*)
  line ~ слияние линий; объединение фрагментов линий
  node ~ слияние узлов (*графа*)
  region ~ слияние областей (*изображений*)

mesh 1. сетка 2. слияние; объединение‖сливать; объединять 3. усложнять; запутывать (*напр. блок-схему*)
  gear ~ зубчатое зацепление

message сообщение; посылка, передаваемый блок информации
  action ~ сообщение о действии (*робота*)
  control ~ управляющее сообщение
  enquiry ~ запросное сообщение
  error ~ сообщение об ошибке
  failure ~ 1. сообщение о неисправности; сообщение о сбое 2. сообщение о неудаче (*какого-л. действия робота*)
  guide ~ 1. наводящее сообщение (*системы оператору*) 2. информация для наведения (*робота*)
  operator ~ сообщение оператору
  out-of-band ~ экстренное сообщение (*в сетях передачи данных*)
  out-of-sequence ~ несвоевременное сообщение
  screen ~ сообщение, предназначенное для вывода на экран (*дисплея*)
  status ~ сообщение о состоянии
  verbal ~ словесное сообщение
  warning ~ предупредительное сообщение

messaging обмен сообщениями; передача сообщений

metaknowledge метазнания (*знания о знаниях*)

metarule метаправило (*правило применения правил*)

metatheory метатеория

meter измеритель; измерительный прибор; счётчик
  check ~ контрольный прибор
  recording ~ записывающий (регистрирующий) прибор, самописец

method метод; способ; приём (*см. тж* **technique**)
  ~ **of least squares** метод наименьших квадратов
  ~ **of maximal cliques** метод максимальных клик (*в распознавании образов*)
  ~ **of nearest neighbor** метод

ближайшего соседа *(в распознавании образов)*
~ of successive approximations метод последовательных приближений
ad hoc ~ специальный метод; метод, созданный специально для решения данной задачи
analysis-by-synthesis ~ метод анализа через синтез
approximation ~ метод аппроксимации; приближённый метод
cut-and-try ~ метод проб и ошибок
design ~ метод проектирования; метод расчёта
Euler ~ метод Эйлера
frequency analysis ~ метод гармонического анализа
gradient ~ градиентный метод, метод градиента
graphical ~ графический метод
heuristic ~ эвристический метод
hit-and-miss ~ метод проб и ошибок
hypothesize-and-test ~ метод выдвижения и проверки гипотез *(роботом)*
indirect ~ косвенный метод
interpolation ~ метод интерполяции
isoclines ~ метод изоклин
iteration ~ итерационный метод
light pattern ~ метод структурированного освещения; метод световых проекций
moment distribution ~ метод распределения моментов *(при расчёте конструкций)*
Monte-Carlo ~ метод Монте-Карло, метод статистических испытаний
multiresolution ~ метод *(обработки изображений)*, использующий различную разрешающую способность
Newton's ~ метод Ньютона
perturbation ~ метод возмущений
phase diagram ~ метод фазовой плоскости
predictive control ~ метод управления с прогнозированием
quantitative ~ количественный метод
regular ~ регулярный [неэвристический] метод
return-on-investment ~ метод, основанный на оценке окупаемости затрат
root-locus ~ метод корневого годографа
routing ~ 1. метод прокладки маршрута 2. метод трассировки
safety ~ техника безопасности
sampling ~ выборочный метод
simiilarity ~ метод подобия
state-space ~ метод анализа в пространстве состояний
step-by-step ~ пошаговый метод
time-domain ~ метод анализа во временно́й области
trial-and-error ~ метод проб и ошибок

triangulation ~ метод триангуляции
variational ~ вариационный метод

methodology методология; методика
development ~ методология разработки
robotization ~ методология роботизации
software ~ принципы организации (системы) программного обеспечения

metrology метрология
micro микроЭВМ, микрокомпьютер
microadjuster микрометрический регулятор; устройство для точной настройки
microbranch ветвление в микропрограмме
microcircuit микросхема
analog ~ аналоговая микросхема
custom ~ заказная микросхема
digital ~ цифровая микросхема
hybrid ~ гибридная микросхема

microcode микрокод; микропрограмма
diagnostic ~ диагностическая микропрограмма

microcoding микропрограммирование
microcommand микрокоманда
microcomputer микроЭВМ, микрокомпьютер; микропроцессор
single-board ~ одноплатная микроЭВМ
single-chip ~ однокристальная микроЭВМ
microcomputer-based основанный на использовании микроЭВМ, микрокомпьютерный

microcomputer-controlled с микропроцессорным управлением; с управлением от микроЭВМ

microcomputing применение микропроцессорной техники

microcontroller микроконтроллер
multifunction ~ многофункциональный микроконтроллер
programmable ~ программируемый микроконтроллер

microdiskette микродиск(а)
microelectronics микроэлектроника
microfloppy гибкий микродиск (*с диаметром менее 10 см*)
microinstruction микрокоманда
microlevel уровень микропрограмм; микроуровень
microlibrary библиотека микропрограмм
micromanipulator микроманипулятор; миниатюрный манипулятор
micrometer микрометр
micromodule микромодуль
microopaque 1. микрозатемнение (*на изображении*) 2. микронепрозрачность (*среды или оптического тракта*)

microoperation микрооперация
microorder микрокоманда
microphone микрофон
micropositioning микропозиционирование
microprocessor микропроцессор‖микропроцессорный, с микропроцессорным управлением
   off-the-shelf ~ серийный микропроцессор
   single-chip ~ однокристальный микропроцессор
   support ~ вспомогательный микропроцессор
microprocessor-based микропроцессорный
microprocessor-controlled с микропроцессорным управлением
microprogram микропрограмма
microprogramming микропрограммирование
   horizontal ~ микропрограммирование горизонтальных перемещений
   vertical ~ микропрограммирование вертикальных перемещений
microrobotics 1. микроробототехника 2. робототехнические устройства для микроманипуляций
microsequence последовательность микрокоманд
microsequencer блок управления последовательностью выполнения микрокоманд, коммутатор микрокоманд
microsequencing управление последовательностью выполнения микрокоманд

microstatement оператор микропрограммы, микрооператор
microstep шаг (выполнения) микропрограммы
microswitch микровыключатель; микропереключатель
microsystem микропроцессорная система
microword микрослово (в микропрограмме)
middleware микропрограммные средства
midstop 1. точка промежуточного останова (манипулятора) 2. останов (манипулятора) в промежуточной точке 3. устройство, обеспечивающее останов (манипулятора) в промежуточной точке
milestone 1 этап (напр. разработки) 2. веха (на трассе мобильного робота)
mill 1. станок; машина; стан 2. завод; фабрика 3. фреза‖фрезеровать
mimic мнемосхема
minicomputer мини-ЭВМ, мини-компьютер
minimization минимизация; достижение минимума
minimum минимум
   conditional ~ условный минимум
   global ~ глобальный минимум
   local ~ локальный минимум
   overall ~ глобальный минимум
minirobot мини-робот, малогабаритный робот
misadjustment неверная на-

стройка; неверная регулировка

misalignment 1. непрямолинейность 2. смещение [отклонение] осей, несоосность 3. рассогласование

  angular ~ 1. угловое смещение осей 2. угловая ошибка

  lateral ~ боковое [поперечное] смещение осей

  mechanical ~s механические неточности; неточности изготовления и сборки (*механического узла*)

  parallel ~ отклонение от параллельности, непараллельность

misbehavior аномальное поведение; неправильное функционирование

misconception:

  object-related ~ 1. неправильное распознавание объекта 2. неправильная интерпретация (*сцены*) из-за (характера) объектов

misfit 1. плохая пригонка 2. несоответствие; несогласованность

mismatch 1. рассогласование 2. несовпадение; несоответствие 3. неправильный подбор

misoperation 1. неправильная работа; неправильное функционирование 2. ложное срабатывание

misphasing расфазировка

missequencing нарушение последовательности

mistiming расхождение во времени; рассинхронизация

mistuning нарушение настройки, разладка, расстройка

mix 1. смесь 2. комплексный коллектив (*разработчиков*)

  premise-action ~ сочетание условий и действий

  product ~ смесь выпускаемых изделий (*в ГПС*)

mnemonic 1. мнемосхема 2. *мн.* мнемоника ‖ мнемонический

mobility подвижность, мобильность

mobot мобильный робот

mock-up (бутафорский) макет; имитатор

  test ~ макет для испытаний

mode 1. способ; метод 2. режим (*работы*) 3. форма; вид 4. *мат.* мода 5. состояние

  ~ **of behavior** линия поведения

  ~ **of operation** 1. способ работы 2. режим работы

  approach ~ 1. способ приближения; способ подхода (*робота к объекту*) 2. режим приближения; режим подхода (*робота к объекту*)

  autonomous ~ автономный режим

  batch ~ пакетный режим, режим пакетной обработки (*данных*)

  closed-loop ~ режим (регулирования) с обратной связью

  command ~ командный режим

  compute ~ режим счёта; режим вычислений

  concurrency ~ 1. режим па-

раллельной работы 2. режим совмещения операций
control ~ 1. способ управления 2. режим управления
conversational ~ диалоговый режим
deproach ~ 1. способ отхода (*робота от объекта*) 2. режим отхода (*робота от объекта*)
dominant ~ основная частота (колебаний); основная гармоника
edit ~ режим редактирования (*программы*)
failure ~ состояние отказа (*системы*)
floating control ~ режим астатического регулирования
help ~ режим выдачи консультативной информации (*пользователю*), консультативный режим
hold ~ режим ожидания
idle ~ холостой режим
in-line ~ 1. режим работы в контуре (управления) 2. режим работы в (производственной) линии
interactive ~ интерактивный режим; диалоговый режим
interpretive ~ режим интерпретации (*команд*)
interrupt ~ режим прерываний
jog ~ замедленный режим
learn ~ режим (само)обучения
local ~ локальный режим; автономный режим
lock ~ режим блокировки
manual ~ ручной режим

manual control ~ режим ручного управления
master ~ задающий режим, режим ведущего (*при копирующем управлении*)
master-slave ~ 1. режим копирующего управления, копирующий режим 2. режим «ведущий — ведомый», режим с главным и подчинёнными элементами
natural ~ собственные колебания, собственная гармоника
no-operation ~ холостой режим
off-line ~ 1. автономный режим; независимый режим 2. режим работы вне контура (управления) 3. режим работы вне (производственной) линии
on-line ~ 1. режим работы в (производственной) линии 2. режим работы в реальном времени 3. режим обработки информации (непосредственно) в процессе работы
open-loop ~ режим (регулирования) без обратной связи
pass-through ~ 1. режим ретранслирования (*передаваемых данных*) 2. режим прохождения (*опасной зоны мобильным роботом*)
path-following ~ режим отслеживания траектории (*роботом*)
path-modifying ~ режим изменения траектории (*робота*)

MOD

playback ~ режим воспроизведения (*программы роботом*)
positioning ~ 1. способ позиционирования 2. режим позиционирования
power-failure ~ (аварийный) режим при выключении питания
real-time ~ режим работы в реальном времени
record ~ режим записи
robot ~ режим (работы) робота
run ~ 1. режим пуска 2. режим прогона (*программы*)
scheduled ~ регламентный режим
seek ~ режим поиска
semiautomatic ~ полуавтоматический режим
single-step ~ пошаговый режим
slave ~ подчинённый режим, режим ведомого (*при копирующем управлении*)
sleep ~ режим бездействия; режим консервации (*робота с сохранением программ при отключении*)
standby ~ режим (работы) с резервированием
start-stop ~ стартстопный режим
teaching ~ 1. способ обучения (*робота*) 2. режим обучения (*робота*)
test(ing) ~ режим проверки; тестовый режим
total-failure ~ состояние полного отказа
tracking ~ режим слежения

MOD

training ~ 1. способ обучения (*робота*) 2. режим обучения (*робота*)
transfer ~ 1. способ переноса 2. режим переноса (*рабочего органа робота*)
unoperable ~ 1. неработоспособное состояние 2. режим простоя
usage ~ режим использования
user(-operating) ~ режим работы с пользователем, пользовательский режим
waiting ~ режим ожидания; состояние ожидания
wake-up ~ режим запуска (*после ожидания*)
model 1. модель; макет ‖ моделировать; макетировать 2. модель; тип 3. образец; эталон
adaptive ~ адаптивная модель
analog(ue) ~ аналоговая модель
analytic(al) ~ аналитическая модель
arm ~ 1. модель руки (*робота*); макет руки (*робота*) 2. тип руки (*робота*)
behavioral ~ 1. поведенческая [бихевиористская] модель 2. модель поведения
blackboard ~ модель типа «школьная [классная] доска» (*для анализа сцен*)
block diagram ~ блок-схемная модель
CAD ~ 1. модель системы автоматизированного про-

ектирования, модель САПР 2. модель, используемая в системе автоматизированного проектирования; модель, используемая в САПР

candidate ~ модель-кандидат *(в распознавании образов)*

causal ~ причинно-следственная модель

complete ~ полная модель

computer ~ машинная модель

control ~ 1. модель (системы) управления 2. модель, используемая в системе управления 3. тип управляющей системы

dead-reckoned ~ мгновенная модель *(состояния системы)*

decision-tree ~ модель в виде дерева решений

dummy ~ бутафорская модель; (бутафорский) макет

dynamic ~ динамическая модель, модель динамики

dynamic(al) arm ~ динамическая модель руки *(робота)*

entity-relationship ~ модель типа «объект — отношение», модель типа «сущность — связь» *(в СИИ)*

facet ~ фасеточная [многогранная] модель *(объекта в анализе сцен)*

formal ~ формальная модель

frame-based ~ фреймовая модель *(представления знаний)*

functional ~ функциональная модель; модель функционирования

geometric ~ геометрическая модель

graph ~ графовая модель, модель в виде графа

graphic ~ графическая модель

hardware ~ аппаратная [аппаратно реализованная] модель

in-line ~ модель, используемая в контуре управления

kinematic ~ кинематическая модель, модель кинематики

kinematic arm ~ кинематическая модель руки *(робота)*

linear ~ линейная модель

linearized ~ линеаризованная модель

mathematical ~ математическая модель

mechanical ~ механическая модель; механический макет

microcomputer ~ 1. модель, реализованная на микроЭВМ 2. тип микроЭВМ

network ~ сетевая модель

nonlinear ~ нелинейная модель

numerical ~ численная модель

phenomenological ~ феноменологическая модель

physical ~ физическая модель; физический макет

predictive ~ прогнозирующая модель

probabilistic ~ вероятностная модель

program ~ 1. программная модель 2. образец программы

real-time ~ модель, используемая в реальном времени

reference ~ эталонная модель

scale ~ масштабная модель; масштабный макет

simplified ~ упрощённая модель

simulation ~ имитационная модель

software ~ программная модель

structural ~ структурная модель

wire-frame каркасная [скелетная] модель (*представление объекта анализируемой сцены в виде каркаса*)

world ~ модель окружающей [рабочей] среды; модель мира (*робота*)

model-based основанный на (использовании) модели

modeler 1. разработчик модели 2. блок моделирования

geometric ~ блок геометрического моделирования

robot ~ имитатор робота; блок моделирования робота

system ~ разработчик модели (проектируемой) системы

modeling моделирование, построение модели

cognitive ~ 1. моделирование (процессов) познания 2. моделирование на основе познания, когнитивное моделирование

off-line ~ автономное моделирование

on-line ~ моделирование в ходе процесса

solids ~ моделирование трёхмерных объектов

world ~ модельное представление мира (*робота*)

modem модем, модулятор-демодулятор

internal ~ встроенный модем

modification модификация; (видо)изменение

modular модульный

modularity модульность, модульный принцип (*построения*)

design ~ 1. конструктивная модульность, модульность конструкции 2. модульный принцип проектирования *или* конструирования

functional ~ функциональная модульность

technological ~ технологическая модульность

modularization модуляризация; разбиение на модули; применение модульного принципа (*построения*)

modulation модуляция

amplitude ~ амплитудная модуляция

frequency ~ частотная модуляция

phase ~ фазовая модуляция

pulse ~ импульсная модуляция

pulse-width ~ широтно-им-

пульсная модуляция, ШИМ
time ~ модуляция во времени, временна́я модуляция
time-pulse ~ время-импульсная модуляция
video ~ модуляция видеосигналом

module модуль; блок *(аппаратный или программный)*
add-in ~ модуль расширения *(функций системы)*
addressable control ~ адресуемый модуль (системы) управления
application ~ 1. модуль прикладных программ 2. прикладной (роботизированный) модуль
control ~ модуль (системы) управления
drive ~ модуль привода; приводной модуль
elbow ~ «локтевой» модуль *(механической руки)*
equipment ~ 1. модуль оборудования; блок оборудования 2. модуль связи *(робота)* с (обслуживаемым) оборудованием
faulty ~ неисправный модуль
flexible ~ гибкий (автоматизированный) модуль
flexible production ~ гибкий производственный модуль, ГПМ, ГП-модуль
hardware ~ аппаратный модуль; аппаратный блок
input ~ входной модуль
intelligent ~ интеллект(уаль)ный модуль
machining ~ модуль механообработки

memory ~ модуль ЗУ
power ~ 1. силовой модуль *(напр. манипулятора)* 2. энергетический модуль 3. блок питания
program(ming) ~ 1. программный модуль; блок программы 2. модуль *или* блок программирования *(робота)*
replacement ~ модуль замены; резервный модуль
resident ~ резидентный модуль *(программы)*
robot ~ 1. роботизированный модуль 2. модуль робота
servomotor control ~ модуль управления серводвигателем
shoulder ~ «плечевой» модуль *(механической руки)*
software ~ модуль (системы) программного обеспечения; программный модуль
source ~ исходный модуль; модуль с программой на входном языке *(транслятора)*
torso ~ модуль корпуса *(робота)*
vision ~ модуль технического зрения; видеомодуль
wrist ~ модуль «запястья» *(механической руки)*

modulus 1. модуль; коэффициент 2. *мат.* модуль; основание системы счисления
elastic ~ модуль упругости
resistance ~ модуль сопротивления; коэффициент прочности

Young's ~ модуль Юнга, модуль (продольной) упругости

modus operandi образ действий

molding:
  robotized injection ~ роботизированное литьё под давлением

moment 1. момент (времени), мгновение 2. момент *(силы)*
  ~ of couple момент пары (сил)
  ~ of force момент сил(ы)
  ~ of friction момент (сил) трения
  ~ of momentum момент количества движения
  balance ~ уравновешивающий момент
  centrifugal ~ центробежный момент, момент центробежных сил
  centripetal ~ центростремительный момент, момент центростремительных сил
  Coriolis ~ кориолисов момент, момент сил(ы) Кориолиса
  critical ~ критический момент
  drive ~ 1. движущий момент 2. момент, развиваемый приводом, момент привода
  external ~ внешний момент
  gravitation(al) ~ гравитационный момент, момент сил(ы) тяжести
  inertia ~ 1. момент инерции 2. момент сил(ы) инерции
  joint ~ 1. шарнирный момент; момент, действующий в сочленении *(манипулятора)* 2. суммарный [общий] момент; объединённый момент
  pitch(ing) ~ 1. момент наклона *(звена или рабочего органа манипулятора)* 2. продольный момент; момент тангажа
  resultant ~ равнодействующий момент; результирующий момент
  roll(ing) ~ 1. момент ротации *(рабочего органа робота)* 2. поперечный момент; момент крена
  rotation(al) ~ вращающий момент; крутящий момент
  swivel ~ момент качания; момент наклона *(звена манипулятора)*
  turning ~ 1. вращающий момент; крутящий момент 2. опрокидывающий момент
  yaw(ing) ~ 1. момент относительно вертикальной оси; момент рыскания *(напр. мобильного робота)* 2. момент сгибания *(манипулятора в запястье)*

momentum количество движения; импульс
  angular ~ момент количества движения, кинетический момент

monitor 1. монитор; контрольный индикатор 2. управляющее устройство 3. управляющая программа; монитор; диспетчер 4. видеомонитор 5. контролировать; управлять

black-and-white ~ чёрно-белый монитор

color ~ цветной монитор

monitoring 1. контроль; наблюдение 2. диспетчерское управление

gripper ~ контроль за положением захватного устройства

human ~ ручной контроль; (текущий) контроль с участием человека

intrusion ~ контроль за проникновением (*человека в опасную зону действий робота*)

multipoint ~ 1. множественный (текущий) контроль; (текущий) контроль во многих точках 2. многопараметрический (текущий) контроль

point ~ 1. обегающий контроль (*напр. датчиков*) 2. контроль в точке

sample ~ выборочный текущий контроль

security threat ~ текущий контроль техники безопасности

tool-life ~ контроль за износом инструмента

monkey клещевое захватное устройство

monobus единая магистраль

monorail монорельс; однорельсовый (подвесной) путь; однорельсовая направляющая

overhead ~ подвесной монорельс

mortality подверженность отказам

infant ~ подверженность ранним отказам (*в период приработки аппаратуры*)

mosaic (светочувствительная) мозаика (*в СТЗ*)

motherboard объединительная панель *или* плата

motion 1. движение; ход; перемещение; подача (*см. тж* **movement**) 2. механизм

absolute ~ абсолютное движение, движение (робота), заданное в абсолютной системе координат

accelerated ~ ускоренное движение, движение с ускорением

alternate ~ возвратно-поступательное движение

approach ~ движение подхода; движение приближения (*робота к объекту*)

bend(ing) ~ движение сгибания (*манипулятора в запястье*)

Cartesian ~ 1. движение, заданное в декартовой системе координат; движение, заданное в рабочем пространстве (*робота*) 2. поступательное движение (*звеньев робота*) в прямоугольной системе координат

collision-free ~ движение без столкновений

combined ~ составное [сложное] движение; комбинированное движение

compliant ~ податливое движение

compound ~ составное [сложное] движение
constant ~ равномерное прямолинейное движение
constrained ~ 1. принудительное движение 2. связанное движение
continuous ~ непрерывное движение
contour(ing) ~ контурное движение, движение по контуру
controlled ~ управляемое движение; контролируемое движение
coordinated joint ~ координированное движение степеней подвижности (*робота*)
creeping ~ «ползучее» (*очень медленное*) движение
cyclic ~ циклическое движение; движение по циклу
defined ~ заданное движение; определённое [расчётное] движение
deproach ~ движение отхода (*робота от объекта*)
differential ~ 1. движение в дифференциальном механизме; дифференциальное (результирующее) движение 2. движение, задаваемое в отклонениях (*относительно опорной траектории*) 3. дифференциальный механизм, дифференциал
disturbed ~ возмущённое движение
double-combined ~ двойное движение
elementary ~ элементарное движение, движение-элемент
elevation ~ движение подъёма
extension ~ движение вытягивания (*манипулятора*); движение с удлинением (*телескопического звена манипулятора*)
flexible ~ 1. (функционально) гибкое [гибкоперестраиваемое] движение 2. движение гибкой [нежёсткой] конструкции
force-controlled ~ движение с управлением по усилию
free ~ свободное движение
functional ~ функциональное движение
functionally defined ~ функционально определённое движение; движение, заданное функцией (*функциональной задачей робота*)
Geneva ~ мальтийский механизм
gross ~ грубое [неточное] движение
guarded ~ осторожное движение
harmonic ~ гармоническое движение; гармонические колебания
helical ~ 1. движение по спирали, винтовое движение 2. винтовой механизм
incremental ~ движение, задаваемое в приращениях
intermittent ~ прерывистое движение
jerking ~ движение с по-

дёргиваниями; дрожание (*при движении*)
joint ~ 1. движение сочленения (*манипулятора*) 2. изменение степени подвижности; перемещение в сочленении (*манипулятора*) 3. суммарное [общее] движение
joint-interpolated ~ движение с интерполяцией в обобщённых координатах
linear ~ (прямо)линейное движение
lost ~ *проф.* «мёртвый ход»
manipulation ~ манипуляционное движение
micro ~ микроперемещение
nonsteady ~ неустановившееся [переходное, нестационарное] движение
nonuniform ~ неравномерное движение
oscillating ~ колебательное [осциллирующее] движение
partially constrained ~ частично ограниченное движение
path-following ~ движение с отслеживанием траектории
perceptually controlled ~ движение, контролируемое системой очувствления (*робота*)
periodic ~ периодическое движение
pitch ~ 1. движение наклона (*звена или рабочего органа манипулятора*) 2. движение по тангажу

planar ~ плоское движение
point-to-point ~ движение от точки к точке; движение с позиционированием
positioning ~ движение позиционирования
prescribed ~ предписанное движение; заданное движение
prismatic ~ 1. перемещение в призматическом сочленении (*манипулятора*) 2. поступательное движение (*звена манипулятора*)
progressive ~ поступательное движение
proper ~ собственное движение
quick ~ быстрое движение; быстрый ход
reach ~ движение вытягивания — отведения (*манипулятора*)
reciprocating ~ возвратно-поступательное движение
relative ~ относительное движение
retract ~ 1. движение отведения (*манипулятора*) 2. движение втягивания (*телескопического звена или рабочего органа манипулятора*)
return ~ возвратное движение; обратный ход; задний ход
roll ~ 1. движение ротации (*рабочего органа робота*); вращательное движение 2. движение с креном; движение по крену (*напр. мобильного робота*)
sensor(y)-based ~ движе-

ние с использованием сенсорной информации
slave ~ копирующее движение *(манипулятора)*
smooth ~ плавное движение
snake ~ змееподобное движение; движение робота-змеи *(с многозвенным движителем)*
spatial ~ пространственное движение; перемещение в пространстве
stable ~ устойчивое движение
steady(-state) ~ установившееся [стационарное] движение
stop ~ стопорный механизм
stop-on-force ~ движение, останавливаемое по усилию *(при достижении заданного усилия, действующего на рабочий орган робота)*
sweep ~ 1. движение качания *(звена манипулятора)* 2. движение поворота *(корпуса робота)*
swing ~ 1. маховое движение 2. поворотное движение
swivel ~ 1. движение наклона 2. движение качания *(звена манипулятора)* 3. поворотное движение
tilt ~ 1. движение наклона *(рабочего органа робота)* 2. движение бокового наклона *(камеры СТЗ)*
to-and-fro ~ возвратно-поступательное движение
transient ~ движение в переходном режиме; неустановившееся [переходное, нестационарное] движение
translatory ~ поступательное движение
turn ~ 1. движение ротации *(рабочего органа робота)* 2. поворотное движение
uniform ~ равномерное движение
uniformly accelerated ~ равномерно-ускоренное движение
uniformly retarded ~ равномерно-замедленное движение
unstable ~ неустойчивое движение
unsteady ~ неустановившееся [переходное, нестационарное] движение
variable ~ неравномерное движение; переменное движение
versatile ~s гибкоперестраиваемые движения; разнообразные движения; многофункциональные движения *(робота)*
yaw ~ 1. движение сгибания *(манипулятора в запястье)* 2. движение по рысканию *(напр. мобильного робота)*
motor двигатель; мотор∥двигательный; моторный
AC ~ электродвигатель переменного тока; электромотор переменного тока
actuating ~ 1. исполнительный двигатель 2. приводной двигатель

air(-powered) ~ пневмодвигатель; пневмомотор

air-servo ~ пневматический серводвигатель

alternating-current ~ электродвигатель переменного тока; электромотор переменного тока

asynchronous ~ асинхронный (электро)двигатель

axial piston ~ аксиально-поршневой гидромотор

base-mounted ~ двигатель, устанавливаемый на основании *(манипулятора)*

bidirectional ~ реверсивный двигатель

brushless ~ бесколлекторный (электро)двигатель

DC [**direct-current**] ~ электродвигатель постоянного тока; электромотор постоянного тока

driving ~ приводной двигатель

electric ~ электродвигатель; электромотор

geared ~ редукторный двигатель; мотор-редуктор

hydraulic ~ гидродвигатель; гидромотор

induction ~ асинхронный (электро)двигатель

limited rotary ~ гидро- *или* пневмодвигатель с ограниченным углом поворота

pancake ~ 1. (электро)двигатель с радиальным зазором 2. плоский двигатель

permanent magnet ~ электродвигатель с постоянными магнитами

piston limited rotary ~ поршневой гидро- *или* пневмодвигатель с ограниченным углом поворота

radial-piston ~ радиально-поршневой гидромотор

reversible ~ реверсивный двигатель

step(per) [**stepping**] ~ шаговый двигатель

synchronous ~ синхронный (электро)двигатель

torque ~ (высоко)моментный двигатель

vane limited rotary ~ лопастной гидро- *или* пневмодвигатель с ограниченным углом поворота

mount 1. опора; (монтажная) стойка; крепление ‖ монтировать, собирать; устанавливать 2. подложка

mounting 1. монтаж, сборка; установка; крепление 2. (монтажная) арматура; оснастка 3. стойка; рама; подставка

robot ~ 1. монтаж [сборка] робота 2. роботизированный монтаж, роботизированная сборка

robotic ~ роботизированный монтаж, роботизированная сборка

movable подвижный; передвижной

move 1. двигать(ся); передвигать(ся); перемещать(ся) 2. движение; передвижение; перемещение

movement 1. движение; передвижение; перемещение *(см. тж* **motion**) 2. ход *(механизма)*; такт

angle ~ угловое перемещение

arm ~ движение руки; перемещение руки *(робота)*

axial ~ аксиальное движение; аксиальное перемещение; перемещение в осевом направлении

balancing ~ уравновешивающее движение; компенсирующее движение

base ~ движение основания *(манипулятора робота)*

basic ~ базовое [основное] движение *(робота)*

data ~ перемещение [продвижение] данных *(в вычислительной системе)*

emergency ~ аварийное [экстренное] движение

end-effector ~ движение *или* перемещение рабочего органа *(робота)*

end-point ~ движение *или* перемещение концевой точки *(манипулятора)*

fine ~ точное движение; прецизионное движение

gripper ~ движение *или* перемещение захватного устройства *(робота)*

horizontal ~ горизонтальное движение; горизонтальное перемещение

legged ~ передвижение посредством ходьбы; перемещение шагающего аппарата

manipulator ~ движение манипулятора; перемещение манипулятора; передвижение манипулятора

radial ~ радиальное движение; радиальное перемещение

robot ~ движение робота; передвижение робота; перемещение робота

rotational [rotary] ~ 1. вращательное движение; поворотное движение 2. перемещение во вращательном сочленении *(манипулятора)*

sliding ~ скользящее движение

vertical ~ вертикальное движение; вертикальное перемещение

mover 1. двигатель 2. движитель 3. устройство [приспособление] для перемещения *(грузов)*

muff муфта; втулка; гильза

muffler глушитель *(напр. в пневмоприводе)*

multiaddress многоадресный

multibyte многобайтовый

multicabinet многостоечный

multichannel многоканальный

multicircuit многоконтурный

multicomputing обработка данных в многомашинной системе

multidatabase мультибаза данных *(состоящая из нескольких локальных баз данных, объединённых в сеть)*

multidimensional многомерный

multifeedback с большим числом обратных связей, с множественной обратной связью

multilayer 1. многослойный 2. многоуровневый

multilevel многоуровневый

multilogic с разветвлённой логикой

multiloop 1. многоконтурный 2. со многими циклами

multimicroprocessor мультимикропроцессорная система ǁ мультимикропроцессорный

multimode 1. многорежимный 2. *мат.* многомодальный; мультимодальный

multiple 1. *мат.* кратное 2. множественный; многократный; многочисленный

multiplex 1. мультиплексная передача ǁ мультиплексный 2. передавать (*данные*) в мультиплексном режиме, мультиплексировать

multiplexer многоканальный коммутатор, мультиплексор

multiplicator мультипликатор

multiplier 1. множительное устройство, умножитель 2. *мат.* множитель

multipoint многоточечный; многопунктовый

multiprocessing параллельная обработка; мультиобработка; одновременное выполнение (*нескольких алгоритмов*)

multiprocessor многопроцессорная [мультипроцессорная] система

multiprogramming мультипрограммирование

multipurpose многоцелевой; универсальный; многофункциональный

multiskilled владеющий многими профессиями; многофункциональный (*о роботе*)

multistage 1. многоступенчатый; многоэтапный; многошаговый 2. многокаскадный

multiturn многооборотный; многовитковый

multivariable с многими переменными

multivariate многомерный

multiversion многовариантный

multiway многоканальный; многопозиционный

musician
  robot(ic) ~ робот-музыкант; музыкальный робот

N

name имя; наименование; название ǁ присваивать имя, именовать; называть
  array ~ имя массива
  file ~ имя файла
  mnemonic ~ мнемоническое имя
  positioning point ~ имя [номер] точки позиционирования
  program ~ имя программы
  system ~ системное имя; наименование системы
  task ~ наименование задания; имя задачи
  unit ~ имя [номер] устройства

variable ~ имя переменной
nature 1. природа 2. характер
nave ступица; втулка *(колеса)*
navigation навигация
  global ~ глобальная навигация
  local ~ локальная навигация
  robot ~ 1. навигация робота 2. определение (собственного) местоположения робота
  visual ~ визуальная [зрительная] навигация
navigator блок *или* устройство навигации
neck 1. шейка; цапфа; кольцевая выточка 2. мундштук; насадка
need 1. потребность; нужда ‖ требоваться; нуждаться 2. необходимость
  data ~s информационные потребности
  sensory ~ 1. необходимость очувствления *(робота)* 2. мн. потребности в сенсорике
  user ~s потребности [нужды] пользователя
negative 1. отрицание ‖ отрицательный 2. отрицательная величина 3. минус 4. негатив ‖ негативный
neglect пренебрегать
negligible пренебрежимо малый; незначительный
neighbor соседний элемент *(напр. изображения)*, *проф.* сосед
  diagonal ~ диагональный сосед, сосед по диагонали

  direct ~ непосредственный сосед
  indirect ~ косвенный сосед
  nearest ~ ближайший сосед
  null ~ непосредственный сосед
neighborhood 1. соседство *(напр. элементов изображения)* 2. окрестность
  N- ~ N-соседство; соседство в смысле N-связности *(в обработке изображений)*
nest 1. набор; комплект; пакет 2. блок; узел 3. гнездо *(коммутационное)* 4. *мат.* вложенное множество
net сеть *(см. тж* **network**)
  distributed sensor ~ распределённая сеть датчиков
  optical ~ сеть (волоконно-)оптической связи
  Petri ~ сеть Петри
netlist список соединений
network 1. сетка; сеть 2. схема; цепь; контур *(см. тж* **circuit**) 3. звено *(системы регулирования)* 4. вычислительная сеть; сеть ЭВМ 5. сетевой график
  adding ~ суммирующая цепь
  adjustment ~ цепь настройки; схема настройки
  aperiodic ~ апериодическое звено
  bus ~ 1. схема разводки шин, схема коммуникаций 2. магистральная сеть; сеть с шинной организацией 3. система шин
  coding ~ схема кодирования

communications ~ сеть передачи данных
compensating ~ выравнивающая цепь; компенсирующая [выравнивающая] схема
computer ~ сеть ЭВМ; вычислительная сеть
conservative ~ консервативное звено
corrective ~ корретирующая схема; корректирующая цепь
datacom [data transmission] ~ сеть передачи данных
delay ~ схема задержки; цепь задержки
distributed function ~ сеть с распределёнными *(по узлам)* функциями
dual ~ дублированная сеть
external ~ внешняя сеть *(связывающая робот с другим производственным оборудованием)*
global ~ глобальная сеть
heterogeneous computer ~ неоднородная вычислительная сеть; неоднородная сеть ЭВМ
highway ~ магистральная сеть; магистральная цепь
homogeneous computer ~ однородная вычислительная сеть; однородная сеть ЭВМ
host-based ~ сеть с главной [ведущей] ЭВМ
integrating ~ 1. интегрирующая схема 2. интегрирующее звено
interconnecting ~ схема соединения *(аппаратных узлов)*
internal ~ внутренняя сеть *(связывающая робот с его датчиками)*
ladder ~ схема релейной логики
local (area) ~ локальная сеть
local control ~ локальная управляющая сеть, ЛУС
matching ~ согласующая схема; согласующая цепь
multipoint ~ многоточечная сеть, сеть с большим количеством узлов
multistation ~ сеть с большим числом (рабочих) станций, многостанционная сеть
multiterminal ~ многотерминальная сеть (ЭВМ)
neuron ~ нейронная сеть, нейросеть
nonuniform ~ неоднородная сеть (ЭВМ)
PC ~ сеть персональных ЭВМ
peer-to-peer ~ сеть (ЭВМ) с равноправными узлами
point-to-point ~ сеть (ЭВМ) с двухточечным соединением *(узлов)*
power distribution ~ схема разводки питания
priority ~ 1. схема приоритетов 2. сеть с приоритетным обслуживанием
process ~ сетевая схема процесса
production ~ (локальная) сеть производственного предприятия

recognition ~ схема распознавания

relay-contact ~ релейно-контактная схема

ring ~ кольцевая сеть, *проф.* кольцо

ring-topology ~ сеть с кольцевой топологией

semantic ~ семантическая сеть

small-sized ~ малая (локальная) сеть

star(-wired) ~ звездообразная [радиальная] сеть, *проф.* звезда

switching ~ переключающая схема

teleprocessing ~ сеть телеобработки *(данных)*

terrestrial ~ глобальная сеть

transition ~ сеть переходов *(из одних состояний в другие)*

tree ~ древовидная сеть, *проф.* дерево

wide area ~ глобальная сеть

networked объединённый в сеть; с сетевой структурой, сетевой архитектуры

networking 1. организация [создание] сети; объединение в сеть 2. построение сетевого графика 3. передача данных по сети

computer ~ создание сети ЭВМ

neurocomputer нейрокомпьютер

neurocybernetics нейрокибернетика

neuron 1. нейрон 2. нейроподобный (логический) элемент

neutralization нейтрализация; компенсация

neutralizer:
impulse ~ демпфер; антивибратор; виброгаситель ударного действия

N-fold N-кратный

nib 1. (заострённый) кончик, остриё; выступ 2. палец; шип

nibble полубайт *(четыре бита)*

nick шлиц; бороздка; прорезь; шейка

nil нуль

nip зажим; зажимное приспособление; захватное устройство; тиски ǁ зажать; захватить

nippers 1. клещи; кусачки 2. клещевое захватное устройство

nipple 1. штуцер; ниппель 2. патрубок; наконечник *(с резьбой)* 3. сопло

node 1. узел *(графа или сети)*; вершина *(графа)* 2. узловая точка; узел *(на фазовой плоскости)*

ancestor ~ узел-предок

circuit ~ узел схемы

computational ~ вычислительный узел

concept ~ понятийный узел

daughter ~ дочерний узел

descendant ~ узел-потомок

faulty ~ неисправный узел *(в сети ЭВМ)*

firable ~ инициируемый узел

intermediated ~ промежуточный узел
leaf ~ концевой узел (*древовидной схемы*), лист
master ~ главный узел; ведущий узел
network ~ 1. узел сети 2. узел электрической схемы
nonleaf ~ неконцевой узел (*древовидной схемы*)
parent ~ узел-родитель, порождающий узел
participating ~s узлы (*сети ЭВМ*), участвующие в обработке данных
process ~ функциональный узел
processor ~ процессорный узел
root ~ корневой узел
slave ~ подчинённый узел; ведомый узел
stable ~ устойчивая узловая точка; устойчивый узел
switching ~ узел коммутации, коммутационный узел
unstable ~ неустойчивая узловая точка; неустойчивый узел

noise помеха, помехи; шум, шумы
color ~ цветной шум
electrical ~ электрические помехи
external ~ внешние помехи
Gaussian ~ гауссовы помехи, гауссов [нормальный] шум
ground ~ помехи из-за плохого заземления
impulse ~ импульсные помехи
industrial ~ промышленные помехи
line ~ помехи в линии передачи
missing line ~ шум (типа) пропадания строк (*изображения*)
nongaussian ~ негауссовы помехи, негауссов шум
power-supply ~ помехи по цепи питания
video ~ шумы видеочастоты
white ~ белый шум

noise-immunity помехоустойчивость, помехозащищённость
noiseless без помех
noisy с помехами; *проф.* зашумлённый (*о сигнале*)
no-load холостой ход‖вхолостую, без нагрузки
nominal 1. номинал‖номинальный 2. паспортный
nomogram, nomograph номограмма
nonconventional нетрадиционный; необычный; необщепринятый
noncyclic нециклический, непериодический
nondeflecting жёсткий; недеформирующийся; негибкий
nondegenerate невырожденный
nondeterminism недетерминизм, недетерминированность
nondimensional безразмерный
nonlinearity нелинейность
backlash ~ нелинейность типа люфта
dead zone ~ нелинейность

типа зоны нечувствительности

hysteresis ~ нелинейность типа гистерезиса, гистерезисная нелинейность

saturation ~ нелинейность типа насыщения

nonlocking без блокировки; неблокирующий

nonnecessary не необходимое условие

nonprogrammable непрограммируемый

nonredundancy безызбыточность

nonredundant 1. безызбыточный 2. нерезервированный

nonreusable однократно используемый; без возможности повторного использования

nonreversible нереверсивный; не имеющий обратного хода

nonrigid нежёсткий; податливый

nonrobustness негрубость (алгоритма по отношению к незначительным изменениям исходных условий применения), отсутствие робастности

nonsingular неособенный, невырожденный

nonsynchronous несинхронный, асинхронный

nonvendor-specific не зависящий от поставщика

nonvolatile энергонезависимый

no-op(eration) холостая команда (не вызывающая никаких действий)

norm 1. норма; образец; стандарт 2. режим; условия

normal 1. мат. нормаль; перпендикуляр ‖ нормальный; перпендикулярный 2. нормальный; стандартный; обыкновенный

surface ~ нормаль к поверхности (объекта)

normalization 1. нормализация 2. стандартизация 3. нормирование

nose 1. нос; носовая часть; кончик; наконечник 2. сопло; насадка

no-signal отсутствие сигнала

notation 1. обозначение; система обозначений 2. система счисления 3. запись; представление; нотация

binary ~ двоичная система (счисления)

choreographic ~ хореографическая запись (программы движений робота в виде последовательности картинок)

contracted ~ сокращённое обозначение

decimal ~ десятичная система (счисления)

hexadecimal ~ шестнадцатеричная система (счисления)

number (system) ~ система счисления

octal ~ восьмеричная система (счисления)

radix ~ позиционная система счисления

signal ~ представление сигнала

symbolic ~ символическое представление

notch 1. выемка; зарубка; бороздка; паз; желобок 2. зубец (*храповика*)

notification уведомление; оповещение

notion понятие; идея

nozzle сопло; форсунка; наконечник; насадка; мундштук

   torch ~ сопло (сварочной) горелки; мундштук (сварочной) гороелки

null 1. *мат.* пустое множество; множество меры нуль‖пустой; меры нуль 2. несуществующий 3. нулевой

number 1. число; количество 2. номер‖нумеровать 3. цифра 4. считать, подсчитывать 5. насчитывать

   ~ of degrees of freedom 1. число [количество] степеней подвижности (*манипулятора*) 2. число [количество] степеней свободы (*твёрдого тела*)

   average sample ~ средний объём выборки

   binary ~ двоичное число

   complex ~ комплексное число

   Euler ~ число Эйлера (*разность между числом связных областей и числом отверстий на изображении объекта*)

   even ~ чётное число

   hex ~ шестнадцатеричное число

   identification ~ идентификационный номер, идентификатор

   incarnation ~ кодовое число (*используемое в качестве идентификатора*)

   integer ~ целое число

   item ~ номер позиции; номер элемента

   mean ~ среднее число

   natural ~ *мат.* натуральное число

   octal ~ восьмеричное число

   odd ~ нечётное число

   pseudorandom ~ псевдослучайное число

   random ~ случайное число

   serial ~ 1. порядковое число 2. порядковый номер

numbering нумерация

numerator 1. числитель 2. нумератор, счётчик

numerical численный; числовой; цифровой

numerically-controlled с числовым программным управлением, с ЧПУ

numerically-machined обработанный на станке с ЧПУ

nut 1. гайка 2. муфта

   clamp(ing) ~ зажимная гайка

   jam ~ контргайка

O

obey 1. подчиняться команде; отрабатывать команду 2. подчиняться, удовлетворять (*правилу или уравнению*)

object 1. объект 2. предмет 3. изображение объекта (*в СТЗ*) 4. конечный, выходной, *проф.* объектный (*напр. об оттранслированной программе*)

axially symmetric ~ объект с осевой симметрией, аксиально симметричный объект

compliant ~ податливый объект

compound ~ составной объект; сложный объект

curved ~ объект с криволинейной поверхностью (*в анализе сцен*)

data ~ информационный объект

database ~ объект базы данных

fiduciary ~ объект, (условно) принятый за эталонный

geometric(al) ~ геометрическое тело

handling ~ объект манипулирования

isolated ~s изолированные объекты; несоприкасающиеся объекты; отдельно расположенные объекты

learned ~ 1. объект, которому обучена СТЗ, *проф.* обученный объект 2. известный объект

manipulated ~ объект манипулирования

mobile ~ движущийся объект; подвижный объект

plane-bounded ~ многогранный объект

primitive ~ элементарный объект

prototype ~ эталонный объект

working ~ 1. *проф.* объект производства 2. объект манипулирования *или* воздействия (*робота*)

objective 1. цель; задание; целевая установка ‖ целевой 2. целевая функция 3. (техническое) требование 4. объектив 5. объективный

conflicting ~s противоречивые требования

design ~ 1. проектный параметр; требование проекта 2. цель проектирования

function ~ функциональное требование

long focus ~ длиннофокусный объектив

performance ~s требуемые рабочие характеристики

short focus ~ короткофокусный объектив

well-defined ~ чётко определённая цель

wide angle ~ широкоугольный объектив

obscure затемнять ‖ тёмный; тусклый

obscuring загораживание; затемнение

observability наблюдаемость, возможность наблюдения

observation 1. наблюдение 2. измерение 3. обзор; обозрение

angular ~s 1. угломерные измерения 2. угломерные наблюдения

empirical ~s эмпирические данные; результаты наблюдений

observer 1. наблюдатель 2. блок *или* алгоритм наблюдения *(переменных системы), проф.* наблюдатель

adaptive ~ адаптивный алгоритм наблюдения, *проф.* адаптивный наблюдатель

observer-identifier алгоритм наблюдения — идентификации, *проф.* наблюдатель — идентификатор

obstacle препятствие

obstruction препятствие; помеха *(движению)*

obtainable достижимый; доступный

occlusion загораживание; затемнение *(одних объектов сцены другими)*

partial ~ частичное загораживание

occurence 1. наличие, присутствие *(напр. сигнала)* 2. наступление [появление] события; событие

octal восьмеричный

octopod восьминогий (шагающий) робот

octree октадерево *(граф)*

odd 1. нечётный 2. добавочный 3. лишний; избыточный

odograph одометр, прибор для определения пройденного расстояния

odometer 1. одометр, прибор для определения пройденного расстояния 2. спидометр

odometry одометрия *(метод определения пройденного расстояния)*

off (состояние) «выключено»‖выключенный, отключённый

off-duty невключённый; резервный

off-line 1. автономный; независимый‖автономно; независимо 2. вне контура *(управления)* 3. вне линии *(напр. производственной)* 4. вне процесса работы *(другой системы)* 5. не в реальном времени; не в темпе поступления информации

offload освобождать от излишней загрузки; разгружать

offset 1. смещение; сдвиг‖смещать; сдвигать 2. отклонение *(процесса регулирования)* 3. ответвление; отвод *(линии)* 4. противовес 5. уравновешивать

off-the-shelf имеющийся в готовом виде, имеющийся в наличии; имеющийся в продаже

oiling смазка, смазывание

omnidirectional всенаправленный, способный перемещаться в любом направлении

on (состояние) «включено»‖включённый

onboard 1. бортовой, расположенный на борту 2. встроенный 3. расположенный на плате

one-dimensional одномерный

one-(for-)one взаимно однозначный; *проф.* один к одному

one-piece цельный; неразъёмный

one-time-programmable однократно программируемый

one-valued однозначный (*о функции*)

one-way односторонний; однонаправленный

on-line 1. оперативный ‖ оперативно 2. в процессе работы (*другой системы*) 3. в реальном времени; в темпе поступления информации

on-off релейный, (работающий) по принципу «включено—выключено»; двухпозиционный

on-site 1. на месте эксплуатации 2. местный, собственный

on-the-fly оперативно; «на ходу»; в реальном времени

opacity 1. непрозрачность; мутность 2. коэффициент непрозрачности 3. неясность

opaque 1. непрозрачный; мутный; непросвечивающий 2. неясный

open 1. открывать(ся) ‖ открытый 2. разомкнутый, незамкнутый 3. расширяемый, с возможностью расширения

open-air наружный; открытый; расположенный вне помещения

opening 1. отверстие; окно; щель 2. раскрытие; раствор 3. открытие, открывание

  adaptive lens ~ адаптивное диафрагмирование (*объектива СТЗ*)

  admission ~ впускное отверстие

  advanced ~ открытие (*клапана*) с опережением

  discharge ~ выпускное отверстие

  finger ~ 1. раскрытие пальцев; раствор пальцев, расстояние между пальцами (*захватного устройства*) 2. разведение пальцев (*захватного устройства*)

  gripper ~ 1. раскрытие захватного устройства; раствор схвата 2. открытие [открывание] захватного устройства

  jaw ~ 1. раскрытие губок; раствор губок (*захватного устройства*) 2. разведение губок (*захватного устройства*)

operability 1. удобство использования 2. работоспособность

operable рабочий; действующий; работоспособный

operand операнд

operate 1. управлять; приводить в действие 2. работать; функционировать; производить операции

operated управляемый; приводимый в действие

  air ~ пневматический; с пневмоприводом

  automatically ~ с автоматическим управлением

  manually ~ с ручным управлением

numerically ~ с числовым программным управлением, с ЧПУ

remotely ~ телеуправляемый, с дистанционным управлением

operating 1. операционный; операторный **2.** рабочий; действующий **3.** эксплуатационный

operation 1. операция; действие **2.** работа; функционирование **3.** режим работы **4.** управление **5.** эксплуатация

aborted ~ прерванная операция; отменённая операция; неудачно закончившаяся операция

asynchronous ~ асинхронная операция; асинхронное выполнение операций

atomic ~ элементарная [первичная] операция

attended ~ работа под наблюдением оператора

autonomous ~ 1. автономная операция; независимая операция **2.** автономная работа

auxiliary ~ вспомогательная операция

background ~ фоновая работа

concurrent ~ 1. совмещённая работа; параллельная работа **2.** *мн.* совмещённые (*одновременно выполняемые*) операции

consecutive ~ последовательная работа

continuous ~ 1. непрерывная операция (*в отличие от дискретной*) **2.** непрерывная работа

continuous path ~ 1. операция с отслеживанием непрерывной траектории (*роботом*) **2.** работа в режиме контурного управления

control ~ 1. операция управления **2.** работа системы управления

critical ~ работа в критическом режиме

current ~ 1. текущие операции **2.** существующие способы работы

cycle ~ 1. циклическая операция **2.** циклическая работа; работа по циклу; функционирование в цикловом режиме

database ~ работа с базой данных

do-nothing ~ фиктивная операция

error-free ~ безошибочная работа

fail-safe ~ 1. отказоустойчивая работа **2.** безопасный режим

fail-soft ~ работа с амортизацией отказов

finishing ~ чистовая операция; отделочная операция; доводочная операция

fixed-cycle ~ 1. циклическая операция **2.** работа по постоянному циклу

foreground ~ высокоприоритетная работа

global ~ глобальная операция (*в обработке изображений*)

graft ~ операция подсоеди-

нения ветви (*к дереву поиска*)
grouped ~ 1. групповая операция (*над множеством объектов*) 2. групповая работа (*напр. роботов*)
high-precision ~ 1. прецизионная [высокоточная] операция 2. прецизионная работа
high-speed ~ 1. быстрая операция 2. работа с большой скоростью
housekeeping ~ вспомогательная операция
illegal ~ запрещённая операция
inference ~ операция логического вывода (*в СИИ*)
in-line ~ 1. работа (непосредственно) в контуре управления 2. работа (непосредственно) в линии (*напр. производственной*)
interlocked ~s операции с взаимоблокировкой
keystroke ~ операция, инициируемая нажатием клавиши
learned ~ операция, которой обучен робот, *проф.* обученная операция
loading ~ операция загрузки (*напр. деталей роботом*)
local ~ локальная операция (*в обработке изображений*)
logical ~ логическая операция; логическое действие
maintenance-free ~ функционирование без обслуживания
manual ~ 1. ручная операция 2. работа вручную

move ~ 1. операция перемещения (*напр. детали роботом*) 2. операция пересылки (*информации в ЭВМ*)
multishift ~ многосменная работа
neighborhood ~ операция над соседними элементами (*в обработке изображений*)
no-failure ~ безотказная работа
no-load ~ холостой ход, работа на холостом ходу
nondata ~ операция, не связанная с обработкой данных
nonprimitive ~ неэлементарная операция
off-line ~ 1. автономная работа; независимая работа 2. автономный режим работы 3. работа вне линии (*напр. производственной*) 4. операция, выполняемая не в реальном времени
one-pass ~ 1. однопроходная операция 2. работа, выполняемая за один проход
one-step ~ 1. одношаговая операция; операция, выполняемая за один шаг 2. пошаговая работа, работа в пошаговом режиме
on-line ~ 1. оперативный режим работы 2. операция, выполняемая в процессе работы (*другой системы*) 3. операция, выполняемая в реальном времени; операция, реализуемая в темпе поступления информации

(необходимой для выполнения действия)

parallel ~ параллельная работа

playback ~ режим воспроизведения *(записанной программы)*

point ~ точечная операция; операция над (отдельным) элементом *(изображения)*

point-to-point ~ 1. операция перехода от точки к точке 2. работа в режиме позиционного управления

position(ing) ~ 1. операция позиционирования 2. работа в режиме позиционного управления

primitive ~ элементарная [первичная] операция; простейшая операция; простейшее действие

programmed ~ 1. запрограммированная операция; программная операция 2. работа в программном режиме; запрограммированная работа

prune ~ операция отсечения ветви *(дерева поиска)*

queue ~ работа с очередями

real-time ~ 1. операция, выполняемая в реальном времени 2. работа в реальном времени

red-tape ~ служебная операция; вспомогательная операция

remote robot ~ 1. работа робота на (удалённом) расстоянии *(от центра управления)* 2. режим дистанционного управления роботом

repetitive ~ 1. повторяющаяся операция 2. работа в циклическом режиме

retrieval ~ операция поиска *(информации)*

robot ~ 1. операция, выполняемая роботом 2. работа робота; функционирование робота

safe ~ безопасная работа

satellite-servicing ~ операция по обслуживанию спутников

scheduled ~ 1. запланированная операция 2. работа по графику, регламентная работа

screening ~ процедура отбраковки

search ~ операция поиска

sensory ~ 1. операция обработки сенсорной информации 2. работа сенсорной системы

sequential [serial] ~ 1. последовательная операция 2. последовательная работа

set ~ теоретико-множественная операция, операция над множествами

simultaneous ~ 1. одновременная работа 2. *мн.* одновременно выполняемые операции

single ~ единичная операция

single-program ~ однопрограммный режим работы

single-shot [single-step] ~ одношаговая операция,

операция, выполняемая за один шаг

stable ~ устойчивый режим работы

standard ~ стандартная операция

step(-by-step) ~ пошаговая работа, работа в пошаговом режиме

supervised ~ 1. работа под наблюдением 2. работа в режиме супервизорного управления

synchronous ~ 1. синхронная операция; синхронное действие 2. синхронная работа

taught(-in) ~ операция, которой обучен робот, *проф.* обученная операция

threshold(ing) ~ операция сравнения с порогом, пороговая операция

time-consuming ~ длительная операция, операция, требующая больших затрат времени

time-sharing ~ работа с разделением времени

transfer ~ 1. операция переноса (*напр. детали роботом*) 2. операция перехода; операция передачи (*управления*) 3. операция пересылки (*информации в ЭВМ*)

unattended ~ 1. работа без наблюдения оператора; функционирование в автоматическом режиме; автоматическая работа 2. безлюдная технология

unauthorized ~ несанкционированное действие

unloading ~ операция разгрузки (*напр. деталей роботом*)

unmanned ~ 1. функционирование в автоматическом режиме; автоматическая работа 2. безлюдная технология

operational 1. операционный; операторный 2. рабочий; действующий 3. эксплуатационный

operative 1. оператор 2. оперативный 3. действующий
  mechanical ~ механический оператор; автооператор

operator 1. (человек-)оператор; исполнитель 2. *мат.* оператор 3. операция (*команда программы*)
  adjoint ~ сопряжённый оператор
  averaging ~ усредняющий оператор, оператор усреднения
  bar ~ оператор определения второй производной яркости (изображения) в данном направлении (*при обработке изображений*)
  Boolean ~ булев оператор
  console ~ (человек-)оператор пульта управления
  differential ~ дифференциальный оператор
  differentiation ~ оператор дифференцирования; дифференциальный оператор
  edge ~ оператор выделения краёв (*объекта на изображении*)

equipment ~ (человек-)оператор (производственного) оборудования

gradient ~ оператор градиента

Hamiltonian ~ оператор Гамильтона, гамильтониан

highly skilled ~ высококвалифицированный (человек-)оператор

Hueckel ~ оператор Хюккеля *(выделения краёв объекта на изображении)*

human ~ человек-оператор

integral ~ интегральный оператор

inverse ~ обратный оператор

Lagrangian ~ оператор Лагранжа, лагранжиан

Laplacian ~ оператор Лапласа, лапласиан

logical ~ логический оператор

projection ~ проекционный оператор; оператор проецирования

ring ~ кольцевой оператор *(выделения краёв объектов на дальностной картине)*

Roberts ~ оператор Робертса *(приближённого вычисления градиента изображения)*

rover ~ (человек-)оператор мобильного робота

Sobel ~ оператор Собела *(выделения краёв объекта на изображении)*

tensor ~ тензорный оператор

operator-entered вводимый (человеком-)оператором

opposite противоположный; противолежащий ‖ напротив

opposition 1. противодействие 2. встречное включение 3. сдвиг по фазе ◊ **in(phase)** ~ в противофазе

optic(al) оптический; зрительный

optics 1. оптика 2. оптическая система
fiber ~ волоконная оптика
robot ~ оптическая часть СТЗ робота

optimality оптимальность
Pareto- ~ оптимальность по Парето, парето-оптимальность

optimization оптимизация
constrained ~ условная оптимизация
local ~ локальная оптимизация
multiobjective ~ многокритериальная [векторная] оптимизация
overall ~ глобальная оптимизация
parameter ~ параметрическая оптимизация

optimum оптимум ‖ оптимальный

option 1. выбор 2. вариант, версия, альтернатива 3. (факультативная) возможность; право выбора 4. факультативное оборудование *(поставляемое по выбору)*
layout ~ вариант размещения
user ~s варианты пользовательских возможностей; варианты *(напр. оборудо-*

вания), выбираемые пользователем

optional необязательный, факультативный; произвольный

optotransistor оптотранзистор, оптический транзистор

orbed шарообразный; сферический; круглый

orbit орбита; траектория

order 1. команда *(см. тж* **command, instruction)** 2. порядок, упорядоченность, последовательность, очерёдность||упорядочивать 3. *мат.* порядок (величины)
~ **of magnitude** порядок величины
customer ~ заказ потребителя
preassigned ~ заданная последовательность
random ~ случайный [произвольный] порядок

ordered упорядоченный

ordering 1. упорядочение; расстановка 2. оформление заказов
feature ~ упорядочение признаков
preference ~ 1. отношение предпочтения 2. упорядочение по предпочтению
robotic part ~ роботизированное упорядочение деталей
temporary ~ временное упорядочение

ordinate ордината

or-fork ИЛИ-разветвление *(параллельных операций в графе алгоритма)*

organ орган; элемент

active ~ активный орган; активный элемент
control ~ управляющий орган, орган управления; элемент управления
executive ~ исполнительный орган
working ~ рабочий орган

organization организация; структура; устройство
environment(al) ~ организация окружающей среды *(робота)*
hierarchical ~ иерархическая организация; иерархическая структура
logical ~ логическая структура
worksite ~ организация рабочего места
world ~ организация мира *(робота)*

orientation 1. ориентация 2. ориентирование
end-effector ~ ориентация рабочего органа *(робота)*
end-item ~ ориентация на конечный результат *(при разработке системы)*
gripper ~ ориентация захватного устройства; ориентация схвата *(робота)*
link ~ ориентация звена *(манипулятора)*
part ~ ориентация детали
spatial ~ 1. пространственная ориентация 2. ориентирование в пространстве
surface ~ ориентация (элемента) поверхности *(в анализе изображений сцен)*
visual ~ зрительное ориентирование

wrist ~ ориентация кисти (*руки робота*)

oriented 1. ориентированный; упорядоченный (*напр. о деталях*) 2. ориентированный на *что-л.*; предназначенный для *чего-л.*

origin 1. начало; источник; происхождение 2. начало отсчёта; начало (системы) координат

original оригинал, подлинник‖ первоначальный, исходный; подлинный

origination создание; подготовка; возникновение

    data ~ подготовка данных

originator источник; инициатор

    problem ~ постановщик задачи

or-join ИЛИ-слияние (*параллельных операций в графе алгоритма*)

orthogonal ортогональный; перпендикулярный; прямоугольный

oscillation 1. колебание; качание 2. осцилляция 3. генерация

    angular ~s угловые колебания

    arm ~s колебания руки (*робота*)

    base ~s 1. основные колебания 2. колебания основания (*робота*)

    continuous ~s незатухающие колебания

    convergent [damped] ~s затухающие колебания

    diverging ~s нарастающие [расходящиеся] колебания

    forced ~s вынужденные колебания

    free ~s свободные колебания

    harmonic ~s гармонические колебания

    mechanical ~s механические колебания

    modulated ~s модулированные колебания

    natural ~s собственные [свободные] колебания

    periodic ~s периодические колебания

    relaxation ~s релаксационные колебания; затухающие колебания

    self-sustained ~s незатухающие колебания

    torsion ~s крутильные колебания

    undamped ~s незатухающие колебания

oscillator 1. осциллятор 2. генератор

    driving ~ задающий генератор

outage выход из строя; перебой; простой

outcome 1. исход, итог, результат 2. выпускное отверстие

    alternative ~s результаты альтернативных решений

    favorable ~ благоприятный исход

    likely ~ вероятный исход

    low-probability ~ маловероятный исход

    successful ~ удачный исход

    unfavorable ~ неблагоприятный исход

unlikely ~ маловероятный исход

unsuccessful ~ неудачный исход

outfit 1. агрегат; установка; оборудование 2. комплект, набор (*напр. инструментов*)

outlet 1. выход; вывод 2. вылет (*напр. руки робота*)

outline 1. очертание; контур (*объекта на изображении*) 2. план; схема; набросок

  complete ~ полностью видимый контур

  connected ~ неизолированный контур; соприкасающийся контур

  gross ~ общие очертания; грубый контур

  nonsingular ~ неоднозначный контур

  observable ~ наблюдаемый [видимый] контур (*объекта сцены*)

  partial ~ частично видимый контур (*объекта сцены*)

  robot ~ габаритный план робота; внешние очертания робота

  singular ~ однозначно выделенный контур

out-of-operation бездействующий

out-of-order 1. повреждённый; неисправный 2. нестандартный

output 1. выход; вывод ‖ выходной, на выходе 2. выходное устройство; устройство вывода 3. выходной сигнал 4. выходные данные; результат 5. производительность; отдача 6. мощность 7. выводить (*напр. данные*) 8. снимать сигнал с выхода

  actual ~ 1. полезная отдача 2. эффективная мощность

  analog ~ 1. аналоговый выход 2. аналоговые выходные данные

  apparent ~ кажущаяся мощность

  binary ~ 1. двоичный выход 2. двоичные выходные данные

  code ~ кодовый выходной сигнал (*соответствующий используемому коду*)

  digital ~ 1. дискретный выход 2. цифровое устройство вывода 3. цифровые выходные данные

  displayed ~ данные, выводимые на устройство отображения

  drive ~ выходная мощность привода

  full-scale ~ 1. максимальный выходной сигнал 2. полная мощность

  nominal ~ 1. номинальный выходной сигнал 2. номинальная производительность 3. номинальная мощность

  off-line ~ автономный вывод (*данных*)

  plotted ~ 1. графический вывод (*данных*) 2. графические выходные данные

  real-time ~ вывод данных в реальном времени

  run-time ~ вывод данных

по ходу прогона программы
speech ~ 1. речевой вывод 2. устройство речевого вывода
visual ~ 1. визуальный вывод 2. видеосигнал на выходе
voice ~ 1. речевой вывод; голосовой вывод 2. устройство речевого вывода; устройство голосового вывода

outreach вылет; (полная) длина *(руки робота)*
outstanding невыполненный, ожидающий выполнения *(о команде или операции)*
outwards наружу, вовне
outwear изнашивать(ся); делать(ся) негодным *(к дальнейшему употреблению)*
overbalance 1. перевес, избыток‖перевешивать, превосходить 2. выводить из равновесия
overburden перегружать, нагружать сверх меры
overcompensation перекомпенсация
overcorrection избыточная [чрезмерная] коррекция; перерегулирование
overdamping передемпфирование, избыточное [чрезмерное] демпфирование
overdesign избыточность конструкции
overhead 1. накладные расходы 2. непроизводительные затраты *(системных ресурсов)* 3. верхний, находящийся сверху
hardware ~ аппаратные издержки *(по реализации дополнительных функциональных возможностей)*
run-time ~ накладные расходы в рабочем режиме
overlapping 1. перекрытие *(напр. объектов сцены)* 2. совмещение *(во времени)*
operations ~ совмещение операций
overload перегрузка
force/torque ~ перегрузка по силе/моменту
information ~ информационная перегрузка
overrun 1. выход за нормальный предел 2. работать с превышением нормальных показателей
overshoot перерегулирование; выброс *(в процессе регулирования)*
oversize увеличенный размер; размер с припуском‖превышать номинальный размер
overspeed завышенная скорость; чрезмерная скорость
overturn опрокидывание‖опрокидывать(ся)
overvoltage бросок напряжения; избыточное напряжение
overweight 1. избыточный вес 2. перегружать, чрезмерно нагружать
overwrite перезаписывать
ownership 1. монопольное использование 2. право собственности *(на выпускаемое изделие)* 3. принадлежность

P

pace 1. походка (*шагающего робота*) 2. шаг; длина шага (*шагающего робота*) 3. темп (*процесса*)

pack 1. модуль; узел; блок 2. пакет; пачка 3. тара; упаковка ‖ упаковывать, затаривать 4. корпус (*микросхемы*)

   power ~ блок питания

package 1. модуль; узел; блок 2. комплект; пакет (*напр. программ*) 3. корпус (*микросхемы*) 4. тара; упаковка

   application ~ пакет прикладных программ, ППП

   documentation ~ комплект документации

   graphical ~ пакет программ машинной графики

   plug-in ~ сменный блок (*со штепсельным соединением*)

   program ~ пакет программ

   simulation ~ пакет программ моделирования

   software ~ система программного обеспечения; пакет программ

   turnkey ~ пакет (*программ*), пригодный для непосредственного использования (*без дополнительной настройки*)

packaging *см.* **packing**

packet пакет (*пересылаемых данных*)

   control ~ управляющий пакет

   self-sufficient ~ автономный пакет (*содержащий всю необходимую информацию о маршруте передачи в сети ЭВМ*)

packing 1. упаковка; затаривание 2. уплотнение 3. объединение в узел

   data ~ плотное размещение данных (*в памяти*)

   elastic ~ упругое уплотнение

   robotic ~ роботизированная упаковка; роботизированное затаривание

   rubber ~ резиновая прокладка; резиновое уплотнение

   sealing ~ герметичное уплотнение

pad 1. монтажная поверхность 2. фланец 3. смягчающая накладка; «подушечка» 4. клавиатура, клавишная панель 5. контактная площадка (*монтажной платы*)

   antivibration ~ демпфер

   finger ~ смягчающая накладка; «подушечка» на пальцах (*захватного устройства робота*)

   graphic ~ кодирующий планшет для ввода графической информации

   tactile ~ 1. сенсорная клавиатура 2. тактильная накладка (*напр. на губки захватного устройства*)

page страница ‖ разбивать (*память*) на страницы

   memory ~ страница памяти

painting:

robotic ~ роботизированная окраска

robotic spray ~ роботизированная окраска распылением

pair пара‖соединять в пары; подбирать пары‖парный; двойной

   closed ~ замкнутая (кинематическая) пара

   coaxial ~ коаксиальный разъём

   confusion ~ трудноразличимая пара (*в распознавании образов*)

   kinematic ~ кинематическая пара

   prismatic ~ поступательная пара

   screw ~ винтовая пара

   sliding ~ поступательная пара

   spheric ~ сферическая пара

   turning ~ вращательная пара

   twisted ~ витая пара (*тип линии передачи данных*)

   unclosed ~ открытая (кинематическая) пара

   virtual ~ виртуальная пара

paired спаренный, сдвоенный; парный

pall 1. собачка (*храпового механизма*) 2. кулачок

pallet 1. палета 2. поддон

palletizing 1. палетизация 2. установка деталей на поддоны; загрузка поддонов 3. штабелирование

palnut контргайка

pan 1. ориентация (*телекамеры*) по азимуту; поворот (*телекамеры*) вокруг вертикальной оси (*при сканировании сцены*) 2. панорамирование‖панорамировать 3. поддон; лоток 4. изложница

panel 1. пульт; щит (*управления*); приборная доска 2. панель; стенка 3. табло

   back ~ 1. задняя панель 2. объединительная плата

   bus-connector ~ плата для подключения устройств к шине, панель шинных соединителей

   console ~ консольная панель

   control ~ пульт управления; щит управления; панель управления

   display ~ экранный [дисплейный] пульт; индикаторная панель

   front ~ лицевая панель; передняя панель

   fuze ~ панель с плавкими предохранителями

   help ~ табло справочной информации (*по управлению процессом*)

   indicating ~ индикаторная панель; приборная доска

   jack ~ наборная панель (*для коммутации соединений*)

   maintenance ~ инженерный пульт, пульт технического обслуживания

   overview ~ табло общего обзора (*состояния объекта управления*)

   patch ~ наборная панель; наборное поле; коммутационная панель

program ~ программирующая панель (*в контроллере робота*)

robot control ~ пульт управления роботом

safety ~ предохранительная стенка; предохранительный экран

switchboard ~ коммутационная панель; наборная панель; наборное поле

teach(-operating) ~ пульт обучения (*робота*)

termination ~ панель оконечных устройств

touch ~ сенсорная панель

tuning ~ настроечная панель, настроечный пульт

visual control ~ табло визуального контроля

panorama 1. панорама 2. панорамная головка

pantograph пантограф

paradigm парадигма; теория; (концептуальная) схема

parallax параллакс

parallel 1. параллельная линия∥параллельный 2. параллель

paralleling 1. параллельное включение 2. распараллеливание (*напр. вычислений*)

parallelogram параллелограмм

force ~ параллелограмм сил

parallel-plane плоскопараллельный

parameter параметр; характеристика; коэффициент

actual ~ фактический параметр

adjustable ~ регулируемый параметр

baricentric ~s массоинерционные параметры (*массы, моменты инерции, положения центров масс звеньев манипулятора*)

control ~ параметр (системы) управления

design ~s конструктивные параметры

distributed ~s распределённые параметры

lumped ~s сосредоточенные параметры

performance ~s рабочие характеристики; эксплуатационные параметры

position(al) ~ параметр положения; позиционный параметр

preset ~ предварительно установленный параметр

small ~ малый параметр

time-varying ~ параметр, изменяющийся во времени; переменный параметр

working ~s рабочие параметры; рабочие характеристики

working space ~s параметры рабочего пространства (*робота*)

parse синтаксический анализ, синтаксический разбор; грамматический разбор∥анализировать, разбирать

parser синтаксический анализатор; программа грамматического разбора (*фраз языка*)

parsing синтаксический анализ, синтаксический разбор; грамматический разбор (*фраз языка*)

part 1. деталь; (запасная) часть 2. часть; доля ‖ разделять(ся); распадаться на части

  address ~ адресная часть (*команды*)

  component ~ 1. комплектующая деталь 2. составная часть, компонент

  cubic ~s детали кубической формы

  fixed ~ 1. фиксированная [закреплённая] деталь 2. неподвижная часть; несъёмная часть

  imaginary ~ мнимая часть (*комплексного числа*)

  interchangeable ~ сменная часть; *мн.* взаимозаменяемые детали

  jumbled ~s перемешанные детали; расположенные «в навал» детали

  overlapping ~s (частично) перекрывающиеся детали

  raw ~ заготовка; необработанная деталь

  real ~ 1. реальная деталь 2. действительная [вещественная] часть (*комплексного числа*)

  removable ~ съёмная деталь

  repair ~ запасная часть

partial 1. частичный 2. частный

particular 1. частный 2. особый, особенный

partitioning расчленение; разделение; разбиение; разложение; декомпозиция

pass 1. проход; переход (*см. тж* **passage**) ‖ проходить; переходить 2. проход; прогон (*при многократном выполнении технологической операции*) ‖ выполнять проход 3. полоса (*пропускания*) 4. пропускать 5. передача ‖ передавать

  band ~ полоса пропускания (*частот*)

  data ~ передача данных

  finishing ~ чистовой проход; отделочный проход

  program ~ прогон программы

  programming ~ проход при программировании (*робота*)

  teaching ~ обучающий проход, проход при обучении (*робота*)

  weld ~ 1. проход при сварке 2. слой сварного шва

  working ~ рабочий проход; рабочий прогон

passage проход; переход (*см. тж* **pass**)

  free ~ свободный проход

  obstacled ~ проход, занятый препятствиями

  obstacle-free ~ проход без препятствий

  safe ~ безопасный проход

pass-band полоса пропускания (*частот*)

passer:

  robot(ic) ~ робот-контролёр (*готовой продукции*); робот-браковщик

passing 1. пересылка (*информации в сетях ЭВМ*) 2. пе-

редача *(напр. деталей в ГПС)* 3. переходящий; переходящий
message ~ пересылка сообщений
part ~ передача деталей *(между рабочими местами)*
paste 1. паста; замазка; мастика ‖ наносить пасту; замазывать 2. клей ‖ склеивать; приклеивать
paster:
  robot(ic) ~ робот для нанесения пасты *или* клея
path 1. траектория 2. путь; маршрут *(напр. мобильного робота)* 3. ветвь *(алгоритма или программы)* 4. тракт *(прохождения сигнала)* ◊ **to run into a cyclic** ~ зацикливаться
  actuating ~ цепь воздействия
  alternative ~ альтернативный путь
  calculated ~ расчётная траектория
  calculated motion ~ расчётная траектория движения
  circular ~ круговая траектория
  closed ~ замкнутая траектория; замкнутый контур
  communications ~ канал связи
  controlled ~ 1. управляемая траектория 2. контролируемая траектория
  critical ~ критический путь *(на графе)*
  data ~ информационный канал
  failure ~ 1. путь распространения влияния неисправности 2. путь, не приведший к достижению цели *(роботом)* 3. дефектная ветвь *(схемы или программы)*
  feedback ~ цепь обратной связи
  followed ~ отслеживаемая траектория; отслеживаемый контур
  forward ~ цепь прямой связи; цепь предварения *(в системе регулирования)*
  graph ~ путь на графе
  line-of-sight ~ траектория *или* маршрут *(робота)* вдоль линии визирования
  main ~ стержневая ветвь *(алгоритма)*
  manipulator ~ траектория (концевой точки) манипулятора
  motion ~ траектория движения
  multiple-choice ~ многоальтернативный маршрут; разветвлённая траектория
  obstacle-avoiding ~ траектория *или* маршрут с обходом препятствий
  phase ~ фазовая траектория
  planned ~ 1. планируемая траектория 2. планируемый маршрут
  robot ~ 1. траектория (рабочего органа) робота 2. маршрут (мобильного) робота
  straight-line ~ прямолинейная траектория
  streamlined data ~ высоко-

скоростной канал передачи данных
transmission ~ канал передачи
zig-zag ~ зигзагообразная траектория (*напр. сканирования поверхности лучом дальномера*)
Z-shaped ~ Z-образная траектория (*напр. сканирования поверхности лучом дальномера*)

pattern 1. образец; модель; шаблон; трафарет 2. набор; комбинация 3. схема; структура 4. образ 5. изображение; рисунок; картина; узор ‖ наносить рисунок 6. копия ‖ копировать 7. кодограмма 8. стереотип (*напр. поведения*)
  behavioral ~ поведенческая модель; стереотип поведения
  bit ~ битовая комбинация
  coding ~ кодовая комбинация (*показания кодового датчика*)
  dot ~ 1. точечный растр 2. точечное изображение
  line ~ 1. образец (контурной) линии 2. структура линий (*напр. связи*) 3. контурный рисунок
  mask ~ шаблон маски
  motion ~ 1. вид движения; характер движения 2. схема выполнения движения 3. стереотип движения
  reference ~ эталонный образ
  search ~ схема поиска
  sound ~ звуковой образ (*в распознавании речи*)
  spatial ~ 1. пространственная картина 2. пространственная структура
  temporal ~ временна́я структура
  tesselar [**tesselated**] ~ мозаичный образ; соты
  training ~ обучающий образ (*при распознавании образов*)
  visual ~ зрительный образ

pause пауза, перерыв; промежуток; остановка ‖ делать паузу; останавливаться

pawl 1. собачка; защёлка 2. кулачок

payback окупаемость затрат

payload полезный груз; полезная нагрузка; грузоподъёмность
  robot ~ грузоподъёмность робота; полезная нагрузка робота

peak 1. пик; остриё 2. пик, высшая точка; максимум

peak-to-peak полный размах; двойная амплитуда (*колебаний*)

pedal педаль; ножной рычаг

pedestal стойка; основание; подставка

pedipulator педипулятор

pel элемент изображения, пиксел (*см. тж* **pixel**)

pen пишущий элемент; перо
  ball-point ~ шариковый пишущий элемент
  beam ~ электронное перо
  fiber-tip ~ пишущий элемент типа фломастера
  light ~ световое перо

penalt/y штраф; наказание

economic ~ies 1. экономические потери 2. экономические (штрафные) санкции

pendant 1. подвеска, подвес 2. подвесной *или* выносной пульт управления

   hand-held ~ ручной пульт управления, пульт управления, удерживаемый в руке

   teaching ~ пульт обучения

pendular 1. подвесной; висячий 2. маятниковый; качающийся

pendulum маятник

   compound ~ физический маятник

   inversed ~ перевёрнутый маятник

   physical ~ физический маятник

   simple ~ математический маятник

penetration 1. проникновение 2. преодоление защиты

   trajectory ~ проникновение (планируемой) траектории (*движения манипулятора в область, занятую препятствием*)

pepper ошибочно чёрный элемент изображения, *проф.* «перец»

percept объект восприятия

perception восприятие

   depth ~ восприятие глубины (*точек пространственной сцены*)

   machine ~ машинное восприятие

   sensory ~ восприятие сенсорной информации

   speech ~ восприятие речи; распознавание речи

   visual ~ зрительное восприятие

perfect 1. совершенствовать, улучшать‖совершенный, идеальный 2. завершать 3. полный; законченный

perform выполнять; производить (*операцию*)

performance 1. (рабочая) характеристика; качество работы 2. производительность; эффективность 3. работа; функционирование; действие; исполнение

   automatic ~ автоматизм; автоматическое функционирование

   control ~ характеристика (системы) управления; качество регулирования

   dynamic ~ динамическая характеристика; качество работы в динамике

   estimated ~ расчётная [ожидаемая] характеристика

   on-the-job ~ фактическая производительность; производительность по конкретному виду работы

   optimal ~ 1. оптимальная характеристика 2. оптимальная работа

   quasi-static ~ квазистатическая характеристика; качество работы в квазистатическом режиме

   transient ~ переходная характеристика; качество переходного процесса

period 1. период; время 2. период *(функции)*
  control ~ период управления; период подачи управляющих воздействий
  damping ~ период затухания
  delay ~ период задержки; время запаздывания
  latency ~ период реакции *(системы)*; время ожидания *(ответа на запрос)*
  leg changeover ~ период смены (опорных) ног *(при ходьбе шагающего робота)*
  natural ~ период собственных колебаний
  oscillation ~ период колебаний
  performance ~ рабочий период, рабочий интервал
  sampling ~ период выборки; период оцифровки
  shakedown ~ 1. период освоения 2. этап опытной эксплуатации
  stabilization ~ время стабилизации; период успокоения
  stress ~ пиковый период, период пиковой рабочей нагрузки, *проф.* пик.
  switching ~ период переключения; время переключения
  teaching ~ период обучения *(робота)*
  transient ~ время переходного процесса; время успокоения
  useful life ~ период нормальной эксплуатации; период полезной эксплуатации

periodic(al) периодический; циклический

peripheral периферийное устройство; *мн.* периферийное оборудование, *проф.* периферия
  robot ~ периферийное устройство робота; *мн.* периферийное оборудование робота

permanent постоянный; неизменный; перманентный; долговременный

permutation перестановка; размещение; (пере)упорядочение

peround пераунд *(коэффициент формы распознаваемого объекта, пропорциональный отношению площади к квадрату периметра)*

perpendicular 1. перпендикуляр‖перпендикулярный 2. отвесный, вертикальный

persistent стойкий; устойчивый

personality индивидуальная особенность; специализация

personnel:
  factory ~ производственный персонал

perspective 1. перспектива‖перспективный 2. вид

perturbation 1. возмущение; искажение 2. нарушение; отклонение от нормы
  environmental ~s внешние возмущающие воздействия

phagoheuristics фагоэвристика

(метод слияния областей при обработке изображений)

phantom фантом, ложное изображение

phase 1. фаза‖фазировать 2. этап, стадия; период; ступень ◇ **in ~** в фазе, синфазный

acceleration ~ фаза ускорения; фаза разгона

acceptance ~ этап [стадия] приёмки *(напр. внедрённой системы)*

analysis ~ этап [стадия] исследований; этап [стадия] анализа

deceleration ~ фаза торможения

design ~ этап [стадия] конструирования

dwell ~ нерабочая фаза *(функционирования робота)*

implementation ~ этап [стадия] внедрения

planning ~ этап [стадия] планирования *(действий робота)*

requirements ~ этап [стадия] определения требований *(к проектируемой системе)*

systems development ~ этап [стадия] разработки системы, фаза системного проектирования

systems planning ~ этап [стадия] планирования разработки системы, этап [стадия] системного планирования

teaching ~ 1. фаза обучения 2. этап [стадия] обучения *(робота)*

transfer ~ фаза переноса *(рабочего органа робота)*

turn-over ~ переходный этап; этап перехода на новую систему

working ~ 1. фаза работы 2. этап [стадия] работы

philosophy:

design ~ 1. принципы проектирования 2. идея конструкции

photoactive светочувствительный

photocell фотоэлемент

photodiode фотодиод

photoemissivity фотоэмиссионная способность

photometry фотометрия

photoresistor фоторезистор

phototransistor фототранзистор

phototube фотоэлемент

picker захватное устройство

fruit ~ 1. плодосъёмник 2. машина для сбора плодов

picking 1. взятие; извлечение 2. выбор 3. сбор

bin ~ извлечение деталей из бункера; взятие деталей, расположенных в бункере

menu ~ выбор из меню *(альтернативных возможностей)*

robotic fruit ~ роботизированный сбор плодов

pickup 1. датчик; чувствительный элемент 2. считывание, съём *(сигнала)* 3. наводка

capacitive ~ ёмкостный датчик

inductive ~ индуктивный датчик

noise [stray] ~ наводка

temperature ~ температурный датчик

vibration ~ 1. вибродатчик 2. вибрационная наводка

picture 1. изображение; картина (*см. тж* image) 2. кадр

piece 1. часть; фрагмент; участок 2. деталь; объект (*манипулирования*) 3. штука

~ **of information** порция информации

~ **of knowledge** фрагмент знаний

work ~ обрабатываемая деталь

piecewise кусочный ‖ кусочно

piezoelectric 1. пьезоэлектрик ‖ пьезоэлектрический 2. пьезоэлектрический датчик

piezometer пьезометр; пьезодатчик

pile 1. куча, груда 2. штабель; кипа; пачка; связка; пакет ‖ штабелировать; пакетировать

piler штабелеукладчик, штабелёр

robot(ic) ~ робот-штабелёр

pillar опора; стойка; столб; колонна

pillow 1. подшипник; вкладыш 2. подкладка; подушка

pilot 1. пилотный образец ‖ пилотный; экспериментальный 2. вспомогательный механизм ‖ вспомогательный 3. пилот; оператор (*мобильного робота*)

pin 1. шпилька; штифт; чека; шплинт ‖ заштифтовывать; зашплинтовывать 2. шкворень; стержень; ось 3. штырь; вывод

aligning ~ 1. выравнивающий штифт 2. центрирующая оправка

center ~ ось; шкворень

connector ~ вывод разъёма; контактный штырёк

dowel ~ установочный штифт

drive ~ направляющий штифт

guard ~ предохранительный штифт

guide ~ направляющий штифт

hinge ~ ось шарнира

sensing ~ 1. считывающий штифт (*напр. в перфоленточном устройстве*) 2. чувствительный штифт (*тактильного датчика*)

split ~ шплинт

spring-loaded ~ подпружиненный контакт

stop ~ стопорный палец; ограничительный штифт

taper ~ конический штифт

pinboard коммутационная панель; штекерная панель; наборное поле

pincers 1. клещи; щипцы; пинцет 2. захватное устройство клещевого типа

pin-compatible совместимый по разъёму

pin-feed лентопротяжная звездчатка (*в УЧПУ*)

PIN

pinhole 1. отверстие под штифт 2. гнездо
pinion шестерня
   drive [driving] ~ведущая шестерня
pipe труба; трубка; патрубок
   light ~ световод; светопровод
   T-~ тройник
piston поршень
pitch 1. наклон; угол наклона (*звена или рабочего органа робота*) 2. тангаж; угол тангажа (*напр. мобильного робота*) 3. шаг (*напр. резьбы*) 4. высота (*тона звука*)
   lead-screw ~ шаг винтовой подачи
   screw ~ шаг резьбы винта
pivot 1. центр вращения; ось вращения 2. центральный [основной] элемент
   central ~ ось вращения корпуса (*манипулятора*)
pivoted поворотный; вращающийся
pixel элемент изображения, пиксел
   edge ~ краевой [граничный] элемент изображения, краевой пиксел
   pepper ~ ошибочно чёрный элемент изображения, *проф.* «перец»
   salt ~ ошибочно белый элемент изображения, *проф.* «соль»
pixelization разбиение изображения на элементы; дискретизация изображения
place 1. место; положение‖помещать, размещать 2. разряд; позиция (*знака*)

PLA

   work(ing) ~ рабочее место
placer укадчик
plan 1. план; проект‖планировать 2. диаграмма; схема; чертёж 3. план, горизонтальная проекция
   detailed project ~ план рабочего проектирования; детальный план разработки проекта
   draft ~ черновой план, набросок плана
   motion ~ план движения (*напр. робота*)
   near-term ~ ближайший план
   preformed ~ предварительно сформированный план (*действий*)
   robot ~ план действий робота
   strategic ~ стратегический план
   tactical ~ тактический план
   test ~ план проведения испытаний
planar плоский; плоскостной
plane 1. плоскость; (плоская) поверхность 2. матрица; плата 3. панель
   ~ **of poles and zeros** плоскость расположения полюсов и нулей (*передаточной функции*)
   back ~ соединительная плата
   complex ~ комплексная плоскость
   focal ~ фокальная плоскость
   half ~ полуплоскость
   illumination ~ плоскость освещения

image ~ плоскость изображения, картинная плоскость

memory ~ запоминающая матрица; плата запоминающего устройства

motion ~ плоскость движения

phase ~ фазовая плоскость

picture ~ плоскость изображения, картинная плоскость

principal ~ плоскость симметрии, главная плоскость

storage ~ запоминающая матрица; плата запоминающего устройства

supporting ~ опорная плоскость; опорная поверхность

switching ~ плоскость переключения

tangent(ial) ~ касательная плоскость

vision ~ плоскость визирования

working ~ рабочая плоскость

planner блок планирования, *проф.* планировщик

assembly ~ планировщик сборки, блок планирования сборочных операций (*роботов-сборщиков*)

path ~ блок планирования траектории, планировщик траектории; блок планирования маршрута, планировщик маршрута (*мобильного робота*)

route ~ блок планирования маршрута, планировщик маршрута (*мобильного робота*)

task ~ планировщик заданий

trajectory ~ блок планирования траектории, планировщик траектории

planning планирование, составление плана

conversion ~ планирование освоения (*внедрённой системы*)

fine motion ~ 1. планирование точных движений 2. точное планирование движений

grasp(ing) ~ планирование (операции) захватывания (*объекта роботом*)

gross motion ~ 1. планирование грубых движений 2. грубое планирование движений

implementation ~ планирование внедрения

in-situ ~ планирование (*действий робота*) (непосредственно) на месте (*по текущей ситуации*)

material requirement ~ планирование материальных потребностей

motion ~ планирование движений

multiagent ~ множественное планирование (*действий роботов при совместном выполнении ими общей задачи*)

partial hierarchical ~ неполное иерархическое планирование

path ~ планирование траектории; планирование маршрута

production ~ планирование производства; производственное планирование

real-time ~ планирование *(напр. действий робота)* в реальном времени

robotic system ~ 1. планирование действий робототехнической системы 2. планирование разработки *или* внедрения робототехнической системы

route ~ планирование маршрута

spatial ~ пространственное планирование; планирование *(движений роботов)* в (трёхмерном) пространстве

strategic ~ стратегическое планирование *(действий робота)*

system ~ 1. планирование разработки *или* внедрения системы 2. системное планирование

tactical ~ тактическое планирование *(действий робота)*

task ~ планирование заданий

trajectory ~ планирование траектории *(робота)*

plant 1. завод; фабрика 2. установка; агрегат; станция 3. объект управления

power ~ 1. силовая установка 2. электростанция

pumping ~ насосная станция; насосная установка

robot pilot ~ опытная робототехническая установка

test ~ 1. испытательная установка 2. объект испытаний

plate 1. плита 2. пластина 3. плата 4. наносить гальваническое покрытие

base ~ 1. опорная плита; плита основания 2. подложка

tool-mounting ~ держатель инструмента; инструментальная плита

plateau плато, плоская часть *(напр. характеристики)*

platform 1. помост; платформа 2. площадка; основание

movable [moving] ~ 1. передвижная платформа 2. подвижное основание *(напр. робота)*

robot ~ 1. основание робота 2. помост для робота

plating 1. (гальваническое) покрытие 2. металлизация

robotic ~ роботизированное нанесение (гальванического) покрытия

play 1. люфт; свободный ход; зазор 2. игра ‖ играть

axial ~ осевой зазор; продольный люфт

gripper ~ люфт захватного устройства

joint ~ люфт в сочленении

pitch ~ 1. зазор между зубьями; люфт в зубчатом зацеплении 2. люфт в шарнире наклона *(звена или рабочего органа робота)*

playback воспроизведение *(напр. программы движения роботом)*

pliers 1. щипцы; клещи; плоскогубцы 2. захватное устройство клещевого типа

plot 1. кривая; диаграмма; график‖чертить кривую 2. план; чертёж; схема‖составлять план 3. прокладывать курс

  Bode ~ диаграмма Боде (*логарифмическая частотная характеристика системы*)

  Nyquist ~ диаграмма Найквиста (*частотная характеристика для анализа устойчивости системы*)

  time ~ годограф

plotter 1. графопостроитель; самописец; *проф.* плоттер 2. программа графического вывода

  digital ~ цифровой графопостроитель

  display console ~ графический дисплей

  pen-type ~ перьевой графопостроитель

  X-Y ~ (двух)координатный графопостроитель

plug 1. пробка; заглушка; затычка‖затыкать (*отверстие*) 2. (штепсельная) вилка; (штепсельный) разъём 3. штекер 4. вставлять (*в гнездо*)

plug-and-socket штепсельный разъём‖разъёмный

plugboard коммутационная панель; штекерная панель; наборное поле

plug-compatible 1. совместимый по разъёму 2. полностью совместимый

plug-in 1. вставной; сменный 2. со штепсельным соединением

plumb отвес‖отвесный, вертикальный

plunger 1. плунжер 2. шток; толкатель 3. сердечник (*электромагнита*)

pneumatic пневматический; воздушный

pod переходное устройство

point 1. точка 2. кончик; стрелка 3. (десятичная) запятая 4. указывать

  ~ **of support** точка опоры

  approach ~ точка подхода; точка приближения (*напр. робота к объекту*)

  break ~ 1. точка излома; предел прочности 2. точка разрыва (*непрерывности*) 3. точка останова (*программы*)

  center ~ центральная точка, центр

  check ~ контрольная точка

  contact ~ 1. контактное остриё; остриё [наконечник] контактного датчика 2. точка контакта; точка касания, точка соприкосновения

  critical ~ критическая точка

  cut-off ~ точка отсечки, отсечка; точка среза

  dead ~ мёртвая точка

  deproach ~ точка отхода; точка удаления (*напр. робота от объекта*)

  discontinuity ~ точка разрыва (*непрерывности*)

  drop(ping) ~ точка отпускания (*объекта роботом*)

end ~ 1. конечная точка *(движения)* 2. концевая точка, конец *(рабочего органа робота)*
end-effector ~ концевая точка [конец] рабочего органа *(робота)*
equilibrium ~ точка равновесия
feasible ~ 1. допустимая точка 2. достижимая точка
fixed ~ 1. неподвижная точка 2. фиксированная запятая
floating ~ плавающая запятая
focal [focus] ~ 1. фокус, фокальная точка 2. фокусная точка, фокус *(на фазовой плоскости)*
grasp [gripping] ~ точка захватывания, точка взятия *(объекта роботом)*
image ~ 1. элемент изображения, пиксел 2. точка на изображении
inflection ~ точка перегиба
internal ~ внутренняя точка
interpolation ~ точка [узел] интерполяции
intersection ~ точка пересечения
kill ~ этап критического анализа *(проектных решений)*
learned ~ точка, которой обучен робот, *проф.* обученная точка
measuring ~ точка замера, точка измерения
nodal ~ узловая точка, узел
operating ~ рабочая точка
path ~ точка траектории; точка маршрута *(мобильного робота)*
pinch ~ труднодостижимая точка *(в рабочей зоне робота)*
programmed ~ запрограммированная точка; программная точка
reference ~ 1. исходная точка; точка отсчёта 2. опорная точка 3. ориентир
representative ~ изображающая точка
rest ~ точка покоя
robot end ~ концевая точка [конец] (рабочего органа) робота
saddle ~ седловая точка, седло *(на фазовой плоскости)*
saturation ~ точка насыщения
set ~ уставка; заданное значение
singular ~ особая [вырожденная] точка, точка сингулярности
stable ~ устойчивая точка
starting ~ исходная [начальная] точка; точка отправления
tangency ~ точка касания, точка соприкосновения
taught(-in) ~ точка, которой обучен робот, *проф.* обученная точка
tool ~ конец инструмента, концевая точка инструмента
tool center ~ центральная точка инструмента, центр инструмента

trajectory ~ точка траектории *(робота)*
transition ~ 1. точка перехода 2. точка ветвления *(программы)*
trip ~ точка срабатывания *(напр. аварийной защиты)*
unstable ~ неустойчивая точка
vantage ~ 1. пункт наблюдения 2. точка установки видеосенсора
via ~ промежуточная точка *(траектории робота)*
working ~ рабочая точка; точка приложения силы
zero ~ нулевая точка
pointer 1. стрелка 2. указатель; пойнтер
point-to-point 1. от точки к точке, в позиционном режиме *(об управлении роботом)* 2. двухточечный, двухпунктовый *(о линии передачи)*
poise 1. противовес 2. уравновешивание‖уравновешивать
polarity полярность
logic ~ полярность логических сигналов
pulse ~ полярность импульса
pole 1. полюс 2. центр *(полярной системы координат)* 3. опора
central ~ центральная поворотная колонна *(манипулятора)*
conjugate ~ сопряжённый полюс
corner ~ угловая опора
magnet ~ полюс магнита

transfer function ~ полюс передаточной функции
policeman:
robot(ic) ~ робот-полицейский
policy стратегия, политика *(поведения)*
polishing:
robotic ~ роботизированное полирование
poll(ing) опрос *(напр. датчиков)*
polygon 1. многоугольник 2. полигон
polyhedron многогранник
polynomial многочлен, полином‖многочленный, полиномиальный
polyvalent многопараметрический
pooling объединение, соединение; группирование
poor недостаточный; плохой
population популяция; совокупность
parent ~ *мат.* генеральная совокупность выборки
robot ~ 1. парк (промышленных) роботов 2. популяция роботов
world robot ~ мировой парк роботов
port 1. порт *(многоразрядный вход или выход)* 2. отверстие; прорезь; окно 3. переносить *(напр. программу с одной ЭВМ на другую)* 4. подсоединять, подключать *(через порт)*
buffer ~ порт с буфером
data ~ порт данных
general-purpose ~ порт общего назначения

N-bit ~ N-разрядный порт
nonshared ~ порт индивидуального использования
parallel ~ параллельный порт, порт с параллельным приёмом *или* выдачей данных
serial ~ последовательный порт, порт с последовательным приёмом *или* выдачей данных

portable 1. портативный, переносной **2.** мобильный, переносимый (*о программном обеспечении*)

portal портал ‖ портальный

portion 1. часть; доля **2.** участок **3.** узел; блок
address ~ адресная часть (*команды*)
control ~ блок управления; управляющая часть
trajectory ~ участок траектории

pose 1. поза (*положение и ориентация рабочего органа робота*) **2.** ставить, формулировать (*задачу*)
actual ~ фактическая поза
calculated ~ расчётная поза
desired ~ желаемая [требуемая] поза
goal ~ целевая поза
grasp(ing) ~ поза захватывания, поза взятия (*объекта роботом*)
initial ~ начальная поза; исходная поза
learned ~ поза, которой обучен робот, *проф.* обученная поза
programmed ~ запрограммированная поза; программная поза
taught(-in) ~ поза, которой обучен робот, *проф.* обученная поза

position 1. позиция; (место)положение ‖ позиционировать; устанавливать в определённое положение **2.** разряд, позиция (*знака*)
absolute effector ~ абсолютное положение рабочего органа (*робота*)
actual effector ~ фактическое положение рабочего органа (*робота*)
angular ~ угловое положение
calculated ~ расчётное положение
check ~ 1. контрольная позиция **2.** позиция проверки **3.** контрольный разряд
closed ~ закрытое положение (*клапана*); замкнутое положение (*контакта*)
closely spaced ~s близко расположенные позиции
constrained ~ 1. позиция с ограничением движений (*робота*) **2.** запрещённая позиция
end ~ конечное положение; предельное положение
end-effector ~ положение рабочего органа (*робота*)
equilibrium ~ положение равновесия
extreme ~ крайнее положение
fixed ~ фиксированное положение
goal ~ целевое положение

grasp(ing) ~ положение захватывания, положение взятия (*объекта роботом*)

home ~ исходное положение

initial ~ начальное положение; исходное положение

intermediate ~ промежуточное положение

key ~ 1. знакопозиция (*на клавиатуре*) 2. положение ключа

off ~ положение «выключено»

on ~ положение «включено»

operating ~ рабочее положение

pick(-up) ~ позиция захватывания, позиция взятия (*объекта роботом*)

pulled ~ отжатое положение (*кнопки*)

reference ~ опорное положение; исходное положение

robot ~ положение робота

stable equilibrium ~ устойчивое положение равновесия

starting ~ начальное положение; исходное положение; стартовая позиция

stop ~ положение останова; позиция останова

target ~ целевое положение; положение цели

taught(-in) ~ позиция, которой обучен робот, *проф.* обученная позиция

working ~ рабочее положение; рабочая позиция

position-controlled с позиционным управлением

positioner 1. позиционер; устройство позиционирования 2. позиционирующая степень подвижности (*манипулятора*)

part ~ позиционер деталей; устройство позиционирования деталей

weld ~ позиционер деталей под сварку; устройство позиционирования свариваемых деталей

positioning 1. позиционирование; установка в определённое положение 2. размещение

coarse ~ грубое позиционирование

fine ~ точное позиционирование

robot ~ позиционирование (*рабочего органа*) робота

positive 1. положительная величина‖положительный 2. позитив‖позитивный 3. определённый; точный

possibility возможность; вероятность

post 1. стойка; столб; колонна 2. клемма; (соединительный) зажим 3. пост; позиция 4. регистрировать (*время поступления события*)

control ~ 1. контрольный пост 2. пост управления

guide ~ указательная веха; направляющая (*мобильный робот*) веха

portal ~ портальная стойка

tool ~ держатель инструмента; резцедержатель
postprocessor 1. постпроцессор *(программа ЧПУ)* 2. блок окончательной обработки *(информации)*
postulate постулат, аксиома ‖ постулировать
pot 1. бак; резервуар 2. (разливочный) ковш 3. тигель 4. *проф.* потенциометр 5. зарезервированная область памяти
potential 1. потенциал ‖ потенциальный 2. потенциальная возможность ‖ возможный 3. (электрическое) напряжение
  attractive ~ потенциал притяжения
  barrier ~ барьерный потенциал
  repulsive ~ потенциал отталкивания
  stopping ~ потенциал торможения
potentiometer потенциометр
  coefficient-setting ~ потенциометр для установки коэффициента
  multiturn ~ многооборотный потенциометр
power 1. сила; мощность; энергия ‖ силовой; мощный; энергетический 2. способность 3. производительность 4. *мат.* степень; показатель степени 5. приводить *(в действие)*
  adhesive ~ сила сцепления
  apparent ~ кажущаяся мощность
  arithmetic ~ вычислительные возможности
  bearing ~ несущая способность; грузоподъёмность
  brake ~ тормозное усилие, сила торможения
  carrying ~ несущая способность; грузоподъёмность
  computing ~ вычислительные возможности; вычислительные ресурсы
  design ~ расчётная мощность
  discriminative ~ дискриминирующая [различающая] способность *(распознавания)*
  dissipated ~ рассеянная мощность
  illumination ~ сила света
  instantaneous ~ мгновенная мощность
  motive ~ движущая сила
  rated ~ номинальная мощность
  required ~ потребная мощность
  specific ~ удельная мощность
  spring ~ упругость, эластичность; способность пружинить
  tractive ~ сила тяги
powerful мощный; сильный
power-hungry энергоёмкий
preanalysis преданализ, предварительный анализ
precaution предосторожность, мера предосторожности
precedence 1. предшествование 2. старшинство
precession прецессия

precheck предварительная проверка

precision 1. точность; прецизионность (*см. тж.* **accuracy**) 2. разрядность (*ЭВМ*)
  desired ~ желаемая [требуемая] точность
  manipulation ~ 1. точность манипулирования 2. точность манипуляций; прецизионность манипуляций
  trajectory ~ точность задания *или* отслеживания траектории

precomputation предварительное вычисление; заранее сделанный расчёт

predecessor предшественник, предыдущий элемент

predetermined (заранее) заданный; заранее определённый; предрешённый

predicate 1. *мат.* предикат, высказывание 2. утверждать
  choise ~ предикат выбора
  negated ~ предикат с отрицанием
  sameness ~ предикат тождественности

prediction 1. предсказание; прогноз 2. прогнозирование 3. предварение, упреждение
  performance ~s прогнозируемые рабочие характеристики (*проектируемой системы*)
  real-time ~ прогнозирование в реальном масштабе времени

preference предпочтение
  run-time ~s текущие предпочтения (*критерии поведения робота в данной ситуации*)

prehensor захватное устройство

preload предварительный натяг; предварительная нагрузка ‖ создавать предварительный натяг; предварительно нагружать

premise (пред)посылка

preparation 1. приготовление, подготовка 2. составление (*напр. программы*)
  site ~ подготовка рабочего места (*к роботизации*)

preprocessing предварительная [первичная] обработка
  image ~ предварительная обработка изображения

preprocessor 1. препроцессор (*программа ЧПУ*) 2. блок предварительной обработки (*информации*)
  video ~ блок предварительной обработки видеоинформации

preprogrammed предварительно запрограммированный

preprogramming предварительное программирование (*движений робота*)

presentation 1. представление; показ 2. воспроизведение 3. подача (*напр. деталей*)
  data ~ представление данных
  design ~ отображение [представление] проектных решений
  object ~ 1. показ объек-

тов *(при обучении СТЗ)* 2. подача объектов

presenter подающее устройство

   part ~ устройство подачи деталей

preservation сохранение; предохранение; консервация

preset предварительно устанавливать; предварительно настраивать ‖ предварительно установленный; предварительно настроенный; (заранее) заданный

pressing:

   robotic ~ роботизированная штамповка; роботизированное прессование

pressure давление; сжатие; напор

   air ~ давление воздуха

   differential ~ перепад давления

   effective ~ рабочее [эффективное] давление

   finger ~ давление пальцев *(захватного устройства)*

prestore предварительно запоминать

prestored предварительно записанный в память

presumption предположение, допущение

presuppose заранее предполагать

presupposition исходная посылка

pretrigger производить предварительное переключение, предварительно переключать(ся)

prevail преобладать, превалировать

preventer страхующее приспособление, *проф.* страховка

prevention предупреждение; предотвращение; предохранение; профилактика

previewing предварительный осмотр; предварительный просмотр *(сцены)*

price/performance (соотношение) цена — производительность

primary первичный; первоначальный; основной

primitive 1. примитив ‖ примитивный; основной; элементарный 2. элемент; элементарное действие 3. *мат.* первообразная

   geometric ~ геометрический примитив; геометрический элемент *(изображения)*

   joint space ~ элементарное перемещение в пространстве обобщённых координат

   motion ~ элемент движения; элементарное движение

principle принцип; закон; правило

   ~ **of action and reaction** закон равенства действия и противодействия

   ~ **of conservation** закон сохранения *(напр. энергии)*

   ~ **of least action** принцип наименьшего действия

   D'Alembert ~ принцип Даламбера

   Gauss ~ принцип Гаусса, принцип наименьшего принуждения

least commitment ~ принцип наименьшего вреда (*в анализе изображений*)
maximum ~ принцип максимума
modular ~ модульный принцип
motion economy ~ принцип экономии движений

printer 1. печатающее устройство 2. программа печати
console ~ пультовое печатающее устройство
off-line ~ автономное печатающее устройство

printing печать, печатание; распечатка
diagnostic ~ диагностическая печать
memory ~ распечатка (содержимого) памяти
selective ~ выборочная печать

prioritization назначение [присваивание] приоритетов

priority приоритет; преимущество; старшинство
dispatching ~ текущий приоритет
dynamic ~ динамический приоритет
state ~ 1. приоритет, зависящий от состояния (*системы*) 2. приоритет одного состояния перед другим

prism призма

probability вероятность
a priori ~ априорная вероятность
conditional ~ условная вероятность
posterior ~ апостериорная вероятность
prior ~ априорная вероятность
transition ~ вероятность перехода (*в какое-л. состояние*)
unconditional ~ безусловная вероятность

probe 1. проба; образец 2. щуп; зонд; пробник
robotic ~ 1. роботизированный зонд 2. щуп сенсора робота
software ~ программный щуп; программный зонд
touch ~ 1. щуп тактильного сенсора 2. контактный зонд

problem 1. задача; проблема 2. трудность
benchmark ~ задача оценки характеристик
bin-picking ~ задача взятия деталей из бункера (*роботом*)
bottleneck ~ задача на узкие места; проблема узких мест
boundary(-value) ~ краевая задача
business ~ коммерческая задача; экономическая задача
computational ~ 1. вычислительная задача 2. вычислительная трудность
control ~ задача управления
decision (-making) ~ задача принятия решений
direct dynamic ~ прямая задача динамики (*определение движения по заданным обобщённым силам*)

direct kinematic ~ прямая задача кинематики (*определение позы рабочего органа манипулятора по его обобщённым координатам*)
dual ~ двойственная задача; сопряжённая задача
estimation ~ задача оценивания
graph(-theory) ~ задача теории графов
hidden line ~ задача удаления невидимых линий (*на синтезируемых изображениях*)
ill-defined ~ плохо определённая задача; некорректная задача
initial value ~ задача Коши
interpolation ~ задача интерполяции
inverse dynamic ~ обратная задача динамики (*определение обобщённых сил по заданному движению*)
inverse kinematic ~ обратная задача кинематики (*определение обобщённых координат манипулятора по заданной позе рабочего органа*)
major ~ основная проблема; узкое место; наибольшая трудность
management ~ задача управления; управленческая задача
market analysis ~ задача анализа рыночной конъюнктуры
motion formation ~ задача формирования движения (*робота*)

multivariate ~ многомерная задача
obstacle avoidance ~ задача обхода препятствий (*роботом*)
optimization ~ задача оптимизации
piano-mover ~ *проф.* «задача о передвижении рояля» (*математическая формулировка проблемы планирования движений в среде с препятствиями*)
planning ~ задача планирования
real-time ~ задача, требующая решения в реальном времени
real-world ~ реальная задача; практическая проблема
routing ~ 1. задача трассировки 2. задача выбора или прокладки маршрута (*мобильного робота*)
test ~ тестовая задача; контрольная задача
trade-off ~ задача выбора компромиссных решений
unstructured ~ неструктурированная задача
variational ~ вариационная задача
well-behaved ~ корректная задача
well-defined ~ хорошо определённая задача; корректная задача
problem-oriented проблемно-ориентированный
procedurality процедурность, процедурный характер
procedure 1. процедура; алго-

ритм 2. образ действия; метод(ика)
adjustment ~ 1. процедура настройки 2. метод настройки
analytical ~ аналитический метод
computational ~ 1. вычислительная процедура; алгоритм вычислений 2. метод вычислений
control ~ процедура управления; алгоритм управления
convergent ~ сходящийся алгоритм
decision ~ процедура принятия решения; решающее правило
fact-invoked ~ процедура, активизируемая фактами; процедура, активизируемая событиями
goal-invoked ~ процедура, активизируемая целями
inference ~ процедура логического вывода (*в СИИ*)
interpolation ~ алгоритм интерполяции
iterative ~ итеративная процедура
message ~ процедура поручений (*при взаимодействии подсистем робота*)
recursive ~ 1. рекурсивная процедура 2. рекуррентный метод
safety ~ техника безопасности
split-and-merge ~ алгоритм разделения—слияния (*при обработке изображений*)
standard ~ 1. стандартная процедура 2. стандартная методика
teach ~ процедура обучения
test ~ методика испытаний
procedure-oriented процедурно-ориентированный, процедурный
process 1. процесс; изменение; развитие 2. технологический процесс; технологический приём; способ обработки 3. обрабатывать
adaptive ~ адаптивный процесс; процесс адаптации
client ~ обслуживаемый процесс
computational ~ процесс вычислений; вычислительный процесс
continuous ~ непрерывный процесс
control ~ процесс управления; процесс регулирования
controlled ~ 1. регулируемый процесс 2. контролируемый процесс
flexible manufacturing ~ гибкий производственный процесс
irreversible ~ необратимый процесс
manufacturing ~ процесс изготовления; производственный процесс
mental ~ мыслительный процесс
monotonous ~ монотонный процесс
optimum [optimal] ~ оптимальный процесс

overall ~ процесс в целом, целостный процесс *(как объект управления)*
primitive ~ первичный процесс; элементарный процесс, процесс-примитив
production ~ производственный процесс
random ~ случайный процесс
resulting ~ результирующий процесс, процесс-результат
reversible ~ обратимый процесс
robotized ~ роботизированный процесс
stationary ~ стационарный процесс
technological ~ технологический процесс
tightly coupled ~s сильносвязанные процессы

processing 1. обработка; технология обработки 2. обработка данных
batch ~ пакетная обработка
communications ~ обработка данных, поступающих по линиям связи
demand data ~ 1. обработка данных по требованию 2. обработка данных, характеризующих спрос
digital signal ~ цифровая обработка сигналов, ЦОС
distributed data ~ распределённая обработка данных
geometric ~ 1. обработка геометрической информации *(об объектах сцены)* 2. вычисление *или* измерение геометрических параметров *(объектов изображения)*
history sensitive ~ обработка, определяемая предысторией [зависящая от предыстории] процесса
image ~ обработка изображений
image-flow ~ обработка потока образов *(в СТЗ)*
industrial data ~ обработка производственных данных
in-line ~ обработка данных (непосредственно) в контуре управления
integrated optical ~ обработка *(изображений)* с использованием интегральных оптических схем
intelligent information ~ обработка информации с использованием СИИ
knowledge-based ~ обработка *(информации)*, основанная на знаниях
material ~ обработка материалов
mechanical ~ механическая обработка, механообработка
NC [numerical controlled] ~ обработка на станках с ЧПУ
off-line ~ автономная обработка данных
on-line ~ 1. неавтономная обработка данных 2. обработка данных в реальном времени; обработка данных в темпе поступления; оперативная обработка данных

parallel ~ параллельная обработка

pel-by-pel ~ поэлементная обработка *(изображений)*

picture ~ обработка изображений

real-time ~ обработка данных в реальном времени

remote ~ дистанционная обработка, телеобработка *(данных)*

robotic ~ роботизированная обработка; роботизированная технология обработки

serial ~ последовательная обработка

speech ~ обработка речевых сигналов

symbolic ~ символьная обработка

video ~ обработка видеоинформации

voice ~ обработка голосовых сигналов

processor 1. процессор *(устройство или обрабатывающая программа)* 2. блок обработки *(информации)*

alternative ~ резервный процессор

backup ~ дублирующий процессор

command ~ командный процессор, процессор команд

control ~ управляющий процессор; процессор системы управления

diagnostic ~ диагностический процессор

digital ~ процессор (для) цифровой обработки информации, цифровой процессор

error ~ блок обработки сигнала ошибки

general-purpose ~ универсальный процессор

graphics ~ графический процессор

host ~ главный [ведущий] процессор

image ~ 1. процессор (обработки) изображений 2. блок обработки изображений

language-specific ~ процессор, ориентированный на конкретный язык

local ~ локальный процессор

master ~ главный [ведущий] процессор

matrix ~ матричный процессор

microprogrammable ~ микропрограммируемый процессор

net ~ сетевой процессор

operator ~ обслуживающий процессор *(для связи с оператором робота)*

pixel ~ процессор элемента изображения *(в многопроцессорных системах обработки изображений)*

remote ~ дистанционный процессор

sensory ~ процессор (обработки) сенсорной информации

servoing ~ процессор следящей системы; процессор сервопривода *(робота)*

special-purpose ~ специа-

лизированный процессор, спецпроцессор
stand-alone ~ автономный процессор
video ~ 1. видеопроцессор 2. блок обработки видеоинформации
vision ~ процессор системы технического зрения; видеопроцессор
processor-limited ограниченный возможностями процессора
procurements материально-техническое снабжение
produce 1. производить 2. порождать; синтезировать; давать на выходе
producibility технологичность
product 1. продукт; изделие 2. результат 3. *мат.* произведение; пересечение (*множеств*)
 ~ **of inertia** центробежный момент инерции
 ~ **of sums** конъюнкция дизъюнкций
cross ~ векторное произведение
dot ~ скалярное произведение
end ~ конечный продукт
gross ~ валовой продукт
half(-finished) ~ полуфабрикат
hign-volume ~ изделие крупносерийного производства
inner ~ скалярное произведение
logical ~ логическое произведение
low-volume ~ изделие мелкосерийного производства
medium-volume ~ изделие среднесерийного производства
outer ~ векторное произведение
program ~ программный продукт; программное изделие
scalar ~ скалярное произведение
software ~ программный продукт; программное изделие
vector ~ векторное произведение
waste ~s отходы производства
production 1. производство; изготовление (*см. тж* **manufacturing**) 2. продукция; изделия 3. *мат.* порождение 4. *мат.* порождающее правило; правило вывода; продукция
batch(-oriented) ~ серийное производство; выпуск изделий партиями
computer-integrated ~ компьютеризованное производство
direct ~ прямое порождение
full ~ полная производственная мощность
job-lot ~ единичное производство
just-in-time ~ выпуск продукции точно к заданному сроку
large scale ~ 1. крупномасштабное производство 2. крупносерийное производство

mass ~ массовое производство

medium scale ~ 1. среднемасштабное производство 2. среднесерийное производство

medium-scale-batch ~ среднесерийное производство; выпуск изделий средними партиями

model ~ построение модели; порождение модели

robot ~ производство роботов; изготовление роботов

robotic [robotized] ~ роботизированное производство

small scale ~ 1. мелкомасштабное производство 2. мелкосерийное производство

small-scale-batch ~ мелкосерийное производство; выпуск изделий мелкими партиями

speech ~ речеобразование (*в системах синтеза речи*)

stockless ~ производство без промежуточных складов

productivity 1. производительность (*оборудования*) 2. продуктивность (*использования ресурсов*)

profile 1. профиль ‖ профилировать 2. сечение; разрез 3. очертание; контур; габарит 4. эпюра

cross ~ поперечное сечение

elevation ~ вертикальный профиль; вертикальное сечение

mission ~ циклограмма (*выполняемого задания*)

obscured ~ загороженный контур; невидимый контур (*объекта на изображении сцены*)

velocity ~ профиль скорости (*закон изменения скорости вдоль траектории*)

profit 1. прибыль; доход ‖ получать прибыль 2. польза; выгода ‖ иметь выгоды ◊ **to get a ~** извлекать выгоды; получать прибыль

operating ~s выгоды от эксплуатации

prognosis предсказание; прогноз

program 1. программа ‖ составлять программу, программировать; программный 2. план, (производственная) программа

action ~ программа действий (*робота*)

active ~ активная [действующая] программа

analytical ~ аналитическая программа, аналитически заданная программа (*робота*)

application ~ прикладная программа

assembly ~ 1. программа сборки (*изделия роботом*) 2. ассемблер, компонующая программа, программа сборки

assembly-language ~ программа на языке ассемблера

brute-force ~ программа, решающая задачу «в лоб», *проф.* «тупая» программа

clever ~ «разумная» программа (*реализующая элементы искусственного интеллекта*)

collision-free robot ~ программа управления роботом, исключающая столкновения (*с препятствиями*)

computer ~ программа (для) ЭВМ, машинная программа

control ~ программа управления, управляющая программа

copyrighted ~ программа, защищённая авторским правом

corrected ~ скорректированная программа; исправленная программа

cycle ~ цикловая программа

data-vet(ting) ~ программа контроля достоверности данных

decision ~ решающая программа, программа выработки решения

diagnostic ~ диагностическая программа

embedded ~ встроенная программа

executable ~ выполняемая программа

externally stored ~ программа, хранимая во внешней памяти

fixed ~ жёсткая программа (*не изменяемая в процессе работы робота*)

flexible ~ гибкая программа

hardware ~ аппаратно-реализованная программа

hardwired ~ жёстко закоммутированная программа, *проф.* «зашитая» [«запаянная»] программа

heuristic ~ эвристическая программа

high-level ~ 1. программа высокого уровня 2. программа на языке высокого уровня

inactive ~ неактивная [бездействующая] программа

interactive ~ интерактивная программа; программа взаимодействия

internally stored ~ программа, хранимая во внутренней памяти

interpreter [**interpretive**] ~ интерпретатор, интерпретирующая программа

job ~ 1. программа (выполнения) задания 2. рабочий план; производственная программа; плановое задание

language-understanding ~ программа восприятия естественного языка

learned ~ программа, которой обучен робот, *проф.* обученная программа

library ~ библиотечная программа

logical ~ логическая программа

low-level ~ 1. программа низкого уровня 2. программа на языке низкого уровня

manual ~ задаваемая вручную программа (*робота*)

menu-driven ~ программа,

вызываемая с помощью меню

modular ~ модульная программа

motion ~ программа движений *(робота)*

motion generation ~ программа формирования движений *(робота)*

movement sequence ~ программа управления последовательностью движений *(робота)*

NC [numerical control] ~ программа числового программного управления, программа ЧПУ

object ~ объективная программа, программа на машинном языке

part ~ программа (процесса) обработки детали *(на станке с ЧПУ)*

plugged ~ наборная программа *(набираемая на коммутационной панели)*

polling ~ программа опроса *(напр. датчиков)*

processing ~ программа обработки

resident ~ резидентная программа

rigid ~ жёсткая программа *(не изменяемая в процессе работы робота)*

robot ~ программа (действий) робота

robot-independent ~ программа, не зависящая от типа робота, роботонезависимая программа

routine ~ стандартная программа

routing ~ 1. программа прокладки маршрута *(мобильного робота)* 2. программа трассировки

self-diagnostic ~ программа самодиагностики

sensory-based ~ 1. программа *(ЭВМ)*, использующая сенсорную информацию 2. программа *(действий робота)*, сформированная на основе сенсорной информации

service ~ обслуживающая [сервисная] программа

shareable ~ совместно используемая программа

simulation ~ программа (имитационного) моделирования

smart ~ «разумная» программа *(реализующая элементы искусственного интеллекта)*

software ~ 1. программа ЭВМ системы управления *(в отличие от программы действий робота)* 2. программа, реализованная программными средствами *(в отличие от реализованной аппаратно)*

stored ~ хранимая программа

suspended ~ приостановленная программа

task ~ программа выполнения задания

taught(-in) ~ программа, которой обучен робот; *проф.* обученная программа; программа, занесённая в память *(робота)*

teach(ing) ~ обучающая программа

test ~ 1. тестовая программа 2. программа испытаний

tracking ~ программа слежения; программа отслеживания

wired-in ~ жёстко закоммутированная программа, *проф.* «зашитая» [«запаянная»] программа

programmability программируемость, возможность программирования

programmable 1. программируемый 2. с программным управлением

programmed программируемый; запрограммированный

programmer 1. программист 2. программирующее устройство, программатор

robot ~ 1. программист робота 2. программирующее устройство [программатор] робота

system ~ системный программист

task ~ прикладной программист

programmer-specified задаваемый программистом

programming программирование; составление программы; задание программы ‖ программирующий ◊

~ by doing программирование *(робота)* действием *(прогон рабочего органа по заданной траектории вручную)*; **~ by example** обучение на примерах *(метод программирования роботов)*;

~ by guiding программирование *(робота)* проведением *(рабочего органа по заданной траектории с помощью рукоятки управления)*; **~ by showing** программирование *(робота)* «показом» *(выводом рабочего органа в точки траектории с пульта обучения)*; **~ by teaching** программирование *(робота)* обучением

analytic ~ аналитическое программирование

application ~ прикладное программирование

automatic ~ автоматическое программирование

base-coordinate ~ программирование *(движений робота)* в системе координат, связанной с основанием

built-in ~ встроенные средства программирования

computer ~ 1. программирование ЭВМ 2. автоматическое программирование, выполняемое ЭВМ

computer-aided ~ программирование *(напр. робота)* с помощью ЭВМ; автоматизированное программирование

conversational ~ программирование в диалоговом режиме

direct ~ 1. непосредственное программирование *(робота)* 2. программирование *(ЭВМ)* на машинном языке

dynamic ~ динамическое программирование
explicit ~ явное программирование
explicit path ~ программирование траекторий в явном виде
fault-tolerant ~ отказоустойчивое программирование, программирование с обеспечением отказоустойчивости
flow-of-control ~ программирование алгоритмов; программирование потока команд *(управления)*
functional robot ~ функциональное программирование роботов
fuzzy ~ нечёткое программирование *(на основе использования теории нечётких множеств)*
geometric ~ геометрическое программирование
goal-directed ~ целенаправленное программирование; целевое программирование
graphical robot ~ графическое программирование роботов
high-level robot ~ программирование роботов на языке высокого уровня
imperative ~ императивное программирование *(задающее жёсткую последовательность действий)*
interactive ~ интерактивное программирование, программирование в интерактивном режиме
joint-level ~ программирование *(робота)* на уровне степеней подвижности, программирование *(состояний)* степеней подвижности
lead-through ~ программирование *(робота)* проведением *(по точкам траектории с помощью пульта обучения)*
linear ~ линейное программирование
manual ~ ручное программирование, программирование вручную
mixed-language ~ многоязыковое программирование
motion sequence ~ программирование последовательности движений
nondeterministic ~ недетерминированное программирование
off-line ~ автономное программирование
on-line ~ программирование в оперативном режиме
parallel ~ параллельное программирование
part ~ программирование *(процесса)* обработки детали *(на станке с ЧПУ)*
part-coordinate ~ программирование *(движений)* в системе координат детали
patchboard ~ программирование с помощью коммутационной панели
pinboard ~ программирование с помощью наборного поля

robot-level ~ программирование на уровне робота, программирование состояний (рабочего органа) робота

switchboard ~ программирование с помощью коммутационной панели

system ~ 1. системное программирование 2. программирование системы

task-level ~ программирование (*действий робота*) на уровне задания

teach(-in) ~ программирование (*робота*) путём обучения, программирование обучением

teach-mode ~ программирование (*робота*) в режиме обучения

teach pendant ~ программирование (*робота*) с помощью пульта обучения

tool-coordinate ~ программирование (*движений*) в системе координат рабочего инструмента

vision ~ программирование системы технического зрения

walk-through ~ программирование (*робота*) прогоном (*по всей траектории вручную*)

world-coordinate ~ программирование (*движений*) в абсолютной [мировой] системе координат

progress 1. прогресс; развитие‖развиваться 2. ход; движение вперёд, продвижение‖продвигаться

projection 1. проекция 2. перспективная оценка; прогноз 3. проект; план

back ~ 1. проекция на просвет, рирпроекция 2. освещение сзади; контровое освещение

camera lens ~ разрешающая способность объектива

equal-area ~ равновеликая проекция

horizontal ~ горизонтальная проекция

orthogonal ~ ортогональная проекция; прямоугольная проекция

parallel ~ параллельная проекция, проекция на параллельную плоскость

perspective ~ перспективная [центральная] проекция

rear ~ 1. проекция на просвет, рирпроекция 2. освещение сзади; контровое освещение

structural (light) ~ структурированное освещение

vertical ~ вертикальная проекция

projector 1. проектор‖проекционный 2. прожектор

slit ~ щелевой проектор; проектор, создающий световое сечение (*сцены*)

prolongation 1. продление 2. удлинение 3. удлинитель; насадка

prompting указание, помощь, подсказка (*в диалоге оператора с роботом*)

operator ~ 1. подсказка оператора (*роботу*) 2. подсказка оператору *(со стороны системы)*

pronation наклон *(вниз)*; сгибание *(руки робота)* с опусканием

proof 1. доказательство 2. испытание; проба; проверка 3. непроницаемый; стойкий *(к воздействию)*
  experimental ~ 1. экспериментальная проверка 2. экспериментальное подтверждение
  formal ~ формальное доказательство
  theoretical ~ теоретическое доказательство

prop стойка; опора

propagation 1. распространение; прохождение *(напр. сигнала)* 2. передача полномочий *(напр. между узлами сети ЭВМ)*

proper 1. присущий, свойственный 2. собственный 3. правильный; надлежащий; истинный

propert/y 1. характеристика; свойство; качество 2. собственность
  adaptive ~ способность к адаптации
  dynamic ~ies динамические характеристики; динамические свойства

proportion 1. соотношение; часть; доля 2. *мат.* пропорция

proportional член пропорции∥ пропорциональный

proposition 1. предложение; суждение 2. теорема

false ~ ложное высказывание
true ~ истинное высказывание

proprioception проприоцепция, ощущение собственной позы в пространстве

propulsion 1. движение вперёд, продвижение 2. сообщение движения 3. движущая *(вперёд)* сила

prospective будущий; предполагаемый; ожидаемый

protection предохранение; защита; меры предосторожности
  built-in ~ встроенные средства защиты
  disaster [emergency] ~ аварийная защита
  error ~ защита от ошибок
  hardware ~ 1. защита с помощью аппаратных средств, аппаратная защита 2. защита аппаратных средств, защита аппаратуры
  overload ~ защита от перегрузки
  overrange ~ защита от выхода за пределы *(допустимого диапазона изменения)*
  software ~ 1. защита с помощью программных средств, программная защита 2. защита программных средств, защита программ

protector защитное устройство *или* приспособление; предохранитель

protocol протокол *(регламентированная процедура ре-*

гистрации и коммутации сообщений в сетях ЭВМ)
agreement ~ протокол реализации соглашения (предотвращающего конфликтные ситуации в сетях ЭВМ)
data communications ~ протокол обмена данными; протокол связи; протокол линии передачи данных
intranet ~ внутренний сетевой протокол
link(-level) ~ протокол канального уровня
message-level ~ протокол уровня обмена сообщениями
network-wide access ~ протокол доступа в сеть
peer(-to-peer) ~ протокол взаимодействия равноправных систем
signaling ~ протокол обмена сигналами
termination ~ протокол окончания обработки

prototype 1. прототип; эталонный объект (при обучении СТЗ робота) 2. прототип (представление объекта в модели мира робота) 3. опытный образец; макет
prototyping 1. поиск прототипа 2. макетирование
provability доказуемость, возможность обоснования
prove 1. доказывать 2. испытывать; пробовать; проверять
proximal близкий; ближайший, непосредственный
proximity приближение; близость (объекта)

pruning отсечение (ветвей в дереве поиска)
pseudocolor псевдоцвет
pseudoinverse псевдообращение (при обработке изображений в СТЗ)‖псевдообратный
pseudoobstacle псевдопрепятствие
pull 1. тяга; сила тяги, тяговое усилие‖тянуть; тащить 2. натяжение; растяжение‖натягивать; растягивать
pulley блок; шкив; ролик
bearing ~ опорный блок; несущий блок
drive ~ ведущий шкив
driven ~ ведомый шкив
guide ~ направляющий шкив; направляющий ролик
idler ~ промежуточный блок; натяжной блок; холостой [направляющий] шкив
straining ~ натяжной шкив; натяжной ролик
pulse 1. импульс‖посылать импульсы 2. толчок 3. пульсация; биение; вибрация‖пульсировать; вибрировать
clock ~ тактовый импульс; синхронизирующий импульс, синхроимпульс
code ~ кодовый импульс
control ~ управляющий импульс, импульс управления
driving ~ пусковой [запускающий] импульс; управляющий импульс; возбуждающий импульс

encoder ~ импульс кодового датчика
firing [initiating] ~ пусковой [запускающий] импульс
interrogation ~ опрашивающий импульс, импульс опроса
reset ~ импульс сброса; импульс возвращения в исходное состояние
sense ~ импульс опроса при считывании
start(ing) ~ пусковой [запускающий] импульс; начальный импульс
timing ~ тактовый импульс; синхронизирующий импульс, синхроимпульс

pump насос, помпа ‖ качать, откачивать; накачивать; нагнетать
air ~ 1. воздушный насос, пневматический насос 2. (поршневой) компрессор
compression ~ компрессор
hydraulic ~ гидравлический насос
leakproof ~ герметичный насос
plunger ~ плунжерный насос; поршневой насос
power ~ приводной насос
rotary ~ центробежный насос

punch 1. пробивка, перфорация ‖ пробивать, перфорировать 2. перфоратор
punched-tape-driven управляемый от перфоленты, с перфоленточным управлением
puncher 1. перфоратор 2. пробойник
punching 1. перфорирование, перфорация 2. пробивка, перфорированное отверстие, перфорация
paper tape ~ перфорирование бумажной ленты

puppet 1. (массогабаритный) макет; кукла (*заменяющая человека при опасных испытаниях*) 2. задняя бабка (*станка*)
purpose цель; назначение; намерение
pursue преследовать, гнаться
push удар; толчок; нажим; напор; давление ‖ толкать; нажимать; давить
pusher толкатель; выбрасыватель
push-pull двухтактный, *проф.* пушпульный
puzzle головоломка; затруднение ‖ приводить в затруднение
instant insanity ~ задача «мгновенное умопомрачение» (*предназначенная для демонстрации возможностей СИИ роботов*)

Q

quadrant квадрант ‖ квадрантный
quadratic 1. квадратный 2. квадратичный, квадратический
quad-redundant с четырёхкратным резервированием, четырёхкратно резервированный

quadtree квадрадерево, тетрарное дерево (*представление изображения путём рекурсивного разбиения на квадраты*)

qualification 1. квалификация; подготовленность 2. ограничение 3. классификация 4. уточнение (*напр. данных*)

data ~ 1. классификация данных 2. уточнение данных

parts ~ 1. классификация деталей 2. сортировка деталей; отбраковка деталей

user ~ 1. квалификация пользователя; подготовленность пользователя 2. ограничение круга пользователей

qualificator квалификатор, описатель (*в СИИ*)

quality 1. качество 2. свойство; характеристика

control ~ качество управления

dynamic ~ динамическое качество

picture ~ качество изображения

stability ~ степень устойчивости

quantification 1. определение количественных значений 2. *мат.* квантификация, навешивание кванторов

quantified 1. связанный квантором, стоящий под квантором 2. выраженный количественно

existentially ~ связанный квантором существования

universally ~ связанный квантором всеобщности

quantity 1. количество; величина; размер 2. параметр

~ **of motion** количество движения

~ **of variety** количество разнообразия

alternating ~ переменная (величина)

analog ~ аналоговая величина

complex ~ комплексная величина

digital ~ дискретная величина; цифровая величина

dimensionless ~ безразмерная величина

information ~ количество информации

random ~ случайная величина

real ~ вещественная величина

reference ~ эталонная величина; контрольная величина; исходная величина

scalar ~ скалярная величина

threshold ~ пороговая величина

variable ~ переменная (величина)

vector ~ векторная величина

quantization 1. квантование (*преобразование данных из непрерывной формы в дискретную*) 2. разбиение на подгруппы (*данных*) 3. импульсная модуляция

dithered ~ квантование с регулируемым порогом
image ~ 1. квантование изображения 2. разбиение изображения
quantum шаг квантования
quartile квартиль
quasi-linearization квазилинеаризация
quasi-random псевдослучайный
query запрос ◊ **to solve a** ~ удовлетворять запрос; исполнять запрос
ad hoc ~ непрограммируемый запрос
cue-response ~ запрос с инициирующим ответом (*порождающим следующий запрос*)
distributed ~ распределённый запрос
fixed-logic ~ запрос с фиксированным порядком обработки
incomplete ~ запрос с неполной информацией, неполный запрос
mono-database ~ монобазовый запрос (*охватывающий единственную базу данных*)
multidatabase ~ мультибазовый запрос (*в распределённых базах данных*)
multisite ~ многоабонентский запрос (*обрабатываемый с участием многих узлов сети ЭВМ*)
multistep ~ многошаговый [многоэтапный] запрос
multivariable ~ многоаспектный запрос (*в распределённых базах данных*)
one-variable ~ одноаспектный запрос (*в распределённых базах данных*)
prestored ~ типовой [запрограммированный] запрос
question вопрос; запрос
yes-no ~ вопрос, требующий ответа «да — нет»
queue очередь; очерёдность‖ образовывать очередь
channel waiting ~ очередь к каналу
communications ~ очередь сообщений на передачу
job ~ очередь заданий
priority ~ очередь по приоритету
process ~ очередь на обработку
scheduling ~ очередь планируемых заданий
quick-changing быстросменяемый
quick-detachable быстросъёмный
quick-operating быстродействующий
quintuple-redundant с пятикратным резервированием, пятикратно резервированный
quotient частное; отношение
dexterity ~ манипулятивность; коэффициент манипуляционных возможностей (*робота*)
differential ~ *мат.* производная
shape ~ коэффициент формы (*характеристика объекта на изображении*)

R

rabbet гнездо; паз; вырез; желобок

rack 1. стойка; стенд; шасси; штатив 2. (зубчатая) рейка

  electronics ~ стойка электроники; шасси электронных плат *(системы управления роботом)*

  feed ~ рейка подающего механизма, подающая рейка

  gear ~ зубчатая рейка

  tool ~ стойка *или* стеллаж для (сменных) инструментов *(робота)*

rack-and-pinion реечная передача; кремальера

racking стеллаж

radar радар, радиолокатор

rad-hard устойчивый к радиации, радиационно-устойчивый

radiant источник света; источник излучения

radiation-hardened устойчивый к радиации, радиационно-устойчивый

radio-controlled радиоуправляемый

radiophare радиомаяк

radius 1. радиус 2. диапазон 3. вылет *(напр. руки робота)* 4. лимб; круговая шкала

  ~ **of accuracy** диапазон точности

  ~ **of action** радиус действия

  ~ **of curvature** радиус кривизны

  ~ **of gyration** 1. радиус вращения 2. радиус инерции

  ~ **of inertia** радиус инерции

  ~ **of repeatability** диапазон повторяемости

  ~ **of resolution** диапазон разрешающей способности

  polar ~ радиус полярной системы координат, полярный радиус

radius-vector радиус-вектор

rail 1. рельс; направляющая 2. перила; ограда ‖ обносить перилами; ограждать

  gantry-mounted ~ подвесной рельс

  guard ~ перила; поручни; ограда

  guide ~ направляющий рельс; направляющая

  robot ~ рельс, направляющий движение робота

  slide ~ направляющая

rail-guided с направляющим рельсом

railing перила; ограда

rake 1. уклон; наклон; угол наклона 2. скос; срез 3. скребок 4. поверхность резца

ram плунжер

ramp 1. линейно нарастающий (во времени) сигнал, пилообразный сигнал, *проф.* «пила» 2. скат; уклон; наклонная плоскость

  unit ~ единичный пилообразный сигнал

random 1. случайный; произвольный 2. нерегулярный; беспорядочный

range 1. область; диапазон;

интервал 2. ряд; класс; ранг ‖ устанавливать в ряд; классифицировать; ранжировать 3. амплитуда; размах 4. расстояние, дистанция; дальность (действия); радиус действия ‖ измерять расстояние *или* дальность 5. изменяться *(в определённом диапазоне)*

~ of adjustment диапазон регулирования; диапазон настройки

~ of definition область определения

~ of response диапазон чувствительности

~ of use сфера применения, область использования

control ~ диапазон управления; диапазон регулирования

dynamic ~ динамический диапазон

effective ~ рабочий диапазон; эффективный диапазон

elastic ~ упругая зона

extension ~ диапазон вытягивания *(манипулятора)*; диапазон удлинения *(телескопического звена манипулятора)*

frequency ~ диапазон частот; полоса частот

horizontal ~ диапазон горизонтального перемещения *(напр. робота)*

joint ~ 1. диапазон изменения обобщённой координаты 2. совместная (рабочая) зона *(при работе нескольких роботов)*

linear ~ линейный диапазон; линейная область; зона линейности

linearization ~ диапазон линеаризации; область линеаризации

load ~ диапазон нагрузок

manipulation ~ область манипулирования; диапазон манипулирования

measurement ~ диапазон измерений; предел измерений

operating ~ 1. дальность действия 2. рабочий диапазон

optical ~ дальность прямой видимости

pitch ~ диапазон наклона *(звена или рабочего органа манипулятора)*

robot ~ 1. диапазон действия робота 2. рабочее пространство робота

roll ~ диапазон вращения; диапазон ротации *(рабочего органа робота)*

rotation ~ диапазон вращения; диапазон поворота; диапазон ротации

safe ~ безопасная зона; безопасный интервал

service ~ зона обслуживания, зона сервиса *(робота)*

speed ~ диапазон скоростей; интервал скоростей

stability ~ диапазон устойчивости; область устойчивости

sweep ~ 1. диапазон качания *(звена манипулятора)* 2. диапазон поворота

swivel ~ 1. диапазон качания 2. диапазон поворота

3. диапазон наклона (*звена манипулятора*)
tolerance ~ пределы допусков; допустимый диапазон
translatory ~ диапазон поступательного движения
variable ~ 1. область (значений) переменной 2. переменный диапазон
vertical ~ диапазон вертикального перемещения (*напр. робота*)
working ~ 1. рабочий диапазон 2. рабочее пространство (*робота*)
yaw ~ диапазон сгибания (*манипулятора в запястье*)
rangel элемент карты дальностей
ranging 1. классификация; ранжирование 2. измерение расстояния; измерение дальности 3. регулировка диапазона
rank 1. ранг; категория; разряд; класс‖классифицировать; ранжировать 2. *мат.* ранг (матрицы)
rapidity быстрота; скорость
raster растр
ratchet 1. храповой механизм; храповик 2. собачка
ratchet-and-pawl храповой механизм
rate 1. скорость; темп 2. интенсивность; частота 3. разряд; сорт; класс‖классифицировать 4. норма; ставка; тариф; оценка‖оценивать 5. коэффициент; степень

baud ~ скорость передачи (информации) в бодах

clock ~ тактовая частота; частота тактовых *или* синхронизирующих импульсов
data ~ скорость передачи данных
displacement ~ скорость перемещения
failure ~ частота отказов; интенсивность отказов
feed ~ скорость подачи; темп подачи
frame ~ частота смены кадров
gear reduction ~ передаточное число; передаточное отношение (*редуктора*)
hazard ~ интенсивность отказов
information ~ скорость передачи информации
malfunction ~ частота сбоев
pitch ~ 1. скорость наклона (*звена или рабочего органа манипулятора*) 2. скорость тангажа (*напр. мобильного робота*)
production ~ производительность
reduction ~ передаточное число; передаточное отношение (*редуктора*)
robot production ~ производительность робота
roll ~ 1. скорость вращения; скорость ротации (*рабочего органа робота*) 2. скорость крена (*напр. мобильного робота*)
rotation ~ скорость вращения; скорость поворота
sampling ~ 1. частота вы-

RAT

борки; частота отсчётов; частота дискретизации 2. частота амплитудно-импульсной модуляции

slew ~ 1. максимальная скорость отработки *(роботом)* команды на движение 2. скорость поворота

success ~ доля [процент] успешных попыток *(захватывания объектов роботом)*

sweep ~ 1. скорость качания *(звена манипулятора)* 2. скорость поворота 3. частота колебаний

swivel ~ 1. скорость качания 2. скорость поворота 3. скорость наклона *(звена манипулятора)*

tracking ~ скорость отслеживания *(траектории)*

TV ~ 1. телевизионная частота 2. скорость обработки видеоинформации в темпе телевизионной развёртки *или* смены кадров

wage ~ тарифная ставка

yaw ~ 1. скорость сгибания *(манипулятора в запястье)* 2. скорость рыскания *(напр. мобильного робота)*

rated номинальный; расчётный; проектный

rating 1. номинальная мощность; производительность 2. расчётная величина 3. нормирование 4. хронометраж 5. тарификация; оценка

accuracy ~ степень точности

load ~ номинальная на-

RAT

грузка; проектная нагрузка

power ~ номинальная мощность

relatedness ~ оценка связанности

torque ~ номинальный [расчётный] крутящий момент

ratio 1. соотношение; отношение; пропорция 2. коэффициент; степень 3. передаточное число 4. устанавливать соотношение параметров

availability ~ коэффициент готовности

busy-hour to day ~ относительная суточная рабочая нагрузка

compression ~ 1. степень сжатия 2. коэффициент уплотнения

contact ~ коэффициент перекрытия *(в зубчатом зацеплении)*

contrast ~ коэффициент контрастности

cost/performance ~ соотношение стоимость — технические характеристики

cost/productivity ~ соотношение стоимость — производительность

damping ~ 1. коэффициент затухания; декремент затухания 2. коэффициент демпфирования

direct ~ прямая пропорциональность

downtime ~ коэффициент простоя

duty ~ скважность (импульсов)

gear ~ передаточное число; передаточное отношение (*напр. редуктора*)
hardware overhead ~ коэффициент аппаратных издержек (*на реализацию новой функции*)
hit ~ процент удач; результативность (*поиска*)
image aspect ~ отношение ширины изображения *или* кадра к высоте
inverse ~ обратная пропорциональность
miss ~ процент неудач
overshoot(ing) ~ коэффициент перерегулирования
picture ~ формат изображения
pitch ~ поступь винта (*отношение шага к диаметру*)
pixel aspect ~ отношение чисел элементов изображения *или* кадра по горизонтали и вертикали
power-to-space ~ удельная мощность (*двигателя*) на единицу объёма
power-to-weight ~ удельная мощность (*двигателя*) на единицу массы
reduction ~ передаточное отношение; передаточное число редуктора, коэффициент редукции
reflectance ~ коэффициент контрастности
signal-to-noise ~ отношение сигнал — помеха; отношение сигнал — шум
transformation ~ 1. коэффициент трансформации 2. коэффициент преобразования
transmission ~ передаточное число; коэффициент передачи
utilization ~ коэффициент использования
voltage ~ коэффициент трансформации

rational рациональный; правильный; разумный
raw сырьё‖необработанный
ray 1. луч‖излучать(ся) 2. *мн.* излучение
reach 1. радиус действия 2. длина плеча; вылет (*напр. руки робота*) 3. протяжение; охват; область влияния‖простираться; достигать
horizontal ~ горизонтальный вылет; величина горизонтального перемещения *или* выдвижения (*напр. руки робота*)
robot ~ 1. радиус действия робота 2. вылет руки робота
vertical ~ величина вертикального перемещения (*напр. руки робота*)
reactance реактивное сопротивление
reaction 1. реакция; противодействие; сила реакции 2. взаимодействие
reader 1. считывающее устройство, считыватель 2. читающее устройство, читающий автомат
badge ~ считыватель жетонов
bar-code ~ устройство для

считывания информации, записанной штриховым кодом

optical ~ оптическое считывающее устройство

tape ~ устройство считывания с ленты, считыватель ленты

reading 1. считывание *(данных)* 2. отсчёт; показание *(прибора)*

data ~ считывание данных

encoder ~ 1. показание кодового датчика 2. считывание с кодового датчика

fine ~ точный отсчёт

image ~ 1. отсчёт (яркости элемента) изображения 2. считывание изображения; оцифровка изображения

mark ~ считывание маркеров; считывание меток

parallel ~ параллельное считывание

range ~ 1. отсчёт дальности; показание дальномера 2. считывание показаний дальномера

remote ~ дистанционное считывание

rough ~ грубый отсчёт

sonar ~s данные ультразвукового локатора

tape ~ считывание с ленты

zero ~ нулевой отсчёт

readjustment переналадка; перенастройка; повторная регулировка

readout 1. отсчёт; показание *(прибора)* 2. считывание *(см. тж* **reading***)* 3. вывод *(информации из внутренней памяти или ЭВМ)*

readset считываемый набор *(данных)*

real 1. реальный, истинный 2. *мат.* вещественный, действительный, реальный

realignment 1. переналадка; перенастройка; повторная юстировка 2. повторная центровка

reality 1. действительность, реальность, реальные условия 2. объект реального мира, реалия

three-dimensional ~ трёхмерный реальный мир *(робота)*

real-time 1. в реальном времени 2. в реальном [натуральном] масштабе времени *(о моделировании)*

rear задняя сторона ‖ задний

rearrangement 1. перегруппировка; перераспределение; перестановка 2. перестройка; реконструкция; реконфигурация

reasoner 1. механизм рассуждений; механизм доказательства 2. блок рассуждений *(в СИИ)*

reasoning суждение; рассуждение; доказательство; обоснование; мышление

~ **of analogy** рассуждение по аналогии

approximate ~s приблизительные рассуждения

commonsense ~s рассуждения на основе «здравого смысла»

deductive ~ дедуктивные

рассуждения, дедуктивный вывод

evidential ~ рассуждение «по очевидности»

exact ~s строгие рассуждения

formal ~s формальные рассуждения

hypothetical ~ 1. рассуждение на основе (выдвижения и проверки) гипотез 2. гипотетический вывод

inexact ~s нестрогие рассуждения

integrating ~s обобщающие рассуждения

mathematical ~ математическое рассуждение; математическое обоснование

model-based ~ рассуждение на основе модели (*предметной области*)

plausible ~s правдоподобные рассуждения

practical ~ практическое мышление

procedural ~s рассуждения с использованием процедур, *проф.* процедуральные рассуждения

reassembly повторная сборка; переборка

reassert 1. переформулировать утверждение 2. подтверждать

recalibration повторная калибровка

recall 1. вызывать повторно, повторять вызов 2. восстанавливать в памяти 3. напоминать

receipt получение, приём

receiver 1. приёмник (*сигнала*); получатель (*информации*) 2. приёмная ёмкость; приёмник

data ~ устройство приёма данных

directional ~ направленный приёмник, устройство направленного приёма (*сигнала*)

direct-view ~ приёмник прямого видения, приёмник, работающий в зоне прямой видимости (*передатчика*)

optical ~ оптический приёмник

part ~ приёмник деталей; приёмный магазин для деталей

radar ~ радиолокационный приёмник

selective ~ избирательный [селективный] приёмник

ultrasonic ~ ультразвуковой приёмник

receptacle 1. приёмный контейнер; приёмник (*напр. для образцов, собираемых исследовательским роботом*) 2. резервуар 3. штепсельная розетка

reception приём

receptor 1. рецептор; воспринимающий элемент 2. приёмник; приёмный магазин

recess выемка; углубление; вырез; прорезь; ниша

recheck повторная [контрольная] проверка, перепроверка

recipient приёмник (*сигнала*); получатель (*информации*)

reciprocal 1. *мат.* обратная

величина ‖ обратный 2. взаимный

reciprocation возвратно-поступательное движение

recirculation 1. перезапись 2. зацикливание

reckoning вычисление; расчёт
  dead ~ точный расчёт траектории (*движения робота*)

reclamation 1. восстановление, регенерация 2. воспроизведение 3. исправление; ремонт 4. рекламация

recognition 1. распознавание; опознание 2. классификация
  feature ~ 1. распознавание по (характерным) признакам 2. опознание (характерных) признаков
  grammatical pattern ~ грамматическое распознавание образов; структурное распознавание образов
  handwriting ~ распознавание рукописного текста
  linguistic pattern ~ лингвистическое распознавание образов; структурное распознавание образов
  mark ~ распознавание меток, опознание меток
  optical character ~ оптическое распознавание символов
  part ~ распознавание деталей
  pattern ~ 1. распознавание образов 2. классификация образов
  structural pattern ~ структурное распознавание образов
  syntactic pattern ~ синтаксическое распознавание образов; структурное распознавание образов
  visual ~ распознавание зрительных образов

recognizer блок распознавания (*образов*)

recoil отскок; откат; отдача

recompilation повторная компиляция

reconditioning ремонт; восстановление

reconfigurable перестраиваемый; с перестраиваемой [переменной] конфигурацией

reconfiguration реконфигурирование; реконфигурация

reconnaissance разведка; рекогносцировка (*местности роботом*)

reconstruction 1. перестройка; реконструкция; модернизация 2. восстановление

reconversion обратное преобразование

record 1. запись; регистрация ‖ записывать; регистрировать 2. запись (*структурная единица информации*) 3. фактографические данные 4. *мн.* учётные документы; документация
  data ~ запись данных
  duplicated ~ копия записи; запись-копия
  experimental ~ регистрация результатов эксперимента; экспериментальная запись
  production ~ производственный учёт

progress ~ регистрация хода процесса
reference ~ 1. эталонная запись 2. справочная характеристика; справочная запись
root ~ корневая запись *(в древовидной структуре данных)*
trajectory ~ 1. запись *(в память)* траектории *(рабочего органа робота)* 2. регистрация траектории
variable length ~ запись переменной длины
recorder 1. записывающее устройство; регистратор; самопишущий прибор, самописец 2. магнитофон
analog-to-digit ~ регистратор с аналого-цифровым преобразованием
cartridge ~ кассетное записывающее устройство
cassette ~ 1. кассетное записывающее устройство 2. кассетный магнитофон
chart ~ диаграммный самописец
continuous ~ записывающее устройство непрерывного действия
distance ~ 1. регистратор пути *(пройденного мобильным роботом)* 2. дистационный самописец
drum ~ самописец барабанного типа
elapsed time ~ регистратор использованного времени
flat-bed ~ планшетный самописец
pen ~ перьевой самописец
strip-chart ~ ленточный самописец
tape ~ магнитофон; накопитель на магнитной ленте *(для хранения программ робота)*
record-keeping ведение записей
recoupment окупаемость затрат
recoverable восстанавливаемый
recovery 1. восстановление *(напр. информации)* 2. возврат *(к заданному значению)* 3. подъём *(напр. производственных показателей)*
~ **of price** повышение цены *(после предшествующего понижения)*
cost ~ возмещение издержек производства
crash ~ аварийное восстановление, восстановление после аварии
data ~ восстановление данных
degraded ~ неполное восстановление функций
error ~ устранение ошибок
function ~ восстановление функций
image ~ восстановление изображения
information ~ восстановление информации
rectangle прямоугольник, прямоугольная форма
clipping ~ отсекающий [вырезающий] прямо-

угольник (*в анализе изображений*)

rectification 1. выпрямление; детектирование 2. исправление; устранение ошибок

diode ~ диодное детектирование

image ~ 1. исправление изображений 2. очистка изображений (*от помех*)

trajectory ~ сглаживание траектории

video ~ детектирование видеосигнала

rectifier выпрямитель

recuperation рекуперация

recurrence 1. повторение; периодичность 2. *мат.* рекуррентность; рекуррентное соотношение

recursion рекурсия

redefining переопределение

redirect 1. переориентировать; изменять направление 2. переадресовывать

reduce 1. редуцировать; уменьшать; сокращать 2. понижать; ослаблять 3. *мат.* приводить; сводить; превращать; упрощать 4. предварительно обрабатывать; сжимать (*информацию*)

reducer 1. редуктор 2. понижающая передача 3. блок предварительной обработки или сжатия (*информации*)

air ~ редуктор воздушного давления

data ~ блок сжатия информации; преобразователь данных

epicyclic gear-train ~ планетарный редуктор

gear ~ 1. редуктор 2. понижающая (зубчатая) передача

multistage ~ многоступенчатый редуктор

parallel shaft ~ редуктор с параллельными валами

planetary ~ планетарный редуктор

right-angle ~ редуктор с межосевым углом 90°; ортогональная понижающая передача

shock ~ амортизатор; демпфер

single-stage ~ одноступенчатый редуктор

speed ~ редуктор

worm-gear ~ червячный редуктор

reduction 1. редукция; уменьшение; сокращение 2. понижение; ослабление 3. *мат.* приведение; сведение; превращение; упрощение 4. предварительная обработка; сжатие (*информации*)
◇ ~ **in inventory** снижение уровня запасов; ~s **in scrap** сокращение брака

data ~ сжатие информации; (предварительное) преобразование данных

matrix ~ приведение матрицы

pressure ~ понижение давления

search ~ сокращение поиска

speed ~ уменьшение скорости

reductor 1. редуктор (*см. тж* **reducer**) 2. блок предварительной обработки *или* сжатия *(информации)*

redundancy 1. избыточность; резерв 2. резервирование 3. чрезмерность; избыток 4. статическая неопределимость

built-in ~ 1. внутренняя избыточность 2. встроенное резервирование

circuit ~ 1. избыточность в схеме 2. резервирование (на уровне) схем

code ~ избыточность кода

device ~ резервирование (на уровне) устройств

element ~ резервирование (на уровне) элементов

execution ~ избыточность по выполнению *(достигаемая повторным выполнением операции)*

functional ~ функциональная избыточность

hardware ~ 1. аппаратная избыточность 2. аппаратное резервирование

kinematic (chain) ~ избыточность кинематической цепи; избыточность кинематической схемы *(манипулятора)*

logic-gate ~ резерв с логической схемой включения

modular ~ модульное резервирование

single ~ однократное резервирование

software ~ программная избыточность

structure ~ 1. структурная избыточность 2. избыточность конструкции

subassembly ~ групповое резервирование

system ~ 1. общее резервирование системы, резервирование на уровне системы 2. резервирование системными средствами

time ~ временная избыточность

voted ~ резервирование по схеме голосования

redundant 1. избыточный; резервный 2. резервированный 3. чрезмерный 4. статически неопределимый

reel 1. катушка; бобина; барабан 2. рулон 3. наматывать; сматывать; перематывать

reenterable повторно используемый, с повторным входом, *проф.* реэнтерабельный *(о программе ЭВМ)*

reexecution повторное выполнение; выполнение заново

reference 1. эталон‖эталонный; опорный 2. начало отсчёта 3. ссылка; справка‖справочный 4. обращение ◇ ~ **by meaning** обращение по смыслу, обращение по значению *(к объекту базы знаний);* ~ **by name** обращение по имени *(напр. к программе)*

address ~ адресная ссылка

calibration ~ опорная точка при калибровке *(робота)*

cross ~ перекрёстная ссылка

input ~ входной эталонный сигнал; уставка

procedure ~ обращение к процедуре

time ~ привязка ко времени; эталонный сигнал (для отсчёта) времени

referent объект ссылки; объект, к которому происходит обращение

refinement 1. уточнение; конкретизация 2. усовершенствование 3. измельчение 4. очистка

image ~ 1. более детальное представление изображения 2. улучшение изображения 3. очистка [фильтрация] изображения *(от помех)*

knowledge ~ 1. детализация знаний 2. фильтрация [рафинирование] знаний *(освобождение от посторонней информации)*

mesh ~ измельчение сетки *(приближённого представления проблемной среды)*

model ~ уточнение модели; конкретизация модели

motion ~ 1. уточнение (траектории) движения 2. повышение качества движений *(робота)*

route ~ уточнение маршрута; более детальное представление маршрута *(мобильного робота)*

stepwise ~ 1. пошаговое уточнение; поэтапная конкретизация *(напр. решений)* 2. поэтапное усовершенствование

successive ~ последовательное уточнение

trajectory ~ уточнение траектории *(движения робота)*

reflectance отражательная способность

specular ~ коэффициент зеркального [правильного] отражения

reflection 1. отражение 2. рефлексия *(в СИИ)*

active force ~ активное отражение усилий *(при дистанционном управлении манипулятором)*

diffuse ~ рассеянное отражение

downward ~ нисходящая рефлексия

force ~ отражение усилий *(при дистанционном управлении манипулятором)*

signal ~ отражение сигнала

specular ~ зеркальное отражение

upward ~ восходящая рефлексия

reflectivity отражательная способность

reflector отражатель; рефлектор

reflex 1. отблеск; отражение 2. ответная реакция

sensor-triggered ~ (жёсткая) программа *(действий робота)*, запускаемая по сигналу сенсора

reform 1. преобразование; переделка; исправление‖ преобразовывать; переделывать; исправлять 2. изменять форму

refraction рефракция, преломление

refractoriness нечувствительность; отсутствие реакции

refreshment обновление; регенерация; восстановление (*информации*)

refusal 1. отказ; несрабатывание 2. отказ; отклонение (*напр. гипотезы*)

refuse 1. отходы; отбросы; брак 2. отказывать; отклонять; отвергать

regeneration 1. регенерация; восстановление 2. перезапись (*информации*)

regime режим (*работы*)

   aperiodic ~ апериодический режим

   autonomous ~ автономный режим

   control ~ режим управления

   dynamic ~ динамический режим

   forced ~ вынужденный режим

   forced oscillations ~ режим вынужденных колебаний

   free oscillations ~ режим свободных колебаний

   in-line ~ 1. режим работы в контуре (*управления*) 2. режим работы в линии (*напр. производственной*)

   interactive ~ интерактивный режим; диалоговый режим

   manual control ~ режим ручного управления

   master-slave ~ режим копирующего управления, копирующий режим

   off-line ~ 1. автономный режим 2. режим работы вне контура (*управления*) 3. режим работы вне линии (*напр. производственной*)

   on-line ~ 1. режим работы (*напр. робота*) в (производственной) линии 2. режим работы в реальном времени 3. режим обработки информации (непосредственно) в процессе работы *или* в темпе поступления

   operating ~ рабочий режим

   path-following ~ режим отслеживания траектории (*роботом*)

   playback ~ режим воспроизведения (*программы роботом*)

   pulse ~ импульсный режим

   real-time ~ 1. режим работы в реальном времени 2. режим моделирования в реальном масштабе времени

   record ~ режим записи (*напр. информации в память*)

   run ~ 1. режим прогона (*программы*) 2. режим работы

   self-oscillation ~ режим автоколебаний

   single-step ~ пошаговый режим

   sliding ~ скользящий режим

   static ~ статический режим

   steady-state ~ установившийся [стационарный] режим

teaching ~ режим обучения (*робота*)
test(ing) ~ режим проверки; тестовый режим
transient ~ переходный режим
region область; зона; диапазон; участок
acceleration ~ участок разгона (*движения робота*)
accessible [**achievable**] ~ достижимая область; доступная область
atomic ~ атомарная область (*изображения*)
background ~ фоновая область
deceleration ~ участок торможения (*движения робота*)
don't care ~ область (*изображения*), не представляющая интереса
elastic ~ упругая зона; диапазон упругости
fault ~ местоположение неисправности
forbidden ~ запретная область; запретная зона
object ~ область, занятая объектом (*на изображении*)
operating ~ рабочая область
response ~ участок характеристики
safe ~ безопасная область; безопасная зона
stability ~ область устойчивости; диапазон устойчивости
uniform ~ однородная область (*изображения*)

work(ing) ~ рабочая область
register регистр ‖ регистрировать
accumulator ~ накапливающий регистр
address ~ регистр адреса, адресный регистр
addressable ~ адресуемый регистр
clock ~ датчик времени, таймер
command ~ регистр команд
control ~ управляющий регистр
counter ~ счётчик
data ~ регистр данных, информационный регистр
data transfer ~ регистр передачи [пересылки] данных
encoder ~ регистр кодового датчика
exchange ~ регистр обмена; регистр пересылок
holding ~ регистр (временного) хранения данных
input ~ входной регистр; регистр ввода
input-output ~ регистр ввода — вывода
instruction ~ регистр команд
internal ~ внутренний регистр
interrupt ~ регистр прерываний
memory ~ регистр памяти, запоминающий регистр; регистр запоминающего устройства
operation ~ регистр операции

output ~ выходной регистр; регистр вывода
program ~ регистр (команд) программы
queue ~ регистр очереди
receiving ~ приёмный регистр
sequence (control) ~ счётчик команд
state [status] ~ регистр состояния
storage ~ регистр запоминающего устройства; регистр памяти, запоминающий регистр
time ~ датчик времени, таймер
video ~ регистр видеоданных; регистр СТЗ

registration регистрация; запись (*см. тж* **record**)

regression регрессия
multiple ~ множественная регрессия (*в алгоритмах обработки информации*)

regularity 1. правильность; нормальность 2. регулярность; систематичность

regularization регуляризация

regulation 1. регулирование 2. стабилизация 3. правило; инструкция
distant ~ регулирование на расстоянии, телеуправление
health ~s правила охраны труда
safety ~s правила техники безопасности

regulator 1. регулятор 2. стабилизатор
adaptive ~ адаптивный регулятор
air ~ 1. регулятор подачи воздуха 2. пневматический регулятор
automatic ~ автоматический регулятор
D- [differential] ~ дифференциальный регулятор, Д-регулятор
drive ~ 1. регулятор привода 2. регулятор (силы) тяги
feed ~ 1. регулятор (электро)питания 2. регулятор подачи
floating ~ астатический регулятор
frequency ~ регулятор частоты
gravity ~ центробежный регулятор
I- [integral] ~ интегральный регулятор, И-регулятор
level ~ регулятор уровня
linear ~ линейный регулятор
nonlinear ~ нелинейный регулятор
P- ~ пропорциональный регулятор, П-регулятор
PD- ~ пропорционально-дифференциальный регулятор, ПД-регулятор
PI- ~ пропорционально-интегральный регулятор, ПИ-регулятор
PID- ~ пропорционально-интегрально-дифференциальный регулятор, ПИД-регулятор
position ~ 1. регулятор положения 2. позиционный регулятор

pressure ~ регулятор давления

proportional ~ пропорциональный регулятор, П-регулятор

proportional-differential ~ пропорционально-дифференциальный регулятор, ПД-регулятор

proportional-integral ~ пропорционально-интегральный регулятор, ПИ-регулятор

proportional-integral-differential ~ пропорционально-интегрально-дифференциальный регулятор, ПИД-регулятор

self-tuning ~ самонастраивающийся регулятор

speed ~ регулятор скорости

static ~ статический регулятор

step ~ шаговый регулятор

rehabilitation 1. ремонт; восстановление 2. реконструкция 3. реабилитация *(больных)*

reinforcement 1. усиление; упрочнение; армирование; придание жёсткости 2. арматура

rejection 1. браковка; отсортировка 2. отклонение *(запроса)* 3. подавление *(напр. помех)*

relatedness связанность, соотнесённость *(понятий)*

relation 1. отношение; соотношение 2. связь; зависимость

adjunct ~ 1. отношение присоединения *(в анализе сцен)* 2. дополнительное [вспомогательное] отношение

allowed ~s допустимые отношения

associative ~ ассоциативная связь

binary ~ бинарное [двуместное] отношение

cause-(and-)effect ~ причинно-следственная связь

dependency ~ отношение подчинённости

derivative ~ производное [выведенное] отношение

direct ~ прямая зависимость

equivalence ~ отношение эквивалентности

functional ~ функциональная зависимость

group ~ групповое отношение

inclusion ~ отношение включения

inverse ~ обратная зависимость

logical ~ логическое отношение

mapping ~ отношение отображения *(одного множества на другое)*

negated ~ отношение с отрицанием, отрицание отношения

numerical ~ численное отношение

ordering ~ отношение порядка

partial ordering ~ отношение частичного порядка

precedence ~ отношение предшествования
preference ~ отношение предпочтения
recurrence [recurrent] ~ рекуррентное соотношение
strict inclusion ~ отношение строгого включения
structural ~ структурное отношение
succession ~ отношение следования
symmetric ~ симметричное отношение
syntactic(al) ~ синтаксическое отношение
temporal ~s временны́е отношения
unary ~ унарное [одноместное] отношение
relationship 1. (взаимо)отношение; соотношение 2. связь; зависимость (*см. тж* **relation**)
  empirical ~ 1. эмпирическое соотношение 2. эмпирическая зависимость
  linear ~ линейная зависимость
  master/slave ~ отношение ведущий — ведомый
  nonlinear ~ нелинейная зависимость
  phase ~ соотношение фаз, фазовое соотношение
  spatial ~ пространственное отношение (*в анализе сцен*)
relative относительный
relaxation 1. релаксация; затухание 2. ослабление; смягчение
relay 1. реле‖релейный 2. передавать; транслировать

  alarm ~ сигнальное реле; реле сигнала тревоги
  annunciator ~ сигнальное реле
  block(ing) ~ блокировочное реле, блок-реле
  capacity ~ ёмкостное реле
  control ~ реле управления; командное реле
  cut-in ~ включающее [замыкающее] реле
  cut-off ~ выключающее [размыкающее] реле
  delay ~ реле выдержки времени
  electromagnetic ~ электромагнитное реле
  electronic ~ электронное реле
  impulse ~ импульсное реле
  induction ~ индукционное реле
  initiating ~ пусковое реле
  overload ~ реле перегрузки
  polarized ~ поляризованное реле
  protective ~ защитное реле
  safety ~ блокировочное реле; блок-реле; защитное реле
  start(ing) ~ пусковое реле
  thermal ~ тепловое реле, термореле
  time ~ реле времени
relaying 1. релейная защита 2. применение реле; установка реле 3. трансляция; передача
release 1. разъединение; расцепление; размыкание‖разъединять; размыкать 2. освобождение; откреп-

ление; отпускание (*напр. объекта роботом*); ослабление (*усилия*) ‖ отпускать; ослаблять 3. выпуск ‖ выпускать

documentation ~ выпуск документации

gripper ~ 1. разжатие захватного устройства; ослабление усилия захватного устройства 2. открепление (съёмного) захватного устройства (*от фланца манипулятора*)

lock ~ снятие блокировки

relevant 1. уместный, относящийся к делу 2. соответствующий 3. *мат.* релевантный

reliability 1. надёжность 2. прочность

functional ~ функциональная надёжность

inherent ~ собственная надёжность (*гарантируемая без дополнительных мер*)

operational ~ эксплуатационная надёжность

redundancy ~ надёжность, обеспечиваемая введением избыточности; надёжность за счёт резервирования

structural ~ 1. структурная надёжность 2. надёжность конструкции 3. прочность конструкции

relief 1. снятие нагрузки; разгрузка; облегчение 2. сброс (*давления*) 3. рельеф

reloading повторная загрузка

relocation 1. перемещение 2. перераспределение (*данных в памяти*)

remainder 1. остаток; разность 2. остаточный член (*ряда*)

remanufacturing повторное изготовление

remark примечание; комментарий

remote 1. отдалённый; удалённый 2. дистанционный, действующий на расстоянии

remotely-controlled, remotely-operated дистанционно-управляемый, с дистанционным управлением

remoting дистанционная связь

removable 1. переносный; передвижной 2. съёмный; сменный

removal 1. удаление; устранение 2. перемещение

heat ~ отвод тепла

noise ~ устранение шумов

part ~ 1. удаление деталей (*из рабочей зоны*) 2. снятие детали (*при демонтаже*)

remover съёмник; приспособление для удаления

renewal 1. возобновление 2. замена; обновление 3. восстановительный ремонт

renovation реконструкция; восстановление

reorder переупорядочивать

repair ремонт; починка; исправление ‖ ремонтировать; чинить; исправлять

repeat 1. повторение ‖ повторять 2. (ре)транслировать

repeatability 1. повторяемость 2. воспроизводимость

contouring ~ контурная повторяемость, повторяемость в режиме контурного управления; повторяемость при отслеживании контура

manipulator ~ повторяемость манипулятора

motion ~ повторяемость движений *(робота)*

omnidirectional ~ всенаправленная повторяемость *(при выводе робота в данную точку по любому направлению)*

path(-following) ~ повторяемость при отслеживании траектории

path velocity ~ повторяемость отслеживания скорости вдоль траектории

pose ~ повторяемость позы *(робота)*

positioning ~ повторяемость при позиционировании, позиционная повторяемость *(робота)*

robot ~ повторяемость робота

unidirectional ~ однонаправленная повторяемость *(при выводе робота в данную точку по одному и тому же направлению)*

repertoire набор; библиотека *(напр. программных модулей)*

action ~ набор действий *(напр. робота)*

instruction ~ система команд; набор команд

library ~ библиотечный набор *(напр. программ)*

motion ~ набор (запрограммированных) движений *(робота)*

repetition повторение

replace заменять; замещать; подставлять

replacement замена; замещение; подстановка

replica 1. модель; макет; копия 2. копир 3. задающий [управляющий, ведущий] манипулятор *(являющийся копией ведомого при копирующем управлении)*

replication повторение; дублирование; копирование

report 1. отчёт; сообщение; уведомление 2. документальное представление

discrepancy ~ сообщение о несоответствии *(техническим требованиям)*

problem trouble ~ уведомление о выявленных дефектах

progress ~ текущие сведения, текущее сообщение *(о ходе процесса)*

quick-access ~ быстро выдаваемые сведения

status ~ отчёт о текущем состоянии *(напр. производства)*

repositioning повторное позиционирование

repository 1. склад; хранилище; вместилище 2. информационный архив

representation 1. представление; описание; изображение 2. представление; способ задания

analog ~ представление в аналоговой форме, аналоговое представление

binary ~ 1. бинарное пред-

REP

ставление *(изображений)* 2. двоичное представление *(данных)*

bit ~ двоичное представление *(данных)*

bit-array ~ представление в виде двоичного массива, двоично-матричное представление

coded ~ кодовое представление, код

data ~ представление данных

diagram ~ схематическое представление

digital ~ дискретное представление; цифровое представление

feature ~ 1. представление в пространстве признаков 2. (информационное) представление свойств *(объектов)*

frame ~ 1. фреймовое представление *(знаний)* 2. каркасное представление *(трёхмерных объектов в машинной графике или в СТЗ)*

frame-based ~ фреймовое представление *(знаний)*

graph ~ графовое представление; представление в виде графа

graphical ~ графическое представление

hardware ~ аппаратная реализация

hierarchical ~ иерархическое представление *(объектов в анализе сцен)*

image ~ представление изображения

REP

knowledge представление знаний

machine ~ машинное представление

model ~ 1. представление модели 2. модельное представление, представление в виде модели

multiresolution ~ представление *(изображения)* со многими уровнями разрешения

object-level ~ представление объектного уровня

picture ~ 1. графическое представление 2. представление изображения

procedural ~ процедурное представление *(знаний)*

skeletal ~ скелетное представление *(объектов на изображении)*

surface ~ представление поверхности, (модельное) описание поверхности *(в анализе сцен)*

tree ~ древовидное представление, представление в виде дерева

representative 1. представитель‖представительный, репрезентативный 2. характерный, типичный 3. изображающий

reproduce воспроизводить

reproducibility воспроизводимость

reprogram перепрограммировать

reprogramming перепрограммирование

repulsion отталкивание

requalificaition 1. переквалификация 2. переоценка

request 1. запрос 2. требование, заявка ◊ ~ **for proposals** запрос предложений (*возможных поставщиков*) **control panel** ~ запрос с пульта управления **goal** ~ запрос цели (*системе целеуказания*) **help** ~ запрос помощи (*оператору со стороны ЭВМ или роботу со стороны оператора*) **information(al)** ~ информационный запрос, запрос информации **retrieval** ~ поисковый запрос **service** ~ запрос на обслуживание **spontaneous** ~ случайный запрос **truth** ~ истинностный запрос (*требующий ответа «да — нет»*) **unfilled** ~ невыполненная заявка **vision** ~ 1. запрос системы технического зрения 2. запрос системе технического зрения

required требуемый; заданный; желаемый

requirement 1. требование; необходимое условие 2. потребность 3. *мн.* технические требования ◊ **to meet** ~**s** 1. удовлетворять требованиям 2. обеспечивать потребности **accuracy** ~**s** требования к точности **annual** ~ годовая потребность **computational** ~**s** вычислительные потребности **data** ~**s** 1. требования к данным 2. информационные потребности **employment** ~ потребность в рабочей силе **environmental** ~**s** 1. требования к окружающей среде 2. требования по охране окружающей среды 3. требования, связанные с условиями окружающей среды **experience** ~ требуемая квалификация; необходимый опыт **functional** ~**s** функциональные требования **information** ~**s** 1. требования к информации 2. информационные потребности **load** ~ 1. требования к грузоподъёмности 2. требования к грузу (*переносимому роботом*) **market** ~ рыночный спрос **material** ~**s** потребность в материалах, материальные потребности **operational** ~**s** эксплуатационные требования **performance** ~**s** требования к функционированию; требования к рабочим характеристикам **power** ~**s** требуемая мощность **process** ~**s** технологические требования **reliability** ~**s** требования к надёжности

safety ~s требования техники безопасности
skills ~s требуемые профессиональные знания; требуемые навыки
speed ~s требования к быстродействию
staffing ~s потребность в кадрах (специалистов), требуемый контингент специалистов
storage ~s потребности в памяти
system ~s 1. технические требования к системе 2. потребности системы, требования со стороны системы
target-oriented ~s требования, диктуемые целями
teaching ~s 1. требования к обучению 2. потребности в обучении (робота)
technical ~ 1. техническое задание 2. мн. технические условия; технические требования
unit labor ~s затраты труда на единицу продукции; удельная потребность в рабочей силе
user target ~s конечные потребности пользователя, целевые пользовательские требования
vision ~s 1. требования к СТЗ 2. потребности в СТЗ
requisition заявка, требование
rerouting 1. изменение маршрута; перепланирование маршрута; изменение трассы 2. перетрассировка

rescheduling изменение графика
research исследование, исследования; изучение; (научно-)исследовательская работа ‖ исследовать
applied ~ прикладные исследования
basic ~ фундаментальные исследования
exploratory ~ поисковое исследование
industry-supported ~ исследования, финансируемые промышленными фирмами
market ~ изучение рынка
operational ~ *мат.* исследование операций
quality ~ анализ качества
research-and-development исследование и разработка
reserve запас; резерв
reserved запасной; резервный
reservoir 1. хранилище; промежуточный склад 2. резервуар
reset 1. восстановление; возврат в исходное положение ‖ восстанавливать; возвращать(ся) в исходное положение 2. установка на нуль; сброс (на нуль) ‖ устанавливать на нуль; сбрасывать (на нуль) 3. повторное включение; повторный запуск ‖ перезапускать 4. перестановка ‖ переставнавливать
reshape 1. восстанавливать форму (напр. сигнала) 2. придавать иную форму; приобретать иную форму
residue 1. остаток 2. *мат.* вычет

RES

resilience 1. упругость, эластичность 2. упругая деформация 3. устойчивость к внешним воздействиям

resilient упругий, эластичный

resist 1. сопротивляться 2. отталкивать 3. противостоять; быть стойким

resistance 1. сопротивление 2. противодействие; стойкость 3. сопротивляемость

armature ~ сопротивление якорной обмотки (*электродвигателя*)

elastic ~ упругое сопротивление

equivalent ~ эквивалентное сопротивление

external ~ 1. внешнее сопротивление; сопротивление внешней цепи 2. сопротивляемость внешней среды

friction(al) ~ сопротивление (из-за) трения

hydraulic ~ гидравлическое сопротивление

input ~ входное сопротивление

output ~ выходное сопротивление

pure ~ активное сопротивление

rolling ~ сопротивление качению

sliding [**slip**] ~ сопротивление скольжению

spring ~ 1. упругое сопротивление 2. противодействие пружины

terminal ~ оконечное сопротивление; сопротивление между зажимами (*электродвигателя*)

torsional ~ сопротивление скручиванию

variable ~ переменное сопротивление

wear ~ износостойкость, износоустойчивость, сопротивление износу

resistivity удельное сопротивление

resistor резистор

resize изменять размеры

resolution 1. разрешающая способность, разрешение 2. разложение (*на компоненты*) 3. чёткость, резкость (*изображения*) 4. (раз)решение (*проблемы*)

brightness ~ разрешающая способность (*СТЗ*) по яркости (*изображения*)

conflict ~ 1. разрешение конфликтов 2. принятие решений при наличии конфликтующих целей

force ~ разложение (вектора) силы

frequency ~ разрешающая способность по частоте, частотное разрешение

image ~ 1. разрешающая способность (при представлении) изображения 2. чёткость [резкость] изображения

instrumental ~ разрешающая способность прибора; инструментальное разрешение

lateral ~ боковое [поперечное] разрешение, разрешающая способность

(*напр. ультразвукового дальномера*) в боковом [поперечном] направлении
measuring ~ разрешающая способность при измерении; разрешение измерительных средств
motion correction ~ разрешающая способность (при) коррекции движения (*робота*)
motion generation ~ разрешающая способность (системы) генерации [формирования] движения (*робота*)
picture ~ 1. разрешающая способность (при представлении) изображения 2. чёткость [резкость] изображения
priority ~ определение приоритета
videosensor ~ разрешающая способность видеодатчика
resolver 1. резольвер (*датчик положения с преобразованием аналогового сигнала*) 2. решающий блок
induction ~ индукционный резольвер; индукционный синус-косинусный преобразователь
position ~ позиционный резольвер, резольвер положения
priority ~ блок определения [разрешения] приоритетов (*в системе*)
vector ~ блок разложения векторов (*на компоненты*)
resonance резонанс

resource ресурс
bandwidth-time ~ частотно-временные ресурсы (*ширина полосы частот и длительность интервала передачи информации*)
computational ~ вычислительный ресурс
consumable ~ расходуемый ресурс
information ~s информационные ресурсы
labor [manpower] ~s трудовые ресурсы
manufacturing ~s производственные ресурсы
material ~s материальные ресурсы
power ~s энергетические ресурсы
scarce ~ дефицитный ресурс
time ~ ресурс времени
respond 1. реагировать; отвечать; слушаться (*управления*) 2. срабатывать
response 1. реакция; ответ; отклик; отдача 2. характеристика; зависимость; (выходная) кривая 3. чувствительность 4. срабатывание
amplitude ~ амплитудная характеристика
aperture ~ апертурная характеристика
audio ~ речевой ответ
color ~ цветочувствительность
control ~ 1. реакция на управляющее воздействие 2. управляющее воздействие

dynamic ~ динамическая характеристика

fast ~ 1. быстрая реакция 2. быстрое срабатывание

feedback control ~ 1. реакция цепи обратной связи на управляющее воздействие 2. управляющее воздействие по цепи обратной связи

floating ~ астатическое (управляющее) воздействие

frequency ~ (амплитудно-)частотная характеристика

impulse ~ импульсная характеристика; импульсная передаточная функция

phase ~ фазовая характеристика

position control ~ 1. реакция на позиционное управление 2. (управляющее) воздействие по положению

pulse ~ импульсная характеристика; импульсная передаточная функция

ramp ~ 1. реакция на линейно нарастающий (входной) сигнал, *проф.* отклик на «пилу» 2. линейно нарастающая реакция

rate ~ (управляющее) воздействие по скорости; (управляющее) воздействие по производной

spectral ~ 1. спектральная чувствительность 2. спектральная характеристика

steady-state ~ 1. установившаяся реакция; установившийся отклик 2. характеристика в установившемся режиме 3. чувствительность в стационарном состоянии

step ~ 1. реакция на скачок 2. переходная характеристика

time ~ временная характеристика

transient ~ переходная характеристика

rest 1. опора; подставка; стойка 2. упор 3. суппорт 4. пауза; покой, состояние покоя ‖ находиться в состоянии покоя, покоиться

restart повторный запуск ‖ повторно запускать; перезапускать

restitution 1. восстановление 2. способность *(деформированного тела)* восстанавливать форму

restoration восстановление

area consistent image ~ восстановление изображений, состоятельное [согласующееся] по площади

image ~ восстановление изображения; реконструкция изображения

likelihood ~ восстановление *(изображения)* по методу правдоподобия

service ~ возобновление обслуживания

signal ~ восстановление сигнала

restore восстановление ‖ восстанавливать

restrain 1. сдерживать; ограничивать 2. зажимать

restraint 1. ограничение 2.

ограничитель 3. демпфер 4. сжатие; стягивание

restriction 1. ограничение 2. помеха; препятствие

  hardware ~ аппаратное ограничение; техническое ограничение

  motion ~ 1. ограничение движения 2. помеха движению

  software ~ программное ограничение

restructure перестраивать; реструктурировать, менять структуру

result 1. результат; исход; итог 2. следовать, происходить в результате *(чего-л.)*

  decision ~ результат (принятия) решения

  net ~ конечный результат; итог

  numerical ~ численный результат

  predicted ~ прогнозируемый результат

  simulated ~ смоделированный результат, результат моделирования

resultant результирующая (сила); равнодействующая; результирующий вектор‖результирующий; суммарный

resume возобновлять *(работу после перерыва)*

retainer 1. стопор; замок 2. фиксатор; держатель

retard 1. замедлять; задерживать; тормозить 2. отставать; запаздывать

retardation 1. замедление; задержка; торможение 2. отставание; запаздывание 3. сдвиг по фазе 4. помеха; препятствие

retest повторная проверка; повторное испытание‖перепроверять; производить повторное испытание

retinex ретинекс *(метод обработки изображений путём удаления медленно меняющихся компонентов)*

retooling 1. смена инструмента 2. переоборудование

retract втягивать *(напр. телескопическое звено манипулятора)*; отводить (назад); убирать

retractable втягивающийся; убирающийся

retraction втягивание *(напр. телескопического звена манипулятора)*; отведение (назад)

  arm ~ отведение *или* втягивание руки *(робота)*

  boom ~ отведение звена *(манипулятора в призматическом сочленении)*; втягивание телескопического звена *(манипулятора)*

  elbow ~ сгибание *(манипулятора)* в локтевом шарнире

  end-effector ~ втягивание рабочего органа *(робота)*

  joint ~ втягивание *(звена манипулятора)* в телескопическом сочленении; отведение *(звена манипулятора)* в призматическом сочленении; отведение *(манипулятора)* за счёт сгибания в сочленении

tool ~ втягивание инструмента *(робота)*

retraining 1. переподготовка *(кадров)* 2. переобучение *(робота)*

retreatment повторная обработка

retrieval 1. (информационный) поиск; извлечение *(информации)* 2. восстановление; исправление *(ошибки)* 3. возвращение *(в прежнее состояние)*

　data ~ 1. поиск данных; извлечение данных 2. восстановление данных; исправление (ошибочных) данных

　deductive ~ дедуктивный поиск *(в базе знаний)*

retrieve 1. отыскивать; извлекать *(информацию)* 2. восстанавливать; исправлять *(ошибку)* 3. возвращать *(в прежнее состояние)*

retroaction 1. обратное действие; обратная реакция 2. обратная связь

retrofit подгонять; настраивать

retroreflective отражённый *(о луче в фотоэлектрическом датчике)*

retry 1. повторение, повторное выполнение; повторная попытка ‖ повторять, повторно выполнять 2. повторный запуск

　alternate path ~ повторный проход по альтернативному пути

　error correct ~ повторение с целью исправления ошибки

　instruction ~ повторная попытка выполнения команды

return 1. возвращение; обратный ход; движение назад ‖ возвращаться; двигаться назад 2. возврат; отдача ‖ возвращать; отдавать 3. отражение *(сигналов)* 4. обратный канал

　spring ~ обратный ход под действием пружины

reusability возможность повторного использования

reversal 1. реверсирование; изменение направления *(движения)* на обратное 2. обратное движение, обратный [задний] ход 3. изменение полярности *или* знака

reverse 1. реверсирование; изменение направления *(движения)* на обратное; поворот на 180° ‖ реверсировать; менять направление *(движения)* на обратное; поворачивать(ся) на 180° 2. обратное движение, обратный [задний] ход ‖ совершать обратное движение 3. обратная [задняя] сторона ‖ обратный; перевёрнутый 4. реверсивный механизм 5. изменение полярности *или* знака 6. негативный *(об изображении)*

reverser 1. реверсивный механизм 2. переключатель полярности; инвертор

reversible 1. реверсивный 2.

поворотный 3. оборотный; двусторонний 4. обратимый

review обзор; анализ ‖ делать обзор; анализировать
  design ~ критический анализ проектных решений
  operational ~ анализ хода производственной деятельности
  postimplementation ~ анализ функционирования внедрённой системы

revise проверка; пересмотр; исправление ‖ проверять; пересматривать; исправлять

revolution 1. вращение 2. оборот
  clockwise ~ вращение по часовой стрелке
  counter-clockwise ~ вращение против часовой стрелки

revolve 1. вращать(ся); вертеть(ся) 2. периодически возвращаться

revolver 1. барабан 2. вращающаяся деталь (*машины*)

rewind перемотка ‖ перематывать

rewiring перемонтаж

rework 1. доработка; переделка; исправление 2. повторная обработка

rewrite перезапись ‖ перезаписывать

rheostat реостат

rib 1. ребро; ребро жёсткости ‖ укреплять; придавать жёсткость 2. фланец; буртик; поясок

rig 1. приспособление; устройство; установка 2. аппаратура; оборудование ‖ оборудовать 3. оснастка 4. испытательный стенд

rigging 1. сборка; монтаж; установка 2. наладка; регулировка 3. оснащение 4. подвеска

rigid 1. жёсткий; неподатливый; (неподвижно) закреплённый 2. стойкий 3. неизменный; жёсткий (*о программе робота, не меняющейся в процессе работы*)

rigidity 1. жёсткость; неподатливость 2. стойкость 3. неизменность

rim 1. обод; закраина; реборда 2. скоба

ring 1. кольцо; обод 2. фланец 3. кольцевой регистр, кольцевой счётчик 4. кольцевая сеть; кольцевая схема 5. звон; звонок ‖ звенеть; звонить
  binary ~ двоичный кольцевой счётчик
  caulking ~ 1. прокладочное кольцо; уплотнительное кольцо 2. кольцо жёсткости
  check ~ стопорное кольцо
  clamping ~ зажимное кольцо; стяжное кольцо
  collector ~ токособирательное кольцо; коллекторное кольцо
  decade ~ десятичный кольцевой счётчик
  elastic ~ пружинная шайба
  gasket ~ уплотнительное

кольцо; прокладочное кольцо

gear(ed) ~ зубчатое колесо; зубчатый венец

guard ~ предохранительное [защитное] кольцо

locking ~ стопорное кольцо

piston ~ поршневое кольцо

program ~ программное кольцо

retaining ~ стопорное кольцо

safety ~ предохранительное [защитное] кольцо

slip ~ контактное кольцо (*электродвигателя*)

spring ~ 1. пружинное кольцо 2. пружинная шайба

stiffening ~ кольцо жёсткости, кольцевое ребро жёсткости

stopper ~ стопорное кольцо

rise подъём; возрастание‖ поднимать(ся); возрастать

rising 1. подъём; возрастание; увеличение 2. поднятие

risk 1. риск‖рисковать 2. опасность ◊ **to run the** ~ подвергаться риску

~ **of loss** риск потерь

collision ~ опасность столкновения (*робота с препятствием*)

customer('s) ~ риск потребителя

death ~ опасность для жизни

estimated ~ оценка риска

explosive ~ взрывоопасность

fire ~ пожароопасность

manufacturer('s) ~ риск изготовителя

occupational ~ профессиональная опасность

tolerated ~ допустимый риск

user('s) ~ риск пользователя

vendor('s) ~ риск поставщика

riveting:

robotic ~ роботизированная клёпка

robot робот

adaptable [adaptive] ~ адаптивный робот

adhesing ~ робот для нанесения клея; клеящий робот

advanced ~ развитый [совершенный] робот; перспективный робот

agricultural ~ сельскохозяйственный робот

air-driven ~ робот с пневмоприводом, пневматический робот

all-electric ~ полностью электромеханический робот

all-purpose ~ универсальный робот

ammunition-loading ~ робот для зарядки патронов *или* снарядов, робот-заряжающий

amphibian ~ робот-амфибия

angular ~ робот, работающий в угловой [ангулярной] системе координат, *проф.* угловой [ангулярный] робот

anthropomorphic [anthro-

poid] ~ антропоморфный робот

antimine ~ робот-сапёр; робот-тральщик

arc-welding ~ робот для дуговой сварки

area-mobile ~ мобильный робот, перемещающийся по двумерной поверхности

articulated ~ робот с шарнирными сочленениями, шарнирный робот

ASEA(-type) ~ робот (с кинематической схемой) типа ASEA

assembly ~ сборочный робот

automatically operated ~ автоматический робот, робот с автоматическим управлением

autonomous ~ автономный робот

auxiliary ~ вспомогательный робот

bagging ~ расфасовочно-упаковочный робот

bakery ~ робот-пекарь

baling ~ упаковочный робот

bang-bang ~ 1. (цикловой) робот с управлением по упорам 2. робот с релейным управлением

bench-mounted ~ робот, установленный на станке *или* рабочем столе

bin-picking ~ робот для взятия деталей из бункера

biotechnical ~ биотехнический робот; робот с биотехническим управлением (*с непосредственным участием человека-оператора*)

biped ~ двуногий (шагающий) робот

blind ~ слепой робот (*без СТЗ*)

blue-collar ~ робот-рабочий; промышленный робот

boom ~ 1. консольный робот; портальный робот; робот, перемещающийся по направляющим 2. робот с выдвижной рукой

box frame ~ робот, работающий в прямоугольной [декартовой] системе координат, *проф.* декартов робот

boxing ~ робот-боксёр (*для тренировки спортсменов*)

brazing ~ робот для пайки твёрдым припоем, робот для твёрдой пайки

built-in ~ встроенный (*в технологическое оборудование*) робот

burnishing ~ робот для полировальных *или* шлифовальных работ

by-work ~ робот для вспомогательных работ

cabling ~ 1. робот для изготовления кабелей *или* жгутов 2. робот для укладки кабеля (*напр. под водой*)

Cartesian (frame) ~ робот, работающий в декартовой [прямоугольной] системе координат, *проф.* декартов робот

casting ~ литейный робот; робот для (обслуживания)

литейного производства
ceiling-mounted ~ робот, укреплённый на потолке
charging ~ загрузочный робот; загрузочно-разгрузочный робот
checking ~ робот-контролёр; испытательный робот
chess(-playing) ~ робот-шахматист
chipping ~ строгальный робот
cleaning ~ 1. робот-уборщик 2. робот для очистки деталей
clean-room ~ робот для работы в (сверх)чистых помещениях
cloth-cutting ~ робот-закройщик
coal-mining ~ робот-шахтёр
coating ~ робот для нанесения покрытий
commercial ~ серийно выпускаемый [серийный] робот
commercially available ~ робот, имеющийся в продаже
complex ~ 1. комбинированный (*локомоционно-манипуляционный*) робот 2. сложный робот
component-inserting ~ робот для установки (электронных) компонентов (*в печатную плату*)
computer-assisted ~ 1. робот, управляемый от ЭВМ 2. робот, использующий ЭВМ
computer-controlled ~ робот, управляемый от ЭВМ

concreting ~ робот для бетонирования, робот-бетонщик
console ~ консольный робот
construction ~ строительный робот, робот-строитель
continuous path ~ робот с контурной системой управления, робот с контурным управлением
conveyor-tracking ~ робот, отслеживающий движение объектов по конвейеру; робот, синхронизированный с конвейером
cooking ~ робот-повар
CP ~ робот с контурной системой управления, робот с контурным управлением
crop-dusting ~ робот для опыления [обработки химикатами] посевов
cross-country ~ робот-вездеход
cutting ~ робот для резки
cylindrical (coordinate) ~ робот, работающий в цилиндрической системе координат, *проф.* цилиндрический робот
dabbling ~ робот для полива *или* обрызгивания (*растений*), робот-поливальщик
deactivation ~ робот для дезактивации
debburing ~ робот для удаления заусенцев; обдирочный робот
dedicated ~ специализированный робот

depalletizing ~ робот для разгрузки палет

dipping ~ робот для погружения [макания] деталей *(в жидкость)*

direct drive ~ робот с непосредственным [безредукторным] приводом

dish-washing ~ робот для мытья посуды; робот-посудомойка

dispensing ~ 1. роботизированное раздаточное *или* разливочное устройство 2. робот для нанесения клея *или* герметика *(порциями)* 3. торговый робот, робот-продавец

domestic ~ бытовой [домашний] робот

drawing ~ 1. робот-чертёжник 2. робот-художник

drilling ~ робот для сверления, сверлильный робот

ear ~ слышащий робот, робот с акустическими сенсорами

educated ~ обученный робот; запрограммированный робот

educational ~ учебный робот

electric(ally-driven) [**electromechanic**] ~ робот с электроприводом, электромеханический робот

elephant-trunk ~ хоботообразный робот *(с большим числом однотипных звеньев)*

entertainment ~ робот для развлечений; игровой робот

experimental ~ экспериментальный робот

exploration ~ робот для исследования *или* разведки *(напр. планет или подводных месторождений)*

eye-in-hand ~ робот «с глазом на руке»

factory ~ производственный робот; заводской робот

farming ~ сельскохозяйственный робот

feeding ~ 1. загрузочный робот; подающий робот 2. роботизированный питатель

fighting ~ боевой робот; военный робот

filling ~ расфасовочный робот

finishing ~ отделочный робот

fire-fighting ~ робот-пожарный, пожарный робот

fixed ~ стационарный [непередвижной] робот

fixed sequence ~ 1. робот с фиксированной [жёсткой] последовательностью действий; цикловой робот 2. автооператор

fixed-stop ~ (цикловой) робот, работающий по упорам

floor-mounted ~ напольный робот

flow line ~ робот для обслуживания поточной линии

folding arm ~ робот со складывающейся рукой

forging ~ ковочный [кузнечный] робот, робот-кузнец

forming ~ 1. робот-формовщик, робот для (выполнения) формовочных операций 2. робот для обслуживания прессов *или* штампов

foundry ~ литейный робот; робот для (обслуживания) литейного производства

four-legged ~ четырёхногий (шагающий) робот

free-programmable ~ свободно программируемый робот

free range ~ свободно перемещающийся робот

fruit-gathering [fruit-picking] ~ робот для сбора плодов, плодоуборочный робот

game ~ игровой робот

gantry ~ портальный робот

general-pourpose ~ универсальный робот

generation N ~ робот N-го поколения

glueing ~ робот для нанесения клея; клеящий робот

grinding ~ шлифовальный робот

guarding ~ робот-охранник

handling ~ 1. манипуляционный робот 2. погрузочно-разгрузочный робот 3. робот для перемещения материалов

heavy ~ тяжёлый робот; робот большой грузоподъёмности

high-grade ~ 1. высококачественный робот 2. робот высокого класса, робот с большими функциональными возможностями

high(-level) technology ~ 1. робот для выполнения *или* обслуживания сложных технологических операций; технологический робот высокого уровня 2. робот, построенный на технологической базе высокого уровня

hot laboratory ~ робот для работы с высокоактивными веществами

household ~ бытовой [домашний] робот

hydraulic(ally-driven) ~ робот с гидроприводом, гидравлический робот

immobile ~ стационарный [непередвижной] робот

industrial ~ промышленный робот

information ~ информационный робот

injection-molding ~ робот для (обслуживания операций) литья под давлением

insensate ~ неочувствлённый робот

insertion ~ 1. робот для вставления деталей (*в отверстия при сборке*) 2. робот для установки компонентов (*в печатную плату*)

inspection ~ 1. робот-контролёр; робот для контрольно-измерительных операций 2. робот для осмотра (*рабочей зоны*)

instruction ~ учебный робот

integral ~ интегральный робот

integrated ~ робот, встроенный в производственную систему

intelligent ~ интеллектуальный [интеллектный] робот, робот с элементами искусственного интеллекта

interactive ~ интерактивный робот

interactive remote ~ робот с интерактивным дистанционным управлением, интерактивный дистанционно-управляемый робот

joinery ~ робот-столяр

jointed-arm ~ робот с шарнирной рукой

jumping ~ прыгающий робот

knowledge-based ~ (интеллектуальный) робот, использующий базу знаний

labeling ~ маркировочный робот; робот для наклейки этикеток

laboratory ~ лабораторный робот

large-scale ~ 1. крупногабаритный робот 2. робот большой грузоподъёмности

legged ~ шагающий робот; робот с ногами

library ~ робот-библиотекарь

light ~ лёгкий робот; робот малой грузоподъёмности

limited-degree-of-freedom ~ робот с неполным [малым] числом степеней подвижности (*менее шести*)

limited sequence ~ робот с ограниченной последовательностью действий

linear mobile ~ мобильный робот с линейным перемещением (*напр. по направляющему рельсу*)

loading ~ 1. загрузочный робот; загрузочно-разгрузочный робот 2. погрузочный робот, робот-грузчик

loading-unloading ~ загрузочно-разгрузочный робот

locomotion ~ локомоционный робот

low-grade ~ 1. робот низкого качества 2. робот низкого класса, робот с малыми функциональными возможностями

low(-level) technology ~ 1. робот для выполнения *или* обслуживания простых технологических операций; технологический робот низкого уровня 2. робот, построенный на технологической базе низкого уровня

lubricating ~ робот для смазочных работ, робот-смазчик

machine-mounted ~ робот, установленный на станке; робот встроенный в станок

machine tool ~ 1. робот для обслуживания станков 2. робот, установленный на станке

machining ~ робот для обслуживания операций механообработки

mail-sorting ~ 1. робот для сортировки почты 2. автоматический сортировщик почты

main ~ основной [главный] робот

mainstream ~ 1. робот основной технологической линии 2. робот, обслуживающий главный конвейер

maintenance ~ робот-ремонтник; робот для технического обслуживания (*оборудования*)

manipulating [manipulator] ~ манипуляционный робот

man-supervised ~ робот с супервизорным управлением

marking ~ 1. маркировочный робот 2. разметочный робот

masonry ~ робот-каменщик; робот для кладки кирпичей

master ~ ведущий [задающий] робот (*в системах с копирующим управлением*)

material-feeding ~ робот для подачи материалов

material-handling ~ 1. загрузочно-разгрузочный робот 2. робот для перемещения материалов

measuring ~ (контрольно-)измерительный робот

mechanical ~ 1. механический робот 2. механическая часть робота

medical ~ медицинский робот

medium-level technology ~ 1. робот для выполнения *или* обслуживания технологических операций средней сложности; технологический робот среднего уровня 2. робот, построенный на технологической базе среднего уровня

medium-scale ~ 1. робот средних размеров 2. робот средней грузоподъёмности

metering ~ 1. измерительный робот 2. дозирующий робот

microhandler ~ робот-микроманипулятор, микроманипуляционный робот

microprocessor-based ~ робот с микропроцессорным управлением

middle-range ~ 1. робот с рабочим пространством средних размеров 2. робот средних (функциональных) возможностей

military ~ военный робот

miniature ~ миниатюрный робот, мини-робот

mining ~ робот-шахтёр

mobile ~ мобильный [подвижный] робот; локомоционный робот

modular ~ модульный робот, робот модульной конструкции

molding ~ робот для обслуживания операций литья в формы

moon ~ луноход

mounting ~ робот-монтажник; сборочный робот

moving base ~ робот на подвижном основании

multiarm(s) ~ многорукий робот

multiaxes ~ робот с несколькими степенями подвижности; многокоординатный робот

multieffector ~ робот с несколькими рабочими органами

multigripper ~ многозахватный робот

multilegged ~ многоногий (шагающий) робот

multilink ~ многозвенный робот

multisoft ~ гибкопрограммируемый робот

multitask ~ многофункциональный робот

N-axes ~ робот с N-степенями подвижности, N-координатный робот

NC- ~ робот с числовым программным управлением, робот с ЧПУ

N-DOF ~ робот с N-степенями подвижности

nonindustrial ~ непромышленный робот (*непромышленного значения*)

nonsensing ~ неочувствлённый робот

nonservo ~ робот без сервоприводов

N-th generation ~ робот N-го поколения

numerically controlled ~ робот с числовым программным управлением, робот с ЧПУ

observing ~ 1. зрячий робот: робот с СТЗ 2. робот-наблюдатель

office ~ конторский робот

open loop ~ робот без сервоуправления (*с системой управления разомкнутого типа*)

operational ~ технологический робот

oral ~ робот, управляемый голосовыми командами

orbital servicing ~ робот для обслуживания (*космических кораблей*) на орбите

overhead ~ подвесной робот

overhead gantry ~ подвесной портальный робот

packaging [packing] ~ упаковочный робот

painting ~ окрасочный робот

palletizing ~ 1. робот для палетизации, робот для загрузки палет 2. робот-штабелёр

part-cleaning ~ робот для очистки деталей

part-ordering ~ робот для упорядочения деталей

pedestal-mounted ~ робот, установленный на подставке

pendular ~ маятниковый робот; подвесной робот маятникового типа

personal ~ персональный робот, робот личного пользования

phantom ~ имитатор робота; (графическая) модель робота (*на экране дисплея*)

pick-and-place ~ 1. цикловой робот 2. перегрузочный робот (*выполняющий операции типа «взять и положить»*)

piling ~ робот-штабелёр
plating ~ робот для нанесения гальванического покрытия
playback ~ робот с воспроизведением программы (*вводимой с внешнего носителя*)
pneumatic(ally-driven) ~ робот с пневмоприводом, пневматический робот
point-to-point ~ робот с позиционным управлением, позиционный робот
polar ~ робот, работающий в полярной системе координат
policing ~ робот-полицейский
polishing ~ робот для полировальных *или* шлифовальных работ
position-controlled ~ робот с позиционным управлением, позиционный робот
precision ~ прецизионный [высокоточный] робот
press(-working) ~ робот для обслуживания прессов *или* штампов
process ~ технологический робот
production ~ производственный робот
program-controlled ~ робот с программным управлением
programmable ~ программируемый робот
prosthetic ~ роботизированный протез
pseudogantry ~ псевдопортальный робот (*напольный робот, прикреплённый к потолку*)
PTP ~ робот с позиционным управлением, позиционный робот
PUMA(-type) ~ робот (с кинематической схемой) типа **PUMA**
quadruple [**quadrupped**] ~ четырёхногий (шагающий) робот
quick ~ быстродействующий робот
radio-guided [**radio-operated**] ~ радиоуправляемый робот, робот с радиоуправлением
rail-mounted ~ робот, перемещающийся по рельсу *или* по направляющей
record playback ~ робот с записью и воспроизведением программы (*вводимой при обучении*)
rectangular (coordinate) [**rectilinear**] ~ робот, работающий в прямоугольной [декартовой] системе координат, *проф.* декартов робот
rehabilitation ~ реабилитационный робот; робот для помощи инвалидам
remotely controlled ~ робот с дистанционным управлением, робот с телеуправлением, дистанционно управляемый робот
repair(ing) ~ робот-ремонтник
repeated task ~ робот, выполняющий повторяющиеся задания

reprogrammable ~ перепрограммируемый робот

research ~ робот для (научных) исследований, (научно-)исследовательский робот

retail ~ торговый робот, робот-продавец

revolute ~ 1. робот с шарнирной рукой 2. вращающийся робот

rivet(ing) ~ робот для обслуживания клепальных машин; робот для клепальных операций, клепальный робот

rotary ~ 1. робот с поворотными сочленениями 2. вращающийся робот

roving ~ мобильный (исследовательский) робот; робот-вездеход

SCARA(-type) ~ робот (с кинематической схемой) типа SCARA

sealing ~ робот для нанесения герметиков

seam-tracking ~ (сварочный) робот с отслеживанием шва

self-contained ~ автономный робот

self-control ~ самоуправляемый робот

self-learning ~ робот с самообучением, самообучающийся робот

self-mobile [self-propelled] ~ самоходный робот

self-repairing ~ саморемонтирующийся робот

self-reproducing ~ самовоспроизводящийся робот

semiautomatic ~ полуавтоматический робот

senseless ~ неочувствлённый робот

sensor-equipped [sensory] ~ очувствлённый робот *(робот, оснащённый датчиками внешней информации)*

sensory-based [sensory-controlled] ~ робот с сенсорным управлением; робот, управляемый на основе сенсорной информации; адаптивный очувствлённый робот

sentry ~ робот-часовой

sequence ~ робот последовательного действия *(с последовательным выполнением движений по степеням подвижности)*

servo-controlled ~ робот с сервоуправлением

servo-programmable ~ (пере)программируемый робот с сервоприводом

sheep-shearing ~ робот для стрижки овец, робот-стригаль

simplified ~ упрощённый робот, робот упрощённой конструкции

single-purpose ~ одноцелевой робот; специальный робот

six-legged ~ шестиногий (шагающий) робот

small-scale ~ 1. малогабаритный робот 2. робот малой грузоподъёмности

smithing ~ ковочный [кузнечный] робот, робот-кузнец

snake ~ змееобразный робот *(с большим числом однотипных звеньев с поворотными сочленениями)*
sniffing ~ робот с обонятельным сенсором
softwired ~ гибко (пере)программируемый робот
soldering ~ паяльный робот
sophisticated ~ сложный робот, робот сложной конструкции
sorting ~ сортировочный [сортировальный] робот, робот-сортировщик
space ~ космический робот
space-mobile ~ 1. мобильный робот, перемещающийся в (трёхмерном) пространстве 2. космический мобильный робот
spare ~ резервный робот
special-purpose ~ специализированный робот; специальный робот
speech recognition ~ робот, распознающий речевые команды
spherical (coordinate) ~ робот, работающий в сферической системе координат, *проф.* сферический робот
spine ~ позвоночнообразный робот *(с большим числом однотипных звеньев, связанных тягами)*
spot-welding ~ робот для точечной сварки
spray-painting ~ робот для окраски распылением; окрасочный робот
spy ~ робот-шпион; робот-разведчик

stacking ~ робот-штабелёр
stair-climbing ~ робот для перемещения по лестницам
stamping ~ 1. робот для клеймения *(деталей)* 2. робот для штамповки
standalone ~ 1. автономный робот 2. изолированный робот *(работающий вне производственной линии)* 3. отдельный робот *(не связанный с другими роботами)*
stationary ~ стационарный [непередвижной] робот
stationary mobile ~ передвижной робот *(перемещаемый с одного стационарного рабочего места на другое вручную или при помощи транспортных средств с ручным управлением)*
stiff ~ робот жёсткой конструкции
submersible ~ подводный робот; погружаемый робот
superheavy ~ сверхтяжёлый робот; робот очень большой грузоподъёмности
superintelligent ~ «сверхразумный» робот, робот с развитым искусственным интеллектом
superlight ~ сверхлёгкий робот; робот очень малой грузоподъёмности
supervisor ~ робот-диспетчер
supervisory-controlled ~ 1. робот с супервизорным управлением 2. робот, управ-

ляемый в супервизорном режиме

surface-mobile ~ мобильный робот, перемещающийся по (двумерной) поверхности

surgery ~ хирургический робот, робот-хирург

surveillance ~ инспекционный робот

suspended ~ подвесной робот

talking ~ говорящий робот

tape-winding ~ робот-обмотчик

task ~ специальный робот; робот специального назначения *(для выполнения конкретного задания)*

task-repetition ~ жёсткопрограммируемый [неадаптивный] робот; робот для (многократного) повторения задания

task-specific ~ специальный робот; робот специального назначения *(для выполнения конкретного задания)*

technological ~ технологический робот

teleoperated ~ робот с дистанционным управлением, телеуправляемый робот, дистанционно управляемый робот

telescopic ~ телескопический робот, робот (со звеньями) телескопической конструкции

telpher(-type) ~ робот тельферного типа, тельферный робот

tennis(-playing) ~ робот-теннисист *(для тренировки спортсменов)*

testing ~ испытательный робот; контрольно-измерительный робот

tethered underwater ~ подводный робот, соединённый кабелем с кораблём-носителем; неавтономный подводный робот

timbering ~ 1. робот для лесозаготовительных или лесообрабатывающих работ 2. робот для установки крепи *(в шахтах)*

tool-changer ~ робот для смены инструмента *(на станке)*

top range ~ робот широких возможностей; робот высшего класса

tractor ~ робот-трактор

trained ~ обученный робот

training ~ 1. учебный робот 2. робот-тренер

transport ~ транспортный робот

two-arm(s) ~ двурукий робот

undersea [underwater] ~ подводный робот

unloading ~ разгрузочный робот

unmanned mobile ~ 1. необитаемый мобильный робот 2. автоматический мобильный робот

vacuum-cleaning ~ робот-пылесос

variable-sequence ~ робот с изменяемой последовательностью действий; робот с переменным циклом vehicular ~ робокар; транспортный робот

versatile ~ универсальный робот

voice-activated ~ робот, управляемый голосовыми командами

voice recognition ~ робот, распознающий голосовые команды

waiting ~ 1. робот-официант 2. робот, ожидающий команды *или* сигнала

walking ~ шагающий робот

wall-mounted ~ робот, укреплённый на стене

warehouse ~ складской робот; робот для складских работ

welding ~ сварочный робот

wheelchair ~ роботизированное инвалидное кресло

wheeled ~ колёсный робот

white-collar ~ 1. робот-служащий; конторский робот 2. информационный робот

window-cleaning ~ робот для мытья окон, робот-мойщик окон

winning ~ горнопроходческий робот

robot-assembled собранный роботом

robot-based роботизированный; основанный на применении роботов

robotics робототехника

applied ~ прикладная робототехника

industrial ~ промышленная робототехника

intelligent ~ 1. средства робототехники с элементами искусственного интеллекта; интеллектные средства робототехники 2. раздел робототехники, связанный с теорией искусственного интеллекта

robot-independent 1. не зависящий от типа робота 2. роботонезависимый

robotization роботизация

robotized роботизированный

robot-like роботоподобный

robot-serviced обслуживаемый роботом

robustness 1. живучесть 2. прочность 3. робастность, грубость (*напр. системы управления*)

~ of robot 1. живучесть робота (*в условиях получаемых повреждений*) 2. прочность (конструкции) робота 3. робастность [грубость] робота (*малая чувствительность к изменениям условий работы*)

rocker балансир; коромысло; кулиса; шатун

rod 1. стержень; брус; прут 2. тяга; штанга; шток; шатун

connecting ~ соединительная тяга; шатун

guide ~ направляющий стержень

pull ~ тяга

rack ~ зубчатая рейка

steering ~ рулевая тяга

stopper ~ стопорный стержень

welding ~ 1. сварочный электрод 2. присадочный пруток

roll 1. ротация (*рабочего органа робота*); угол ротации; вращение‖вращаться 2. крен; угол крена‖крениться 3. ролик; барабан; вал 4. рулон; катушка 5. сворачивать(ся); наматывать(ся)
  actuating ~ приводной ролик; ведущий вал; направляющий ролик
  feed ~ подающий ролик
  friction ~ нажимной ролик; фрикционный цилиндр
  gripper ~ ротация захватного устройства; угол ротации захватного устройства
  mobile robot ~ крен мобильного робота; угол крена мобильного робота
  paper bail ~ прижимной ролик для бумажной ленты
  tape-feed ~ лентопротяжный ролик
rollback 1. обратная перемотка 2. возврат (*к пройденной точке программы*)
roller ролик; вал; (вращающийся) цилиндр (*см. тж* roll)
  belt ~ ременный шкив; ролик ременной передачи
  cam ~ кулачковый ролик
  carrying ~ несущий ролик; опорный ролик
  flexible ~ гибкий вал
  friction ~ фрикционный ролик
  guide ~ направляющий ролик
  pressure ~ прижимной ролик

ROM [read only memory] постоянное ЗУ, ПЗУ
  masked ~ ПЗУ с масочным программированием, масочное ПЗУ
  ultraviolet-erasable ~ ПЗУ со стиранием ультрафиолетовым излучением
ROM-based хранимый в ПЗУ; с хранением (*программ*) в ПЗУ
romware программы, хранимые в ПЗУ
room 1. помещение 2. место; пространство 3. участок памяти (*для хранения блока данных*)
  assembly ~ 1. сборочный цех 2. место сборки
  computer ~ машинный зал
  control ~ пункт управления; кабина оператора
  finished ~ склад готовых изделий
  stock ~ склад, складское помещение
  tool ~ инструментальная кладовая
  working ~ 1. рабочее помещение 2. рабочее пространство
root 1. *мат.* корень 2. основание 3. исходный элемент 4. корень (*графа*)‖корневой
root-mean-square среднеквадратичный, среднеквадратический
rope трос; канат
  transmission ~ приводной трос, трансмиссионный трос; трос(ик) передачи

ROT

rotary вращающийся; поворотный; ротационный

rotate вращать(ся); поворачивать(ся) (*вокруг центра*)

rotation 1. вращение, вращательное движение; поворот; ротация 2. чередование; периодическое повторение

  base ~ вращение основания; поворот основания (*робота*)

  body ~ вращение корпуса; поворот корпуса (*робота*)

  clockwise ~ вращение по часовой стрелке

  counterclockwise ~ вращение против часовой стрелки

  gripper ~ вращение захватного устройства; ротация захватного устройства; поворот захватного устройства

  link ~ поворот звена (*манипулятора*)

  wrist ~ вращение в запястном шарнире; поворот запястья (*робота*)

rotator 1. поворотное устройство; поворотный шарнир; вращательный шарнир 2. вращательная степень подвижности (*манипулятора*)

rotor ротор

  quill ~ полый ротор

rough 1. грубый, приблизительный (*в отличие от точного*) 2. неровный; шероховатый; грубый; необработанный

round 1. круг; окружность‖круглый; круговой‖округлять; скруглять 2. круговое движение; цикл

ROU

round-robin циклический; круговой

route 1. маршрут; трасса; путь‖прокладывать маршрут; прокладывать трассу, трассировать; прокладывать путь 2. траектория‖строить траекторию 3. курс‖прокладывать курс

  access ~ 1. маршрут достижения цели 2. траектория проникновения (*робота в труднодоступное место*)

  least-cost ~ наиболее дешёвый маршрут; путь наименьшей стоимости

  processing ~ технологический маршрут (*детали*)

  robot ~ 1. маршрут (мобильного) робота; трасса (мобильного) робота 2. траектория робота

  safe ~ 1. безопасный маршрут; безопасный путь 2. безопасная траектория

  telecommunication ~ линия телесвязи; цепочка (релейных) станций дистанционной связи

router блок прокладки маршрута; программа трассировки

routine 1. операция 2. (стандартная) программа (*см. тж* **program**) 3. рутинная операция; рутинная работа

  contour [**contoured path**] ~ 1. операция прохождения по контуру; операция отслеживания траектории 2. программа контурного управления

control ~ управляющая программа
debugging ~ отладочная программа, программа отладки
diagnostic ~ 1. диагностическая программа 2. текущая диагностическая проверка
interpolation ~ программа интерполяции
maintenance ~ порядок технического обслуживания
no-gripping ~ операция, не связанная с захватыванием объектов
pocketing ~ программа фрезерования выемок (*в УЧПУ*)
search ~ программа поиска
teaching ~ 1. операция обучения 2. программа обучения
test(ing) ~ 1. порядок испытаний; программа испытаний 2. тестовая программа

routing 1. прокладка [составление] маршрута; прокладка [выбор] трассы 2. выбор курса 3. маршрутизация (*напр. деталей в технологическом процессе*) 4. фасонное фрезерование 5. трассировка (*печатных плат*)
directory ~ направленная маршрутизация; табличная маршрутизация
message ~ маршрутизация сообщений (*в сетях ЭВМ*)
robot ~ прокладка маршрута *или* трассы (мобильного) робота

rover ровер, вездеход; (исследовательский) мобильный аппарат
Mars ~ марсоход
moon ~ луноход

row ряд; строка

rowwise построчный

rule 1. правило; норма; критерий 2. (масштабная) линейка
~ of thumb практическое правило
condition-action ~ правило типа «условие — действие»
construction ~s принципы конструирования
content ~ ассоциативное правило
decision ~ решающее правило; правило принятия решения
design ~s нормы проектирования
general ~ общее правило
incomplete ~ неполное [несовершенное] правило
inconsistent ~ несовместимое [противоречивое] правило
inference ~ правило (логического) вывода
instantiation ~ правило присваивания значений
linking ~ правило связывания
majority ~ правило большинства; мажоритарный принцип
minimax ~ минимаксный критерий
nearest neighbor ~ правило ближайшего соседа (*в распознавании образов*)

precedence ~ правило предшествования
priority ~ 1. правило назначения приоритетов 2. приоритетное правило
production ~ правило продукции, продукционное правило; порождающее правило
proof ~ правило доказательства
recursive ~ рекурсивное правило
selection ~ правило отбора
stopping ~ правила останова (*программы*)
substitution ~ правило подстановки
transformation ~ правило преобразования
rulebase база правил
run 1. (однократный) проход, прогон (*программы*) || (однократно) выполнять, прогонять (*программу*) 2. работа; ход; эксплуатация

◊ **on the** ~ на ходу, в движении; **to** ~ **away** выходить из-под контроля; **to** ~ **continuously** работать непрерывно; **to** ~ **into a cyclic path** зацикливаться (*при поиске*); **to** ~ **the program** выполнять [прогонять] программу

benchmark ~ контрольный прогон (*для определения рабочих характеристик*)
black ~ серия чёрных элементов изображения
dry ~ пробный прогон
full load ~ работа при полной нагрузке
repetitive ~ многократное выполнение (*программы*)
simulation ~ 1. имитационный прогон 2. прогон моделирующей программы
test ~ прогон теста; тестовый прогон
white ~ серия белых элементов изображения
runaway выход из-под контроля; уход; отклонение
rundle вращающаяся деталь
runner 1. рабочее колесо 2. ротор 3. шкив; подвижный блок; ходовой ролик

nut ~ гайковёрт (*рабочий орган робота*)
running 1. (однократный) проход, прогон (*программы*) 2. работа; ход; эксплуатация (*см. тж* run)
run-out 1. движение по инерции 2. биение 3. износ
runtime 1. время прогона (*программы*) 2. время работы

S

sacred зарезервированный; предназначенный для строго определённой цели
saddle 1. салазки; каретка 2. подкладка; опора 3. седло (*на фазовой плоскости*)
safe безопасный; надёжный
safeguard 1. предохранитель; предохранительное устрой-

ство‖предохранять 2. ограждение‖ограждать 3. защитная мера; защитное средство; устройство защиты 4. устройство *или* метод обеспечения техники безопасности

safety безопасность; надёжность‖безопасный; надёжный

  occupational ~ безопасные условия труда

  operational ~ 1. техника безопасности 2. эксплуатационная безопасность

sag 1. прогиб; провес‖прогибаться; провисать 2. стрела прогиба; стрела провеса

salt *проф.* «соль» (*помехи в виде ошибочно белых элементов изображения*)

sample 1. проба; образец; замер‖отбирать пробы; производить замеры 2. *мат.* выборка 3. дискрета; (дискретный) отсчёт (*непрерывного сигнала*)‖дискретизировать 4. эталон‖эталонный

  check ~ контрольный образец

  item ~ образец изделия

  random ~ случайная выборка

  representative ~ представительная [репрезентативная] выборка

  training ~ обучающая выборка

sampling 1. отбор проб; проведение (выборочных) замеров; выборка 2. выборочное исследование 3. дискретизация; квантование 4. (амплитудно-)импульсная модуляция

  acceptance ~ выборочный приёмочный контроль

  analog ~ дискретизация аналогового сигнала

  skipping ~ выборка с пропусками

  time ~ квантование по времени

satisfy 1. быть приемлемым 2. удовлетворять (*напр. уравнению*)

saturation насыщение

  black ~ насыщение (*видеосигнала*) в области «чёрного»

  magnetic ~ магнитное насыщение

  signal ~ насыщение сигнала

  white ~ насыщение (*видеосигнала*) в области «белого»

savepoint точка сохранения (*информации о текущем состоянии системы*)

saving 1. сохранение (*состояния системы в памяти*) 2. сбережение; экономия (*напр. ресурсов*)

  labor ~ высвобождение [экономия] трудовых ресурсов

scalar скаляр‖скалярный

scale 1. шкала 2. масштаб‖масштабировать 3. *мн.* весы 4. (масштабная) линейка

  coordinate ~ координатная сетка

fast time ~ ускоренный масштаб времени

full ~ натуральная величина, масштаб 1:1

gray ~ шкала серого, полутоновая шкала *(яркости изображения)*

image ~ масштаб изображения

linear ~ 1. линейная [равномерная] шкала 2. линейный масштаб

logarithmic ~ 1. логарифмическая шкала 2. логарифмический масштаб

real time ~ реальный [натуральный] масштаб времени

reduced ~ уменьшенный масштаб

slow time ~ замедленный масштаб времени

time ~ 1. временна́я шкала 2. масштаб времени

uniform ~ равномерная шкала

scale-invariance инвариантность к изменениям масштаба

scaler 1. счётчик; пересчётная схема 2. делитель частоты 3. блок масштабирования

scaling 1. выбор масштаба; масштабирование 2. деление частоты 3. обмер

displacement ~ масштабирование перемещений *(дистанционно-управляемого робота)*

force ~ масштабирование усилий *(дистанционно-управляемого робота)*

scan 1. сканирование; просмотр; поиск∥сканировать; просматривать 2. развёртка∥развёртывать *(см. тж scanning)* 3. часть изображения, введённая за один проход при сканировании 4. поле зрения

automatic ~ автоматический поиск

frame ~ кадровая развёртка

priority ~ приоритетный поиск

raster ~ 1. растровое сканирование 2. растровая развёртка

sector ~ секторная развёртка; секторный обзор, обзор сектора

spiral ~ 1. поиск по спирали 2. спиральная развёртка

status ~ сканирование состояний *(напр. опрашиваемых устройств)*

storage ~ просмотр ячеек памяти

scanner 1. сканирующее устройство; блок сканирования 2. развёртывающее устройство; блок развёртки

bar code ~ сканирующее устройство считывания штрихового кода

frame ~ блок кадровой развёртки

image ~ программа сканирования изображения

laser ~ лазерное сканирующее устройство; лазерный дальномер

line ~ 1. блок строчной

развёртки 2. программа просмотра строки *(изображения)*
optical ~ оптическое сканирующее устройство
slot-divided ~ устройство со щелевым сканированием
visual ~ визуальное сканирующее устройство; сканирующий блок СТЗ

scanning 1. сканирование; просмотр, поиск 2. развёртка *(см. тж* scan)
circular ~ круговой обзор; круговой просмотр
line ~ 1. сканирование (вдоль) строки *или* линии 2. строчная развёртка
linear ~ линейная развёртка
line-by-line ~ 1. построчное сканирование 2. построчная развёртка
mark ~ просмотр со считыванием меток *или* маркеров
one-dimensional ~ одномерное сканирование
programmable ~ 1. программируемое сканирование 2. программируемая развёртка
sequential ~ 1. последовательный просмотр 2. прогрессивная развёртка
vertical ~ вертикальная [кадровая] развёртка

scatter(ing) 1. рассеяние 2. разброс
acoustic ~ рассеяние звука
data ~ разброс данных

scenario сценарий *(в СИИ)*
behavior ~ сценарий поведения *(робота)*

scene 1. сцена; вид 2. обстановка; окружение
dynamic ~ динамическая [нестационарная] сцена
indoor ~ 1. рукотворная [искусственная] сцена 2. обстановка внутри помещения
outdoor ~ 1. естественная [природная] сцена 2. обстановка вне помещения
polyhedral ~ сцена, образованная многогранниками
three-dimensional ~ трёхмерная сцена

schedule 1. расписание‖составлять расписание 2. (календарный) план; график; регламент‖планировать; составлять график ◇ **to stay on** ~ выдерживать запланированные сроки
AGV ~ расписание (движения) автоматически управляемых транспортных тележек *или* робокаров
inspection ~ график (периодического) осмотра
master ~ основной график
milestone ~ 1. график прохождения основных пунктов маршрута 2. план основных производственных заданий
operating ~ график (рабочих) операций
plant ~ план работы предприятия; регламент работы установки
production ~ график произ-

водства; календарный производственный план
replacement ~ план замены оборудования
three-shift ~ трёхсменный график

scheduling 1. составление расписания 2. календарное планирование
concurrent ~ планирование параллельных работ
critical path ~ планирование по методу критического пути
job ~ планирование заданий
production ~ календарное планирование производства; составление графиков производства
sequence ~ планирование последовательности *(работ или операций)*

schema схема *(логическая структура в базах данных)*
database ~ схема базы данных
knowledge ~ схема знаний
representational ~ схема представления; представляющая схема

schemata схематика; схемы
scheme 1. схема; диаграмма; чертёж 2. проект; план 3. алгоритм
allocation ~ 1. схема распределения *(напр. памяти)* 2. схема размещения *(напр. оборудования)*
coding ~ схема кодирования
computational ~ 1. схема вычислений 2. вычислительный алгоритм
cycle ~ схема цикла; цикловая диаграмма, циклограмма
decoding ~ схема декодирования
functional ~ функциональная схема
kinematic ~ кинематическая схема
motion ~ схема движений *(робота)*
operation(al) ~ 1. схема работы 2. диаграмма операции
proof ~ схема доказательства
wiring ~ (электрическая) монтажная схема; схема коммутации

science наука; научные основы; теория
computer ~ 1. вычислительная техника 2. теория вычислительных систем
control ~ теория управления
information ~ информатика
robotic ~ робототехника

scoop 1. ковш; черпак; совок 2. совковое *или* ковшеобразное захватное устройство *(робота)*

scope 1. диапазон; размах; охват 2. поле зрения; область обзора *(СТЗ)* 3. индикатор 4. осциллограф
range ~ 1. диапазон дальности осмотра 2. индикатор дальности

score 1. оценка; результат

подсчёта 2. (от)метка‖делать отметку

scrambling перестановка элементов *(напр. изображения)*

scrap брак; (металлические) отходы‖отправлять в брак

screen 1. экран‖экранировать 2. изображение на экране‖показывать на экране; выводить *(изображение)* на экран 3. светофильтр 4. щит; заслонка

polarizing ~ поляризационный светофильтр, поляроид

safety ~ защитный экран; защитная шторка

touch-sensitive ~ сенсорный экран

view(ing) ~ экран (для) визуального наблюдения

screw 1. винт‖завинчивать; скреплять винтами 2. червяк; шнек

ball-bearing [ball(-circulating)] ~ шариковинтовая передача; шариковый (ходовой) винт

binding ~ зажимной винт

coupling ~ стяжной винт; соединительный винт

drive ~ ходовой винт; приводной винт

endless ~ червяк; шнек

feed ~ 1. ходовой винт; винт подачи 2. подающий червяк; шнек; червячный транспортёр

fixing ~ крепёжный винт; фиксирующий винт

lead ~ ходовой винт; винт подачи

lock ~ 1. стопорный винт; запирающий винт; контрящий винт 2. винт-ограничитель хода

motion ~ ходовой винт

stop ~ 1. стопорный винт 2. упорный винт

wheel ~ червячный винт; червячное колесо

script сценарий *(в СИИ)*

scuffing 1. износ; срабатывание 2. заедание *(зубчатой передачи)*

seal 1. уплотнение; изолирующий слой; герметик 2. перемычка; затвор 3. уплотнять; заделывать; герметизировать

sealing 1. уплотнение; изолирующий слой; герметик 2. уплотнение; заделка; герметизация

robotic ~ роботизированное нанесение герметиков; роботизированная герметизация

seam шов; стык, место соединения

brazed [soldered] ~ спаянный шов; спай

weld(ed) ~ сварной шов; стык свариваемых деталей

search 1. поиск‖искать 2. перебор *(вариантов)*‖перебирать *(варианты)* 3. исследование; изыскание; обследование‖исследовать; обследовать

binary ~ двоичный [дихотомический] поиск, поиск методом дихотомизации

blind ~ поиск вслепую

breadth-first ~ (преимуще-

ственный) поиск в ширину
depth-first ~ (преимущественный) поиск в глубину
dichotomizing ~ двоичный [дихотомический] поиск, поиск методом дихотомизации
exhaustive ~ 1. исчерпывающий поиск 2. полный перебор
global ~ глобальный поиск
goal ~ поиск цели
goal-oriented ~ целенаправленный поиск
graph ~ поиск на графе
guided ~ 1. управляемый поиск 2. управляемый перебор
pattern ~ 1. поиск по шаблону; поиск по эталону 2. поиск эталона (*в библиотеке*)
random ~ случайный поиск
reduced ~ сокращённый поиск
serial ~ 1. последовательный поиск 2. последовательный перебор
spiral ~ поиск (*требуемого положения*) по спирали
state-space ~ поиск в пространстве состояний
table ~ табличный поиск, поиск в таблице
width-first ~ (преимущественный) поиск в ширину

seat 1. место установки‖устанавливать; помещать 2. гнездо 3. сиденье

secondary 1. вторичный 2. второстепенный

section 1. часть; секция‖делить на части; разбивать на секции, секционировать 2. раздел 3. сечение; разрез‖производить сечение *или* разрез 4. отрезок

axial ~ осевое сечение, сечение по оси
control ~ управляющая часть (*робототехнической системы*)
cross ~ поперечное сечение; поперечный разрез; профиль
dead ~ мёртвая зона
electronics ~ электронная часть (*робота*)
lateral ~ поперечный разрез; профиль
logical ~ логическая часть (*напр. устройства управления*)
longitudinal ~ продольный разрез
mechanical ~ механическая часть (*робота*)
memory ~ область памяти
program ~ часть программы; секция программы; отрезок программы; сегмент программы
trajectory ~ часть [участок] траектории; отрезок траектории
vertical ~ вертикальное сечение; вертикальный разрез

sectional 1. составной; сборный; разъёмный; разборный 2. лежащий в сечении; относящийся к сечению

secure 1. обеспечивать; гарантировать; страховать 2. закреплять 3. надёжный; безопасный; гарантированный

seek(ing) поиск (*см. тж* **search**)

seesaw возвратно-поступательное движение

segment 1. отрезок; сегмент ‖ сегментировать 2. фрагмент (*изображения*) 3. звено (*кинематической цепи*)
 arm ~ звено руки (*робота*)
 data ~ сегмент данных
 image ~ фрагмент изображения
 manipulator ~ звено манипулятора
 rigid ~ жёсткое звено
 straight-line ~ прямолинейный сегмент
 trajectory ~ отрезок траектории; участок траектории
 zero-length ~ звено нулевой длины

segmentation сегментация
 image ~ сегментация изображения
 interpretation-guided ~ сегментация через интерпретацию
 memory ~ сегментация памяти
 picture ~ сегментация изображения
 program ~ сегментация программы

selection 1. селекция; отбор; выбор; подбор 2. выборочная совокупность; выборка 3. набор
 feature ~ отбор признаков (*распознаваемого объекта*)
 frame ~ 1. выбор кадра; выбор рамки (*изображения*) 2. выбор фрейма (*в СИИ*)
 menu ~ выбор из заранее заданного множества альтернатив, выбор типа меню
 partial ~ частичная выборка
 program ~ 1. выбор программы 2. (отобранный) набор программ
 random ~ 1. случайный выбор 2. случайная выборка
 window ~ выбор окна (*при обработке изображений*)

selectivity селективность, избирательность

selector 1. селектор 2. искатель 3. коммутатор 4. дешифратор
 channel ~ 1. селектор каналов 2. коммутатор каналов
 crossbar ~ координатный искатель
 quadrant ~ блок выбора квадранта (*напр. в СТЗ*)
 relay ~ релейный искатель
 scanner ~ опрашивающий селектор

self-acting 1. автоматический 2. автономный; действующий самостоятельно

self-adapting самоприспосабливающийся, с автоматической адаптацией

self-adjustment самонастройка

self-awareness «самосознание»; самоанализ (*в СИИ*)

self-centering самоцентровка ‖ самоцентрирующийся

self-contained автономный; независимый

self-correction 1. автоматическая коррекция, самокоррекция *(напр. движений)* 2. автоматическое исправление *(программ)*

self-diagnosis, self-diagnostics самодиагностика

self-directing самонаводящийся, с самонаведением

self-explanatory способный к объяснению собственных действий *(в СИИ)*

self-feeder автоматический питатель

self-guidance самонаведение

self-knowledge знания *(СИИ)* о себе

self-learning самообучение‖самообучающийся

self-locking с автоматической блокировкой; самозапирающийся

self-loop петля *(в графе)*

self-mobile самоходный

self-navigation автономная навигация

self-ogranization самоорганизация

self-powered 1. самоходный 2. с собственным источником энергии

self-programming самопрограммирование, автоматическое программирование‖самопрограммирующийся

self-recovery 1. самовосстановление 2. самовыравнивание 3. автоматический возврат *(в исходное положение)*

self-regulation автоматическое регулирование, саморегулирование; самовыравнивание

self-reproduction самовоспроизведение

self-restorability самовосстанавливаемость

self-steering автоматическое (рулевое) управление‖с автоматическим (рулевым) управлением

self-switching самопереключение‖самопереключающийся

self-synchronization автосинхронизация

self-testing 1. самоконтроль‖самоконтролирующийся 2. самотестирование‖самотестирующийся

  built-in ~ встроенный самоконтроль

self-timing автосинхронизация‖самосинхронизирующийся

self-tuning самонастройка‖самонастраивающийся

self-verification самопроверка

selsyn сельсин

  differential ~ дифференциальный сельсин

  exciter ~ ведущий сельсин

  receiving ~ приёмный сельсин

  transmitting ~ сельсин-датчик

semantics семантика

  axiomatic ~ аксиоматическая семантика

  declarative ~ декларативная семантика

  formal ~ формальная семантика

situational ~ ситуационная семантика

semaphore семафор *(программное средство синхронизации параллельных процессов)*

semiautonomous полуавтономный

semiaxis полуось

semiconductor полупроводник

semioscillation, semiperiod полупериод *(колебаний)*

sender передатчик; отправитель *(напр. сообщений)*
   command ~ блок выработки команд

sensation ощущение; чувство; *мн.* органы чувств

sensing 1. очувствление *(напр. робота)* 2. восприятие; опознавание 3. считывание *(данных с помощью сенсорных устройств)* 4. чувствительный; очувствлённый
   color ~ 1. восприятие цвета 2. цветочувствительный
   contact ~ 1. контактное очувствление 2. восприятие контактной информации 3. контактное считывание
   heat ~ 1. восприятие тепла 2. термочувствительный
   internal ~ 1. внутреннее очувствление 2. восприятие информации от датчиков внутреннего состояния *(робота)*
   local ~ локальное очувствление
   mark ~ 1. опознавание меток 2. считывание меток
   motion ~ 1. восприятие движущихся объектов 2. получение (сенсорной) информации о параметрах движения
   multidata ~ 1. очувствление с помощью множества сенсоров 2. восприятие многомерной сенсорной информации
   noncontact ~ 1. бесконтактное очувствление 2. бесконтактное считывание
   optical ~ 1. зрительное очувствление 2. восприятие оптической информации 3. оптическое считывание
   photoelectric ~ 1. очувствление с помощью фотоэлектрических датчиков 2. фотоэлектрическое считывание
   presence ~ обнаружение присутствия *(напр. человека в опасной зоне робота)*
   radiation ~ восприятие радиации
   remote ~ 1. очувствление с помощью дистанционных датчиков 2. дистанционное восприятие *(напр. информации)*
   robot(ic) ~ очувствление робота
   tactile ~ 1. тактильное [осязательное] очувствление 2. восприятие *или* использование информации от тактильного сенсора
   temperature ~ восприятие температуры

visual ~ 1. зрительное очувствление 2. восприятие видеоинформации 3. визуальное считывание

sensitivity чувствительность

sensor датчик, чувствительный [воспринимающий] элемент; сенсор *(датчик внешней информации робота)*

acceleration ~ датчик ускорения

acoustic ~ акустический [звуковой] датчик; акустический [звуковой] сенсор

air jet ~ (пневмо)струйный датчик

alarm ~ датчик, запускающий сигнал тревоги

angular ~ угловой датчик, датчик угла поворота

angular rate ~ датчик угловой скорости

array ~ матричный датчик

binary tactile ~ двоичный тактильный сенсор; сенсор касания

capacitance ~ ёмкостный датчик

color ~ датчик цвета, цветовой датчик

compliant material ~ (тактильный) сенсор на податливом [упругом] материале

contact ~ контактный датчик; контактный сенсор

contactless ~ бесконтактный датчик; бесконтактный сенсор

cross-fire ~ перекрёстный (оптический) датчик *(с встречным расположением излучателей и приёмников света)*

depth ~ 1. датчик глубины; сенсор глубины 2. сенсор удалённости *(точек сцены)*

detection ~ сенсор обнаружения

eddy current ~ вихретоковый датчик

encoding ~ кодовый датчик

external ~ сенсор, датчик внешней информации *(робота)*

fluidic ~ струйный датчик

flux ~ 1. датчик потока *(напр. магнитного или теплового)* 2. датчик (ис)течения *(жидкости)*

force ~ датчик силы, датчик усилия; сенсор силового очувствления *(робота)*

force/torque ~ силомоментный датчик; сенсор силомоментного очувствления *(робота)*

gripper-mounted [hand-based] ~ сенсор *или* датчик, устанавливаемый на захватном устройстве *(робота)*

image ~ видеосенсор; сенсор изображения

inductive ~ индуктивный датчик

infrared ~ инфракрасный датчик; инфракрасный сенсор

intelligent ~ интеллектуальный сенсор; сенсор с встроенным вычислительным устройством

internal ~ датчик внутренней информации *(робота)*

kinesthetic ~ кинестетический датчик *(собственного*

пространственного положения, напр. робота)
load ~ датчик нагрузки
location ~ локационный датчик; локационный сенсор
microswitch ~ датчик (касания) на базе микропереключателя
multiple-point tactile ~ многоточечный [многоэлементный] тактильный сенсор
N-axis force/torque ~ N-компонентный силомоментный датчик; N-компонентный сенсор силомоментного оочувствления *(робота)*
noncontact ~ бесконтактный датчик; бесконтактный сенсор
on-off ~ двоичный [логический] датчик
optic ~ оптический датчик; видеодатчик; видеосенсор
overload ~ датчик перегрузки
photoelectric ~ фотоэлектрический датчик
position ~ позиционный датчик; датчик положения
proportional tactile ~ пропорциональный тактильный сенсор
protective ~ датчик (системы техники) безопасности; защитный датчик
proximity ~ датчик близости; датчик приближения; сенсор ближней локации
radio-frequency ~ (локационный) датчик, работающий на радиочастотах
range ~ дальнометрический [дальномерный] сенсор

rate ~ датчик скорости
retractable tactile ~ втягиваемый [втягивающийся] тактильный сенсор
rotary acceleration ~ датчик углового ускорения
single-dimension ~ одномерный сенсор; сенсор, воспринимающий информацию вдоль одной координатной оси
single-point tactile ~ (одно-)точечный тактильный сенсор
skin-like tactile ~ сенсор типа «искусственная кожа»
slip(age) ~ датчик проскальзывания
smart ~ интеллект(уаль)ный сенсор; сенсор с встроенным вычислительным устройством
sonar ~ сонар, гидролокатор; гидролокационный сенсор
sonic ~ акустический [звуковой] датчик; акустический [звуковой] сенсор
strain gage ~ тензодатчик
stress ~ датчик (механического) напряжения
tactile ~ тактильный датчик; тактильный сенсор; сенсор осязания
torque ~ моментный датчик, датчик (крутящего) момента
touch ~ датчик касания; сенсор касания; сенсор соприкосновения
tracking ~ **1.** следящий датчик; следящий сенсор **2.** датчик системы слежения

ultrasonic ~ ультразвуковой датчик
velocity ~ датчик скорости
visual ~ видеодатчик, видеосенсор; датчик СТЗ
welding current ~ датчик тока сварки
whisker ~ сенсор касания типа «усы»
wrist force/torque ~ силомоментный сенсор, устанавливаемый в запястье (*робота*)
X-ray ~ датчик рентгеновского излучения

sensory сенсорный

sentence предложение
declarative ~ описательное предложение, предложение типа описания

separable 1. разделимый 2. отделяющийся 3. *мат.* сепарабельный

separation 1. разделение; разбиение 2. отделение 3. сортировка
~ **of variables** разделение переменных

sequence 1. последовательность; порядок (следования) ‖ устанавливать последовательность 2. ряд 3. чередование
action ~ последовательность действий (*напр. работа*)
call(ing) ~ 1. последовательность опроса 2. вызывающая последовательность (*реализующая обращение к программе*)
control ~ последовательность управления, управляющая последовательность
fixed ~ фиксированная [жёсткая] последовательность (*действий робота*)
handling ~ последовательность манипуляций
hardwired ~ жёстко запрограммированная последовательность, *проф.* (аппаратно) «запаянная» [«зашитая»] последовательность (*действий робота*)
instruction ~ последовательность команд
limited ~ 1. ограниченная последовательность (*действий робота*) 2. ограниченный ряд
macro ~ последовательность макрокоманд
motion ~ последовательность движений
programmed ~ запрограммированная последовательность (*напр. действий робота*)
random ~ 1. случайная последовательность 2. последовательность случайных чисел
switching ~ последовательность переключений
taught(-in) ~ последовательность действий, которым обучен робот, *проф.* обученная последовательность
time ~ временна́я последовательность
training ~ обучающая последовательность
variable ~ переменная [изменяемая] последователь-

ность *(действий робота)*
sequencer 1. устройство циклового управления; цикловой контроллер 2. командоаппарат *(управляющее устройство с жёсткой последовательностью событий)* 3. программа упорядочения *(очередей)*
  drum ~ программный барабан; барабанный командоаппарат *(задающий последовательность действий робота)*
sequential 1. следующий; являющийся продолжением 2. последовательный; поочерёдный
serial 1. последовательный; порядковый 2. серийный
serialization преобразование в последовательную форму
serializer параллельно-последовательный преобразователь
serial-parallel последовательно-параллельный
series 1. серия; ряд 2. набор; комплект 3. *мат.* ряд 4. последовательное (электрическое) соединение
  convergent ~ сходящийся ряд
  divergent ~ расходящийся ряд
  Fourier ~ ряд Фурье
  harmonic ~ гармонический ряд
  power ~ степенной ряд
  Taylor's ~ ряд Тейлора
  time ~ временной ряд
serve 1. обслуживать; производить осмотр и текущий ремонт 2. использовать(ся)
service 1. обслуживание‖производить текущее обслуживание 2. служба; услуги; сервис
  warranty ~ гарантийное обслуживание
serviceability удобство обслуживания
servicer 1. обслуживающее устройство 2. *мн.* обслуживающий персонал
  flight telerobotic ~ дистанционно-управляемый робот для обслуживания космических станций
  robot ~ 1. обслуживающий *(технологическое оборудование)* робот 2. сервисный робот, робот службы быта 3. *мн.* персонал обслуживания робота
servo 1. сервомеханизм; следящая система 2. сервопривод; серводвигатель 3. сервоуправление; следящее управление; серворегулирование
  arm ~ сервопривод руки *(робота)*
  axis ~ 1. сервомеханизм степени подвижности; следящая система управления степенью подвижности *(робота)* 2. сервопривод *или* серводвигатель степени подвижности *(робота)* 3. сервомеханизм *или* сервопривод управляемой координаты *(напр. станка с ЧПУ)*
  differential ~ дифференциальный сервомеханизм;

дифференциальная следящая система

electric ~ 1. электросервомеханизм; электрическая следящая система 2. электрический сервопривод; электрический серводвигатель

electromechanical ~ 1. электромеханический сервомеханизм; электромеханическая следящая система 2. электромеханический сервопривод

hydraulic ~ 1. гидросервомеханизм; гидравлическая следящая система 2. гидравлический сервопривод; гидравлический серводвигатель

image-based visual ~ визуальное сервоуправление (*роботом*) по изображению (*без расчёта положения цели*)

joint ~ 1. сервопривод сочленения; серводвигатель сочленения; сервопривод *или* серводвигатель степени подвижности (*робота*) 2. сервоуправление степенью подвижности (*робота*)

manipulator ~ 1. сервомеханизм манипулятора; следящая система манипулятора 2. сервопривод манипулятора; серводвигатель манипулятора 3. сервоуправление манипулятором

mechanical ~ 1. сервомеханизм; механическая следящая система 2. механический сервоусилитель; механический сервопривод

on-off ~ релейная следящая система

pneumatic ~ 1. пневмосервомеханизм; пневматическая следящая система 2. пневматический сервопривод; пневматический серводвигатель

position(-based) ~ 1. позиционный сервомеханизм; позиционная следящая система 2. позиционное сервоуправление; сервоуправление по положению

position-based visual ~ визуальное сервоуправление (*роботом*) по положению (*цели, определяемой СТЗ*)

robot ~ 1. сервомеханизм робота; следящая система робота 2. сервопривод робота; серводвигатель робота 3. сервоуправление роботом

rotary ~ 1. поворотный сервомеханизм; следящая система поворотного перемещения 2. сервопривод вращательной степени подвижности 3. поворотный серводвигатель

sensory-based ~ 1. следящая система управления на основе сенсорной информации 2. сервопривод с сенсорной обратной связью 3. сервоуправление на основе сенсорной информации

visual ~ визуальное сервоуправление (*роботом*); сервоуправление со зрительной обратной связью; сервоуправление с СТЗ в контуре

servoactuator сервопривод; серводвигатель *(см. тж* **servo)**

follower ~ сервопривод копира

servoamplifier сервоусилитель; усилитель следящей системы

servocontrol сервоуправление, следящее управление; серворегулирование *(см. тж* **servo)**

servocontroller устройство сервоуправления, устройство следящего управления; серворегулятор

servodrive сервопривод; серводвигатель *(см. тж* **servo)**

servodriven с сервоприводом

servoing 1. сервоуправление; следящее управление *(см. тж* **servo)** 2. отслеживание; отработка *(напр. заданного движения сервоприводом)*

program ~ отслеживание программного движения; отработка программы *(сервоприводом робота)*

servoloop следящий контур; контур отслеживания; контур следящей системы управления

servomechanism 1. сервомеханизм; следящий механизм *(см. тж* **servo)** 2. механизм следящей системы

contactor ~ релейный сервомеханизм

gripper ~ сервомеханизм захватного устройства

position(-control) ~ 1. позиционный сервомеханизм 2. механизм позиционной следящей системы управления

velocity(-control) ~ 1. сервомеханизм отслеживания скорости 2. механизм следящей системы управления по скорости

servomotor серводвигатель; сервомотор; сервопривод *(см. тж* **servo)**

asynchronous ~ асинхронный серводвигатель; асинхронный сервомотор

electronically communicated ~ сервомотор с электронным управлением

servorecorder серворегистратор

servosystem следящая система; сервосистема; система следящего управления *(см. тж* **servo)**

adjustable ~ регулируемая сервосистема; настраиваемая сервосистема

computer ~ следящая система с компьютером; следящая система на базе ЭВМ

continuous ~ следящая система непрерывного действия

digital ~ цифровая следящая система

feedback ~ следящая система с обратной связью

linear ~ 1. линейная следящая система 2. следящая система (прямо)линейного перемещения

multiloop ~ многоконтурная следящая система
position ~ позиционная следящая система; позиционная сервосистема; следящая система по положению
pulse ~ импульсная следящая система
rate ~ система следящего управления по скорости
sampling ~ следящая система прерывистого действия; импульсная следящая система

servounit блок сервопривода
servovalve сервоклапан
set 1. набор; комплект **2.** установка; агрегат **3.** система; совокупность; семейство; ряд **4.** множество **5.** устанавливать; монтировать; размещать **6.** регулировать; настраивать; налаживать **7.** ставить *(задачу)* **8.** устанавливать *(в определённое состояние)*; задавать *(требуемое значение)* ◊ **to ~ the problem** ставить задачу
~ of behaviors совокупность [множество] линий поведения
~ of equations система уравнений
arc-welding ~ агрегат [установка] для дуговой сварки
basic ~ of operations базовый набор действий *или* операций
board ~ набор плат; комплект плат
bounded ~ ограниченное множество

closed ~ замкнутое множество
connected ~ связное множество
connected pixel ~ связное множество элементов изображения
contact ~ 1. контактная группа **2.** множество элементов *(контактного сенсора робота)*, соприкасающихся с объектом
convex ~ выпуклое множество
countable ~ счётное множество
data ~ 1. набор данных **2.** множество данных
d-(direct) connected ~ непосредственно-связное множество *(в анализе изображений)*
empty ~ пустое множество
enumerable ~ счётное множество
failure ~ 1. множество неудачных исходов **2.** множество отказов
feature ~ набор признаков *(для распознавания изображения)*
fuzzy ~ размытое [нечёткое] множество
gear ~ зубчатая передача; редуктор
i-[indirect] connected ~ косвенно-связное множество *(в анализе изображений)*
instruction ~ система команд; набор команд
nonconvex ~ невыпуклое множество

null ~ 1. пустой набор (*напр. данных*) 2. пустое множество

open ~ открытое множество

ordered ~ 1. упорядоченный набор (*напр. данных*) 2. упорядоченное множество

proper ~ строгое множество

right handed (coordinate) ~ правая система координат

robot ~ 1. робототехническая система 2. семейство роботов 3. роботизированная установка

success ~ множество успешных исходов

test ~ 1. набор тестов 2. тестовая [контрольная] последовательность (*в распознавании образов*)

training ~ обучающая последовательность (*в распознавании образов*)

zero ~ установка на нуль

setdown спуск, опускание (*захваченного роботом объекта на опорную плоскость*)

setpoint уставка (*заданное значение*)

setting 1. установка; монтаж; размещение 2. регулировка; настройка; наладка 3. установка (*в определённое состояние*); задание (*требуемого значения*) 4. уставка (*заданное значение*) 5. окружение; условия; обстановка

control point ~ установка контрольной точки

mode ~ задание режима

position ~ 1. регулировка положения 2. задание (требуемого) положения 3. уставка по положению

problem ~ постановка задачи; условия задачи

rate ~ 1. нормирование работ, установление норм 2. регулировка скорости 3. задание (требуемой) скорости 4. уставка по скорости

trap ~ установка «ловушек» (*в программе ЭВМ*)

setting-up 1. установка; монтаж; размещение 2. регулировка; наладка; настройка (*см. тж* **setting**)

~ of new capacity создание новых производственных мощностей

settling 1. успокоение (*механизма*) 2. установление (*уровня сигнала после переходного процесса*)

setup 1. установка; монтаж; размещение 2. регулировка; наладка; настройка 3. установка (*в определённое состояние*); задание (*требуемого значения*) 4. уставка (*заданное значение*) (*см. тж* **setting**) 5. организация; устройство, структура 6. набор схемы (*путём коммутации*) 7. собранный, в собранном виде (*об изделии*)

job ~ формирование задания

shackle скоба; дужка; хомутик

shade 1. тень‖затенять 2. оттенок, тон 3. экран; штора‖

экранировать 4. штриховка

shading 1. затенение; затемнение 2. экранирование

shadow 1. тень ‖ затенять; строить тень (*на синтезируемом изображении*) 2. мёртвая [невидимая] зона 3. экранировать

shaft 1. вал; ось; шпиндель 2. стержень 3. колонна

  cam ~ кулачковый вал; распределительный вал; вал эксцентрика

  crank ~ коленчатый вал; вал кривошипа

  drive ~ 1. ведущий вал; приводной вал 2. несущий вал (*в дисковом ЗУ*)

  flexible ~ гибкий вал

  hollow ~ полый вал

  joint ~ вал шарнира; ось шарнира; ось сочленения

  quill ~ полый вал

  rigid ~ жёсткий вал

  screw ~ ходовой винт

  stationary ~ неподвижная ось

  tubular ~ полый вал

  turning ~ 1. поворотный вал 2. ось вращения

  worm ~ червячный вал

shake 1. толчок 2. дрожание; тряска ‖ дрожать; трясти(сь) 3. люфт, зазор; свободный ход

  arm ~ дрожание руки (*робота*)

shakeproof виброустойчивый, вибростойкий

shaker вибратор

shank хвостовик (*инструмента*)

shape 1. форма; вид; очертание ‖ придавать форму 2. (фасонный) профиль, шаблон ◊ ~ **from contour** восстановление формы (*трёхмерного объекта*) по (двумерному) контуру; ~ **from illumination** восстановление формы (*трёхмерного объекта*) по освещённости; ~ **from shading** восстановление формы (*трёхмерного объекта*) по теням; определение формы по полутоновому изображению; ~ **from texture** восстановление формы (*трёхмерного объекта*) по текстуре (*его поверхностей*)

  fuzzy ~ нечёткая [размытая] форма (*объектов на изображении*)

  wave ~ форма сигнала

share 1. доля, часть 2. разделять, совместно использовать

shared совместно используемый; коллективный, коллективного пользования

sharpening увеличение резкости (*изображения*)

  edge ~ обострение краёв (*объектов на изображении*)

sharpness 1. чёткость, резкость (*изображения*) 2. тонкость (*линий, очертаний*) 3. острота 4. точность настройки

  image ~ чёткость [резкость] изображения

shearer 1. механические ножницы 2. универсальная врубовая машина

sheath оплётка; обшивка; кожух

sheave блок; шкив; ролик
 belt ~ ремённый шкив
 block ~ блок
 chain ~ звёздочка
 leading ~ направляющий шкив; направляющий ролик

shedder выталкиватель (*штампа*)

sheer 1. кривизна; изгиб 2. отклонение от курса ‖ отклоняться от курса 3. отвесный; перпендикулярный

sheet 1. лист 2. бланк документа 3. карта; схема 4. таблица; ведомость; формуляр
 coding ~ программный бланк
 cycle ~ карта (технологического) цикла; цикловая диаграмма, циклограмма
 daily time ~ график суточной загрузки
 flow ~ технологическая карта
 instruction ~ 1. операционная карта 2. инструкция
 inventory ~ 1. инвентаризационная ведомость 2. ведомость материальных запасов
 job-order ~ карта очерёдности выполнения заданий
 motor ~ формуляр двигателя
 operations ~ операционная карта
 process ~ технологическая карта
 program ~ программный бланк
 routing ~ маршрутная карта
 technical data ~ 1. листок технической информации 2. таблица технических характеристик
 timing ~ временна́я диаграмма

shell 1. оболочка; остов 2. кожух

shield 1. экран ‖ экранировать 2. защитная ширма; щиток
 bulk ~ массивный экран
 reflection ~ отражатель, отражающий экран (*в СТЗ*)
 spatter ~ щиток от брызг (*защищающий сварочный робот от расплавленного металла*)

shift 1. сдвиг; смещение ‖ сдвигать(ся); смещать(ся) 2. перемещение; перестановка 3. (рабочая) смена; рабочий день ◇ ~ **in demand** изменение в характере спроса; **in product mix** изменение номенклатуры изделий
 circular ~ циклический сдвиг
 double ~ работа в две смены
 extra ~ дополнительная смена
 frequency ~ уход частоты
 image ~ смещение изображения
 left ~ сдвиг влево
 multiple ~ многосменный режим работы

phase ~ сдвиг фаз, сдвиг по фазе, фазовый сдвиг

regular ~ 1. периодический сдвиг 2. основная рабочая смена

right ~ сдвиг вправо

threshold ~ смещение порога

zero ~ смещение [уход] нуля

shifter 1. механизм переключения; рычаг переключения 2. фазовращатель 3. сдвиговый регистр

frequency ~ преобразователь частоты

phase ~ фазовращатель

shock сотрясение; толчок; удар‖сотрясать(ся); ударять(ся)

shockproof амортизированный, стойкий к толчкам или ударам

shop 1. цех 2. мастерская (см. тж workshop)

flow ~ участок поточного производства

job (lot) ~ предприятие, работающее по (специальным) заказам

model ~ опытное производство

programming ~ центр программирования

repair ~ ремонтная мастерская; ремонтный участок

shortcoming 1. недостаток; изъян 2. нехватка, дефицит

shorthanded неукомплектованный (рабочей силой)

short-range 1. ближнего действия 2. краткосрочный

short-term краткосрочный

short-time кратковременный

shoulder 1. плечевое сочленение, плечевой шарнир; плечо (робота) 2. буртик; кромка; поясок

show 1. показ‖показывать, демонстрировать 2. выявлять; устанавливать ◊ **to ~ up** выявляться, проявляться; выделяться

showing показатель; показатели; сведения

shrinkage, shrinking сжатие (при обработке изображений)

shuffler:

pallet ~ устройство смены палет

shutdown 1. остановка; выключение; отключение‖останавливать; выключать, отключать 2. закрытие (предприятия)‖закрывать (предприятие) 3. аварийный выключатель; конечный выключатель

emergency ~ аварийное отключение; аварийная остановка

shuttle 1. челнок‖челночный 2. качающийся транспортёр 3. (космический) челнок, космический корабль многоразового использования

side 1. сторона; край; бок‖боковой 2. часть (напр. уравнения)

face ~ лицевая сторона

left(-hand) ~ левая часть (уравнения или неравенства)

master ~ управляющая [ведущая, задающая] часть (*копирующего манипулятора*)

right(-hand) ~ правая часть (*уравнения или неравенства*)

slave ~ 1. исполнительная [ведомая, рабочая] часть (*копирующего манипулятора*)

sifting отсеивание (*напр. элементов данных*)

sight 1. вид 2. поле зрения 3. визир

binocular ~ бинокулярное зрение

open ~ визир(-искатель) дальномера

sign 1. знак‖ставить знак 2. признак 3. обозначение; символ

conventional ~ 1. условный знак 2. обычно применяемый признак

identification ~ 1. опознавательный знак 2. признак для идентификации

signal сигнал‖сигнализировать, подавать сигнал‖сигнальный

acoustical ~ акустический сигнал

activating ~ пусковой сигнал; инициирующий сигнал

actuating ~ возбуждающий сигнал

amplitude-modulated ~ амплитудно-модулированный сигнал

analog ~ аналоговый сигнал

anticipated ~ опережающий сигнал; сигнал упреждения

asynchronous ~ асинхронный сигнал

audio ~ звуковой сигнал; сигнал звуковой частоты

bidirectional ~ двуполярный сигнал

binary ~ двоичный [бинарный] сигнал

clock ~ синхронизирующий сигнал, сигнал синхронизации

common-mode ~ синфазный сигнал

continuous ~ непрерывный сигнал

control ~ управляющий сигнал, сигнал управления

correcting ~ корректирующий сигнал, сигнал коррекции

digital ~ цифровой сигнал; дискретный сигнал

discrete ~ дискретный сигнал

disturbing ~ возмущающий сигнал; сигнал помехи

echo(ed) ~ эхосигнал, отражённый сигнал

emergency ~ аварийный сигнал

error ~ сигнал ошибки; сигнал рассогласования

external ~ внешний сигнал

false ~ ложный сигнал

fault ~ сигнал неисправности

feedback ~ сигнал обратной связи

frequency ~ сигнал с частотным кодированием

ghost ~ ложный [паразитный] сигнал; помеха

good/bad ~ сигнал разбра-

ковки (*в системе контроля*)
impulse ~ импульсный сигнал
input ~ входной сигнал
interrupt ~ сигнал прерывания
jump ~ (единичный) скачок (*входное воздействие*)
locking ~ сигнал блокировки
monitor(ing) ~ контрольный сигнал
naught ~ сигнал нуля
negative-going ~ сигнал отрицательной полярности
noisy ~ 1. помеха 2. сигнал с шумами, *проф.* зашумлённый сигнал
nonoscillatory ~ апериодический сигнал
on-off ~ сигнал типа «включено—выключено»; релейный сигнал
output ~ выходной сигнал
picture ~ сигнал изображения
positive-going ~ сигнал положительной полярности
pulse ~ импульсный сигнал
quantized ~ квантованный сигнал
random ~ случайный сигнал
reference ~ опорный сигнал
reject ~ сигнал отбраковки (*в системе контроля*)
return ~ 1. отражённый сигнал, эхосигнал 2. сигнал обратной связи
sense ~ 1. сигнал считывания 2. сигнал системы очувствления
speech ~ речевой сигнал

spurious ~ ложный [паразитный] сигнал
start(ing) [**startup**] ~ пусковой сигнал
step(wise) ~ ступенчатый сигнал
synchronizing [**timing**] ~ синхронизирующий сигнал, сигнал синхронизации
trigger ~ пусковой сигнал; инициирующий сигнал
trouble ~ сигнал неисправности
video ~ видеосигнал
visible ~ визуально наблюдаемый сигнал, видимый сигнал
voice ~ голосовой сигнал
warning ~ предупредительный сигнал
signaling сигнализация, передача сигналов
remote ~ телесигнализация, дистанционная сигнализация
significance 1. значение; смысл 2. важность, значительность 3. *мат.* значимость
silhouette силуэт (*напр. объекта на изображении*)
similar подобный; сходный; похожий; аналогичный
similarity подобие; сходство
simplification упрощение
simulation 1. моделирование; имитационное моделирование 2. имитация; макетирование
analog ~ аналоговое моделирование
analog-digital ~ аналого-цифровое [гибридное] моделирование

assembly ~ моделирование сборочных процессов

behavior ~ моделирование поведения (*напр. робота*)

computer ~ машинное моделирование, моделирование на ЭВМ

digital ~ цифровое моделирование

dynamic ~ моделирование динамики

"flyable" ~ (графическое) моделирование «летающих» сцен (*при котором изображение на экране дисплея зависит от позы моделируемого очувствлённого робота, воспринимающего окружающую его «сцену»*)

functional ~ моделирование на функциональном уровне, функциональное моделирование

graphic ~ графическое моделирование

higher-level ~ 1. моделирование на высоком уровне 2. моделирование систем высокого уровня

hybrid ~ аналого-цифровое [гибридное] моделирование

in-line ~ моделирование в замкнутом контуре (*с реальным объектом*); полунатурное моделирование

off-line ~ автономное [независимое] моделирование

on-line ~ 1. неавтономное моделирование 2. моделирование в реальном масштабе времени

physical ~ физическое моделирование; макетирование

real-time ~ моделирование в реальном масштабе времени

robot ~ 1. моделирование робота 2. имитация робота; макетирование робота

step-by-step ~ пошаговое моделирование

simulator 1. имитатор; макет; модель; моделирующее устройство 2. моделирующая программа; блок моделирования 3. тренажёр

analog ~ аналоговое моделирующее устройство

analog-digital ~ аналого-цифровое [гибридное] моделирующее устройство

animated performance ~ программа (графического) моделирования функционирования (*напр. робота*) в движении (*на экране дисплея*)

digital ~ цифровое моделирующее устройство

electronic ~ 1. имитатор электронной системы 2. электронное моделирующее устройство; электронная моделирующая установка

environment ~ 1. имитатор внешних условий 2. программа моделирования окружающей среды

fault ~ имитатор неисправностей

full-scale ~ макет в натуральную величину

functional ~ 1. функциональная модель 2. функциональная моделирующая программа

hybrid ~ аналого-цифровое [гибридное] моделирующее устройство

overload ~ имитатор перегрузки

physical ~ физическая модель; макет

robot ~ 1. имитатор робота; макет робота; модель робота 2. программа моделирования робота 3. роботизированный тренажёр

software ~ 1. программная модель 2. моделирующая программа

table ~ 1. настольный макет 2. стенд для моделирования

test ~ 1. тестовый имитатор 2. тестовая моделирующая программа 3. испытательный тренажёр

training ~ тренажёр

simultaneous 1. одновременный 2. *мат.* совместный

single-arm однорукий, с одной рукой (*о роботе*)

single-circuit, single-loop одноконтурный

single-purpose специализированный, узкого назначения; одноцелевой

single-rail монорельс‖монорельсовый; однорельсовый

single-stage 1. одноступенчатый; одноэтапный 2. однокаскадный

single-valued однозначный

singular *мат.* особый, особенный, сингулярный, вырожденный

singularity *мат.* особенность, сингулярность; особая точка

kinematic ~ кинематическая особая точка; вырожденная кинематическая конфигурация

site 1. место; (место)положение (*см. тж* situation) 2. узел, абонентский пункт (*сети ЭВМ*) 3. установка (*напр. вычислительная*)

situation 1. ситуация; обстановка 2. место; (место)положение

conflict ~ конфликтная ситуация

dead-end ~ тупиковая ситуация (*при прокладке маршрута*)

failure ~ ситуация возникновения отказа

goal ~ 1. целевая ситуация 2. (место)положение цели

manufacturing ~ производственная ситуация

unknown ~ незнакомая (*роботу*) ситуация

unmanageable ~ неуправляемая ситуация

size 1. величина; размер; длина‖устанавливать размер 2. формат (*напр. изображения*)

frame ~ формат кадра (*изображения*)

grain ~ степень детализации

link ~ размер звена; длина звена (*манипулятора*)

lot ~ размер партии изделий

program ~ длина программы

sample ~ объём выборки
storage ~ ёмкость памяти, ёмкость ЗУ
window ~ размер окна
word ~ длина слова

sizing 1. измерение 2. калибровка 3. установление размеров 4. сортировка (*по размерам*)

skeleton 1. каркас, остов 2. план; схема 3. скелет‖скелетный 4. контурный [графический] препарат (*изображения*)
image ~ скелетное изображение; контурный [графический] препарат изображения; остов (*объекта на изображении*)
motion ~ план движения; схема движения
procedure ~ скелет процедуры (*параметризованная программа*)

skeletonizing построение скелетного изображения; построение контурного [графического] препарата (*изображения*)

sketch эскиз; черновой набросок‖схематически изображать; делать эскиз
primal ~ первоначальный эскиз, первичный набросок (*в анализе изображений*)

skew 1. перекос‖косой; перекошенный 2. сдвиг по фазе; расфазировка 3. асимметричный

skilled квалифицированный

skills умение; навыки; профессиональные знания; опыт

computer ~ навыки работы с ЭВМ
job ~ профессиональные навыки
multidisciplinary ~ многосторонние профессиональные знания
robot ~ функциональные возможности (обученного) робота
theoretical ~ теоретические знания

skin:
artificial ~ «искусственная кожа» (*тип тактильного сенсора робота*)

skip пропуск; обход‖пропускать; обходить (*напр. часть программы*)

slack 1. зазор; люфт 2. провес; ненатянутость 3. резерв времени‖с резервом, ненапряжённый (*о режиме работы*) 4. недозагрузка производственных мощностей 5. ослаблять, замедлять

slant уклон (*угол отклонения наблюдаемой плоскости от фронтальной плоскости*)

slave 1. подчинённый механизм; подчинённое устройство 2. подчинённый [ведомый] робот (*в группе роботов*) 3. исполнительный [ведомый, рабочий] манипулятор (*с копирующим управлением*)

sled салазки

sleeve 1. рукав 2. муфта 3. втулка; гильза; трубка 4. кожух
bearing ~ опорная муфта
socket ~ обойма

stop ~ упорная гильза
threaded ~ винтовая [резьбовая] муфта

slewing 1. поворот; разворот 2. покачивание

slicing разделение на слои
level ~ разбиение (*изображения на области*) по уровням (яркости)
light ~ формирование световых [оптических] сечений (*в СТЗ*)
time ~ квантование времени

slide 1. скольжение‖скользить 2. салазки; каретка 3. суппорт 4. слайд

slider 1. ползун; ползунок 2. скользящий контакт; движок (*прибора*)

sliding скольжение; проскальзывание‖скользящий

slip 1. скольжение; проскальзывание‖скользить; проскальзывать 2. ошибка 3. бланк (*документа*)

slippage 1. проскальзывание 2. буксование 3. отставание по срокам

slipper 1. ползун 2. подвижный контакт

slit 1. разрез; щель; прорезь 2. визир 3. оптическое [световое] сечение (*в СТЗ*)

slope 1. наклон; уклон‖наклонный; пологий 2. крутизна (*кривой*)

slot 1. прорезь; паз; шлиц; щель; канавка‖прорезать; шлицевать 2. гнездо (*напр. для разъёма*) 3. интервал времени 4. слот (*элемент фрейма СИИ, подлежащий конкретизации*)
board ~ гнездо в панели
card ~ гнездо для платы
expansion ~ гнездо для расширительных модулей, расширительное гнездо
message ~ сегмент сообщения
peripheral ~ гнездо для подключения внешних соединений

smart с развитой логикой; «разумный»; «интеллектуальный»

smearing:
edge ~ размывание краёв (*объектов на изображении*)

smith:
robot(ic) ~ кузнечный робот

smoothing 1. выравнивание; сглаживание (*напр. в обработке изображений*) 2. чистовая обработка; полирование
exponential ~ экспоненциальное сглаживание
image ~ сглаживание изображений
linear ~ линейное сглаживание
median ~ медианное сглаживание
motion ~ сглаживание движения (*робота*)
path ~ сглаживание траектории (*движения робота*)
quadratic ~ квадратичное сглаживание
spline ~ сглаживание сплайнами

socket 1. гнездо; патрон;

цоколь 2. муфта 3. гильза; втулка

ball ~ 1. шаровая муфта 2. сферический подпятник

chip ~ панель для микросхемы; гнездо для микросхемы

coupler ~ контактное гнездо

grasping [grip(ping)] ~ зажимной патрон; торцовое захватное устройство

split ~ разрезной патрон; цанга

spring ~ 1. пружинящий патрон 2. гнездо с пружиной

soft 1. программируемый; гибкий; программный 2. мягкий; нежёсткий 3. податливый

software программное обеспечение; программные средства

application ~ прикладное программное обеспечение

base [basic] ~ базовое программное обеспечение

compatible ~ совместимые программные средства

control ~ 1. программное обеспечение системы управления; программные средства управления 2. управляющие программы

core ~ базовое программное обеспечение; базовые программные средства

custom-made ~ заказные программные средства

graphics ~ программное обеспечение машинной графики

interface ~ программные средства интерфейса

media-resident ~ программное обеспечение на машинном носителе

microcode ~ микропрограммы, микропрограммные средства

problem-oriented ~ проблемно-ориентированные программные средства

robot ~ программное обеспечение робота; программные средства робота

robot motion ~ 1. программные средства управления движениями робота 2. программные средства задания движений робота

ROM-based ~ программные средства, хранящиеся в ПЗУ

sensoric ~ программное обеспечение системы очувствления *(робота)*; программные средства обработки сенсорной информации

simulation ~ программное обеспечение системы (имитационного) моделирования; моделирующие программные средства

standard ~ стандартное программное обеспечение

supporting ~ программная поддержка

system ~ 1. системное программное обеспечение *(в отличие от прикладного)* 2. программное обеспечение системы

user ~ программные средства пользователя

vision ~ программное обеспечение СТЗ; программные средства обработки видеоинформации

software-compatible программно-совместимый, совместимый по программному обеспечению

software-intensive преимущественно программный *(о способе реализации алгоритма)*

software-programmable 1. реализуемый программно 2. программируемый при помощи средств программного обеспечения *(о роботе)*

soldering:
robotic ~ роботизированная пайка

soldier:
robot(ic) ~ робот-солдат; военный робот

solenoid соленоид

solid 1. твёрдое тело 2. геометрическое тело 3. твёрдый; монолитный 4. сплошной; неразъёмный
three-dimensional ~ трёхмерное тело, трёхмерный (сплошной) объект *(в анализе сцен)*

soluble разрешимый

solution 1. решение; разрешение 2. раствор
ambiguous ~ неоднозначное решение
approximate ~ приближённое решение
arm ~ решение обратной задачи о положении руки *(робота)*; решение обратной кинематической задачи
basic ~ базисное решение
candidate ~ гипотеза, вариант решения
differential arm ~ решение линеаризованной обратной задачи о положении руки *(робота)*; дифференциальное решение обратной кинематической задачи
engineering ~ техническое решение
feasible ~ допустимое решение
general ~ общее решение
good enough ~ приемлемое решение
numerical ~ численное решение
optimum ~ оптимальное решение
particular ~ частное решение
periodic ~ периодическое решение
singular ~ особое решение
unambiguous ~ однозначное решение

solvable разрешимый

solver 1. решающее устройство 2. решатель, решающая программа
analog ~ аналоговое решающее устройство
problem ~ решатель задач *(в СИИ)*

solving решение, процесс решения ◊ **~ for the optimum** отыскание оптимального решения

algorithmic problem ~ алгоритмическое решение задачи

heuristic problem ~ эвристическое решение задачи

interactive problem ~ решение задачи в диалоговом режиме

inverse kinematics ~ решение обратной кинематической задачи

on-line problem ~ решение задачи в темпе поступления данных; решение задачи в реальном времени

sonar сонар, гидролокатор; (ультра)звуковой локатор

sonic звуковой

sophisticated сложный; усложнённый

sort 1. сорт; тип; вид ‖ сортировать 2. упорядочивать

sorter 1. сортировочная машина 2. программа сортировки *или* упорядочения

sorting 1. сортировка 2. упорядочение

ascending ~ упорядочение по возрастанию

data ~ 1. сортировка данных 2. упорядочение данных

depth ~ сортировка *(элементов изображения)* по глубине *(сцены)*

descending ~ упорядочение по убыванию

machine ~ 1. машинная сортировка 2. машинное упорядочение

manual ~ ручная сортировка

part ~ 1. сортировка деталей 2. упорядочение деталей

robotic ~ роботизированная сортировка

serial ~ последовательная сортировка

sound 1. звук ‖ издавать звук 2. целый, неповреждённый 3. логичный, обоснованный *(напр. о выводе)*

sounding зондирование

source 1. источник 2. поставщик 3. исходный

AC ~ источник переменного тока

actuating ~ привод

alternating-current ~ источник переменного тока

candescent ~ источник света с нитью накаливания

clock ~ генератор тактовых *или* синхронизирующих импульсов

component ~ поставщик (комплектующих) деталей

constant ~ источник постоянного тока

data ~ источник информации

DC [direct current] ~ источник постоянного тока

fluorescent ~ источник флюоресцентного света

incandescent ~ рассеянный источник света *(без нити накаливания)*

interference ~ источник помех

light ~ источник света

message ~ источник сообщений *(в сетях ЭВМ)*

noise ~ источник шума; источник помех

point light ~ точечный источник света
power ~ источник энергии; источник питания
voltage ~ источник напряжения

space 1. пространство; область 2. промежуток; интервал; расстояние‖оставлять промежутки; расставлять с промежутком 3. космос‖космический
air ~ зазор
attribute ~ пространство признаков, признаковое пространство (*в распознавании образов*)
Cartesian ~ пространство декартовых координат; рабочее пространство (*робота*)
clearance ~ зазор
configuration ~ конфигурационное пространство, пространство конфигураций; пространство обобщённых координат (*робота*)
dead ~ зона нечувствительности; мёртвая зона
feature ~ пространство признаков, признаковое пространство (*в распознавании образов*)
free ~ свободное пространство (*напр. для движений робота*)
function(al) ~ функциональное пространство
input ~ пространство входов
interpolation ~ интервал интерполяции
joint coordinate ~ пространство обобщённых координат (*робота*)
maximum ~ максимальное (рабочее) пространство (*движений робота с учётом габаритов объекта манипулирования*)
memory ~ область (в) памяти
mesh ~ размер ячейки; межузловое расстояние (*сетки*)
motion ~ пространство движений; рабочее пространство (*робота*)
N- ~ N-мерное пространство
obstructed ~ загромождённое пространство; пространство с препятствиями
operational ~ 1. рабочая зона 2. рабочее пространство (*робота*)
parameter ~ пространство параметров
pattern ~ пространство образов
phase ~ фазовое пространство
restricted ~ ограниченное (рабочее) пространство (*движений робота с учётом конструктивных ограничений*)
sensor observation ~ пространство обзора (видео)-сенсора; рабочая зона датчика
service ~ зона обслуживания, зона сервиса (*робота*)
shared ~ 1. общее рабочее пространство (*нескольких*

роботов) 2. совместно используемая область (*памяти*)
state ~ пространство состояний
vector ~ векторное пространство
working ~ 1. рабочее пространство (*робота*) 2. рабочая область (*памяти*)

spacer прокладка; шайба; распорка; втулка

spacing 1. промежуток; интервал; расстояние (*см. тж* space) 2. расположение [расстановка] с интервалами

span 1. диапазон; интервал 2. размах; протяжённость 3. *мат.* хорда 4. раствор; раскрытие (*напр. губок захватного устройства*)
gripper ~ раствор *или* раскрытие (губок) захватного устройства
life ~ время существования; срок службы
motion ~ размах движений
time ~ интервал времени; временной диапазон

spanner гайковёрт; гаечный ключ

spare запасная часть ‖ запасной, резервный

spatial пространственный

speaker 1. говорящий субъект, диктор (*подающий речевые команды роботу*) 2. динамик

special 1. особый, особенный 2. частный 3. специальный; специального назначения

specialization 1. специализация 2. конкретизация (*понятия*)

special-purpose специальный, специального назначения; специализированный

species of robots вид роботов; тип роботов

specification 1. спецификация; *мн.* технические условия; технические требования 2. определение; описание; задание
action ~ 1. спецификация действий 2. описание *или* задание действий (*робота*)
ambiguous ~ противоречивая спецификация
control ~ 1. спецификация функций управления 2. *мн.* технические требования к системе управления
data ~ спецификация данных
destination ~ задание целевого положения *или* состояния (*робота*), задание цели; описание цели
discrete path ~ дискретное задание (требуемой) траектории
functional ~ спецификация функций; *мн.* функциональные требования
motion ~ задание (требуемого) движения; описание (требуемого) движения
path ~ задание (требуемой) траектории
performance ~ 1. спецификация (рабочих) характеристик (*системы*); *мн.* требования к функционирова-

нию *(системы)* 2. техническое задание

problem ~ условия задачи; постановка задачи

program ~ 1. программная спецификация 2. *мн.* требования к программе

requirements ~ спецификация требований; техническое задание; *мн.* технические условия

software ~s технические условия на средства программного обеспечения; требования к программному обеспечению

system ~ системная спецификация *(техническое описание системы)*

task ~ описание задания

tentative ~s временные технические условия

specified 1. заданный; требуемый 2. номинальный; соответствующий техническим условиям

specimen образец; пробный экземпляр

spectrum спектр

acoustic ~ спектр акустического сигнала; спектр звуковых частот

power ~ энергетический спектр

video ~ спектр видеосигнала; спектр видеочастот

speculum зеркало; рефлектор

speech речевые сигналы, речь‖речевой

natural sounding ~ речь *(робота)* с естественным звучанием

synthetic ~ синтезированная речь

speed 1. скорость; быстрота‖скоростной *(см. тж* **velocity***)* 2. быстродействие‖быстродействующий 3. светосила *(объектива)* 4. увеличивать ◊ **to** ~ **up** увеличивать скорость; ускорять(ся)

~ **of operation** рабочая скорость, скорость работы; быстродействие

~ **of response** скорость реакции; скорость срабатывания; *проф.* реактивность

advance ~ 1. скорость (про)движения (вперёд) 2. скорость подачи

angular ~ угловая скорость

approach ~ скорость приближения; скорость подхода *(напр. робота к объекту)*

computation ~ скорость вычислений

departure ~ скорость отхода *(напр. робота от объекта)*

displacement ~ скорость перемещения

end-of-arm ~ скорость концевой точки [скорость конца] манипулятора

end-point ~ скорость концевой точки, скорость конца *(манипулятора)*

gripper ~ 1. скорость (перемещения) захватного устройства *(роботом)* 2. скорость срабатывания захватного устройства *(робота)*

initial ~ начальная скорость

input ~ скорость ввода *(данных)*; быстродействие по входу

joint ~ 1. скорость в сочленении *(манипулятора)* 2. суммарная скорость

keep-alive ~ минимально допустимая скорость; минимально допустимое быстродействие

line ~ 1. скорость передачи *(данных)* по линии *(связи)* 2. скорость *(движения)* конвейера

locomotion ~ скорость передвижения *(робота)*

manipulation ~ 1. скорость манипулирования 2. быстрота манипуляций

operating ~ рабочая скорость, скорость работы; быстродействие

output ~ скорость вывода *(данных)*, быстродействие по выходу

processing ~ скорость обработки

program(med) ~ программная скорость; запрограммированная скорость

radial ~ радиальная скорость

rated ~ номинальная скорость; расчётная скорость; номинальное быстродействие

rise ~ 1. скорость нарастания 2. скорость подъёма

robot ~ 1. скорость *(движений)* робота 2. скорость *(перемещения)* мобильного робота 3. быстродействие робота

robot action [robot operation] ~ скорость работы робота; быстрота выполнения операций роботом; быстродействие робота

rotation ~ скорость вращения; скорость поворота; число оборотов

rotor ~ скорость вращения ротора; число оборотов ротора

running ~ рабочая скорость; скорость работы

sliding ~ 1. скорость скольжения 2. скорость перемещения в поступательном сочленении *(манипулятора)*

transfer ~ скорость переноса

speedup 1. ускорение; форсирование 2. повышение производительности труда 3. увеличение выпуска продукции 4. ускорение ритма *(напр. конвейера)*

sphere 1. сфера; шар 2. сфера, область; поле *(деятельности)*

spigot 1. втулка 2. центрирующая цапфа

spillover паразитный элемент изображения, паразитный пиксел

spindle 1. шпиндель 2. вал; валик; ось

spiral спираль; винтовая линия; винтовая поверхность‖спиральный; винтовой

SPL

splice соединение внахлёстку; стыковая накладка
spline 1. шлиц; паз; канавка 2. шпонка 3. (зубчатое) кольцо *(волнового редуктора)* 4. *мат.* сплайн-функция, сплайн
  approximating ~ аппроксимирующий сплайн
  B- ~ В-сплайн *(способ представления кривой)*
  circular ~ 1. круговое кольцо 2. кольцевая канавка
  flexible ~ гибкое кольцо
splint шплинт; чека
splitting дробление; разбиение; разделение; расщепление
  band ~ разделение полосы частот
  node ~ разделение узлов *(графа)*
spool 1. катушка; бобина 2. поршневой золотник *(гидро- или пневмопривода)*
spot 1. пятно‖покрывать пятнами 2. место (положение) 3. выявлять; обнаруживать; локализовать
  action ~ место действия; рабочая точка
  blind ~ провал чувствительности; мёртвая зона *(приёмника, датчика)*
  flying ~ бегущее пятно; бегущий луч *(телевизионной развёртки)*
  trouble ~ слабое место *(конструкции)*
spotting 1. выявление; обнаружение 2. установление местонахождения; локализация

SPR

spraybooth окрасочная камера
  unmanned ~ автоматическая окрасочная камера
sprayer 1. распылитель; форсунка 2. краскопульт
spraygun окрасочный пистолет; краскопульт
spraying:
  paint ~ окраска распылением; разбрызгивание краски
spread 1. протяжённость; размах‖простирать(ся) 2. раствор; раскрытие 3. распорка‖ставить распорку 4. разброс
  ~ **of points** разброс точек
  parameter ~ разброс значений параметра *или* параметров
spring пружина‖пружинить; подпружинивать
  adjusting ~ регулировочная пружина; установочная пружина
  back(-moving) ~ оттяжная пружина
  balance ~ уравновешивающая пружина
  check ~ стопорная пружина
  compensating ~ компенсирующая пружина; уравновешивающая пружина; разгрузочная пружина
  pressure ~ нажимная пружина
  restoring ~ возвратная пружина; оттяжная пружина; противодействующая пружина
  ring ~ кольцевая пружина

tension ~ натяжная пружина

torsion ~ торсионная пружина

springback (упругое) отклонение; отдача (*манипулятора при снятии внешней силы*)

springiness упругость; эластичность; способность пружинить

sprite *проф.* «призрак» (*фрагмент синтезируемого изображения, программно перемещаемый по экрану*)

sprocket звёздочка; цепное колесо

squaring 1. разбиение на квадраты 2. возведение в квадрат 3. придание квадратной *или* прямоугольной формы

squeezer 1. обжимной пресс 2. гибочная машина 3. программа сжатия (*информации*)

stability устойчивость; стабильность

  asymptotic ~ асимптотическая устойчивость

  closed-loop ~ устойчивость замкнутой системы

  computational ~ вычислительная устойчивость

  conditional ~ условная устойчивость

  control ~ устойчивость (системы) управления

  critical ~ критическая устойчивость; граница [предел] устойчивости

  disturbed motion ~ устойчивость возмущённого движения

  drift ~ стабильность в отношении дрейфа

  dynamic ~ динамическая устойчивость

  frequency стабильность частоты

  local ~ локальная устойчивость

  market ~ стабильность рынка

  motion ~ устойчивость движения; стабильность движения

  overall ~ общая устойчивость

  robust ~ робастная устойчивость; грубая устойчивость

  servo ~ устойчивость сервосистемы; устойчивость следящей системы

  servoing ~ устойчивость *или* стабильность отслеживания; устойчивость *или* стабильность отработки (*напр. заданного движения*) сервоприводом

  speed ~ стабильность скорости

  static ~ статическая устойчивость

  structural ~ 1. структурная устойчивость 2. устойчивость конструкции

  unconditional ~ абсолютная устойчивость

stabilizability стибилизируемость (*возможность обеспечения устойчивости*)

stabilization стабилизация, обеспечение устойчивости

  frequency ~ стабилизация частоты

motion ~ стабилизация движения; обеспечение устойчивости движения

pose ~ стабилизация позы (*манипулятора*)

speed ~ стабилизация скорости

voltage ~ стабилизация напряжения

stabilizer стабилизатор; блок стабилизации

stable 1. устойчивый; стабильный; стационарный 2. стойкий; прочный

stack 1. стопка; пачка 2. куча; груда 3. штабель‖укладывать в штабель, штабелировать 4. стек, магазин; стековая [магазинная] память 5. пакет; набор; комплект 6. стеллаж

head ~ пакет магнитных головок; *проф.* обойма головок

instruction ~ стек [магазин] команд

stacker 1. приёмник; накопитель 2. укладчик; штабелёр

job ~ 1. накопитель заданий 2. накопитель заготовок

stadiometry стадиометрия (*определение расстояния до объекта по его изображению*)

staff штат, (служебный) персонал‖укомплектовывать штат

development ~ коллектив разработчиков

maintenance ~ обслуживающий технический персонал

operations ~ операторская бригада; операторы (*управляющие работой оборудования*)

service ~ обслуживающий персонал

stage 1. стадия; ступень; этап 2. звено (*цепи регулирования*) 3. каскад

amplifier ~ усилительный каскад

design ~ стадия проектирования

development ~ стадия разработки

fabrication ~ стадия изготовления

integrating ~ 1. интегрирующее звено 2. интегрирующий каскад

inverter ~ инверторный каскад

learning ~ 1. стадия (само)обучения; этап (само)обучения (*напр. робота*) 2. стадия изучения

operational ~ стадия работы; этап работы, рабочий этап

planning ~ стадия планирования; этап планирования (*напр. действий робота*)

search ~ 1. стадия поисковых исследований 2. этап поиска (*напр. цели*)

teaching ~ стадия обучения; этап обучения (*напр. робота*)

working ~ стадия работы; этап работы, рабочий этап

stance 1. поза, положение 2. площадка (*напр. для уста-*

новки оборудования)
robot ~ поза робота; стойка робота *(положение и ориентация корпуса и конечностей робота в пространстве)*

stand 1. станина; стойка; опора 2. стенд 3. стоять; ставить, устанавливать 4. выдерживать *(напр. усилие)*
assembly ~ сборочный стенд
robot ~ 1. станина *или* стойка робота 2. роботизированный стенд 3. стенд для проверки роботов
test ~ испытательный стенд

stand-alone автономный

standard 1. стандарт; норма; норматив‖стандартный; нормативный; нормальный; обычный 2. эталон; образец‖эталонный 3. станина; стойка
design ~s проектные нормативы
industrial ~ 1. промышленный стандарт; промышленный норматив 2. промышленный образец
production ~ норма выработки
reference ~ эталон; образец
safety ~s правила техники безопасности
technological ~s технологические стандарты; технологические нормативы
time ~ норма времени; временной норматив

standardization 1. стандартизация 2. нормирование

standby резерв; резервное оборудование‖резервный; запасной
cold ~ холодный [ненагруженный] резерв
hot ~ горячий резерв
warm ~ тёплый резерв *(подключаемый с небольшой задержкой)*

stand-still длительный простой

staple 1. скоба; крюк; петля 2. струбцина

start 1. пуск; запуск‖пускать 2. начало; отправление; старт‖начинать; отправлять(ся); стартовать‖стартовый
cold ~ холодный пуск *(полностью выключенной системы)*
motion ~ 1. запуск движения 2. начало движения 3. точка старта *(мобильного робота)*
program ~ запуск программы
warm ~ горячий пуск *(предварительно включённой и «прогретой» системы)*

starter пускатель, стартёр *(устройство или программа)*

startup (за)пуск

state 1. состояние 2. режим 3. утверждать 4. формулировать; ставить *(задачу)*
accepting ~ режим приёма
actual manipulator ~ фактическое состояние манипулятора
desired manipulator ~ желаемое [требуемое] состояние манипулятора

deviated [disturbed] ~ возмущённое состояние
don't care ~ безразличное состояние
emergency ~ 1. аварийное состояние 2. аварийный режим
equilibrium ~ состояние равновесия
excited ~ возбуждённое состояние
failed ~ неисправное состояние; состояние отказа
final ~ конечное [окончательное] состояние
finite ~ конечное состояние ǁ с конечным числом состояний
forced ~ 1. вынужденное состояние 2. вынужденный режим
halted ~ режим ожидания
inaccessible ~ недостижимое состояние; недоступное состояние
initial ~ начальное [исходное] состояние
intermediate ~ промежуточное состояние
irreversible ~ необратимое состояние
off ~ состояние «выключено»; выключенное состояние
on ~ состояние «включено»; включённое состояние
perfect ~ исправное состояние
quiescent ~ состояние покоя
stable ~ устойчивое состояние

stationary ~ стационарное состояние
steady ~ 1. установившееся состояние 2. устойчивое состояние 3. установившийся режим
supervisory ~ супервизорный режим (*управления роботом*)
transient ~ 1. переходное (*во времени*) состояние 2. переходный режим
transition ~ переходное состояние
unreachable ~ недостижимое состояние
unstable ~ неустойчивое состояние
up ~ работоспособное состояние
user ~ режим пользователя (*в вычислительной системе*)
valid ~ достоверное состояние (*базы данных*)
wait ~ режим ожидания

statement 1. утверждение; высказывание 2. формулировка; постановка (*задачи*) 3. оператор; предложение (*в языке программирования*)
~ **of constraints** наложение ограничений; формулирование ограничений
assignment ~ оператор присваивания
command ~ командное предложение
comment ~ (предложение-)комментарий
conditional ~ 1. условное утверждение 2. условный оператор

consistent ~s совместимые утверждения

control ~ оператор управления; управляющий оператор

false ~ ложное утверждение

inconsistent ~ s несовместимые утверждения

move ~ 1. оператор (задания) движения *(робота)* 2. оператор пересылки *(данных)*

problem ~ формулировка задачи; постановка задачи

program ~ оператор программы

task ~ формулировка задания *(роботу)*

true ~ истинное утверждение

unconditional ~ 1. безусловное утверждение 2. безусловный оператор

state-of-the-art современное состояние ‖ современный

static 1. статический 2. неподвижный; стационарный

statics статика

station 1. место; местоположение; позиция 2. рабочее место; (технологическая) станция 3. (абонентский) пункт; станция *(сети ЭВМ)*; терминал 4. устройство; блок 5. остановка; стоянка *(транспортного робота)*

active ~ 1. активная [действующая] станция 2. активный терминал *(готовый к приёму или передаче данных)*

assembly ~ станция сборки; место сборки

automated ~ автоматизированное рабочее место, АРМ

called ~ вызываемая станция

calling ~ вызывающая станция

checking ~ станция контроля; станция проверки; пункт проверки; контрольный пост

component-insertion ~ станция установки (электронных) компонентов *(в отверстия печатной платы)*

computing ~ вычислительный центр

control ~ станция управления; пункт управления

data ~ пункт сбора и обработки данных

depalletizing ~ станция разгрузки палет

die-forging ~ станция горячей штамповки

disassembly ~ станция разборки; станция демонтажа

finishing ~ станция чистовой обработки; станция окончательной отделки; станция доводки

guidance ~ станция наведения *(мобильных роботов)*

home ~ стоянка *(транспортного робота)*

inactive ~ 1. неактивная [бездействующая] станция 2. неактивный терминал *(не готовый к приёму или передаче данных)*

inspection ~ станция контроля; станция проверки; пункт проверки; контрольный пост

intelligent ~ интеллектуальная станция; интеллектуальный терминал

key(-entry) ~ терминал с клавишным вводом

labelling ~ маркировочная станция; станция наклеивания этикеток

load ~ станция загрузки; загрузочный пункт

load/unload ~ **1.** станция загрузки—разгрузки **2.** перегрузочный пункт

marking ~ **1.** станция разметки **2.** маркировочная станция

measuring ~ (контрольно-)измерительная станция

operator ~ станция оператора, операторская станция; операторский терминал

packaging [packing] ~ упаковочная станция; станция затаривания

painting ~ окрасочная станция, станция окраски

palletizing ~ станция загрузки палет

primary ~ главная [ведущая) станция (*в сети ЭВМ*)

programming ~ **1.** позиция программирования; станция программирования **2.** программирующая станция; программирующий терминал **3.** устройство программирования

radio-beacon ~ радиомаяк

receiving ~ принимающая [приёмная] станция

remote ~ дистанционный терминал

repair(ing) ~ ремонтный пункт; станция ремонта

robot(ic) ~ **1.** роботизированное (рабочее) место; роботизированная станция; **2.** пункт роботизации

secondary [slave] ~ подчинённая [ведомая] станция (*в сети ЭВМ*)

soldering ~ станция пайки

sorting ~ станция сортировки; сортировочный пункт; станция разбраковки

space ~ космическая станция

spot-welding ~ станция точечной сварки

spray-painting ~ станция окраски распылением

tape ~ ЗУ на магнитной ленте, ленточное ЗУ

terminal ~ **1.** терминальное устройство; терминал **2.** терминальная станция, оконечный пункт

test ~ испытательная станция; станция проверки

transport ~ **1.** транспортная [передаточная] станция **2.** остановка *или* стоянка транспортных средств (*напр. в цехе*)

unmanned ~ **1.** необслуживаемая станция; автоматическая станция **2.** «безлюдное» рабочее место

visual display ~ **1.** дисплейный пункт **2.** станция ви-

зуального отображения (*информации*)
washing ~ станция промывки (*деталей*)
water jet cleaning ~ станция водоструйной очистки
water jet cutting ~ станция водоструйной резки
weld(ing) ~ станция сварки, сварочная станция

stationary 1. стационарный; неизменный, постоянный 2. неподвижный; закреплённый

statistics статистика, статистические данные
business ~ коммерческая статистика
current ~ данные текущего учёта (*напр. хода производства*)
experimental ~ статистические методы обработки экспериментальных данных
production ~ производственные статистические данные
quality ~ 1. статистические методы контроля качества 2. статистические показатели качества
robotization ~ статистика (*процесса*) роботизации

stator статор

status 1. состояние (*см. тж* state) 2. статус
busy ~ состояние занятости
constant ready ~ состояние постоянной готовности
current ~ 1. текущее состояние 2. текущий статус
hierarchical ~ статус в иерархии
priority ~ 1. приоритетное состояние 2. приоритетный статус

stay 1. опора; стойка 2. (соединительная) тяга 3. укреплять; поддерживать 4. придавать жёсткость 5. стоять, оставаться 6. останавливать(ся); задерживать(ся)

steady 1. устойчивый‖обеспечивать устойчивость 2. стационарный; установившийся; неизменный‖устанавливаться; успокаивать(-ся)

steady-state 1. стационарный; установившийся 2. находящийся в устойчивом *или* установившемся состоянии 3. статический

steer 1. управлять; править рулём; направлять 2. слушаться управления; слушаться руля

steerage управление; рулевое управление

steering 1. управление; рулевое управление‖рулевой 2. управляемость
inductive ~ управление (*мобильным роботом*) с помощью индукционного кабеля (*проложенного под полом*)
mechanical ~ управление (*мобильным роботом*) с помощью механических направляющих
optical ~ оптическое управление (*мобильным роботом с помощью нанесённой на полу светоотра-*

жающей или контрастной полосы)

robot ~ 1. (рулевое) управление (мобильным) роботом 2. управляемость (мобильного) робота

sensory ~ сенсорное управление (*мобильным роботом*)

stem 1. стержень; штанга 2. хвостовик (*инструмента*) 3. основа ‖ служить основой 4. препятствовать, преграждать движение

stencil шаблон; трафарет

step 1. шаг ‖ выполнять шаг 2. ступень; стадия; этап (*см. тж* **stage**) 3. ступенька (*ступенчатой функции*); скачок (*сигнала*) ◊ **in** ~ синхронно, в синхронизме; **to** ~ **down** понижать скачком (*напр. уровень сигнала*); **to** ~ **up** повышать скачком (*напр. уровень сигнала*)

approximation ~ шаг аппроксимации

collar ~ кольцевой вкладыш (*подпятника*)

control ~ 1. шаг управления 2. стадия (процесса) управления

feed ~ шаг подачи

initial investigation ~ этап предпроектных исследований

integration ~ шаг интегрирования

interim ~ 1. промежуточный шаг (*алгоритма*) 2. промежуточный этап

interpolation ~ 1. шаг интерполяции 2. этап интерполяции

manufacturing ~ 1. этап изготовления 2. стадия производственного процесса

motor ~ шаг (шагового) двигателя

program ~ 1. шаг программы 2. (одна) команда программы

quantization ~ шаг квантования

refinement-and-tuning ~ этап доводки и наладки (*системы*)

signal ~ скачок сигнала

test ~ 1. этап испытаний 2. пробный шаг (*в методе проб и ошибок*)

time ~ такт; временной шаг

unit ~ единичный скачок; единичный перепад; ступенчатый сигнал единичной амплитуды, *проф.* единичная ступенька

step-by-step 1. постепенный 2. (по)шаговый 3. ступенчатый 4. поэтапный

stepping:

program ~ пошаговое выполнение программы

stepwise 1. (по)шаговый 2. ступенчатый 3. скачкообразный

stereo 1. стереоскопическая СТЗ; стереопара 2. стереозрение 3. стереоскопический

edge-based ~ анализ стереопар на основе сопоставления краёв объектов

stereopsis стереопсис (*процесс восстановления трёх-*

мерных сцен по стереопаре изображений)

steric пространственный

stick 1. стержень; пруток 2. рукоятка 3. заедать; застревать; «залипать»

sticking 1. заедание; застревание; «залипание» 2. «примерзание» *(сварочного электрода)*

stiff 1. жёсткий; прочный; крепкий 2. неподатливый; тугой

stiffen придавать жёсткость; укреплять; усиливать

stiffener 1. элемент жёсткости; ребро жёсткости 2. арматура

stiffness жёсткость; прочность
  elastic ~ упругое сопротивление; жёсткость в пределах упругой деформации
  link ~ жёсткость звена *(манипулятора)*

stimulate 1. подавать входные сигналы *(при тестировании)* 2. стимулировать, побуждать

stimulus 1. входной сигнал *(подаваемый при тестировании)* 2. стимул, побуждающий фактор

stipulation оговоренное условие; заданное требование

stitcher:
  robotic ~ 1. роботизированная швейная машина; швейный робот 2. роботизированная брошюровальная машина; брошюровальный робот

stochastic стохастический, вероятностный; случайный

stock 1. инвентарь; парк 2. запас(ы) ‖ запасать; хранить на складе 3. заготовка; сырьё 4. бабка *(станка)* 5. припуск 6. рукоятка; держатель; патрон ◊ **from** ~ со склада, из запасов
  ~ **on hand** наличный запас
  ~ **of robots** парк роботов
  buffer ~ буферный запас; задел
  FMS ~ 1. склад ГПС 2. запасы, имеющиеся в ГПС
  in-process ~ запасы незавершённого производства
  line-balancing ~ межоперационный запас *(напр. на поточной линии)*
  safety ~ страховой запас

stone:
  grind(ing) ~ шлифовальный камень; точильный камень; оселок

stop 1. стопор; ограничитель *(хода)*; упор; упорный штифт ‖ стопорить 2. останов *(программы)*; остановка *(напр. механизма)* ‖ останавливать(ся) 3. сигнал «стоп»; команда останова; команда на остановку
  adjustable ~ регулируемый упор; переставной упор
  arresting ~ 1. ограничитель хода; арретир 2. защёлка; храповый механизм
  collision-free ~ остановка *(робота)* без столкновения *(с препятствием)*
  conditional ~ условный останов
  dead ~ 1. неподвижный

[нерегулируемый] упор, *проф.* мёртвый упор 2. полный останов; полная остановка

emergency ~ аварийный останов; аварийная остановка

end ~ 1. конечный [концевой] упор 2. окончательный останов; остановка (*робота*) в конце траектории 3. команда окончательного останова

fixed ~ фиксированный упор; фиксированный ограничитель

intermediate ~ промежуточный останов; промежуточная остановка

limit ~ 1. ограничитель перемещения 2. предельный выключатель

mechanical ~ механический стопор; механический упор

program ~ 1. останов программы 2. программный останов 3. команда останова программы

programmed ~ запрограммированный останов; программный останов; запрограммированная остановка

request ~ останов по требованию (*оператора*)

safety ~ 1. предохранительный стопор; предохранительный ограничитель 2. безопасная остановка 3. концевой выключатель

spring ~ 1. фиксатор; защёлка; пружинный арретир 2. упор с пружиной; подпружиненный упор

stopper 1. стопорное устройство; стопор 2. заглушка

storage 1. хранилище; склад 2. накопитель; магазин 3. запоминающее устройство, ЗУ, память (*см. тж* **memory**) 4. запоминание; хранение

associative ~ ассоциативное ЗУ

automated ~ 1. автоматизированный склад 2. автоматизированное складирование

buffer ~ 1. буферный накопитель 2. буферное ЗУ

built-in ~ встроенное ЗУ

content-addressable ~ ассоциативное ЗУ

data ~ 1. ЗУ для (хранения) данных 2. запоминание данных; хранение данных

direct access ~ ЗУ с прямым доступом

disk ~ 1. дисковый накопитель 2. дисковое ЗУ

dynamic ~ ЗУ динамического типа, динамическое ЗУ

erasable ~ стираемое ЗУ

image ~ 1. устройство запоминания изображений, память изображений 2. запоминание изображений; хранение изображений

input ~ 1. входной накопитель 2. входное (буферное) ЗУ 3. запоминание входного сигнала

intermediate ~ 1. промежуточный склад 2. промежуточный накопитель 3. промежуточное ЗУ

output ~ 1. выходной накопитель 2. выходное (буферное) ЗУ 3. запоминание выходного сигнала

part ~ накопитель деталей

push-down ~ 1. накопитель магазинного типа; магазин 2. ЗУ магазинного типа

secondary ~ 1. вспомогательный накопитель 2. вспомогательное ЗУ

slow ~ медленнодействующее [медленное] ЗУ

stand-alone ~ автономное ЗУ

static ~ ЗУ статического типа, статическое ЗУ

switch ~ коммутационное ЗУ

tape-cartridge ~ кассетное ЗУ на ленте

tool ~ 1. инструментальный склад 2. инструментальный магазин

workpiece ~ накопитель деталей

storage-limited 1. ограниченный (малой) ёмкостью склада *или* накопителя 2. ограниченный возможностями ЗУ

store 1. запоминающее устройство, ЗУ, память (*см. тж* memory, storage) ‖ запоминать; хранить 2. склад; хранилище 3. *мн.* материальные запасы

command ~ ЗУ для (хранения) команд

main ~ 1. основное ЗУ 2. главный склад

microcontrol ~ ЗУ управляющих микропрограмм

stored-program с хранимой программой

storing запоминание; хранение

stowage укладка; складирование

robotic ~ 1. роботизированная укладка; роботизированное складирование 2. роботизированный склад

straight 1. прямой; прямолинейный ‖ прямо 2. правильный 3. непосредственный ‖ непосредственно

strain 1. усилие; (механическое) напряжение 2. деформация; остаточная деформация 3. натяжение; растяжение

elastic ~ упругая деформация

internal ~ внутреннее напряжение

residual ~ остаточная деформация

tension ~ 1. растягивающее усилие 2. деформация растяжения

twisting ~ 1. скручивающие усилия 2. деформация кручения

strategy 1. стратегия; линия поведения; поведение; образ действий 2. методика; принципы ◊ **to play ~** применять стратегию

ad hoc ~ специальная стратегия, стратегия, выработанная специально для данной задачи

competitive ~ конкурирующая стратегия, альтерна-

тивная линия поведения
control ~ стратегия управления
fault-tolerance ~ принципы обеспечения отказоустойчивости
interaction ~ стратегия взаимодействия
mixed ~ смешанная [комбинированная] стратегия
navigation ~ навигационная стратегия; стратегия прокладки маршрута (*робота*)
optimal ~ оптимальная стратегия
programming ~ принципы программирования
robot ~ стратегия робота; поведение робота
wait-and-see ~ стратегия типа «подождать и убедиться», стратегия оценки действия по результату (*в СИИ*)
streamlining 1. рационализация; рациональная организация (*производственного процесса*) 2. придание обтекаемой формы
strength 1. сила; прочность 2. сопротивление 3. напряжённость (*поля*)
~ **of preference** степень предпочтения
~ **of test** мощность критерия
bearing ~ несущая способность; нагрузочная способность
bending ~ 1. прочность на изгиб 2. сопротивление изгибу
breaking ~ 1. прочность на разрыв; разрывное усилие 2. сопротивление разрушению
competitive ~ конкурентоспособность
compression ~ 1. прочность на сжатие 2. сопротивление сжатию
grip(ing) ~ сила сжатия захватного устройства; сила захватывания
economic ~ экономическая стабильность
electric field ~ напряжённость электрического поля
fatigue ~ усталостная прочность; предел усталости
field ~ напряжённость поля
longitudinal ~ продольная прочность; прочность на растяжение
magnetic field ~ напряжённость магнитного поля
mechanical ~ механическая прочность
order ~ степень упорядоченности
shear(ing) ~ 1. прочность на срез *или* на сдвиг 2. сопротивление срезу *или* сдвигу
squeeze ~ сила сжатия (*напр. захватного устройства*)
torsional ~ 1. предел прочности при кручении 2. сопротивление скручиванию
strengthening упрочнение; укрепление; усиление
stress 1. усилие; нагрузка; (механическое) напряжение ‖ подвергать напряжению,

приводить в напряжённое состояние 2. ударение‖делать ударение; подчёркивать 3. испытывать нагрузку

actual ~ действующее напряжение

breaking ~ 1. предельное напряжение; предел прочности при разрыве 2. разрушающее напряжение

critical ~ критическое напряжение

dead-load ~ 1. напряжение от собственного веса 2. статическая нагрузка

design ~ расчётное напряжение

dynamic ~ динамическая нагрузка

effective ~ действующее напряжение; эффективное напряжение

impact ~ 1. напряжение при ударе 2. ударная нагрузка

load ~ рабочее напряжение; напряжение под нагрузкой

radial ~ радиальное напряжение

tangential ~ касательное [тангенциальное] напряжение

technology ~ технологический стресс *(профессиональное заболевание рабочих автоматизированных предприятий)*

tensile ~ растягивающее напряжение

torsional ~ напряжение при кручении

stretch 1. вытягивание; растягивание; удлинение; натяжение 2. протяжённость

strict строгий; точный; определённый

stride шаг по индексу *(при считывании элементов многомерного массива, напр. в обработке изображений)*

string 1. струна; трос; тяга 2. строка *(напр. программы)* 3. последовательность, серия, цепочка *(напр. сигналов)*

bit ~ последовательность битов

drive ~ приводной трос; приводная тяга

program ~ строка программы

pulse ~ серия импульсов

stringency 1. нехватка 2. убедительность, вескость

labor ~ нехватка рабочей силы

strip 1. полоса; лента; планка 2. прокладка 3. (призматическая) направляющая 4. обойма 5. полоса операций *(в многопоточной системе)* 6. снимать *(напр. кожух)*; обнажать 7. разбирать на части 8. удалять внешний слой; обдирать

stripe полоса‖наносить полосы *(напр. для кодирования объектов)*

encoding ~ кодовая полоска

light ~ световая полоса *(при структурированном освещении в СТЗ)*

stripping 1. разборка, демонтаж 2. удаление внешнего

слоя; обдирка 3. зачистка (*конца провода*)

noise ~ подавление шума (*путём удаления определённых граничных элементов изображения*)

strobe строб(-импульс), стробирующий импульс ‖ стробировать

stroke 1. ход; длина хода (*напр. звена робота*) 2. удар; толчок

back ~ обратный ход

forward ~ 1. рабочий ход 2. прямой ход; ход вперёд

key ~ нажатие клавиши

piston ~ ход поршня; длина хода поршня

return ~ обратный ход

scan ~ 1. диапазон сканирования 2. ход развёртки

working ~ рабочий ход

structure 1. структура ‖ структурировать 2. конструкция; схема 3. сооружение 4. текстура

anthropomorphic ~ антропоморфная конструкция; антропоморфная кинематическая схема (*манипулятора*)

articulated ~ шарнирная конструкция; шарнирная кинематическая схема (*манипулятора*)

beam arm ~ балочная конструкция руки (*робота*)

block(ed) ~ 1. блочная структура 2. блочная конструкция 3. блок-схема

compliance ~ податливая конструкция

computational ~ 1. вычислительная структура 2. схема вычислений

control ~ структура (системы) управления

data ~ структура данных

employment ~ структура занятых трудовых ресурсов

graph ~ графовая структура, структура графа

hierarchical ~ иерархическая структура

image ~ 1. структура изображения 2. текстура изображения

information ~ информационная структура, структура информации

instruction ~ структура команды; формат команды

kinematic ~ кинематическая схема

logical ~ 1. логическая структура 2. логическая схема

manipulator ~ 1. структура манипулятора 2. конструкция манипулятора; кинематическая схема манипулятора

mechanical ~ механическая конструкция

model ~ 1. структура модели 2. модельная конструкция 3. схема модели

module ~ 1. модульная структура 2. модульная конструкция

multilevel ~ многоуровневая структура

multimicroprocessor ~ мультимикропроцессорная архитектура

network ~ 1. структура сети 2. схема сети
nonstrict ~ неполностью определённая структура
object ~ 1. структура объекта 2. текстура объекта
parent—child ~ структура *(графа)* с родительским и дочерними элементами, структура *(графа)* с порождающим и порождёнными элементами
planar ~ плоская конструкция
recursive ~ 1. рекурсивная структура 2. рекурсивная схема
redundant ~ 1. избыточная структура 2. избыточная конструкция; статически неопределимая конструкция
rigid ~ 1. жёсткая структура 2. жёсткая конструкция
robot ~ 1. структура робота 2. конструкция робота; кинематическая схема робота
supporting ~ опорная конструкция; несущая конструкция
tree ~ древовидная структура *(графа)*
where-used ~ схема применимости *(отдельных модулей конструкции)*
structured структурированный; структурный
stud штифт *(контактного датчика)*
study изучение; исследование; анализ‖изучать; исследовать; анализировать
application ~ 1. прикладное исследование 2. изучение прикладной области
case ~ анализ конкретного примера
comparative ~ сравнительное исследование
design ~ 1. анализ проектных решений 2. проектное исследование 3. исследование конструкции
feasibility ~ анализ осуществимости *(проекта, плана)*
model ~ 1. анализ модели 2. исследование с помощью модели, модельное исследование
motion ~ анализ движения *(робота)*
pilot ~ 1. экспериментальное исследование 2. предварительное исследование
production ~ 1. анализ производства 2. хронометраж [хронометрирование] производственного процесса
ratio delay ~ анализ потерь рабочего времени
robot ~ 1. исследование робота 2. анализ результатов применения роботов
robotic ~ 1. исследование с помощью роботов 2. *мн.* исследования по робототехнике
simulation ~ исследование путём (имитационного) моделирования
techno-economic ~ технико-экономический анализ

terrain ~ изучение местности; обследование территории

theoretical ~ теоретическое исследование; теоретический анализ

time ~ 1. анализ временных затрат 2. хронометраж, хронометрирование

tradeoff ~ анализ компромиссных решений

work ~ 1. анализ производственного задания 2. хронометраж [хронометрирование] рабочего времени

subassembly 1. (сборочный) узел; (сборочный) блок 2. предварительная сборка; подсборка

sub-batching разбиение *(группы обрабатываемых деталей)* на более мелкие партии

subblock субблок

subcell элемент меньшего размера; субъячейка

subcircuit подсхема, часть схемы

subcollection подмножество; поднабор

subcontractor субподрядчик, субподрядная организация

subcycle подцикл

sybdialogue вспомогательный диалог *(с целью уточнения информации)*

subdivision 1. последовательное деление, подразделение; разбиение на более мелкие части 2. часть *(более крупного объекта)*

subdomain подобласть

subemployment неполная занятость

subgoal подцель

subgraph подграф

subimage фрагмент изображения

subindustry подотрасль

subject 1. предмет, объект 2. предмет, дисциплина 3. подчинять‖подчинённый; зависимый; зависящий

sublanguage подмножество языка

sublayer подуровень

sublist подсписок; дополнительный (уточняющий) список

sublot часть партии *(изделий)*

submachine функциональный узел машины

submatrix подматрица

submenu субменю, меню нижестоящего уровня

submersible:
   remotely-controlled ~ подводный аппарат с дистанционным управлением

submodel подмодель; вспомогательная (уточняющая) модель

submodule субмодуль, модуль нижестоящего уровня

submotion составляющее движение

subnetwork 1. подсеть, фрагмент сети 2. подсхема, часть схемы

subnumber дополнительный шифр *(в системе кодирования)*

suboptimal субоптимальный

suboptimization субоптимизация

subordination 1. подчинение 2. подчинённость

subpicture (стандартный) фрагмент изображения

subpixel более мелкий элемент изображения, субпиксел

subplan подплан; дополнительный (уточняющий) план

subproblem 1. подзадача 2. подпроблема

subproduct 1. промежуточный результат 2. полуфабрикат

subprogram подпрограмма
  external ~ внешняя подпрограмма
  generalized ~ типовая подпрограмма; обобщённая подпрограмма
  gripping ~ подпрограмма захватывания (*объекта роботом*)
  hardware ~ аппаратно-реализованная подпрограмма
  hardwired ~ «зашитая» [«запаянная»] подпрограмма
  initialization ~ подпрограмма начального запуска; подпрограмма инициализации
  input/output ~ подпрограмма ввода—вывода
  interpolation ~ подпрограмма интерполяции
  interrupt ~ подпрограмма (обработки) прерываний
  library ~ библиотечная подпрограмма
  recursive ~ рекурсивная подпрограмма
  relocatable ~ перемещаемая (*в памяти*) подпрограмма
  standard ~ стандартная подпрограмма
  test ~ тестовая подпрограмма
  user ~ подпрограмма пользователя

subprogramming программирование на основе использования (стандартных) подпрограмм

subquery подзапрос

subregion подобласть

subroutine подпрограмма (*см. тж* **subprogram**); стандартная подпрограмма

subschema подсхема (*в базах данных*)

subsequence подпоследовательность

subset 1. подсистема; подсовокупность 2. подмножество
  bounded ~ ограниченное подмножество
  closed ~ замкнутое подмножество
  connected ~ связное подмножество
  convex ~ выпуклое подмножество
  language ~ подмножество языка
  nonconvex ~ невыпуклое подмножество
  proper ~ строгое подмножество

subspace подпространство

substation подстанция

substep подэтап

substituent подставляемое выражение

SUB

substitution замена; замещение; подстановка

substring 1. подстрока 2. подпоследовательность, подцепочки ‖ разбивать на подцепочки

subsystem подсистема

   action-planning ~ подсистема планирования действий (*робота*)

   communication ~ подсистема связи

   control ~ 1. подсистема управления 2. подсистема управляющего устройства

   effector(y) ~ исполнительная подсистема; эффекторная подсистема (*робота*)

   executive ~ исполнительная подсистема

   motion generation ~ подсистема генерации [формирования] движений (*робота*)

   peripheral ~ периферийная подсистема

   sensory ~ сенсорная подсистема (*напр. робота*)

subtask подзадача; промежуточная задача

subtree поддерево

subtype подтип

subunit 1. субблок 2. элемент блока; элемент узла

succeedent последующий член отношения

succession 1. последовательность; ряд 2. преемственность

   motion ~ последовательность движений (*напр. робота*)

   operation ~ 1. последовательность операций 2. рабочая последовательность

successive 1. последующий 2. следующий (*один за другим*); последовательный

sucker присоска (*элемент захватного устройства или ноги робота*)

   negative pressure ~ присоска с (активным) отсосом воздуха

sufficiency достаточность

suit 1. набор; комплект 2. удовлетворять (*требованиям*)

suitable соответствующий; годный; подходящий

sum сумма; итог ‖ суммировать; подводить итог

   check ~ контрольная сумма

summarize 1. суммировать; подводить итог 2. резюмировать

summary резюме; сводка; краткое изложение

   alarm ~ аварийная сводка (*данных о состоянии системы*)

   manpower ~ сводный перечень трудозатрат

summation сложение, суммирование

superefficiency сверхэффективность

superimposition наложение; совмещение (*напр. изображений*)

superminirobot супер-мини-робот, мини-робот широких возможностей

superposition 1. *мат.* суперпозиция 2. наложение; совмещение (*напр. изображений*)

super-reliable сверх(высоко)-надёжный

supersession замена оборудования

supervision 1. супервизорное управление; диспетчерское управление 2. контроль; наблюдение, надзор

plant ~ производственный контроль

production ~ 1. диспетчеризация производства 2. наблюдение [надзор] за ходом производства

robot ~ 1. супервизорное управление роботом 2. контроль *или* наблюдение за действиями робота

supervisor 1. диспетчер *(человек или программа)* 2. супервизор *(программа)* 3. оператор системы супервизорного управления *(роботом)* 4. инспектор, контролёр

supervisory 1. супервизорный *(об управлении)* 2. контрольный; контролирующий; наблюдающий

supination сгибание *(руки робота)* с поднятием

supplier поставщик

third-party ~ независимый поставщик; поставщик-посредник

supply 1. снабжение; подача; подвод; питание∥снабжать; подавать; подводить; питать 2. источник *(питания)*

air ~ подача воздуха

current ~ источник тока

external power ~ внешний источник энергии; внешний источник питания

mains ~ питание от сети

part ~ подача деталей

power ~ источник питания; источник энергии

standby battery ~ резервное батарейное питание *(на случай отключения сетевого)*

support 1. станина; опора; (опорная) стойка 2. поддержка; обеспечение∥поддерживать; обеспечивать 3. средства поддержки *или* обеспечения

communication ~ поддержка обмена данными

decision ~ средства поддержки принятия решений

hardware ~ аппаратная поддержка; аппаратное обеспечение

material ~ материальная поддержка; материально-техническое обеспечение

program ~ программное обеспечение

programming ~ средства поддержки программирования

robot ~ 1. станина робота; основание робота 2. аппаратно-программное обеспечение робота 3. средства роботизированной поддержки *(технологического процесса)*

run-time ~ 1. средства динамической поддержки *(напр. языков высокого уровня)* 2. средства обес-

печения рабочего режима
sensory ~ 1. обеспечение сенсорной информацией 2. средства сенсорной поддержки *(работы робота)*
software ~ программное обеспечение
supposition предположение; допущение
suppression подавление; гашение; блокировка
noise ~ подавление шумов; устранение шума
surface поверхность‖поверхностный
bearing ~ несущая поверхность; опорная поверхность; направляющая поверхность
C- ~ С-поверхность *(граница области допустимых состояний робота в пространстве конфигураций)*
contact ~ контактная поверхность; поверхность контакта
discontinuity ~ поверхность разрыва
grasping [gripping] ~ 1. поверхность захватывания *(объекта)* 2. захватная поверхность *(захватного устройства робота)*
Lambertian ~ ламбертова поверхность *(подчиняющаяся закону отражения света Ламберта)*
pictorial ~ поле *или* площадь изображения
reflecting ~ отражающая поверхность
sensitized ~ очувствлённая поверхность

sliding ~ поверхность скольжения; поверхность трения
switching ~ поверхность переключения *(при скользящем режиме управления)*
touch ~ поверхность касания; тактильная поверхность *(сенсора)*
working ~ рабочая поверхность
survey обследование; наблюдение; обзор‖обследовать; делать обзор
pilot ~ предварительное обследование
survivability жизнеспособность; устойчивость к условиям использования, *проф.* живучесть
survive выживать; сохранять работоспособность; оставаться в исправном состоянии
suspension 1. подвеска; подвес 2. отсрочка; приостановка
elastic ~ упругая подвеска
gimbal ~ универсальный шарнир; карданов подвес
program ~ временное прекращение выполнения программы, приостановка программы
rigid ~ жёсткая подвеска
spring ~ пружинная подвеска
sweep 1. качание; колебание‖ качаться, колебаться 2. поворот‖поворачиваться 3. изгиб‖изгибаться; искривляться 4. вылет *(напр. руки робота)* 5. развёртка‖ развёртывать

swing 1. качание; колебание; размах колебаний ‖ качаться; колебаться 2. поворот ‖ поворотный ‖ поворачивать(ся)

swinger поворотный механизм, механизм поворота

switch 1. выключатель; переключатель; ключ ‖ переключать 2. коммутатор ‖ коммутировать

alteration ~ программно-опрашиваемый переключатель

A/M ~ переключатель автоматического и ручного режимов

automatic ~ 1. автоматический выключатель; автоматический переключатель 2. автоматический коммутатор

backbone ~ магистральный коммутатор *(сети ЭВМ)*

binary ~ двоичный переключатель

control ~ ключ пульта [панели] управления; ключ режима управления; ключ управления

cutoff [cutout] ~ рубильник; выключатель

deadman ~ переключатель (аварийной) автоблокировки

decoder ~ дешифратор; декодер

electronic ~ электронный переключатель; электронный ключ

emergency ~ аварийный выключатель

fixed function ~ ключ с фиксированным назначением, непрограммируемый функциональный ключ

function ~ функциональный ключ

grip ~ переключатель, сигнализирующий о захватывании *(объекта роботом)*; (микропереключательный) датчик захватывания

hook ~ рычажный переключатель

jack ~ пружинный (кнопочный) переключатель

limit ~ предельный [концевой] выключатель

logical ~ логический ключ; логическая переключательная схема

manual ~ 1. ручной переключатель; ручной ключ 2. ручной коммутатор

matrix ~ 1. матричный переключатель 2. матричный коммутатор

mechanical release ~ размыкающий [освобождающий] механизм

mode ~ переключатель режимов

multicontact ~ 1. многоконтактный переключатель 2. групповой коммутатор

multiple-position ~ многопозиционный переключатель

one-shot ~ кнопка подачи одиночных импульсов

on-off ~ двухпозиционный переключатель

proximity ~ двоичный датчик ближней локации; датчик наличия объекта

pulse ~ импульсный переключатель

push-button ~ кнопочный выключатель; кнопочный переключатель

relay ~ релейный выключатель; релейный переключатель

rocker ~ кулисный переключатель

rotary ~ поворотный переключатель; галетный переключатель

safety ~ аварийный выключатель

sampling ~ 1. импульсный переключатель 2. селектор; коммутатор

sequence ~ 1. программный переключатель 2. переключатель последовательности действий (*робота*)

software-controlled ~ переключатель с программным управлением, программно-управляемый переключатель

stepping ~ шаговый искатель

synchronizing ~ синхронизирующий переключатель (*для установки робота в исходное положение*)

teaching ~ ключ (*режима*) обучения (*робота*)

time ~ реле времени

switchboard 1. коммутационная панель; наборное поле 2. пульт управления

switching 1. переключение; включение‖переключательный 2. коммутация‖коммутационный

battery ~ переключение на батарейное питание

bumpless ~ безударное [мягкое] переключение (*системы с одного режима на другой*)

circuit ~ 1. коммутация цепей 2. коммутация каналов

line ~ коммутация каналов; коммутация линий (*связи*)

message ~ коммутация сообщений (*в сетях ЭВМ*)

program ~ 1. переключение программ 2. программное переключение

remote ~ 1. дистанционное переключение 2. дистанционная коммутация

time-division ~ временна́я коммутация

switchpoint 1. точка ветвления (*программы*) 2. элемент коммутации (*в сетях ЭВМ*) 3. точка переключения

swivel 1. шарнирное соединение‖шарнирный 2. поворот‖поворотный 3. качание 4. наклон

shoulder ~ качание *или* наклон (*звена манипулятора*) в плечевом сочленении

wrist ~ поворот запястья (*руки робота*)

symbol символ; знак; обозначение

mnemonic ~ мнемонический знак

predicate ~ предикатный символ

symmetry 1. симметрия; симметричность 2. соразмерность

synchro 1. сельсин; синхронный повторитель 2. синхронизатор‖синхронный

synchronization синхронизация

synergism синергизм, синергия (*взаимодействие мышц или степеней подвижности робота при выполнении движения*)

synonymy синонимия

syntax 1. синтаксис 2. синтаксическая структура

synthesis синтез

  image ~ синтез изображений

  knowledge ~ синтез знаний (*в СИИ*)

  model ~ 1. синтез модели 2. синтез с помощью модели

  motion ~ синтез (программы) движения; построение (траектории) движения (*робота*)

  program ~ 1. синтез программ 2. программный синтез

  speech ~ синтез речи

  voice ~ синтез голоса

synthesizer синтезатор; блок синтеза

system 1. система; комплекс; установка 2. система, совокупность

  ~ **of equations** система уравнений

  absolute coordinate ~ абсолютная система координат

  action-planning ~ система планирования действий (*робота*)

  active guidance ~ активная система наведения

  adaptive control ~ 1. адаптивная система управления (*роботом*) 2. система адаптивного управления

  adjoint ~ сопряжённая система

  advice-giving ~ консультативная (экспертная) система, система-советчик

  AI ~ система искусственного интеллекта, система с искусственным интеллектом

  AI planning ~ 1. система искусственного интеллекта с планируемым поведением 2. система планирования (*напр. действий робота*) с искусственным интеллектом

  air preparation ~ система подготовки воздуха (*для пневмопривода*)

  all-translational ~ система (*перемещений звеньев манипулятора*) только с поступательными движениями

  analog computing ~ аналоговая вычислительная система

  analog-digital computing ~ аналого-цифровая [гибридная] вычислительная система

  angular ~ угловая система (*перемещений манипулятора*); угловая [ангулярная] кинематическая схема

  anthropomorphic ~ антропоморфная система; антропоморфная кинематическая схема

  arm-vehicle ~ система «тележка — манипулятор»; мобильная манипуляционная система

astatic ~ астатическая система

automatic ~ автоматическая система

automatically guided vehicle ~ система автоматически управляемых тележек; группа робокаров

automatic block ~ система автоблокировки

automatic control ~ система автоматического управления, САУ; система автоматического регулирования

automatic vehicle ~ 1. система автоматических тележек; группа автоматических мобильных [подвижных] аппаратов

autonomous ~ автономная система

autooscillating ~ автоколебательная система

auxiliary control ~ вспомогательная система управления

axis control ~ система управления степенью подвижности *(робота)*; система управления координатой *(станка с ЧПУ)*

backup ~ 1. дублирующая [резервная] система 2. система поддержки

bang-bang (control) ~ система релейного управления

base coordinate ~ 1. система координат, связанная с основанием *(робота)* 2. базовая система координат

behind-the-tape-reader ~ система ЧПУ без считывателя перфоленты

bilateral control ~ 1. система (дистанционного) управления *(роботом)* двустороннего действия 2. система (копирующего) управления *(роботом)* с отражением усилия

binary (number) ~ двоичная система счисления

binary vision ~ система, работающая с бинарными изображениями; бинарная СТЗ

block ~ 1. блочная система 2. система блокировки

CAD ~ система автоматизированного проектирования, САПР

CAD/CAM ~ система автоматизированного проектирования и технологической подготовки производства, САПР—ТПП

CAM ~ 1. автоматизированная производственная система 2. автоматизированная система управления производством, АСУП

Cartesian (coordinate) ~ декартова система координат, система декартовых координат

cause-controlled ~ система регулирования *или* управления по возмущению

closed-loop ~ 1. система с обратной связью; замкнутая система 2. система, работающая по замкнутому циклу

coding ~ 1. система кодирования 2. система программирования

command ~ система команд

communication ~ система связи

computer ~ 1. вычислительная система; вычислительный комплекс 2. система ЭВМ; сеть ЭВМ

computer-aided ~ система с ЭВМ; автоматизированная система

computer control ~ система управления от ЭВМ; автоматизированная система управления

computer vision ~ система машинного зрения

consultant ~ консультативная (экспертная) система, система-советчик

continuous ~ непрерывная система; система непрерывного действия

continuous path ~ контурная система управления, система контурного управления *(роботом)*

control ~ 1. система управления, управляющая система; система (автоматического) регулирования 2. система контроля

controlled ~ управляемая система; регулируемая система

controlling computer ~ управляющая вычислительная система

coordinate ~ система координат

current ~ существующая [действующая] система

cylindrical (coordinate) ~ цилиндрическая система координат, система цилиндрических координат

data ~ информационная система

data processing ~ система обработки данных

data retrieval ~ система поиска данных; информационно-поисковая система

decision-making ~ система принятия решений

dedicated ~ 1. специализированная система 2. однопользовательская система

development ~ система поддержки разработок; инструментальная система

digital computing ~ цифровая вычислительная система

discontinuous ~ разрывная система

discrete ~ дискретная система

distributed ~ распределённая система

distributed parameter ~ система с распределёнными параметрами

drive ~ система приводов; приводная система

driverless transport ~ автоматическая транспортная система

dynamic ~ динамическая система

dynamic scene ~ система

(визуального) восприятия динамических изображений
effector(y) ~ исполнительная система; эффекторная система *(робота)*
electromechanical ~ электромеханическая система
electronic ~ электронная система
electrostatic paint ~ система электростатической окраски
emergency ~ аварийная система
end-effector coordinate ~ система координат, связанная с рабочим органом *(робота)*
error-controlled ~ система регулирования по отклонению
executive ~ исполнительная система
expert ~ экспертная система
explanation ~ (под)система объяснения *(действий в СИИ)*
eye-in-hand ~ (робототехническая) система типа «глаз на руке» *(с установкой видеосенсора вблизи захватного устройства робота)*
fail-safe [fault-tolerant] ~ отказоустойчивая система
feasible ~ физически осуществимая система; реализуемая система
federated ~ интегрированная система
feed ~ 1. система подачи 2. система питания

feedback ~ 1. система с обратной связью 2. система обратной связи
feedforward control ~ разомкнутая система управления; система управления с прямой связью; система регулирования по возмущению
flexible assembly ~ гибкая сборочная система; гибкий сборочный комплекс
flexible inspection ~ гибкая система контроля
flexible machining ~ ГПС (для) механообработки
flexible manufacturing ~ гибкая производственная система, ГПС
follow-up ~ следящая система
goal-seeking ~ 1. система с целенаправленным поведением, целенаправленная система 2. система поиска цели
graphics ~ графическая система
gray-scale vision ~ СТЗ, работающая с полутоновыми изображениями; многоградационная СТЗ
gripper coordinate ~ система координат, связанная с захватным устройством *(робота)*
guidance ~ система наведения
hand coordinate ~ система координат, связанная с кистью руки *(робота)*
heterarchical ~ гетерархическая система

heterogeneous ~ неоднородная система

hierarchical ~ иерархическая система

high-level ~ система высокого уровня

homogeneous ~ однородная система

hunting ~ «рыскающая» система (*отслеживающая заданное значение в колебательном режиме*)

hybrid computing ~ гибридная [аналого-цифровая] вычислительная система

hybrid teleoperator/robot ~ гибридная [комбинированная] робототехническая система с дистанционным супервизорным управлением

image analysis ~ система анализа изображений

image formation ~ система формирования изображений

image-processing ~ система обработки изображений

image-understanding ~ система понимания *или* интерпретации изображений

imaging ~ система формирования *или* обработки изображений

incremental ~ инкрементная [инкрементальная] система, система, работающая в приращениях

independent ~ независимая система; автономная система

inference ~ система логического вывода

information ~ информационная система

information-control ~ информационно-управляющая система

in-line ~ 1. система, работающая в контуре (*управления*) 2. система, работающая в линии (*напр. производственной*)

input-output ~ система ввода/вывода

integrated factory ~ интегрированная (автоматизированная) система управления предприятием

integrated robot ~ интегрированная робототехническая система

intelligent ~ система с элементами искусственного интеллекта; интеллектуальная [интеллектная] система

intelligent manufacturing ~ интеллектуальная производственная система

interactive ~ интерактивная система

interlock ~ система блокировки

internal coordinate ~ внутренняя система координат

interrupt ~ система прерываний

invariant ~ инвариантная система

irreversible bilateral ~ необратимая система (*управления роботом*) двустороннего действия

isolated ~ изолированная [обособленная] система;

независимая система; автономная система

joint coordinate ~ система обобщённых координат (*манипулятора*)

kernel ~ базовая система

knowledge ~ 1. система накопления, хранения и обработки знаний 2. система знаний (*в СИИ*)

knowledge-based ~ система, основанная на использовании знаний; система с базой знаний

knowledge representation/reasoning ~ система представления знаний и построения логических рассуждений (*в СИИ*)

large-scale ~ 1. большая система 2. крупномасштабная система

layered control ~ многоуровневая система управления

learning ~ (само)обучающаяся система, система с (само)обучением

linear ~ линейная система

link coordinate ~ система координат, связанная со звеном (*манипулятора*), система координат звена

loading ~ система загрузки

location ~ локационная система

low-level ~ система нижнего уровня

low-level vision ~ СТЗ нижнего уровня; система предварительной обработки изображений

lumped parameter ~ система с сосредоточенными параметрами

machine-independent ~ машинно-независимая система

machine-oriented ~ машинно-ориентированная система

macro(instruction) ~ система макрокоманд

management ~ система (организационного) управления

manipulating [manipulator] ~ манипуляционная система

man-machine ~ человеко-машинная система

man-robot-machine ~ система «человек—робот—станок»

master ~ ведущая [задающая, управляющая] система (*при копирующем управлении*)

master-slave ~ система копирующего управления

measuring ~ система измерений; измерительная система

mechanical ~ механическая система

mechanical interface coordinate ~ система координат, связанная с фланцем (*манипулятора*)

memory ~ запоминающая система; система ЗУ

model-based ~ система, основанная на использовании моделей

model-based vision ~ СТЗ, основанная на использова-

нии моделей (*при анализе сцен*)
modeling ~ система (математического) моделирования
modular ~ модульная система
modular robotic ~ модульная робототехническая система
monitoring ~ система текущего контроля
monoscopic vision ~ монокулярная СТЗ
motion generation ~ система генерации [формирования] движений (*робота*)
multichannel ~ многоканальная система
multicomputer ~ многомашинная (вычислительная) система
multigripper ~ многозахватная система
multilevel ~ многоуровневая система
multiloop ~ многоконтурная система (*управления*)
multiprocessing [**multiprocessor**] ~ мультипроцессорная [многопроцессорная] система
multirobot ~ система (из нескольких) роботов, многороботная система
multisite ~ рассредоточенная система
multistable ~ система с многими устойчивыми состояниями
multitask(ing) robot ~ многофункциональная робототехническая система
multivariable ~ система с многими переменными; многосвязная система
NC ~ система числового программного управления, система ЧПУ
noncontact inspection ~ бесконтактная система контроля
nonlinear ~ нелинейная система
nonservo ~ система без следящего контура
n-th order ~ система (*напр. уравнений*) n-го порядка
numeral ~ 1. цифровая система; числовая система 2. система счисления
numerical control ~ система числового программного управления, система ЧПУ
off-line ~ 1. независимая система; автономная система 2. система, работающая вне линии 3. система, работающая не в реальном времени
one-loop ~ одноконтурная система (*управления*)
on-line ~ 1. неавтономная система 2. система, работающая в реальном времени *или* в темпе поступления информации
open-loop ~ 1. система без обратной связи; разомкнутая система 2. система, работающая по разомкнутому циклу
operating ~ 1. действующая [работающая] система 2. операционная система (*ЭВМ*)

operation ~ 1. операционная система *(ЭВМ)* 2. система операций

operational ~ 1. действующая [работающая] система 2. операционная система *(ЭВМ)*

operator guide ~ 1. система, направляющая действия оператора; система подсказок оператору 2. система управления *(напр. роботом)* с (человеком-)оператором

optical ~ оптическая система

optimal ~ оптимальная система

optimal control ~ система оптимального управления

orthogonal coordinate ~ ортогональная система координат

parallel computing ~ параллельная вычислительная система

passive ~ пассивная система

path control ~ 1. контурная система управления, система контурного управления *(роботом)* 2. система отслеживания траектории

pattern recognition ~ система распознавания образов

people-oriented manufacturing ~ производственная система, ориентированная на работу людей *(в отличие от роботизированных производственных систем)*

peripheral ~ периферийная система

picture acquisition and processing ~ система получения и обработки изображений

planning ~ система планирования

pointing ~ система целеуказания *(при супервизорном управлении роботом)*

point-to-point ~ позиционная система

polar (coordinate) ~ полярная система координат, система полярных координат

positioning ~ позиционная система; система позиционирования

priority ~ система приоритетов

process control ~ (автоматизированная) система управления (технологическими) процессами, АСУТП

production ~ 1. производственная система 2. система продукционных правил *(в СИИ)*

production control ~ (автоматизированная) система управления производством, АСУП

program ~ 1. комплекс программ 2. программная система

programming ~ система программирования

projection ~ проекционная система *(в СТЗ)*

protection ~ система защиты

pulse ~ импульсная система

purely mechanical ~ чисто механическая система

purposeful ~ 1. система целевого назначения, целевая система 2. целенаправленная система

queue(ing) ~ система массового обслуживания

range-finding [**ranging**] ~ дальномерная [дальнометрическая] система

reactive ~ 1. реактивная система 2. *проф.* реагирующая система *(изменяющая своё поведение в ответ на конкретные ситуации)*

real-time ~ система, работающая в реальном времени, система реального времени

real-world ~ реальная система

reasoning ~ 1. система, способная к рассуждениям 2. система рассуждений *(в СИИ)*

recognition ~ система распознавания

recording ~ 1. система регистрации 2. записывающее устройство

reduced ~ приведённая система; упрощённая система

redundant ~ 1. избыточная система, система с избыточностью 2. статически неопределимая система 3. система с резервированием

reference ~ 1. система координат; система отсчёта 2. эталонная система

relative coordinate ~ относительная система координат

relay control ~ релейная система управления

remote control ~ система дистанционного управления, система телеуправления

remotely manned ~ 1. дистанционно-управляемая система 2. дистанционно-пилотируемая система

remote manipulator ~ дистанционная [удалённая] манипуляционная система

remote viewing ~ система дистанционного (визуального) наблюдения

representation ~ система представления *(информации)*

reversible ~ система *(копирующего управления роботом)* с отражением усилия

revolute ~ поворотная система; поворотная конструкция *(манипулятора)*

robot ~ робототехническая система, РТС; робототехнический комплекс, РТК

robot application ~ прикладная робототехническая система, прикладная РТС

robot-based assembly ~ роботизированная сборочная система

robot-based manufacturing ~ роботизированная производственная система

robot computer ~ вычислительная система робота

robot control ~ система управления роботом

robotic ~ 1. робототехническая система, РТС; робототехнический комплекс, РТК 2. система роботов

robotic inspection ~ роботизированная система контроля

robotic machining ~ роботизированная система механообработки

robotic measuring ~ роботизированная (контрольно-)измерительная система

robotic painting ~ роботизированная окрасочная система

robotic transport ~ роботизированная транспортная система; система транспортных роботов

robotic welding ~ роботизированная сварочная система

robot-level programming ~ система программирования на уровне (действий всего) робота

robot-machine ~ роботизированный станок; роботизированный агрегат

robot-programming ~ система программирования роботов

safety [security] ~ система обеспечения безопасности

self-adapting ~ (само)приспосабливающаяся система; адаптивная система

self-adjusting ~ самонастраивающаяся система

self-check ~ 1. система самоконтроля 2. система с самоконтролем

self-contained ~ автономная система

self-contained/self-powered mobile ~ автономная мобильная система с собственным питанием

self-guidance ~ 1. система самонаведения 2. система с самонаведением

self-learning ~ система с самообучением, самообучающаяся система

self-organizing ~ самоорганизующаяся система

sensory(-based) ~ сенсорная система; система очувствления (*робота*)

sensory-information ~ сенсорно-информационная система

shopfloor automation ~ автоматизированная система цехового уровня

shopfloor control ~ система управления цехового уровня

shuttle ~ транспортная система челночного [возвратного] типа

single-loop ~ одноконтурная система (*управления*)

slave ~ подчинённая [ведомая, исполнительная] система (*при копирующем управлении*)

software ~ система программного обеспечения

space ~ 1. пространственная система 2. космическая система

spherical (coordinate) ~ сферическая система координат, система сферических координат

stabilizing ~ система стабилизации

stable ~ устойчивая система

stand-alone ~ 1. автономная система 2. изолированная [обособленная] система

start-stop ~ стартстопная система

static ~ статическая система

storage ~ 1. складская система 2. накопительная система 3. запоминающая система; система ЗУ

supervisory control ~ система супервизорного управления *(роботом)*

surveillance ~ система наблюдения

switching ~ 1. система переключения 2. система коммутации

table coordinate ~ система координат, связанная с (рабочим) столом

tailor-made robot ~ заказная робототехническая система

tape drive ~ лентопротяжное устройство

task-level programming ~ система программирования *(робота)* на уровне заданий

taught(-in) ~ обученная система

teaching ~ система обучения *(напр. робота оператором)*; обучающая система

telechiric ~ дистанционно-управляемая манипуляционная система

telecontrol ~ система телеуправления, система дистанционного управления

time-shared [time-sharing] ~ система с разделением времени

timing ~ система синхронизации; система отметок времени

tool coordinate ~ система координат, связанная с инструментом

tool-monitoring ~ система контроля за состоянием инструмента

transport(ation) ~ транспортная система, система транспортировки

truth maintenance ~ система поддержания достоверности *(базы знаний)*

turnkey ~ система, сдаваемая «под ключ»

tutorial ~ обучающая система

uncontrollable ~ неуправляемая система

underwater ~ подводная система

unilateral control ~ 1. система (дистанционного) управления *(роботом)* одностороннего действия 2. система (копирующего) управления *(роботом)*

без отражения усилий
unmanned ~ 1. автоматизированная [необслуживаемая] система 2. непилотируемая система

unstable ~ неустойчивая система

variable structure ~ система с переменной структурой

vision ~ зрительная система; система технического зрения, СТЗ; система зрительного очувствления (*робота*)

vision-memory ~ СТЗ с памятью (*изображений*)

wire guidance ~ система наведения (*транспортного робота*) с помощью кабеля (*проложенного под полом*)

work-handling ~ 1. система транспортирования [переноса] деталей *или* изделий 2. система манипулирования деталями *или* изделиями

world coordinate ~ внешняя система координат; абсолютная система координат; система координат рабочего пространства, *проф.* система координат мира (*робота*)

world-modeling ~ система модельного представления мира (*робота*)

wrist coordinate ~ система координат, связанная с запястьем (*манипулятора*)

system-provided поставляемый в составе системы

T

table 1. стол 2. доска; планшет 3. таблица

accuracy ~ таблица поправок

checking ~ 1. проверочная таблица 2. проверочный стенд

contingency ~ таблица сопряжённости признаков (*распознаваемых образов*)

conversion ~ таблица перевода; таблица преобразования; таблица пересчёта

conveyor ~ рольганг

correction ~ корректировочная таблица; таблица поправок

decision ~ таблица решений

elevator ~ подъёмный стол

indexing ~ индексирующийся стол; делительно-поворотный стол

interpolation ~ интерполяционная таблица

light ~ световой планшет; световой стол (*в СТЗ*)

linkage control ~ таблица управления связями (*в сетях ЭВМ*)

manipulating ~ манипуляционный стол; манипулятор изделия

matrix ~ матричная таблица; матрица

positioning ~ позиционирующий стол; позиционер

rock-over ~ перекидной стол; опрокидыватель

ТАВ

rotary ~ поворотный стол
routing ~ таблица технологических маршрутов *(в ГПС)*
servo plotting ~ планшетный графопостроитель со следящей системой
state ~ таблица состояний
tool offset ~ таблица смещений инструмента; таблица компенсации износа инструмента *(в станках с ЧПУ)*
work ~ рабочий стол
XY-positioning ~ двухкоординатный позиционирующий стол

tablet планшет
  data ~ планшет для ввода данных
  graphic ~ графический планшет, планшет для ввода графической информации
  menu ~ меню-планшет

table-top настольный
tachometer тахометр, тахогенератор
tackle оборудование; принадлежности; снаряжение; оснастка; приспособление
  hoisting ~ (грузо)подъёмное приспособление

tact такт; шаг; период
tactics тактика
tactile тактильный, осязательный
tag 1. признак, метка, ярлык‖снабжать признаком, помечать, маркировать 2. штифт
  contact ~ контактный штифт

ТАР

tagging(-out) маркировка
tail 1. хвост; хвостовик *(инструмента)*‖хвостовой; задний 2. сходить на нет
tailor-made нестандартный; разработанный по индивидуальному заказу; правильно выбранный *(для данных условий)*
take-over приёмка
tamper-proof защищённый от неумелого обращения, *проф.* «кувалдоустойчивый»
tangency касание; соприкосновение
tangent 1. касательная‖касательный, тангенциальный 2. тангенс
tangential тангенциальный, касательный; направленный по касательной
tap отвод, ответвление‖делать отвод, ответвлять
tape лента
  control ~ управляющая лента *(в ЧПУ)*
  data ~ лента с данными
  endless ~ бесконечная лента *(в виде петли)*
  instruction ~ программная лента, лента с программой
  magnetic ~ магнитная лента
  numerical ~ лента (для) числового программного управления, лента ЧПУ
  paper ~ бумажная (перфо)лента
  pressure-sensing ~ лента, чувствительная к давлению *(элемент тактильного сенсора)*

program ~ программная лента, лента с программой
punch(ed) ~ перфолента
seven-channel [**seven-track**] ~ семидорожечная (перфо-)лента

tape-controlled с ленточным управлением; с управлением от (перфо)ленты
tape-limited ограниченный быстродействием ленточного устройства
taper 1. конус∥сводить на конус∥конический; конусообразный 2. конусность; конусообразность
tapped с внутренней резьбой
tappet кулачок; эксцентрик; толкатель *(клапана)*
tare 1. тара 2. тарировать
target 1. цель∥целевой 2. плановое задание∥плановый 3. мишень *(напр. электронно-лучевой трубки)*
  moving ~ подвижная цель
task 1. задание; задача∥давать задание; ставить задачу 2. (выполняемая) операция
  assembly ~ 1. задание по сборке; сборочная задача 2. операция сборки
  computation-intensive ~ задача с большим объёмом вычислений
  current ~ текущее задание
  handling ~ задача манипулирования; манипуляционное задание
  high-tolerance ~ задание с высоким допуском; некритичное к точности задание
  low-tolerance ~ задание с низким допуском; критичное к точности задание
  manipulatory ~ задача манипулирования; манипуляционное задание
  manufacturing [**production**] ~ производственное задание
  robot(ic) ~ 1. задание роботу; задача робота 2. операция; выполняемая роботом
  skilled ~ задача *или* операция, требующая высокой квалификации
  structured ~ структурированное задание *(роботу в полностью детерминированной ситуации)*
  unstructured ~ неструктурированное задание *(роботу в неполностью детерминированной ситуации)*
task-oriented 1. проблемно-ориентированный 2. целенаправленный
task-specific специализированный
taxonomy систематизация *(напр. понятий, относящихся к определённой области знаний)*; классификация
teaching обучение ◊ ~ **by doing** обучение (робота) действием *(прогоном рабочего органа по заданной траектории вручную)*;
  by guiding обучение (робота) проведением *(рабочего органа по заданной траектории с помощью рукоятки*

управления); ~ **by showing** 1. обучение (робота) показом (*выводом рабочего органа в точки траектории с пульта обучения*) 2. обучение СТЗ показом (*всех объектов*)

lead-through ~ обучение (робота) проведением (*рабочего органа по заданной траектории с помощью рукоятки управления*)

manual ~ 1. обучение (робота) вручную (*действием или проведением*) 2. ручное задание программы роботу

robot ~ обучение робота

walk-through ~ обучение (робота) действием (*прогоном рабочего органа по заданной траектории вручную*)

team бригада; коллектив; группа

project ~ коллектив разработчиков; проектная бригада

robot(ic) ~ 1. бригада обслуживания роботов 2. коллектив специалистов по робототехнике 3. группа (взаимодействующих) роботов

technician 1. технический специалист 2. техник

robot ~ специалист по робототехнике, *проф.* робототехник

technique 1. техника; технические приёмы 2. метод; способ; методика 3. техника; техническое оснащение; аппаратура; оборудование

computing ~ 1. метод вычислений 2. вычислительная техника

contrasting ~ метод контрастирования (*при обработке изображений*)

decomposition ~ метод декомпозиции

decoupling ~ метод декомпозиции; метод устранения взаимовлияния (*степеней подвижности робота*)

design ~ методика проектирования

diagnostic ~ 1. техника диагностики 2. метод диагностики 3. диагностическое оборудование

dictionary ~ словарный метод (*организации поиска данных*)

digital ~ 1. цифровой метод 2. цифровая техника

experimental ~ 1. экспериментальный метод; методика эксперимента 2. экспериментальное оборудование

experimental design ~ 1. методика экспериментального проектирования 2. экспериментальная методика проектирования

fault-tolerance ~ 1. отказоустойчивый метод 2. методика обеспечения отказоустойчивости

hybrid ~ 1. техника гибридных схем 2. гибридная технология 3. комбинированный [гибридный] метод 4. гибридная [аналого-

цифровая] вычислительная техника
interpolation ~ метод интерполяции
least squares ~ метод наименьших квадратов
measuring ~ 1. техника измерений 2. метод измерений 3. измерительное оборудование
move-till-touch ~ метод движения до соприкосновения (*робота, снабжённого датчиком касания с объектом*)
numerical ~ численный метод
prescanning ~ метод предварительного сканирования (*в системах распознавания образов*)
programming ~ 1. методика программирования 2. способ программирования (*роботов*)
pseudoinverse ~ метод псевдообращения (*при обработке изображений*)
queueing ~s методы (теории) массового обслуживания
random-walk ~ метод случайных блужданий, метод случайного поиска
raster-scan ~ метод растрового сканирования
reasoning ~ способ рассуждений (*в СИИ*)
region growing ~ метод наращивания областей (*при обработке изображений*)
research ~ 1. методика исследований 2. аппаратура для (научных) исследований
root-locus ~ метод корневого годографа
simulation ~ 1. метод (имитационного) моделирования 2. моделирующая аппаратура
syntactic ~ синтаксический метод (*распознавания образов*)
technological технологический
technology 1. технология 2. техника (*см. тж* **technique**)
advanced ~ прогрессивная [передовая] технология; развитая технология
computer ~ 1. автоматизированная технология (*с применением ЭВМ*) 2. технология производства ЭВМ 3. вычислительная техника
computerized manufacturing ~ технология автоматизированного производства
flexible ~ гибкая технология
flexible manufacturing ~ технология гибкого производства
group ~ групповая технология
high ~ высокоразвитая технология
industrial robot ~ 1. технология, основанная на применении промышленных роботов 2. технология производства промышленных роботов 3. промышленная робототехника
information ~ 1. информационная технология 2. тех-

ника обработки информации

interactive computer-aided ~ интерактивная автоматизированная технология

obsolete ~ устаревшая технология

production ~ технология производства, производственная технология

robotic(s) ~ роботизированная технология

sensing ~ 1. технология очувствления *(роботов)* 2. сенсорная техника

teleoperator ~ 1. технология применения телеоператоров 2. технология дистанционного управления роботом

teeth зубья *(зубчатой передачи)*; зубцы

external ~ внешние зубья; зубья с внешним зацеплением

internal ~ внутренние зубья; зубья с внутренним зацеплением

teleactuation дистанционное приведение в действие

telecamera телекамера; телевизионная камера

telechir дистанционно-управляемый манипуляционный робот

telecommunication дистанционная связь

telecontrol телеуправление, дистанционное управление

telekinesthesis телекинестетика, дистанционное восприятие собственного перемещения *(конечностей и корпуса копирующего манипулятора)*

telemanipulation дистанционное манипулирование *(объектами)*

telemanipulator дистанционно-управляемый манипулятор; манипуляционный телеоператор

telemechanics телемеханика

telemeter 1. устройство для телеизмерений; телеметрический датчик 2. дальномер

telemetry телеметрия, телеизмерения

teleoperation работа *(робота в удалённой зоне)* в режиме копирующего *или* супервизорного управления

teleoperator телеоператор *(дистанционно-управляемый робот)*

astronaut-guided ~ телеоператор, управляемый астронавтом *или* космонавтом

free-flying ~ свободно летающий *(в отличие от прикреплённого к космическому аппарату)* телеоператор

nuclear ~ телеоператор для *(обслуживания)* ядерных установок

telepresence эффект присутствия *(человека-оператора)* при дистанционном управлении *(роботом)*

telepresentation представление *(человеку-оператору дистанционно-управляемого робота)* телеметрической информации

teleprocessing дистанционная

обработка, телеобработка
teleproprioception телепроприоцепция, дистанционное восприятие (собственного) положения в пространстве *(конечностей и корпуса копирующего манипулятора)*

telerobot 1. телеробот, дистанционно-управляемый робот 2. робот, работающий в удалённой *(от человека-оператора)* зоне

  externally attached ~ телеробот [дистанционно-управляемый робот], прикрепляемый снаружи *(обитаемого аппарата)*

  semiautonomous ~ полуавтономный телеробот, телеробот с супервизорным управлением

telerobotics телеробототехника *(раздел робототехники, охватывающий проблемы дистанционно-управляемых роботов)*

telesensing дистанционное восприятие *(человеком-оператором)* сенсорной информации *(получаемой роботом)*

teleswitch 1. дистанционный выключатель; дистанционный переключатель 2. дистанционный коммутатор

teletouch восприятие тактильной информации на расстоянии; дистанционное ощущение касания

television телевидение ‖ телевизионный

  high-definition ~ высококачественное телевидение, телевидение с высокой чёткостью

telpher тельфер, тельферный механизм

temperature температура

  ~ **of operation** рабочая температура

  ambient ~ температура окружающей среды, окружающая температура

  critical ~ критическая температура

  indoor ~ комнатная температура

  operating [**running**, **working**] ~ рабочая температура

template 1. образец; эталон 2. шаблон; трафарет; маска

temporal 1. временной 2. временный, преходящий; скоротечный

tendency тенденция; стремление

tending обслуживание; уход

  machine ~ обслуживание станка *(напр. роботом)*

tendon (тросовая) тяга

tensile прочный на разрыв; прочный на растяжение

tension 1. напряжение; напряжённое состояние 2. растяжение; растягивающее усилие; натяжение

  axial ~ 1. осевое напряжение, напряжение при осевом растяжении 2. растяжение по оси

  belt ~ натяжение ремня

  tape ~ натяжение ленты

  ultimate ~ 1. предел прочности при растяжении 2.

пробивное (электрическое) напряжение

tensioner натяжное устройство; натяжной механизм

tensor *мат.* тензор
 ~ **of inertia** тензор инерции
 ~ **of strain** тензор деформации

term 1. *мат.* член; составляющая; терм *(логического выражения)* 2. срок; предел 3. термин 4. условие
 ~ **of fraction** числитель *или* знаменатель дроби; часть дроби
 ~ **of series** член ряда
 centrifugal ~ центробежный член *(уравнения движения)*; центробежная составляющая
 constant ~ постоянный член
 Coriolis ~ кориолисов член *(уравнения движения)*; кориолисова составляющая
 correction ~ поправочный член
 damping ~ демпфирующий член
 forcing ~ вынуждающий член
 free ~ свободный член
 general ~ общий член
 gravitational ~ гравитационный член *(уравнения движения)*; гравитационная составляющая
 inertia ~ инерционный член *(уравнения движения)*; инерционная составляющая
 like ~s подобные члены
 logical ~ булев [логический] терм

robotic ~s терминология робототехники; робототехническая терминология; робототехнические термины
 similar ~s подобные члены
 transient ~ затухающая составляющая

terminal 1. терминал; оконечное устройство‖терминальный; оконечный 2. зажим; клемма; ввод; вывод 3. терминальный *(об управлении)*
 audio ~ акустический терминал
 control ~ управляющий терминал
 display ~ дисплейный терминал
 intelligent ~ интеллектуальный терминал, терминал с развитой логикой
 programmable ~ программируемый терминал
 remote ~ дистанционный [удалённый] терминал
 security ~ защищённый терминал, терминал с защитой *(от несанкционированного доступа)*
 smart ~ интеллектуальный терминал, терминал с развитой логикой
 softkey ~ терминал с возможностью изменения функций клавиш, перепрограммируемый терминал
 user ~ терминал пользователя, пользовательский терминал
 voice(-entry) ~ терминал с речевым вводом

terminate 1. кончать, оканчивать; завершать 2. устанавливать предел; ограничивать 3. присоединять к зажиму *или* клемме 4. выходить из цикла

termination 1. окончание, завершение; прекращение 2. конечный пункт 3. оконечное устройство 4. выход из цикла

abnormal ~ аварийное прекращение (*выполнения программы*)

cycle ~ 1. окончание [завершение] цикла 2. выход из цикла

normal ~ нормальное окончание, нормальное завершение (*выполнения программы*)

program ~ 1. окончание [завершение] программы 2. прекращение (выполнения) программы

terrain местность; территория

test 1. испытание; испытания; проверка; контроль (*см. тж* **testing**) ‖ испытывать; проверять; контролировать 2. тест; проба ‖ тестировать; брать пробу 3. критерий

acceptance ~ приёмо-сдаточные испытания; приёмочные испытания

accuracy ~ 1. проверка точности 2. тест на точность

bench ~ лабораторные испытания; стендовые испытания

benchmark ~ 1. проверка в контрольных точках 2. оценочные испытания 3. аттестационные испытания

calibration ~ 1. калибровочное испытание 2. проверка (точности) калибровки

check ~ контрольное испытание; контрольные испытания

collinearity ~ проверка на коллинеарность

compatibility ~ проверка на совместимость

conditional branching ~ проверка условий перехода на ветвь (*программы*)

content ~ смысловой контроль; проверка по смыслу

control ~ 1. испытание (системы) управления; проверка (системы) управления 2. тест (системы) управления

count ~ контроль подсчётом

diagnostic ~ диагностический тест

drink ~ проверка (*робота*) на сохранение ориентации (*переносимого объекта*), *проф.* «дринк-тест»

dynamic ~ 1. динамические испытания, испытания в динамическом режиме 2. динамический контроль 3. динамический тест

engineering ~ технические испытания

evaluation ~ оценочные испытания

failure ~ испытание на отказ; проверка отказоустойчивости

functional ~ 1. функцио-

нальная проверка 2. функциональный тест
IF ~ проверка условия *(в программе)*
in-house ~ внутрифирменные испытания; испытания, проводимые разработчиками *или* изготовителями
in-line ~ 1. испытание в контуре *(управления)* 2. испытание в линии *(напр. производственной)*
inspection ~ 1. визуальный контроль 2. входной контроль
integration ~ комплексные испытания
laboratory ~ лабораторные испытания
lamp ~ контроль свечения *(индикатора)*
leak(age) ~ испытание на герметичность
life ~ испытание на долговечность; ресурсные испытания; проверка срока службы
load ~ испытания под нагрузкой, нагрузочные испытания
longevity ~ испытание на долговечность; проверка срока службы
loop ~ прóверка конца цикла
model ~ 1. испытание модели *или* макета 2. проверка на модели *или* макете 3. типовое испытание
Nyquist ~ критерий Найквиста *(устойчивости системы)*
off-line ~ 1. автономное испытание 2. испытание вне линии *(напр. производственной)*
off-nominal ~ испытания в режимах, отличных от номинального
one-shot ~ пооперационные испытания
on-line ~ 1. непосредственное [прямое] испытание 2. испытание в реальном времени
overload ~ испытания на перегрузку
payload ~ проверка грузоподъёмности
performance ~ 1. рабочие испытания 2. проверка *или* контроль (технических) характеристик 3. проверка производительности; проверка (качества) функционирования 4. функциональный тест; тест на соответствие (технических) характеристик
positioning ~ 1. проверка (точности) позиционирования 2. тест на позиционирование
preliminary ~ предварительные испытания; предварительная проверка
preoperational ~ предпусковые испытания; проверка до начала работы
production ~ 1. производственные испытания 2. испытания изделий 3. контроль при изготовлении 4. проверка (качества) продукции
program ~ 1. проверка про-

граммы 2. программный тест
reliability ~ испытание на надёжность; надёжностные испытания; проверка на надёжность
remote ~ дистанционная проверка; дистанционный контроль
repeatability ~ 1. испытание на повторяемость; проверка повторяемости *(движений робота)* 2. тест на повторяемость
robot ~ 1. испытание робота; проверка робота 2. тест для проверки робота
sampling ~ 1. выборочная проверка 2. периодические испытания
screening ~ (раз)браковочные испытания
sensor ~ 1. проверка сенсора; проверка сенсорной системы 2. сенсорный контроль 3. тест сенсорной системы
sensory ~ сенсорный контроль
significance ~ критерий значимости
simulation ~ проверка методом (имитационного) моделирования
single ~ 1. однократная проверка 2. поштучная проверка
smoke ~ *проф.* проверка «на дым» *(грубая проверка работоспособности простым включением или запуском)*

static ~ статические испытания, испытания в статическом режиме
statistical ~ 1. статистические испытания; статистический контроль 2. статистический критерий
status ~ проверка состояния
strength ~ испытание на прочность; проверка прочности
system ~ 1. испытание системы; проверка системы 2. системный тест
temperature ~ 1. температурные испытания 2. контроль температуры
vibration ~ испытание на вибростойкость; проверка виброустойчивости
wear(ing) ~ испытание на износ
testbed испытательный стенд
tester 1. тестер; контрольно-измерительный прибор; испытательный прибор 2. щуп; зонд 3. специалист по испытаниям, испытатель
acceptance ~ специалист, проводящий приёмочные испытания
diagnostic ~ диагностический тестер
field ~ тестер для проверки в условиях эксплуатации
functional ~ тестер для функциональной проверки, функциональный тестер
go/no-go ~ (от)браковочный тестер
leak ~ течеискатель

program ~ 1. программный тестер 2. специалист по проверкам программ; лицо, проводящее испытания программы

testing 1. испытание; испытания; проверка; контроль (*см. тж* test) 2. тестирование ◊ ~**normal cases** испытания *или* проверка в нормальных условиях; ~ **the exceptions** испытания *или* проверка в исключительных ситуациях; ~ **the extremes** испытания *или* проверка в экстремальных условиях

assembly ~ 1. комплексные испытания 2. проверка (правильности) сборки; контроль (качества) сборки

built-in ~ 1. встроенный контроль 2. встроенное тестирование

computer-aided [computerized] ~ автоматизированные испытания; автоматизированный контроль

condition ~ проверка (выполнения) условия

demonstration ~ демонстрационные испытания

design ~ 1. испытание конструкции 2. проверка (правильности) проектных решений

development ~ стендовые испытания; стендовая проверка

drive ~ 1. проверка привода 2. тестирование приводов

encoder ~ 1. проверка кодового датчика 2. тестирование кодовых датчиков

end-of-cycle ~ проверка окончания цикла

ex-situ ~ 1. контроль внешними (*не встроенными*) средствами 2. контроль вне рабочего места (*с изъятием проверяемого объекта*)

factory ~ заводские испытания

field ~ полевые испытания, испытания в условиях эксплуатации

final ~ заключительные [итоговые] испытания

go/no-go ~ (от)браковочные испытания; проверка работоспособности

gripper closure ~ проверка закрытия захватного устройства

in-situ ~ 1. контроль встроенными средствами 2. контроль на рабочем месте

obstacle (presence) ~ проверка наличия препятствий (*движению робота*)

operation ~ 1. испытания в рабочих условиях; эксплуатационная проверка 2. опытная эксплуатация

presence ~ проверка наличия; контроль наличия (*напр. детали в захватном устройстве робота*)

release ~ 1. сдаточные [аттестационные] испытания 2. проверка отпускания (*деталей захватным устройством робота*)

trial-and-error ~ проверка

методом проб и ошибок
unit ~ 1. проверка блоков 2. (по)блочное тестирование

text текст

texture 1. текстура *(локальные характеристики, случайно или регулярно повторяющиеся на изображении)* 2. структура; строение

theorem теорема

~ **of unique existence** теорема существования и единственности

existence ~ теорема существования

reciprocal ~ обратная теорема

sampling ~ теорема о дискретном представлении, теорема Котельникова

theoretical теоретический; расчётный

theory теория

~ **of algorithms** теория алгоритмов

~ **of mechanics** теоретическая механика

~**of robotics** теоретическая робототехника

AI [artificial intelligence] ~ теория искусственного интеллекта

automata ~ теория автоматов

automatic control ~ теория автоматического управления; теория автоматического регулирования

choice ~ теория выбора

control ~ теория управления; теория регулирования

decision ~ теория (принятия) решений

game ~ теория игр

graph ~ теория графов

information ~ теория информации

logic ~ математическая логика

matrix ~ теория матриц

oscillation ~ теория колебаний

probability ~ теория вероятностей

queueing ~ теория массового обслуживания

reliability ~ теория надёжности

screw ~ теория винтов

set ~ теория множеств

similarity ~ теория подобия

stability ~ теория устойчивости

thermistor терморезистор

thermocouple термопара

thermoswitch термовыключатель; термореле

thinking мышление‖мыслящий, разумный

systems ~ системное мышление

thinning утончение *(напр. линии при обработке изображений)*

thread 1. (винтовая) резьба; нарезка‖нарезать резьбу 2. нитка; виток *(резьбы)* 3. шаг *(винта)* 4. жила провода

external ~ наружная резьба

female ~ внутренняя резьба

left-hand(ed) ~ левая резьба

male ~ наружная резьба

right-hand(ed) ~ правая резьба

three-dimensional трёхмерный, пространственный, объёмный

threshold 1. порог, пороговая величина ‖ пороговый 2. устанавливать [выбирать] порог

~ **of action** порог срабатывания

~ **of sensitivity** порог чувствительности

armature current ~ порог тока якорной обмотки *(электродвигателя)*

binarization ~ порог бинаризации *(изображений)*

difference ~ порог различимости

dynamic ~ динамический порог *(бинаризации изображений)*

force ~ порог по силе; порог по усилию

global ~ глобальный порог *(бинаризации изображений)*

input ~ порог по входному сигналу, входной порог

intelligibility ~ порог разборчивости *(напр. речевых команд)*

local ~ локальный порог *(бинаризации изображений)*

operation ~ порог срабатывания

proximity ~ порог близости; порог приближения

range ~ порог дальности

recognition ~ порог распознавания

resolution ~ порог разрешения

signal ~ 1. порог различимости сигнала 2. порог пропускания сигнала 3. порог по уровню сигнала

switching ~ порог переключения

torque ~ порог по (крутящему) моменту

thresholding сравнение *(напр. сигнала)* с порогом

adaptive ~ адаптивный выбор порога *(напр. бинаризации изображений)*

throttle дроссель ‖ дросселировать

through-point промежуточная точка *(проходимая роботом без остановки)*

throughput 1. производительность *(машины)* 2. пропускная способность *(канала)*

throw 1. толчок ‖ толкать 2. бросок *(сигнала)* 3. ход; полное перемещение; размах 4. эксцентриситет

lever ~ плечо рычага

throw-out 1. выбрасыватель; выталкиватель 2. брак; отходы

thrust 1. удар; толчок ‖ ударять; толкать 2. нажим; напор; (осевое) давление ‖ нажимать; оказывать напор; производить (осевое) давление 3. упор ‖ упираться 4. тяга ‖ развивать тягу

tie 1. связь ‖ связывать 2. соединительная тяга 3. распорка; стяжка

tie-in привязка *(к конкретным условиям)*

tighten 1. натягивать *(ремень, трос)* 2. затягивать *(напр. гайку)* 3. уплотнять

tightener натяжное устройство; натяжной ролик

tilt 1. наклон; угол наклона 2. искажение *(растра)*

tilter опрокидыватель; кантователь

time 1. время; период (времени); срок 2. момент (времени) 3. отмечать время; хронометрировать 4. синхронизировать

acceleration ~ время ускорения; период разгона

access ~ 1. время доступа *(к ЗУ)*; время выборки *(из ЗУ)* 2. время достижения *(цели роботом)*

action ~ 1. время работы 2. продолжительность (выполнения) действия 3. срок действия

actual ~ фактическое время

actuation ~ 1. время приведения в действие; время срабатывания 2. момент активации; момент запуска

amortization ~ амортизационный период; срок амортизации

attended ~ время обслуживания *(персоналом)*

attenuation ~ время затухания; период затухания

average ~ среднее время

awaiting repair ~ время ожидания ремонта *(от момента обнаружения неисправности до начала её устранения)*

base ~ нормативное время; основное время

calculated ~ расчётное время

calculating ~ время счёта; время вычисления

changeover ~ 1. время переналадки 2. время замены

characteristic ~ характеристическое время

computation ~ время вычисления

computer ~ машинное время, время работы ЭВМ

control ~ 1. интервал управления; время регулирования 2. время [продолжительность] переходного процесса при управлении

conversion ~ время преобразования *(сигнала)*

cycle ~ 1. время [продолжительность] цикла; период цикла 2. цикл (обращения к) памяти

damping ~ время затухания; период затухания

data retention ~ время сохранения данных

dead ~ 1. нерабочее время; время простоя, простой 2. время запаздывания

debugging ~ время отладки; период наладки

deceleration ~ время замедления; период торможения

delay ~ время запаздывания; время задержки

desired ~ требуемое [желаемое] время
development ~ продолжительность разработки; период разработки
discrete ~ дискретное время
down ~ время пребывания в неисправном состоянии; время простоя, простой
dying-away [**dying-down**] ~ время затухания
engineering ~ время технического обслуживания
estimated ~ расчётное время; оценка (требуемого) времени
execution ~ время выполнения (*напр. операции роботом*)
fault ~ время пребывания в неисправном состоянии; время простоя, простой
fault correction ~ время устранения неисправности
fault location ~ время обнаружения [поиска] неисправности
gripping ~ 1. время захватывания 2. момент захватывания (*объекта роботом*) 3. время сжимания (пальцев) захватного устройства
idle ~ 1. неиспользуемое рабочее время; время простоя, простой 2. время ожидания
inspection ~ затраты времени на контроль (*изделий*)
instruction ~ время выполнения команды
life ~ срок службы
maintenance ~ время (технического) обслуживания

manual ~ время работы в режиме ручного управления
memory cycle ~ время [продолжительность] цикла памяти
net ~ чистое время
nonfailure operating ~ время безотказной работы; наработка на отказ
nulling ~ 1. время аннулирования (*напр. договора*) 2. время отмены (*команды*) 3. время обнуления; время сведения к нулю (*напр. рассогласования*)
off ~ 1. время пребывания в выключенном состоянии 2. время выключения
on ~ 1. время пребывания во включённом состоянии 2. время включения
operating ~ 1. время работы 2. время срабатывания.
operation ~ 1. время работы 2. продолжительность (выполнения) операции
operator imposed idle ~ продолжительность простоев по вине (человека-) оператора
payback ~ срок окупаемости (затрат)
pickup ~ 1. время взятия 2. момент взятия (*объекта роботом*) 3. время срабатывания
positioning ~ время позиционирования
preset ~ заданное [установленное] время

processing ~ время обработки

processor ~ процессорное время

productive ~ производительное время; полезное время

program execution ~ время выполнения программы

propagation ~ время распространения *(сигнала)*

pulse ~ 1. длительность импульса 2. период (повторения) импульсов 3. момент (поступления) импульса

read(out) ~ время считывания

real ~ реальное время; реальный масштаб времени

recovery ~ время восстановления

reference ~ начало отсчёта времени, начальный момент (отсчёта) времени

relative "on" ~ относительная длительность импульса, скважность

release ~ 1. время отпускания; время разблокировки 2. момент отпускания *(объекта роботом)*

repair ~ время ремонта

repetition ~ период; цикличность; время [продолжительность] цикла

response ~ время реакции; время отклика; время срабатывания

retrieval ~ время поиска *(данных)*

rise ~ время нарастания *(сигнала)*

run ~ 1. время работы 2. момент пуска 3. время прогона *(программы)*

sampling ~ 1. период выборки 2. время (взятия) замера 3. момент (проведения) замера 4. период дискретизации; период квантования

scheduled ~ время по расписанию, время по графику; планируемое время

search ~ время поиска

service [servicing] ~ время обслуживания

setting ~ 1. время наладки; время настройки 2. время установки *(в определённое состояние или положение)*

settling ~ время установления; время стабилизации *(процесса)*

simulated ~ модельное время

start(ing) ~ 1. время пуска; пусковой период 2. момент (за)пуска *(программы)*

stop ~ 1. время останова *(программы)*; время остановки *(механизма)* 2. момент останова *(программы)*; момент остановки *(механизма)*

storage ~ 1. время хранения 2. время запоминания

switch(ing) ~ время переключения

task ~ время [продолжительность] выполнения задания

terminal ~ 1. время выхода в конечную точку, терминальное время *(при терминальном управлении)* 2. время предоставления терминала *(пользователю ЭВМ)*

testing ~ 1. время проверки 2. время тестирования 3. срок испытаний, испытательный срок

tool-changing ~s затраты времени на замену инструмента

total ~ суммарное время; полное [общее] время

transfer ~ 1. время переноса; время перемещения *(напр. объекта роботом)* 2. время передачи *(данных)*

transition ~ 1. время перехода *(робота из точки в точку)* 2. время [продолжительность] переходного процесса; время установления

transportation ~ время транспортировки

true ~ 1. истинное время 2. реальное время 3. реальный масштаб времени

unattended ~ время пребывания в необслуживаемом состоянии

unavoidable idle ~ продолжительность неустранимых простоев

up ~ 1. время работы, время пребывания в работающем состоянии 2. время пребывания во включённом состоянии

useful ~ полезное время

user ~ время пользователя

waiting ~ время ожидания

working ~ 1. рабочее время *(персонала)* 2. время работы

timebase 1. ось времени 2. (временная) развёртка

time-consuming требующий больших затрат времени

time-continuous непрерывный во времени

time-correlated коррелированный во времени, с временной корреляцией

timed 1. синхронизированный 2. хронометрированный 3. с выдержкой времени

time-dependent 1. переменный (во времени) 2. зависящий от времени, с временной зависимостью

timekeeping хронометрирование, хронометраж

time-of-flight время прохождения *(сигнала при измерениях дальности)*

timeout 1. таймаут, блокировка по (исчерпанию лимита) времени 2. перерыв; простой, время простоя

time-phased 1. распределённый во времени 2. синхронизированный

time-proof долговечный; с большим сроком службы

timer 1. таймер; регулятор выдержки времени; часы 2. синхронизирующее устройство 3. реле времени 4. отметчик времени

control ~ 1. управляющий

таймер; генератор управляющих синхроимпульсов 2. управляющее реле времени

counter ~ счётчик-хронометр

deadman ~ таймер безопасности

emergency action ~ отметчик времени аварийных ситуаций

impulse ~ 1. импульсный таймер 2. импульсное реле времени 3. импульсный отметчик времени

master ~ главное синхронизирующее устройство

programmable ~ 1. программируемый таймер; программируемый регулятор (выдержки) времени 2. программируемое синхронизирующее устройство

sequence ~ 1. генератор последовательности синхроимпульсов 2. задатчик временно́й последовательности (напр. действий робота)

watchdog ~ 1. сторожевой [контрольный] таймер 2. контрольное реле времени

time-sharing разделение времени; режим разделения времени‖с разделением времени

time-slotting дискретизация времени

timetable расписание

timing 1. синхронизация; согласование по времени 2. хронометрирование, хронометраж 3. настройка таймера; настройка реле времени 4. распределение (интервалов) времени; временна́я диаграмма 5. тактирование

~ **of changes** планирование изменений

action ~ 1. синхронизация действий 2. хронометрирование [хронометраж] действий

axis ~ синхронизация степеней подвижности (робота)

cycle ~ 1. задание времени цикла 2. хронометрирование [хронометраж] цикла 3. хронометрирование [хронометраж] по цикловому способу 4. временна́я диаграмма цикла, циклограмма

motion ~ 1. задание времени движения 2. синхронизация движений 3. хронометрирование [хронометраж] движений 4. временна́я диаграмма движений

pulse ~ синхронизация импульсов

tip 1. конец, концевая точка; кончик 2. наконечник 3. штекер; контакт

end-effector ~ 1. конец [концевая точка] рабочего органа (робота) 2. наконечник рабочего органа

gripper ~ 1. конец [концевая точка] захватного устройства 2. *мн* наконечники пальцев захватного устройства

manipulator ~ конец [концевая точка] манипулятора
patchcord ~ штекер коммутационного шнура
robot ~ конец [концевая точка] (рабочего органа) робота
tool ~ кончик инструмента

tipper опрокидыватель; кантователь

toggle 1. (двухпозиционное) реле 2. триггер 3. шарнирный рычаг

token 1. знак; признак; метка; опознавательный знак 2. маркер
place ~ метка места (указатель мест изображения, представляющих интерес для дальнейшего анализа)
routing ~ (опознавательный) знак разметки маршрута (транспортного робота)
workpiece ~ (по)метка детали; идентификатор изделия (для автоматического распознавания)

tolerance 1. допуск; допустимый предел 2. устойчивость (к неблагоприятным воздействиям); стойкость
accuracy ~ допуск по точности; допустимый предел точности
angle ~ угловой допуск
failure ~ отказоустойчивость, устойчивость к отказам или сбоям
hole ~ допуск на диаметр отверстия
manufacturing ~ допуск на изготовление; производственный допуск
orientation ~ допуск на ориентацию (напр. рабочего органа робота)
positioning ~ допуск на точность позиционирования
radiation ~ радиационная стойкость
repeatability ~ допуск на повторяемость
size ~ допуск на размеры
user-set ~ допуск, устанавливаемый пользователем

tone 1. градация; уровень 2. тон 3. интонация 4. тональная посылка (в системах распознавания речи)
black ~ уровень чёрного (на изображении)
fundamental ~ основной тон
gray ~ полутон (яркости изображения); уровень серого
pure ~ чистый тон
white ~ уровень белого (на изображении)

tongs 1. клещевое захватное устройство 2. клещи; щипцы
brazing ~ паяльные клещи
welding ~ сварочные клещи

tongue 1. язык; язычок 2. выступ; лепесток 3. шип; шпунт; ус 4. якорь (реле)

tool 1. инструмент 2. мн. (инструментальные) средства
CAD ~s средства автоматизированного проектирования
computer ~s 1. вычислительные средства 2. ин-

струментальные средства ЭВМ

cutting ~ режущий инструмент; резец

dumb ~ макетный инструмент *(для обучения робота)*

end-of-arm ~ рабочий инструмент *(робота)*; инструмент, укрепляемый на конце руки *(робота)*

fine ~ прецизионный инструмент

graphical ~s графические средства

inspection ~ 1. контрольный инструмент 2. *мн.* средства контроля

intelligent ~s 1. интеллектуальные [интеллектные] средства *(напр. робототехники)* 2. средства (поддержки) СИИ

machine ~ (металлорежущий) станок

maintenance ~ 1. ремонтный инструмент 2. *мн.* средства технического обслуживания

mathematical ~ математический аппарат

measuring ~ 1. измерительный инструмент 2. *мн.* средства измерений

programming ~s средства программирования

robotic ~ 1. (рабочий) инструмент робота 2. роботизированный станок 3. *мн.* средства робототехники, робототехнические средства

software ~ программные средства

toolbox 1. набор инструментов 2. комплект инструментальных средств, *проф.* инструментарий

toolchanger устройство (для) смены инструментов

toolholder 1. держатель (рабочего) инструмента *(робота)* 2. резцедержатель

tooling 1. технологическая оснастка; инструментальная оснастка 2. наладка 3. набор инструментов 4. инструментальная обработка

hard ~ фиксированная технологическая *или* инструментальная оснастка *(не допускающая её переналадку на другие операции)*

quick change ~ быстросменная инструментальная оснастка

universal ~ универсальная технологическая оснастка

toolkit 1. набор инструментов 2. комплект инструментальных средств, *проф.* инструментарий

toolsmith 1. системный программист 2. инструментальщик

tooth 1. зуб; зубец ‖ нарезать зубья 2. зацеплять *(в зубчатых колёсах)*

gear ~ зуб зубчатого колеса; зуб шестерни

rack ~ зуб рейки, реечный зуб

ratchet ~ зуб храповика, храповой зуб

sprocket ~ зуб цепного колеса; зуб звёздочки

top вершина; верхняя часть‖верхний; наивысший

topology топология

torch 1. горелка 2. резак 3. лампа; фонарь
  arc ~ горелка для газоэлектрической сварки
  beacon ~ (световой) маяк *(для задания маршрута мобильного робота)*
  cutting ~ газовый резак
  plasma ~ плазменный резак
  soldering ~ паяльная лампа; паяльная трубка
  underwater ~ горелка для подводной сварки
  welding ~ сварочная горелка

torque (крутящий) момент *(см. тж* **moment**)
  braking ~ тормозной момент
  cogging ~ момент трогания *(электродвигателя)*
  continuous stall ~ момент при длительно заторможенном роторе *(электродвигателя)*
  driving ~ движущий момент
  equivalent ~ 1. эквивалентный момент 2. обобщённая сила
  interacting ~ момент сил взаимодействия
  moving ~ движущий момент
  peak ~ 1. пусковой момент *(электродвигателя)* 2. пиковый момент
  pulse ~ пиковый момент
  reacting ~ момент (сил) реакции
  static ~ статический момент

torquemeter торсиометр, крутильный динамометр; датчик крутящего момента

torsion кручение; скручивание

total сумма; итог‖суммарный; полный; общий; целый

touch касание; соприкосновение

touchpad 1. сенсорная панель *(пульта управления)* 2. накладка *(на пальцы захватного устройства)* с сенсорами касания

touch-sensitive 1. чувствительный к прикосновению 2. очувствлённый сенсорами касания

tough жёсткий; прочный; крепкий

trace 1. след‖следить; отслеживать 2. путь; трасса; маршрут 3. траектория 4. запись; кривая *(самописца)*‖записывать 5. *мат.* след *(матрицы)* 6. отыскивать *(повреждение)*
  program ~ трасса программы

  return [reverse] ~ обратный ход
  sweep ~ линия развёртки

tracer 1. следящее устройство 2. прибор для отыскания повреждений 3. отметчик; регистрирующее устройство
  conveyor ~ 1. устройство слежения за конвейером 2.

конвейерная следящая система

path ~ 1. блок слежения за траекторией; блок отслеживания траектории 2. блок прокладки маршрута (*мобильного робота*) 3. регистратор пути; регистратор траектории

seam ~ блок слежения за (сварным) швом

trajectory ~ 1. блок слежения за траекторией; блок отслеживания траектории 2. регистратор пути; регистратор траектории

tracing 1. слежение; отслеживание‖следящий (*см. тж* **tracking**) 2. запись (*самописца*) 3. поиск (*повреждения*) 4. маркировка; трассировка

track 1. след‖следить 2. рельсовый путь; (рельсовая) направляющая 3. дорожка; канал; тракт 4. звено (*гусеницы*) ◊ **to keep** ~ отслеживать

tracker следящее устройство

tracking 1. слежение; отслеживание‖следящий 2. сопровождение (*движущегося объекта*)

boundary ~ прослеживание границы (*напр. объекта на изображении*)

Cartesian-path ~ отслеживание траектории в декартовом пространстве

continuous path ~ 1. непрерывное отслеживание траектории; отслеживание траектории в контурном режиме 2. отслеживание непрерывной траектории

contour ~ прослеживание контура (*напр. объекта на изображении*)

conveyor ~ слежение за конвейером

failure ~ регистрация неудачных попыток (*напр. захватывания объекта роботом*)

joint ~ отслеживание стыка (*свариваемых деталей*)

line ~ 1. отслеживание (прямолинейной) траектории 2. слежение за объектами, перемещающимися по производственной линии 3. отслеживание линии (*в СТЗ*)

moving-base line ~ слежение за объектами, перемещающимися по производственной линии, роботом с подвижным основанием

path ~ 1. отслеживание траектории 2. прохождение (*мобильного робота*) по трассе

seam ~ отслеживание (сварного) шва

stationary-base line ~ слежение за объектами, перемещающимися по производственной линии, роботом с неподвижным основанием

trackless безрельсовый

tract тракт; канал

video [visual] ~ зрительный тракт; видеоканал

vocal ~ речевой тракт (*в синтезаторе речи*)

traction 1. тяга, тяговое усилие 2. сила сцепления

tractor 1. трактор 2. устройство протяжки *(напр. ленты)*

   robotic ~ роботизированный трактор, трактор-робот

trade-off компромисс

   design ~ компромиссное проектное решение

   speed/payload ~ соотношение максимальной скорости и грузоподъёмности *(манипулятора)*

traffic 1. рабочая нагрузка линии связи 2. интенсивность движения *(напр. транспортных роботов)*

train 1. серия; ряд; последовательность; *проф.* пачка *(импульсов)* 2. устройство из последовательных элементов 3. система рычагов; рычажный механизм 4. зубчатая передача 5. обучать

   epicyclic (gear) ~ планетарная передача; планетарный механизм

   gear ~ зубчатая передача

   planetary ~ планетарная передача; планетарный механизм

   pulse ~ серия импульсов; *проф.* пачка импульсов

trainer 1. обучающее лицо, инструктор 2. блок обучения

   robot ~ 1. «учитель» робота; оператор, проводящий обучение робота 2. блок обучения робота

   robotic ~ робот для тренировки спортсменов, робот-тренер

training 1. обучение *(робота)* *(см. тж* **teaching***)* 2. профессиональное обучение

   reward ~ обучение с подкреплением

trajectometry измерение траектории, траекторные измерения

trajectory траектория *(см.тж* **path***)*

   allowed ~ разрешённая [допустимая] траектория

   Cartesian ~ траектория в декартовом пространстве; траектория в рабочем пространстве *(робота)*

   collision-free ~ траектория *(движения робота)* без столкновений; траектория с обходом препятствий

   coordinated joint ~ закон согласованных [координированных] изменений обобщённых координат

   end-effector ~ траектория рабочего органа

   gripper ~ траектория захватного устройства

   interpolated ~ траектория, полученная путём интерполяции *(дискретных точек)*, интерполированная траектория

   joint ~ 1. закон изменения обобщённой координаты 2. траектория *(движения)* шарнира

   joint space ~ траектория в пространстве обобщённых координат

mobile robot ~ путь [маршрут] мобильного [подвижного] робота
optimum ~ оптимальная траектория
pattern ~ эталонная траектория
prescribed ~ заданная траектория
program(med) ~ программная траектория; запрограммированная траектория
space ~ пространственная траектория
splined joint ~ 1. траектория в пространстве обобщённых координат, аппроксимированная сплайнами 2. закон изменения обобщённой координаты, заданный сплайнами
stereotyped ~ стереотипная [стандартная] траектория
taught(-in) ~ траектория, которой обучен робот, *проф.* обученная траектория
tool ~ траектория инструмента
transceiver приёмопередатчик
transducer 1. датчик; преобразователь (*см.тж* **transmitter**) 2. приёмник
acceleration ~ акселерометр; датчик ускорения
angle-sensing ~ угловой датчик, датчик угла; датчик угловых перемещений
capacitive ~ ёмкостный датчик
electromagnetic ~ электромагнитный датчик; датчик электромагнитного поля
electropneumatic ~ электропневматический преобразователь
force ~ датчик силы, датчик усилия
incremental ~ инкрементный [инкрементальный] датчик
linear ~ 1. датчик линейных перемещений 2. линейный датчик
narrow-beam ultrasonic ~ ультразвуковой датчик с узким лучом
photoelectric ~ фотоэлектрический датчик; фотоэлектрический преобразователь
piezoresistive force/torque ~ пьезорезистивный силомоментный датчик; силомоментный датчик на пьезоэлементах
position(ing) ~ позиционный датчик, датчик положения
potentiometric ~ потенциометрический датчик
pressure ~ датчик давления; преобразователь давления
proximity ~ датчик приближения; датчик близости
receiving ~ приёмник; приёмный преобразователь
rotary ~ датчик угла поворота
sensory ~ датчик сенсорной системы; датчик системы очувствления (*робота*)
temperature ~ температурный датчик, датчик температуры
torque ~ моментный дат-

чик, датчик (крутящего) момента
velocity ~ датчик скорости
vibration ~ вибродатчик
visual ~ видеодатчик; датчик СТЗ
wide-beam ultrasonic ~ ультразвуковой датчик с широким лучом

transfer 1. перенос; перемещение *(напр. объекта роботом)* ‖ переносить; перемещать 2. переход ‖ переходить 3. передача; пересылка ‖ передавать; пересылать 4. команда перехода ‖ выполнять команду перехода
~ **of axes** переход от одной системы координат к другой
~ **of control** передача управления
arm ~ перенос руки *(перемещение руки робота с установившейся скоростью)*
conditional ~ 1. условный переход 2. команда условного перехода 3. условная передача *(напр. управления)*
data ~ передача данных; пересылка данных
end-effector ~ перемещение рабочего органа *(роботом)*
gripper ~ перемещение захватного устройства *(роботом)*
image ~ 1. передача изображения 2. перенос [сдвиг] изображения
interworkstation material ~ передача материалов между рабочими станциями
object ~ 1. перенос объекта; перемещение объекта *(роботом)* 2. перенос [сдвиг] изображения объекта
parallel ~ 1. параллельный перенос 2. параллельная передача; параллельная пересылка
serial ~ 1. последовательный переход 2. последовательная передача; последовательная пересылка
unconditional ~ 1. безусловный переход 2. команда безусловного перехода 3. безусловная передача *(напр. управления)*

transform 1. преобразование; трансформация; превращение *(см. тж **transformation**)* ‖ преобразовывать, осуществлять преобразование; трансформировать; превращать 2. результат преобразования; *мат.* изображение
Fourier ~ результат преобразования Фурье; изображение по Фурье
Laplace ~ результат преобразования Лапласа; изображение по Лапласу

transformation преобразование; трансформация; превращение *(см. тж **conversion**)*
~ **of coordinates** преобразование координат
affine ~ аффинное преобразование
angular ~ 1. преобразование углов 2. тригонометрическое преобразование
conformal ~ 1. конформное

преобразование 3. конформное отображение
cross-angle ~ преобразование углов пересечения (*нормалей к участкам поверхности объекта анализируемой сцены*)
differential ~ дифференциальное преобразование
fast Fourier ~ быстрое преобразование Фурье
fast Hough ~ быстрое преобразование Хафа
Fourier ~ преобразование Фурье, разложение в ряд Фурье
Haar ~ преобразование Хаара (*разложение обрабатываемых сигналов по системе непериодических прямоугольных базисных функций*)
Hadamard ~ преобразование Адамара (*разложение обрабатываемых сигналов по системе прямоугольных базисных функций*)
hexagonal pattern ~ гексагональное преобразование образов (*представление изображения на шестиугольной решётке*)
homogeneous ~ однородное преобразование
Hough ~ преобразование Хафа (*преобразование линии в декартовой системе координат в точку в полярной системе координат*)
identical ~ тождественное преобразование
integral ~ интегральное преобразование
inverse ~ обратное преобразование
Karhunen-Loeve ~ преобразование Карунена—Лоэва (*преобразование обрабатываемых сигналов в набор некоррелированных коэффициентов разложения по собственным векторам*)
Laplace ~ преобразование Лапласа
linear ~ линейное преобразование
medial axis ~ преобразование к срединным осям (*при обработке изображений*)
nonlinear ~ нелинейное преобразование
perspective ~ перспективное преобразование; преобразование центрального проецирования
pictorial ~ преобразование изображения
prairie fire ~ преобразование типа «степной пожар» (*при обработке изображений*)
projective ~ проективное преобразование
similarity ~ подобное преобразование; преобразование подобия
spatial ~ пространственное преобразование
Walsh ~ преобразование Уолша (*разложение обрабатываемых сигналов по системе функций Уолша*)

transformer 1. трансформатор **2.** преобразователь (*см.тж* **converter**)

control ~ 1. трансформатор устройства управления 2. сельсин

power ~ силовой трансформатор

program ~ 1. преобразователь программ 2. программный преобразователь, программный блок преобразования

reducing ~ понижающий трансформатор

rotary ~ вращающийся трансформатор

software ~ программный преобразователь, программный блок преобразования

voltage ~ трансформатор напряжения

transformer-coupled с трансформаторной связью

transient 1. переходный процесс; переходное состояние 2. неустановившийся режим 3. переходный; неустановившийся; нестационарный; изменяющийся

damped ~ затухающий переходный процесс

positioning ~ переходный процесс при позиционировании (*робота*)

turn-off ~ переходный процесс при выключении

turn-on ~ переходный процесс при включении

transistor транзистор

transition 1. переход 2. превращение 3. переходная стадия; переходный участок

circular ~ переход по (дуге) окружности

logic ~ логический переход

point-to-point ~ переход (*робота*) от точки к точке

straight-line ~ переход по прямой

transitivity *мат.* транзитивность

translation 1. поступательное движение; поступательное перемещение; (параллельный) перенос 2. преобразование 3. перевод; трансляция (*программы*)

~ of axes перенос осей (*системы координат*)

code ~ преобразование кода, перекодировка

computer ~ машинный перевод

data ~ преобразование данных; перевод данных из одного представления в другое

end-effector ~ поступательное движение рабочего органа (*робота*)

parallel ~ параллельный перенос

program ~ трансляция программы

uniform rectilinear ~ равномерное прямолинейное движение

translator 1. транслятор, транслирующая программа 2. преобразователь

code ~ преобразователь кода

image ~ преобразователь изображения

translucent просвечивающий; полупрозрачный

transmission 1. передача *(данных)* 2. пропускание, прохождение *(сигнала)* 3. трансмиссия; привод; передача

asynchronous ~ асинхронная передача

belt ~ ремённая передача

bidirectional ~ двунаправленная передача; двусторонняя передача

chain ~ цепная передача

data ~ передача данных

direct ~ прямая [непосредственная] передача

fiber optics ~ передача *(информации)* по стекловолоконному кабелю

hydraulic ~ гидравлическая передача

image ~ передача изображений

information ~ передача информации

lever ~ рычажная передача

parallel ~ параллельная передача

planetary ~ планетарная передача

power ~ силовая передача

synchronous ~ синхронная передача

unidirectional ~ однонаправленная передача; односторонняя передача

transmitter 1. передатчик, трансмиттер 2. датчик; преобразователь *(см.тж* **transducer***)*

data ~ 1. передатчик данных 2. преобразователь данных

differential ~ дифференциальный датчик

inductive ~ индуктивный датчик

infrared ~ 1. инфракрасный передатчик; инфракрасный излучатель 2. инфракрасный датчик

pneumatic ~ пневматический датчик

program ~ программный датчик

radio ~ радиопередатчик

video ~ 1. телевизионный передатчик 2. видеодатчик

transparent 1. транспарант; шаблон *(напр. для структурированного освещения)* 2. прозрачный 3. ясный, понятный

transport 1. транспорт; транспортные средства‖транспортный 2. транспортировка; перенос; перемещение‖транспортировать; переносить; перемещать

belt ~ транспортировка (ленточным) конвейером

conveyor ~ 1. конвейерный транспорт 2. транспортировка конвейером

end-to-end ~ 1. сквозной транспорт 2. перемещение *(звена робота)* от упора до упора 3. сквозная транспортировка *(деталей в ГПС или данных в сети ЭВМ)*

robotic ~ 1. роботизированные транспортные средства; транспортные роботы

2. роботизированная транспортировка; перенос *(объектов)* роботом

tape ~ 1. протяжка ленты 2. лентопротяжный механизм

transportable транспортабельный; передвижной; переносной

transportation 1. транспорт; транспортные средства 2. транспортировка; перенос; перемещение *(см. тж* **transport**)

transporter 1. транспортёр; конвейер 2. устройство поступательного перемещения 3. поступательная степень подвижности *(манипулятора)*

transpose 1. переставлять; перегруппировывать 2. *мат.* транспонировать

transposition 1. перестановка; перегруппировка 2. *мат.* транспонирование; транспозиция; подстановка; перенос *(из одной части уравнения в другую)*

wiring ~ скрещивание проводов *(способ защиты от помех)*

transputer транспьютер *(микропроцессор сети со встроенной аппаратурой связи между соседними узлами)*

travel 1. перемещение‖перемещаться 2. (рабочий) ход; величина хода; величина перемещения

base ~ 1. перемещение основания *(робота)* 2. перемещение *(рабочего органа портального робота)* вдоль линии, параллельной направляющей

joint ~ величина хода в сочленении

length ~ продольное перемещение

piston ~ ход поршня

return ~ обратный ход

traverse 1. поперечина; поперечная балка; траверса 2. перемещение; прохождение; пересечение‖перемещать(ся); проходить; пересекать 3. ход; величина перемещения; величина хода 4. поперечная подача

horizontal ~ 1. горизонтальное перемещение 2. ход по горизонтали

out-in ~ 1. возвратно-поступательное перемещение 2. (поступательное) перемещение *(манипулятора)* «вперёд-назад»

radial ~ 1. радиальное перемещение 2. радиальный ход, ход по радиусу

right-left ~ (поступательное) перемещение *(манипулятора)* «вправо-влево»

rotary ~ 1. вращательное перемещение 2. величина вращательного перемещения, угол поворота

straight-line ~ перемещение по прямой

up-down ~ (поступательное) перемещение *(манипулятора)* «вверх-вниз»

vertical ~ 1. вертикальное

перемещение 2. ход по вертикали

tray 1. поддон; лоток 2. (неглубокий) ящик

treatment 1. способ обращения 2. трактовка; интерпретация 3. обработка; переработка
  fault ~ обработка сбойных ситуаций
  geometry ~ интерпретация геометрических данных
  mechanical ~ механическая обработка, механообработка

tree 1. дерево *(граф)* 2. древовидная схема
  ~ **of objectives** дерево целей
  binary ~ бинарное [двоичное] дерево
  decision ~ дерево решений
  derivation ~ дерево (логического) вывода
  fault ~ дерево неисправностей
  goal ~ дерево целей
  relation ~ дерево отношений *(в распознавании образов)*
  search(ing) ~ дерево поиска; дерево перебора

tree-structured с древовидной структурой

tree-walk обход [просмотр] дерева

trend 1. тенденция; направление 2. *мат.* тренд

trial испытание; проба‖испытывать; пробовать

triangle треугольник
  force ~ треугольник сил
  navigation ~ навигационный треугольник

triangulation триангуляция *(метод измерения расстояний и локализации объектов)*

trigger 1. триггер 2. пусковое устройство

triggering пуск; запуск‖пусковой; запускающий

trigonometry тригонометрия

trouble нарушение *(нормального хода работы)*; неисправность; повреждение; авария‖аварийный
  operating ~s эксплуатационные неполадки

troubleshooting поиск и устранение неисправностей

truck 1. вагонетка; тележка; платформа 2. грузовик‖перевозить на грузовике
  floor ~ тележка для внутрицеховых перевозок
  fork-lift ~ автопогрузчик с вильчатым захватным устройством
  robot(ic) ~ робот-грузовик; грузовой робокар; грузовой мобильный [подвижный] робот

true истина‖истинный; правильный, верный

truncation 1. *мат.* усечение, отбрасывание *(напр. членов ряда)* 2. (преждевременное) прекращение *(напр. выполнения программы)*

trunk 1. канал связи; магистраль; шина 2. колонна
  check ~ контрольная шина
  elephant ~ «(слоновий) хобот», хоботообразный манипулятор *(состоящий из*

большого числа однотипных звеньев)
input-output ~ канал ввода—вывода
robot ~ корпус робота
trusty заслуживающий доверия, надёжный
truth 1. истина‖истинностный 2. точность *(пригонки)*; соосность
contingent ~ условная истина
try 1. попытка; проба‖пытаться; пробовать 2. испытание
try-order порядок проверки
T-shaped Т-образный *(о пересечении контурных линий на изображении)*
tub шасси *(монтируемое в стойке)*
tube 1. труба; трубка 2. электронная лампа
air ~ воздушный шланг; трубка пневмосистемы
branch ~ отводная трубка; патрубок
camera ~ передающая (телевизионная) трубка
cathode-ray ~ электронно-лучевая трубка, ЭЛТ
controlled deformation ~ трубка направленной деформации *(при подаче давления, изгибающаяся в расчётном направлении)*
display ~ 1. индикаторная лампа 2. трубка дисплея
electron-beam ~ электронно-лучевая трубка, ЭЛТ
fiber optic ~ стекловолоконный кабель
flexible ~ гибкая трубка; гибкий шланг
guide ~ направляющая труба; направляющая трубка
image ~ 1. электронно-оптический преобразователь, ЭОП 2. передающая трубка
nonstorage (camera) ~ (передающая) трубка без накопления заряда
photoelectric ~ фотоэлемент
picture ~ кинескоп
return ~ возвратная трубка *(шариковинтовой передачи)*
ribbed ~ ребристая трубка
spiral ~ 1. спиральная трубка 2. спиральная трубчатая пружина
storage (camera) ~ (передающая) трубка с накоплением заряда; запоминающая трубка
vacuum ~ электронная лампа
tumbler 1. опрокидыватель; перекидной механизм 2. тумблер; переключатель
tuning настройка; наладка; регулировка
adaptive ~ адаптивная настройка
coarse ~ грубая настройка
fine ~ точная настройка
manual ~ ручная настройка; ручная регулировка
turn 1. оборот; поворот‖поворачивать(ся); вращать(ся) 2. виток *(спирали)* 3. превращаться; преобразовывать 4. точить, обраба-

тывать на токарном станке ◊ to ~ off выключать; to ~ on включать

ampere ~ ампер-виток

turnkey готовый к непосредственному использованию; со сдачей «под ключ»

turnover 1. оборот; оборачиваемость (*средств*) 2. текучесть (*рабочей силы*)

capital ~ оборачиваемость капиталовложений

turntable поворотный стол; поворотная платформа

turret револьверная головка

tutor:

intelligent ~ разумный наставник (*диалоговая программа, облегчающая оператору обучение робота*)

tutorial 1. средство обучения 2. учебное пособие

twin двойной, сдвоенный; спаренный

twist 1. кручение; скручивание 2. вращение 3. ротация (*рабочего органа робота*) 4. шаг винта

gripper ~ ротация захватного устройства (*робота*)

robot-caused skill ~ изменение требований к квалификации (*персонала*) в результате внедрения роботов

two-dimensional двумерный

two-part, two-piece состоящий из двух частей; разъёмный

two-position двухпозиционный

two-way 1. двухпутный 2. двухходовый 3. двусторонний

type 1. тип; род; класс; вид 2. набирать на клавиатуре; вводить (*данные*) с клавиатуры ◊ **to ~ ahead** заблаговременно вводить (*данные*) с клавиатуры (*не ожидая запроса системы*)

~ of skills характер профессиональных знаний *или* навыков

data ~ тип данных

object ~ тип объекта; класс объекта

typewriter ~ машинописный шрифт

typing набор на клавиатуре (*вводимой информации*)

tyre шина (*колеса мобильного робота*)

U

ultimate 1. крайний; последний; окончательный 2. предельный; максимальный 3. первичный; элементарный; основной

ultrareliable сверхнадёжный

ultrasound ультразвук

umbilical фал (*для дистанционного управления роботом*)

unambiguous однозначный

unary унарный, одноместный

unattainability недостижимость; недоступность (*цели для робота*)

unattended работающий без обслуживающего персонала; необслуживаемый; автоматический; автономный

unauthorized несанкционированный; незаконный

unavailability неготовность *(к работе)*; недоступность

unbalance 1. разбаланс; рассогласование 2. выводить из равновесия

unblocking разблокирование, разблокировка

uncertainty неопределённость; недостоверность; неточность; ненадёжность; погрешность

unclamp разжимать; освобождать; ослаблять зажим

unconditional безусловный; абсолютный

unconnected 1. несвязанный; отсоединённый 2. несвязный *(напр. об областях на изображении)*

uncountable несчётный

uncoupling 1. развязка, развязывание 2. разъединение, отсоединение; расцепление

undecidability 1. неразрешимость 2. невозможность принятия решения

undecipherable 1. неразборчивый 2. неподдающийся декодированию

undercompensation неполная компенсация, недокомпенсация; неполное уравновешивание

underdamping 1. недостаточное демпфирование, *проф.* недодемпфирование 2. слабое затухание

underdrive понижающая передача

underemployment 1. неполное использование; недоиспользование 2. нехватка рабочих мест; неполная занятость 3. неполный рабочий день; неполная загрузка *(производственного персонала)*

underload недогрузка; неполная нагрузка‖недогружать; давать неполную нагрузку

underscore заниженная оценка‖занижать оценку

undershoot 1. недоиспользование *(возможностей)* 2. *проф.* недорегулирование 3. (отрицательный) выброс

underspeed пониженная скорость

understandability понятность

understander блок интерпретации; блок понимания *(в СИИ)*

understanding интерпретация; понимание *(в СИИ)*
   image ~ интерпретация изображений; понимание изображений
   scene ~ интерпретация сцен; понимание сцен
   situation ~ понимание ситуаций

undirected неориентированный; ненаправленный

undistorted неискажённый *(напр. об изображении)*

undisturbed невозмущённый *(о движении)*

undo 1. отмена *(выполненных команд)*‖отменять *(выполненные команды)* 2. демонтировать; разбирать

unequality неравенство

unfailing безотказный; бездефектный

unguarded незащищённый; неохраняемый

unguided 1. неуправляемый; без (системы) наведения 2. не имеющий направляющих

unhooking отключение; отсоединение

uniaxial соосный; одноосный

unibus общая шина

unicity единственность *(напр. решения)*

unidirectional 1. однонаправленный 2. с одной степенью свободы

unification унификация

uniform равномерный; однородный

unilateral 1. односторонний; одностороннего действия 2. без отражения усилий *(о системе копирующего управления роботом)*

union 1. объединение *(напр. множеств)*; совокупность *(объектов)* 2. муфта; патрубок

unique однозначный

unit 1. единица; единое целое‖единичный 2. единица измерения 3. блок; модуль; узел; элемент 4. устройство; установка; агрегат 5. подразделение

action-planning ~ блок планирования действий *(робота)*

actuating ~ 1. блок привода; модуль привода 2. приводное устройство

adjusting ~ блок настройки

arithmetic/logic ~ арифметико-логическое устройство, АЛУ

assembly ~ 1. компоновочный блок; узел сборки 2. модуль сборки, сборочный модуль

built-in ~ встроенный блок

central processing ~ центральный процессор

clock ~ блок синхронизации, синхронизатор

computing ~ 1. вычислительный блок; вычислительный элемент 2. вычислительное устройство

control ~ 1. блок управления 2. устройство управления, управляющее устройство

coordinate transformation ~ блок преобразования координат

counter ~ счётное устройство, счётчик

data ~ элемент данных

data collection ~ устройство сбора данных

direct kinematics ~ блок решения прямой задачи кинематики

disk ~ дисковое ЗУ; накопитель на дисках, дисковый накопитель

display ~ устройство отображения, дисплей

drive ~ 1. блок привода; модуль привода 2. приводное устройство

energized hold ~ активное тормозное *или* удерживающее устройство

executive ~ 1. исполнительный элемент 2. исполнительное устройство

feedback ~ блок обратной

связи; элемент обратной связи

flexible manufacturing ~ гибкий производственный модуль, ГП-модуль, ГПМ

handling assembly ~ загрузочно-разгрузочное *или* манипуляционное устройство сборочной системы

harmonic drive ~ блок волнового редуктора; модуль волнового редуктора

image ~ 1. элемент изображения, пиксел 2. блок ввода изображения

image-processing ~ 1. блок обработки изображений 2. устройство обработки изображений

input-output ~ 1. блок ввода—вывода 2. устройство ввода—вывода

instruction ~ 1. блок обработки команд 2. блок формирования команд

interface ~ модуль сопряжения; интерфейсный модуль

interpolation ~ блок интерполяции

inverse kinematics ~ блок решения обратной задачи кинематики

lag ~ блок запаздывания; звено запаздывания

library ~ библиотечный модуль

linear ~ линейный блок; линейный элемент

logical ~ 1. логический блок; логический элемент 2. логическое устройство

master ~ ведущий [управляющий, задающий] узел (*копирующего манипулятора*)

measuring ~ 1. единица измерения 2. измерительный блок; измерительный элемент 3. измерительное устройство

memory ~ запоминающее устройство ЗУ, блок памяти

microprocessor-based ~ микропроцессорное устройство, устройство с микропроцессором

microprocessor-controlled ~ устройство с микропроцессорным управлением

microprogram ~ микропрограммный блок; блок микропрограммного управления

microprogrammed ~ устройство с микропрограммным управлением

modular ~ модуль; модульный узел

monitor ~ блок текущего контроля; монитор

motion generation ~ блок генерации движений, блок формирования (программных) движений (*робота*)

nonlinear ~ нелинейный блок; нелинейный элемент

on-line production ~ производственный модуль, работающий под управлением ЭВМ

operational ~ 1. операционный [решающий] блок 2. функциональный блок 3. работоспособный блок; ра-

ботоспособное устройство
operator interface ~ модуль операторского интерфейса; блок связи *(системы)* с оператором
partially-finished ~ полуфабрикат
power ~ 1. блок питания; энергоблок 2. силовой агрегат, силовой блок 3. единица мощности
production ~ 1. единица продукции 2. производственная единица; производственный модуль
program ~ блок программы; программный модуль
program control ~ 1. устройство программного управления 2. блок управления выполнением программы
programming ~ 1. программное устройство 2. устройство программирования; пульт программирования *(робота)*
reader ~ считывающее устройство; считыватель
remote entry ~ дистанционное устройство ввода
robot ~ блок робота; модуль робота; узел робота
robot control ~ устройство управления роботом
self-contained ~ 1. автономный блок 2. автономное устройство
sensory ~ сенсорный блок; сенсорный модуль; блок *или* модуль очувствления *(робота)*
servo ~ 1. следящее устройство 2. блок сервопривода
slave ~ ведомый [исполнительный, рабочий] узел *(копирующего манипулятора)*
stand-alone ~ 1. автономный блок 2. автономное устройство
storage ~ запоминающее устройство, ЗУ; блок памяти
supply ~ блок питания
switching ~ 1. коммутационный модуль 2. устройство переключения, переключающее устройство; коммутатор
teaching ~ 1. блок обучения 2. устройство обучения
terminal ~ оконечное устройство; терминал
thyristor ~ тиристорный блок
time ~ единица времени; такт
timing ~ 1. реле времени 2. программное устройство 3. блок синхронизации, синхронизатор
unenergized hold ~ пассивное тормозное *или* удерживающее устройство
visual ~ видеомодуль; блок *или* модуль технического зрения
workpiece-handling ~ устройство загрузки—разгрузки деталей; устройство манипулирования деталями; манипулятор изделий; устройство транспортирования деталей
unity *мат.* единица ‖ единичный

universal 1. универсальный 2. всеобщий

unknown неизвестная (величина) ‖ неизвестный

unlimited неограниченный; безграничный

unload 1. разгрузка ‖ разгружать 2. снимать нагрузку

unloader разгрузочное устройство, устройство разгрузки; разгружатель

unloading 1. разгрузка 2. снятие нагрузки

   robotic ~ роботизированная разгрузка

unlock снимать блокировку, разблокировать

unmanageable 1. трудно контролируемый, выходящий из-под контроля 2. нерешаемый; неразрешимый (*о проблеме*) 3. неуправляемый

unmanned 1. работающий без обслуживающего персонала; необслуживаемый; автоматический 2. «безлюдный» (*о роботизированной технологии*) 3. необитаемый; беспилотный

unmatched несогласованный; несовпадающий

unobservable 1. ненаблюдаемый, неподдающийся (непосредственному) наблюдению 2. невидимый

unobstructed свободный (от препятствий); беспрепятственный

unperturbed невозмущённый (*о движении*)

unplug вынимать (*из гнезда*); отсоединять разъём

unreliable ненадёжный

unscrew развинчивать; вывинчивать

unserviceable неудобный *или* непригодный для обслуживания

unskilled неквалифицированный; необученный; неопытный; неподготовленный

unsolvable неразрешимый; нерешаемый

unstability неустойчивость

unstabilizability нестабилизируемость

unstable неустойчивый

unsteady неустановившийся; нестационарный; неустойчивый; непостоянный

unstrained 1. недеформированный 2. ненапряжённый

unwatched работающий без обслуживающего персонала; необслуживаемый; автоматический

update 1. корректировать; обновлять (*информацию*) 2. модернизировать

upgradable 1. расширяемый; наращиваемый 2. поддающийся модернизации

upgrade 1. наращивать функциональные возможности 2. модернизировать

upright вертикальный, отвесный ‖ вертикально, отвесно

uptime период работоспособности

   percent ~ коэффициент использования (*оборудования*)

up-to-date современный, отвечающий современным требованиям

urgent экстренный; срочный
usability 1. удобство [простота] использования; практичность 2. применимость
usage 1. потребление; расход 2. употребление; применение; использование (*см. тж* use, utilization) 3. коэффициент использования
   material ~ расход материалов
use 1. употребление; применение; использование 2. эксплуатация
   authorized ~ санкционированное использование
   careful ~ осторожное употребление
   efficient ~ эффективное применение; эффективное использование
   home ~ использование (*напр. робота*) в домашних условиях
   industrial ~ 1. промышленное применение; использование в промышленности 2. промышленная эксплуатация
   limited ~ ограниченное применение; ограниченное использование
   long-term ~ долговременная [долгосрочная] эксплуатация
   military ~ военное применение; использование в военных целях
   multiple ~ многоразовое [многократное] употребление; многоразовое [многократное] использование
   nonindustrial ~ непромышленное применение, применение в непромышленной сфере
   single ~ одноразовое [однократное] употребление; одноразовое [однократное] использование
   smart ~ разумное применение; разумное использование
   unauthorized ~ несанкционированное использование
   wide ~ широкое применение; широкое использование
user пользователь
   authorized ~ зарегистрированный пользователь (*напр. сетью ЭВМ*)
   end ~ конечный пользователь
   expert ~ квалифицированный пользователь; опытный пользователь
   lay ~ пользователь-непрофессионал
   remote ~ дистанционный [удалённый] пользователь
   robot ~ пользователь роботом
   skilled ~ квалифицированный пользователь
   trained ~ обученный пользователь
   unauthorized ~ незарегистрированный пользователь (*напр. сетью ЭВМ*)
   unskilled ~ малоквалифицированный пользователь
user-defined определяемый пользователем
user-friendly удобный для пользователя; *проф.* друже-

любный [дружественный] к пользователю

utility 1. служебная [обслуживающая] программа 2. полезность

debugging ~ отладочная программа

utilization 1. использование; применение; употребление 2. коэффициент использования 3. утилизация

capacity ~ 1. использование (производственных) мощностей 2. коэффициент использования (производственных) мощностей

shift ~ коэффициент сменности

waste ~ утилизация отходов

V

vacuum вакуум ‖ вакуумный

validation 1. проверка достоверности; подтверждение правильности 2. аттестация

cross ~ перекрёстная проверка достоверности

design ~ утверждение проекта; подтверждение правильности проектного решения

formal ~ формальное доказательство

method ~ подтверждение работоспособности метода

model ~ подтверждение адекватности модели

test ~ 1. проверка эффективности теста 2. аттестация путём испытания

validity 1. истинность; правильность; справедливость; состоятельность 2. достоверность; точность 3. обоснованность; доказанность 4. значимость; ценность 5. пригодность; применимость

assumption ~ 1. обоснованность предположения 2. применимость допущения

hypothesis ~ справедливость гипотезы

model ~ пригодность модели; применимость модели; адекватность модели

predictive ~ предсказательная [прогностическая] ценность; достоверность предсказания

procedure ~ корректность процедуры

valuation оценка

value 1. величина; значение 2. ценность; стоимость; значимость 3. оценка ‖ оценивать ◊ **to posess the** ~ *мат.* принимать значение

absolute ~ абсолютная величина; абсолютное значение; *мат.* модуль

actual ~ фактическое значение

admissible ~ допустимое [приемлемое] значение

approximate ~ приближённое значение

asymptotic ~ асимптотическое значение

average ~ среднее значение

boundary ~ граничное [краевое] значение

characteristic ~ характеристическое значение
computed ~ вычисленное значение
critical ~ критическая величина; критическое значение
current ~ текущее значение
design ~ расчётное значение
desired ~ желаемое [требуемое] значение
don't care ~ 1. безразличное значение *(сигнала)* 2. величина, не представляющая интереса
expectation ~ 1. математическое ожидание 2. ожидаемое значение
initial ~ начальное значение
instantaneous ~ мгновенное значение
inverse ~ обратная величина
limit(ing) ~ предельное значение
mean ~ среднее значение
mean-square ~ среднеквадратичное [среднеквадратическое]
nominal ~ номинальная величина; номинальное значение
numerical ~ численное значение
optimum ~ оптимальная величина; оптимальное значение
practical ~ практическая ценность; практическая значимость

random ~ случайная величина
rated ~ номинальная величина; номинальное значение
reciprocal ~ обратная величина
reference ~ опорное значение; эталонное значение
root-mean-square ~ среднеквадратичное [среднеквадратическое] значение
scalar ~ скалярная величина
set ~ заданное значение; установленное значение
steady-state ~ установившееся значение
threshold ~ пороговая величина; пороговое значение
time ~ норма времени
true ~ 1. истинное значение 2. значение «истина»
truth ~ истинностное значение *(значение «истина» или «ложь» в булевой алгебре)*
vector ~ векторная величина
weighted ~ взвешенная величина; взвешенное значение

valve 1. клапан; вентиль; золотник 2. электронная лампа
air ~ воздушный клапан; пневматический клапан
air-operated ~ клапан с пневмоприводом; пневматический клапан
ball ~ шаровой клапан
compensation ~ уравнитель-

ный [компенсационный] клапан
control ~ регулирующий клапан; распределительный клапан
electro-pneumatic ~ электропневмоклапан
four-way ~ четырёхходовой клапан
hydraulic ~ гидравлический клапан
hydraulic distribution ~ гидрораспределительный клапан; гидрораспределитель
pneumatic ~ пневматический клапан
pneumatic distribution ~ пневмораспределительный клапан, пневмораспределитель
poppet ~ тарельчатый клапан
relief ~ разгрузочный клапан
safety ~ предохранительный клапан
slide ~ золотник
solenoid(-operated) ~ соленоидный клапан
spherical ~ шаровой клапан
spool ~ золотник
three-way ~ трёхходовой клапан
transforming ~ редукционный клапан
triple ~ тройной клапан
vane 1. вентилятор 2. лопасть‖ лопастной; крыльчатый
vanish обращаться в нуль; стремиться к нулю; исчезать
variability изменчивость; непостоянство
~ **of demand** изменчивость спроса
background ~ непостоянство фона
environment ~ изменчивость окружающей среды; непостоянство внешних условий
load ~ непостоянство нагрузки
parameter ~ изменчивость параметров; непостоянство параметров
variable 1. переменная (величина) 2. переменный; изменяющийся
auxiliary ~ вспомогательная переменная
boolean ~ булева [логическая] переменная
Cartesian ~ s переменные, заданные в декартовом пространстве, *проф.* декартовы переменные
complex ~ комплексная переменная
control ~ управляющая переменная
controlled ~ управляемая переменная; регулируемая переменная
decision ~ 1. искомая переменная 2. переменная решения
dependent ~ зависимая переменная
dimensionless ~ безразмерная переменная
discrete ~ дискретная переменная
fuzzy ~ размытая [нечёткая] переменная

VAR

global ~ глобальная переменная

independent ~ независимая переменная

input ~ входная переменная

joint ~ s переменные, заданные в пространстве обобщённых координат; обобщённые координаты

logic(al) ~ булева [логическая] переменная

manipulator ~ s переменные, описывающие состояние манипулятора

noncontrollable ~ неуправляемая переменная

normalized ~ нормированная [нормализованная] переменная

observable ~ наблюдаемая переменная

orientation ~ s переменные ориентации *(напр. рабочего органа робота)*

output ~ выходная переменная

phase ~ фазовая переменная

pose ~ s переменные позы *(положения и ориентации рабочего органа робота)*

position ~ s переменные положения, позиционные переменные

random ~ случайная переменная

scalar ~ скалярная переменная

state ~ переменная состояния; фазовая переменная

unconstrained ~ неограниченная переменная; переменная, не подчинённая ограничениям

uncontrollable ~ неуправляемая переменная

unrestricted ~ неограниченная переменная; переменная, не подчинённая ограничениям

variance 1. *мат.* дисперсия 2. расхождение, несоответствие

variant вариант; разновидность

variation 1. изменение, перемена 2. вариант; разновидность 3. отклонение; разброс 4. *мат.* вариация

variety 1. разнообразие; множество 2. *мат.* многообразие

vary 1. менять(ся); изменять(ся) 2. разнообразить; разниться

vector вектор

   acceleration ~ вектор ускорения

   approach ~ вектор подхода *(рабочего органа робота к объекту)*

   attribute ~ вектор признаков *(в распознавании образов)*

   axial ~ осевой [аксиальный] вектор

   collinear ~ s коллинеарные векторы

   column ~ вектор-столбец

   contact ~ контактный вектор *(вектор ориентации рабочего органа робота, обеспечивающей захватывание объекта)*

   control ~ вектор управле-

ния, управляющий вектор
displacement ~ вектор смещения
feature ~ вектор признаков (*в распознавании образов*)
force ~ вектор силы
generalized coordinate(s) ~ вектор обобщённых координат
incremental ~ вектор приращений
interrupt ~ вектор прерываний
normal ~ вектор нормали; нормальный вектор
orientation ~ вектор ориентации (*рабочего органа робота*)
polar ~ полярный вектор
pose ~ вектор позы (*положения и ориентации рабочего органа робота*)
position ~ 1. вектор положения 2. радиус-вектор
radius ~ радиус-вектор
row ~ вектор-строка
state ~ вектор состояния
tangent(ial) ~ касательный вектор
torque ~ вектор момента
unit ~ единичный вектор
velocity ~ вектор скорости
vee 1. V-образная направляющая 2. клиновидный вырез
vehicle транспортное средство; (транспортная) тележка; мобильный [подвижный] аппарат
  automatic ~ автоматическое транспортное средство; автоматическая тележка; автоматический мобильный [подвижный] аппарат; робокар
  automatically guided ~ автоматически управляемое транспортное средство; автоматически управляемая тележка; робокар
  legged ~ шагающий аппарат
  manipulator ~ тележка *или* мобильный [подвижный] аппарат с манипулятором
  rail-guided ~ рельсовая тележка; робокар с рельсовыми направляющими
  remotely manned [remotely-operated] ~ дистанционно-управляемый мобильный [подвижный] аппарат
  robot(ic) ~ транспортный робот; мобильный [подвижный] робот; робокар
  unmanned ~ 1. автоматическое транспортное средство 2. необитаемый мобильный [подвижный] аппарат
  wheeled robot(ic) ~ колёсный мобильный [подвижный] робот; колёсный транспортный робот
  wire-guided ~ тележка, направляемая (электрическим) кабелем; робокар, направляемый (электрическим) кабелем; тележка *или* робокар с кабельным маршрутопроводом
velocity скорость; быстрота (*см. тж* **speed**)
  absolute ~ абсолютная скорость

actual ~ фактическая скорость

average ~ средняя скорость

horizontal ~ горизонтальная скорость

instantaneous ~ мгновенная скорость

lift ~ скорость подъёма

link ~ скорость звена (*манипулятора*)

path ~ скорость перемещения по траектории; контурная скорость

path-tracking ~ скорость отслеживания траектории

phase ~ фазовая скорость

propulsion ~ скорость (про)движения (вперёд)

relative ~ относительная скорость

scanning ~ 1. скорость сканирования 2. скорость развёртки

tip ~ скорость в концевой точке, скорость конца (*манипулятора*)

uniform ~ постоянная скорость; равномерная скорость

vertical ~ вертикальная скорость

vendor поставщик

third-party ~ поставщик-посредник

turnkey ~ поставщик готовых систем

vendor-specific зависящий от поставщика

verification верификация; проверка; контроль

data ~ верификация данных; проверка данных

decision ~ проверка правильности решений

design ~ проверка правильности проектных решений

dynamic model ~ верификация [проверка адекватности] динамической модели

experimental ~ экспериментальная проверка

hypothesis ~ проверка гипотезы (*в СИИ*)

machine ~ 1. машинная проверка; машинный контроль 2. проверка *или* контроль машины

program ~ верификация [проверка правильности] программы

speaker ~ отождествление говорящего субъекта (*с эталоном речи*)

visual ~ 1. визуальный контроль 2. подтверждение правильности (*действий робота*) с помощью СТЗ

versatility 1. универсальность 2. эксплуатационная гибкость

version вариант; версия

down-sized ~ «усечённый» вариант (*системы*)

vertex вершина; высшая точка

graph ~ вершина графа

incident ~ инцидентная вершина

inner ~ внутренняя вершина

object ~ вершина (многогранного) объекта (*в анализе сцен*)

terminal ~ конечная [терминальная] вершина

vertical вертикаль‖вертикальный; отвесный

vessel 1. судно, корабль; транспортное средство 2. сосуд; резервуар; баллон

viability жизнеспособность; устойчивость к условиям использования, *проф.* живучесть

viable жизнеспособный; устойчивый, *проф.* живучий; плодотворный (*напр. замысел*)

vibration вибрация; дрожание; колебание; колебания

  damped ~ затухающие колебания

  elastic ~ упругое колебание

  forced ~ вынужденные колебания

  free ~ свободные [собственные] колебания

  lateral ~ поперечное колебание

  longitudinal ~ продольное колебание

  natural ~ свободные [собственные] колебания

  resonant ~ резонансные колебания

  sustained [**undamped**] ~ незатухающие колебания

vibration-proof устойчивый к колебаниям; виброустойчивый, вибростойкий

vibrator вибратор; вибропитатель

vicinity 1. окрестность 2. близость

video 1. видео 2. телевидение‖телевизионный 3. зрительный

videotransmitter телевизионный передатчик; передатчик видеосигнала

vidicon видикон (*телевизионная передающая трубка с фотосопротивлением*)

view 1. вид; проекция; изображение 2. поле зрения; обзор, перспектива 3. представление (*данных*) 4. осматривать; рассматривать

  axonometric ~ аксонометрическая проекция; аксонометрическое изображение

  back ~ вид сзади

  elevation ~ вертикальная проекция

  front ~ вид спереди; фронтальная проекция

  plan ~ вид сверху; горизонтальная проекция

  radar ~ зона обзора радиолокатора

  rear ~ вид сзади

  side ~ вид сбоку; боковая проекция

  videosensor ~ поле зрения видеосенсора

viewfinder видоискатель (*в СТЗ*)

viewing 1. визуализация 2. визуальное отображение 3. выбор кадра (*в СТЗ*)

  programmable ~ программируемый осмотр; программируемый обзор (*сцены*)

viewpoint 1. точка обзора 2. точка установки видеосенсора (*в СТЗ*) 3. точка зрения

violation 1. нарушение 2. *мат.* противоречие

virtual 1. возможный; виртуальный 2. фактический; действительный

vision 1. зрение; техническое зрение‖зрительный 2. система технического зрения, СТЗ

active ~ 1. активное наблюдение *(с изменением линии зрения)* 2. активная СТЗ *(с целенаправленным перемещением видеосенсора)*

binary ~ 1. техническое зрение на основе бинарных изображений 2. бинарная СТЗ

binocular ~ бинокулярная СТЗ

color ~ 1. цветовое зрение 2. цветная СТЗ

computer ~ машинное зрение

gray-level ~ СТЗ на основе полутоновых изображений; многоградационная СТЗ

machine ~ машинное зрение; техническое зрение

robot ~ 1. техническое зрение робота 2. СТЗ робота; средства зрительного очувствления робота

stereo(scopic) ~ 1. стереоскопическое зрение, стереозрение 2. стереоскопическая СТЗ

telechiric ~ дистанционное зрение *(для человека-оператора)*

visual визуальный, зрительный

visualization визуализация; наглядное представление

vocabulary 1. словарь 2. словарный состав *(языка)* 3. перечень команд *(ЭВМ)*

robot ~ 1. перечень команд, выполняемых роботом 2. словарь робота *(с речевым блоком)*

vocoder вокодер *(речевой блок робота)*

LPC ~ вокодер с линейным предсказанием

voder синтезатор речи

voice голос

digit-coded ~ речевые данные в цифровой форме

robotic ~ 1. «механический» голос 2. голос робота

voice-activated управляемый голосом

voice-excited возбуждаемый [запускаемый] голосом

voice-switched с коммутацией голосом, с голосовой коммутацией

voltage (электрическое) напряжение

error ~ напряжение сигнала ошибки; напряжение рассогласования

offset ~ 1. напряжение разбаланса 2. напряжение смещения

rated ~ номинальное напряжение

reference ~ опорное напряжение

step ~ ступенчатое напряжение

supply ~ сетевое напряжение; напряжение питания

terminal ~ напряжение на зажимах *(электродвигателя)*

working ~ рабочее напряжение

volume 1. объём 2. ёмкость, вместимость 3. громкость
  displacement ~ рабочий объём *(цилиндра)*
  geometrical ~ геометрическое тело
  production ~ объём производства; объём выпуска (продукции)
  robot's work(ing) ~ рабочее пространство робота
  sensitive ~ зона действия сенсоров
  swept ~ 1. рабочий объём *(цилиндра)* 2. заметаемый *(звеньями манипулятора)* объём
voter схема голосования
voting голосование ◇ ~ **on incoming data** голосование по поступающим данным
voxel 1. пространственный элемент *(сцены)* 2. элемент объёмного изображения
vulnerability чувствительность; уязвимость

W

wafer подложка; плата; пластина
waist 1. горловина; шейка; сужение 2. шарнир поворота корпуса *(робота)*
  robot ~ шарнир поворота корпуса робота; «талия» робота
waiter:
  robot(ic) ~ робот-официант
waiting ожидание

walk 1. походка *(шагающего робота)* 2. блуждание 3. шагать
  random ~ случайное блуждание; случайный поиск
  regular ~ регулярная походка
walker шагающий аппарат; шагающий механизм
  robotic ~ шагающий робот
walk-way трап; пандус
  raised ~ подъёмный пандус *(препятствующий несанкционированному проходу в опасную зону)*
wall-mounted смонтированный на стене, настенный
wand щуп; зонд; пробник
ware изделия; продукт производства
warehouse склад; хранилище
  automated ~ автоматизированный склад
  automatic ~ автоматический склад
  robotic ~ роботизированный склад
warning предупреждение; сигнал предупреждения‖ предупреждающий
washer 1. шайба; прокладка 2. моечная машина
  angle ~ конусная шайба
  equalizing ~ компенсирующая пружинная шайба
  packing ~ уплотнительная прокладка
  safety ~ предохранительная шайба
  saucer ~ вогнутая шайба
  slot ~ разрезная шайба
  spring ~ пружинная [упругая] шайба

thrust ~ упорная шайба
waste 1. отходы; отбросы 2. потери; ущерб; порча‖портить 3. негодный, бракованный 4. бесполезно расходовать
waster брак; бракованное изделие
waveform 1. форма сигнала 2. сигнал
speech ~ речевой сигнал
way 1. путь; дорога; проход 2. способ; метод; средства 3. направляющая
~ of behavior способ поведения, поведение
wear износ; изнашивание; амортизация‖изнашиваться
tool ~ износ инструмента
wear-in прирабатывание, приработка
wearproof износоустойчивый, износостойкий
wedging заклинивание
weight 1. вес 2. груз; нагрузка 3. масса
balance ~ противовес
dead ~ собственный вес
design ~ 1. расчётный вес 2. расчётная масса
full ~ 1. полный вес 2. полная масса
handling ~ вес *или* масса объекта манипулирования *(с учётом захватного устройства)*; грузоподъёмность *(манипулятора)*
load ~ 1. вес груза 2. масса груза
net ~ 1. чистый вес, вес нетто 2. чистая масса, масса нетто

own ~ 1. собственный вес 2. собственная масса
weld 1. сварной шов; сварное соединение 2. сваривать; вести сварку
butt ~ стыковой сварной шов; стыковое сварное соединение
edge ~ торцовый сварной шов
groove(d) ~ сварной шов с разделкой кромок
multilayer ~ многослойный сварной шов
single-spot ~ сварная точка
tack ~ прихваточный сварной шов
welder 1. сварщик 2. сварочный аппарат
robot(ic) ~ сварочный робот
welding сварка‖сварочный
manual ~ ручная сварка
robotic ~ роботизированная сварка
robotic arc ~ роботизированная дуговая сварка
robotic gas ~ роботизированная газовая сварка
robotic spot ~ роботизированная точечная сварка
wheel 1. колесо; колёсико 2. зубчатое колесо
abrasive ~ абразивный круг; шлифовальный круг
chain ~ звёздочка; цепное колесо
drive ~ ведущее колесо
driven [follower] ~ ведомое колесо
fore ~ переднее колесо
friction ~ фрикционное колесо

gear ~ зубчатое колесо
grinding ~ шлифовальный круг; точильный круг, точило
heart ~ эксцентрик
hind ~ заднее колесо
jockey ~ натяжной ролик; направляющий ролик
passing ~ 1. пассивное колесо 2. флюгерное колесо (*мобильного робота*)
planet ~ сателлит, планетарное колесо (*планетарного редуктора*)
ratchet ~ храповое колесо; храповик
sprocket ~ звёздочка; цепное колесо
sun ~ солнечное [центральное] зубчатое колесо (*планетарного редуктора*)
toothed ~ зубчатое колесо
worm ~ червячное колесо
whisker 1. контактный волосок (*в тактильном сенсоре*); пружинный контакт 2. мн. (*тактильный*) сенсор типа «кошачьи усы»
wh-question уточняющий вопрос (*с вопросительными словами типа what, when и т. д. в диалоговой системе*)
wide-angle широкоугольный (*об объективе*)
width ширина
  pass ~ ширина прохода (*для мобильного робота*)
  pulse ~ ширина [длительность] импульса
winding 1. обмотка 2. изгиб; извилина; поворот 3. перемотка (*ленты*)

armature ~ обмотка якоря (*электродвигателя*)
exciting [**field**] ~ обмотка возбуждения
path ~ изгиб траектории; поворот траектории
primary ~ первичная обмотка
rotor ~ роторная обмотка
secondary ~ вторичная обмотка
stator ~ статорная обмотка
tape ~ перемотка ленты
tapped ~ секционированная обмотка
window окно (*часть изображения, анализируемая СТЗ*)
  programmable ~ программно устанавливаемое окно
  relocatable ~ перемещаемое окно
windowing 1. выбор окна (*на изображении*) 2. кадрирование
wire 1. провод; проводник; шина; проводка‖прокладывать провод; монтировать проводку 2. проволока; кабель; трос 3. (круглый) пруток
  address ~ адресный провод; адресная шина
  buried ~ скрытый (направляющий) кабель (*прокладываемый под полом для задания маршрута транспортному роботу*)
  connecting ~ 1. соединительный провод; соединительный проводник 2. соединительная тяга; соединительный трос
  guidance [**tracking**] ~

маршрутопроводный [направляющий] кабель *(отслеживаемый транспортным роботом)*
winding ~ обмоточный провод
wire-guided 1. с управлением по проводам 2. направляемый кабелем *(о транспортном роботе)*
wireless радио
wiring 1. проводка; монтаж; соединение проводами 2. электрическая (монтажная) схема
   general ~ генеральный монтаж
   printed ~ 1. печатная схема 2. печатный монтаж
   surface ~ наружная проводка
withdrawable съёмный; выдвижной
word 1. слово 2. текстовой
   computer ~ машинное слово
   control ~ командное слово
   machine ~ машинное слово
   status ~ слово состояния
work 1. работа; труд; работы‖работать; трудиться 2. действие‖действовать; функционировать 3. обработка‖обрабатывать 4. заготовка; обрабатываемая деталь; обрабатываемое изделие 5. механизм 6. конструкция 7. *мн.* завод; фабрика; предприятие; цех
   agricultural ~ сельскохозяйственные работы
   asynchronous ~ асинхронная работа *(напр. роботов в робототехнической системе)*
   construction ~ строительные работы
   critical ~ 1. работа в опасных условиях труда 2. важная [решающая] работа
   dead ~ непродуктивная работа; непроизводительный труд
   development ~ опытно-конструкторская разработка, ОКР
   emergency ~ 1. срочная работа 2. аварийные работы
   fine ~ 1. точная [тонкая, прецизионная] работа 2. обработка с малыми допусками 3. точный [прецизионный] механизм
   flow-oriented ~ работа, ориентированная на поточные операции
   machine ~ механообработка, механическая обработка
   maintenance ~ 1. ремонтные работы 2. работы по эксплуатации; работы по техническому обслуживанию *(оборудования)*
   mining ~ горные работы
   monotonous ~ монотонная работа; монотонный труд
   odd ~ вспомогательные работы
   production-support ~ работа по обеспечению основного производства; подготовка производства
   robotic ~ 1. работа робота 2. *мн.* роботизирован-

ное предприятие; роботизированный цех
steel ~ 1. стальная конструкция 2. *мн.* металлургический завод
unmanned ~s «безлюдное» предприятие; «безлюдный» цех

workbench инструментальные средства, *проф.* инструментарий

workcell производственная ячейка
automated ~ автоматизированная производственная ячейка
flexible ~ гибкая производственная ячейка; гибкий производственный модуль, ГП-модуль, ГПМ
multiple-robot ~ производственная ячейка с несколькими роботами
robot(ic) ~ роботизированная производственная ячейка; робототехнический комплекс, РТК
unmanned ~ 1. необслуживаемая производственная ячейка; автоматическая производственная ячейка 2. «безлюдная» производственная ячейка

workflow последовательность выполняемых действий

working 1. работа; действие; функционирование; операция ‖ работающий; действующий; функционирующий 2. обработка

work-in-progress незавершённое производство

workload рабочая нагрузка

synthetic ~ имитируемая (рабочая) нагрузка

workpiece заготовка; обрабатываемая деталь; обрабатываемое изделие

workshop 1. цех 2. мастерская (*см. тж* **shop**)
assembly ~ сборочный цех
automated ~ автоматизированный цех
automatic ~ автоматический цех, цех-автомат
flexible ~ гибкий автоматизированный цех
machine [machining] ~ 1. механический [механообрабатывающий] цех 2. механическая мастерская
unmanned ~ 1. необслуживаемый цех; автоматический цех, цех-автомат 2. «безлюдный» цех

worksite рабочее место
automated ~ автоматизированное рабочее место, АРМ
robot(ic) ~ 1. роботизированное рабочее место 2. рабочее место робота
unmanned ~ 1. необслуживаемое рабочее место; автоматическая рабочая позиция 2. «безлюдное» рабочее место

workspace 1. рабочее пространство (*робота*) 2. рабочая область (*памяти ЭВМ*)
cluttered ~ загромождённое рабочее пространство
cylindrical ~ цилиндрическое рабочее пространство
rectangular(ly shaped) ~ ра-

бочее пространство в форме прямоугольного параллепипеда

robot ~ рабочее пространство робота

spherical ~ сферическое рабочее пространство

three-dimensional ~ трёхмерное рабочее пространство

workstation 1. рабочее место; (технологическая) станция (*см. тж* **station**) 2. производственная станция

world мир; окружающая обстановка, окружение; проблемная среда

blocks(-type) ~ мир многогранников (*представление сцен моделями, состоящими из многогранников*)

factory ~ производственная обстановка (*робота*)

real ~ реальный мир; реальные условия работы

robot ~ мир робота; модель мира робота; окружение [окружающая обстановка] робота; проблемная среда робота

worm червяк, червячный винт; шнек

wreck 1. поломка 2. заедание; заклинивание

wrench:

box [**socket**] гайковёрт; торцовый ключ

wrist 1. запястье; запястный шарнир (*робота*) 2. цапфа

arm ~ запястье руки; запястный шарнир руки

breakaway ~ отделяющееся (при перегрузке) запястье

compliance ~ податливое запястье; запястный шарнир с податливостью

manipulator ~ запястье манипулятора; запястный шарнир манипулятора

robot ~ запястье (руки) робота; запястный шарнир (руки) робота

write запись, регистрация ‖ записывать, регистрировать (*см. тж* **record**)

writer 1. составитель, разработчик (*программ*) 2. записывающее устройство 3. программа записи

writeset записываемый набор (*данных*)

X

X-motion движение в направлении оси X

X-motor двигатель для передвижения (*напр. робота*) по оси X

X-shaped X-образный, крестообразный (*о пересечении контурных линий на изображении*)

Y

yaw 1. сгибание (*манипулятора в запястье*); угол сгибания 2. рыскание (*напр. мобильного робота*); угол рыскания

yawn зазор; люфт

yield 1. (производственный) выход; выход (годных) изделий; выпуск; объём выпуска; выработка ‖ производить; вырабатывать 2. выход, результат ‖ приносить результат 3. подаваться; пружинить

Y-motion движение в направлении оси **Y**

Y-motor двигатель для передвижения (*напр. робота*) по оси **Y**

yoke 1. скоба; зажим 2. кронштейн; поперечина 3. обойма

Y-shaped **Y**-образный, вилкообразный (*о пересечении контурных линий на изображении*)

Z

zero 1. нуль ‖ устанавливать на нуль; обнулять 2. начало координат; начало отсчёта

   time ~ начало отсчёта времени

zerofilling заполнение нулями; обнуление (*напр. изображения*)

zeroing установка на нуль; обнуление

Z-motion движение в направлении оси **Z**; движение по вертикали

Z-motor двигатель для передвижения (*напр. робота*) по оси **Z**

zone зона; область; участок

   ~ **of linearity** зона линейности

   danger(ous) ~ опасная зона

   dead ~ мёртвая зона; зона нечувствительности

   feeding ~ зона подачи (*деталей*)

   free ~ свободная зона; свободная область

   interference ~ зона взаимных помех (*движениям нескольких рук роботов*)

   operation(al) ~ рабочая зона

   proportional control ~ зона пропорционального регулирования

   safety ~ зона безопасности

   saturation ~ зона насыщения

   service ~ зона обслуживания; зона сервиса (*робота*)

   tolerance ~ зона допуска; поле допуска

   uniform ~ однородная область

   working ~ рабочая зона; рабочая область

zoom 1. наезд (*телекамеры на объект*) 2. (электронное) увеличение (*изображения*) ‖ увеличивать масштаб (*изображения*)

zoomar вариообъектив, объектив с переменным фокусным расстоянием

СОКРАЩЕНИЯ

AA 1. [active accomodation] активная адаптация; активное приспособление 2. [articulated arm] шарнирная рука 3. [automated assembly] автоматизированная сборка

AC 1. [adaptive control] адаптивное управление 2. [alternating current] переменный ток 3. [analog computer] аналоговая вычислительная машина, АВМ 4. [automatic controller] устройство автоматического управления; автоматический регулятор

ADC [analog-to-digital converter] аналого-цифровой преобразователь, АЦП

ADP [automatic data processing] автоматическая обработка данных

AGV [automatically guided vehicle] автоматически управляемое транспортное средство; автоматически управляемая тележка; робокар

AGVS [automatically guided vehicles system] система автоматически управляемых тележек; система робокаров

AI [artificial intelligence] искусственный интеллект

AL 1. [A Language] АЛ (*язык программирования роботов*) 2. [assembly language] 1. язык программирования сборочных операций 2. язык ассемблера

ALU [arithmetic logic unit] арифметико-логическое устройство, АЛУ

AM 1. [amplitude modulation] амплитудная модуляция 2. [automated manufacturing] автоматизированное производство 3. [automatic manipulator] 1. автоматический манипулятор 2. автооператор 4. [automatic mode] автоматический режим

AML [A Manipulator Language] АМЛ (*язык программирования роботов*)

APC [automatic pallet changer] устройство (для) автоматической смены палет

APT [Automatically-Programmed Tool] АПТ (*язык программирования для станков с ЧПУ*)

AR 1. [adaptive robot] адаптивный робот 2. [agricul-

tural robot] сельскохозяйственный робот **3. [assembly robot]** сборочный робот

AS/RS [automated storage and retrieval system] автоматизированная система складирования

AXC [axis controller] 1. контроллер степени подвижности *(робота)* 2. контроллер управляемой координаты *(станка с ЧПУ)*

BBS (building-block system] модульная система; агрегатно-модульная система

BCS 1. [base coordinate system] система координат, связанная с основанием *(робота)* 2. **[body coordinate system]** система координат, связанная с подвижным объектом

CAD [computer-aided design] автоматизированное проектирование

CAD/CAM [computer-aided design/computer-aided manufacturing] автоматизированное проектирование и технологическая подготовка производства

CAE [computer-aided engineering] автоматизированная разработка; автоматизированное конструирование

CAL [computer-aided logistics] автоматизированная система материально-технического обеспечения

CAM (computer-aided manufacturing] автоматизированное производство

CAP [computer-aided planning] машинное планирование; автоматизированное планирование

CAPM [computer-aided production management] автоматизированное управление производством

CCD [charge coupled device] прибор с зарядовой связью, ПЗС

CCS [Cartesian-coordinate system] система декартовых координат, декартова система координат

CI [circular interpolation] круговая интерполяция

CID 1. [charge injection device] прибор с зарядовой инжекцией 2. **[control input device]** 1. устройство ввода команд *или* сигналов 2. управляющая рукоятка

CIM [computer-integrated manufacturing] компьютеризованное производство

CMM [coordinate measuring machine] координатно-измерительная машина

CNC [computer numerical control] ЧПУ типа CNC

COG [center of gravity] центр тяжести

CP 1. [clock pulse] тактовый импульс, синхронизирующий импульс 2. **[continuous path]** контурный *(об управлении)* 3. **[control panel]** панель управления; пульт управления

CPC 1. [computed path control] управление с расчётом программной траектории 2. **[continuous path control]** контурное управление

CS [coordinate system] система координат

CT 1. [circuit] цепь; контур; схема 2. [coordinate transformation] преобразование координат 3. [cycle time] время цикла

CTR [cassette tape recorder] кассетный накопитель на магнитной ленте, КНМЛ; кассетный магнитофон

CU [control unit] устройство управления, управляющее устройство; блок управления

CVS [computer vision system] система машинного зрения

DC 1. [differential control] дифференциальное управление 2. [digital computer] цифровая вычислительная машина 3. [direct current] постоянный ток

DDP [direct dynamical problem] прямая задача динамики

DKP [direct kinematical problem] прямая задача кинематики

DNC [direct numerical control] прямое цифровое управление, ПЦУ

DOF [degree of freedom] 1. степень свободы *(тела)* 2. степень подвижности *(манипулятора)*

DOG [difference of Gaussians] разность гауссианов *(оператор выделения краёв на изображении)*

EE 1. [end effector] рабочий орган *(робота)* 2. [external environment] 1. внешняя среда 2. условия эксплуатации

EHS [eye-hand system] (робототехническая) система типа «глаз на руке»

EM 1. [electrical motor] электродвигатель; электромотор 2. [electromagnetic] электромагнитный 3. [electromechanical] электромеханический

enc [encoder] кодовый датчик

EPA [enhanced performance architecture] усовершенствованная высокопроизводительная архитектура *(стандарт США на сети ЭВМ)*

ERAE [entity, relation, action, event] объект, отношение, действие, событие *(структура представления знаний в СИИ)*

FAS [flexible assembly system] гибкая сборочная система

FFT [fast Fourier transform] быстрое преобразование Фурье

FHT [fast Hough transform] быстрое преобразование Хафа

FIS [flexible inspection system] гибкая система контроля

FM 1. [flexible manipulator] гибкий [нежёсткий] манипулятор 2. [flexible manufacturing] гибкое производство; гибкое автоматизированное производство, ГАП 3. [frequency modulation] частотная модуляция

FMC [flexible manufacturing cell] гибкая производственная ячейка; гибкий производственный модуль, ГП-модуль, ГПМ

FML [flexible manufacturing

line] гибкая производственная линия, ГПЛ
FMS [**flexible manufacturing system**] гибкая производственная система, ГПС
FMU [**flexible manufacturing unit**] гибкий производственный модуль, ГП-модуль, ГПМ
FTS [**force-torque sensor**] силомоментный датчик; сенсор силомоментного очувствления
GCS [**gripper coordinate system**] система координат, связанная с захватным устройством
GPR [**general-purpose robot**] универсальный робот
GRASP [**Graphical Robot Applications Simulation Language**] графический язык моделирования прикладных робототехнических систем
GSI [**gray-scale image**] полутоновое [многоградационное] изображение
GT [**group technology**] групповая технология
HEM [**hostile environment machine**] аппарат для работы в агрессивной среде
HLVS [**high level vision system**] система технического зрения высокого уровня, СТЗ высокого уровня
hw [**hardware**] аппаратура; оборудование, аппаратные средства
IBVS [**image-based visual servo**] визуальное сервоуправление (*роботом по изображению без расчёта положения цели*)
IC 1. [**instruction code**] код команды 2. [**instruction counter**] счётчик команд 3. [**integral control**] интегральное управление 4. [**integrated circuit**] интегральная схема, ИС
ICAM [**integrated computer-aided manufacturing**] интегрированное производство; гибкое автоматизированное производство, ГАП
ICS [**information-control system**] информационно-управляющая система
IDP [**inverse dynamical problem**] обратная задача динамики
IKP [**inverse kinematical problem**] обратная задача кинематики
IMS 1. [**integrated manufacturing system**] интегрированная производственная система 2. [**intelligent manufacturing system**] интеллектуальная производственная система
IP 1. [**image processing**] обработка изображений 2. [**index of performance**] 1. показатель качества 2. показатель производительности 3. [**initial point**] начальная точка; исходная точка 4. [**interpolation point**] точка интерполяции 5. [**interrupt priority**] приоритет прерывания
IPU 1. [**image processing unit**] блок обработки изображений 2. [**information processing unit**] блок обработки информации
IR 1. [**index register**] индексный регистр 2. [**industri-**

al robot] промышленный робот 3. **[instruction register]** регистр команд 4. **[intelligent robot]** интеллектуальный робот, робот с элементами искусственного интеллекта

IS 1. **[instruction set]** система команд; набор команд 2. **[interactive scheduling]** интерактивное планирование расписаний

ITV [industrial television] промышленное телевидение

IUS [image understanding system] система понимания изображений; система интерпретации изображений

JCS [joint-coordinate system] система обобщённых координат

JLC [joint level control] управление на уровне сочленений *(манипулятора)*

LAG [line adjacency graph] граф смежности строк *(изображения)*

LAN [local area network] локальная сеть

LCS 1. **[large capacity storage]** запоминающее устройство большой ёмкости, ЗУ большой ёмкости 2. **[link-coordinate system]** система координат, связанная со звеном *(манипулятора)*

LED [light emitting diode] светодиод, светоизлучающий диод, СИД

LI [linear interpolation] линейная интерполяция

LISP [List Processor] ЛИСП *(язык программирования)*

LLVS [low level vision system] система технического зрения нижнего уровня, СТЗ нижнего уровня; система предварительной обработки изображений

LN [local network] локальная сеть

MAL [Manipulator Assembly Language] МАЛ *(язык программирования роботов)*

MAP [Manufacturing Automation Protocol] протокол автоматизированных систем управления производством, протокол МАП *(стандарт США на сети ЭВМ)*

MC 1. **[machining center]** обрабатывающий центр, многоцелевой станок 2. **[machining cycle]** цикл обработки 3. **[manual control]** ручное управление 4. **[manufacturing cell]** производственная ячейка; производственный модуль 5. **[memory cell]** ячейка памяти 6. **[microcircuit]** микросхема

MHU [material-handling unit] загрузочно-разгрузочное устройство; манипуляционное устройство

MLC [manipulator level control] управление на уровне всего манипулятора

MM 1. **[manual mode]** ручной режим 2. **[master manipulator]** ведущий [управляющий, задающий] манипулятор 3. **[memory module]** модуль памяти

MP 1. **[manual programming]** ручное программирование 2. **[mass production]** массовое производство 3. **[microprocessor]** микропроцессор 4. **[motion planning]** планирование движений *(робота)*

MR 1. [manipulating robot] манипуляционный робот 2. [mobile robot] мобильный [подвижный] робот 3. [multiple regression] множественная регрессия *(в алгоритмах обработки информации)*

MRAC [model reference adaptive control] адаптивное управление с эталонной моделью

MRP [material requirements planning] планирование материальных потребностей

MSC [master-slave control] копирующее управление

MSE [mean square error] среднеквадратическая [среднеквадратичная] ошибка

MT 1. [magnetic tape] магнитная лента 2. [manual teaching] обучение *(робота)* вручную 3. [mean time] среднее время

MTBF [mean time between failures] среднее время безотказной работы; средняя наработка на отказ

MTTR 1. [mean time to recovery] среднее время восстановления 2. [mean time to repair] среднее время ремонта

NC 1. [normally closed] нормально замкнутый 2. [numerical control] числовое программное управление, ЧПУ

NCBC [numerical control block counter] счётчик кадров управляющей программы

OCR [optical character reader] устройство (для) оптического считывания знаков

OLC 1. [object level control] управление объектного уровня 2. [open-loop control] управление без обратной связи; регулирование по разомкнутому циклу

OS 1. [operational system] операционная система, ОС 2. [optical sensor] оптический датчик; видеодатчик; видеосенсор

PAPS [picture acquisition and processing system] система получения и обработки изображений

PB 1. [peripheral buffer] буфер периферийного устройства 2. [plugboard] коммутационная панель; штекерная панель; наборное поле

PBVS [position-based visual servo] визуальное сервоуправление *(роботом)* по положению *(цели, определяемой СТЗ)*

PC 1. [personal computer] персональная ЭВМ, ПВМ, персональный компьютер, ПК 2. [photocell] фотоэлемент 3. [position control] позиционное управление 4. [programmable controller] программируемый контроллер, ПК 5. [proportional control] 1. пропорциональное [линейное] регулирование 2. пропорциональный регулятор 6. [pulse code] импульсный код 7. [punched card] перфокарта

PCB [printed circuit board] печатная плата

PD [proportional-differential] пропорционально-дифференциальный, ПД *(об управлении или регуляторе)*

PDL [Picture Description Language] язык описания изображений

PID [proportional-integral-differential] пропорционально-интегрально-дифференциальный, ПИД *(об управлении или регуляторе)*

PJ [prismatic joint] призматическое сочленение

PLC [programmable logic controller] программируемый логический контроллер

PM 1. [phase modulation] фазовая модуляция 2. [programmable manipulator] программируемый манипулятор; манипуляционный робот 3. [protected memory] защищённая память

PPL 1. [Picture Processing Language] язык обработки изображений 2. [planning problem solver] планирующий решатель задач

PPR [pick-and-place robot] 1. цикловой робот 2. перегрузочный робот

PR 1. [pattern recognition] распознавание образов 2. [playback robot] робот с воспроизведением программы 3. [program register] регистр (команд) программы

PROM [programmable read only memory] программируемое постоянное запоминающее устройство, ППЗУ

PS 1. [position sensor] позиционный датчик, датчик положения 2. [power supply] источник питания 3. [proximity sensor] датчик близости; датчик приближения; сенсор ближней локации

PSD [position sensitive detector] 1. детектор положения 2. чувствительный элемент датчика положения

PT 1. [perspective transformation] перспективное преобразование 2. [positioning table] позиционирующий стол 3. [punched tape] перфолента

PTP 1. [peak-to-peak] от максимума до минимума 2. [point-to-point] от точки к точке; в позиционном режиме *(об управлении роботом)*

PUMA [programmable universal manipulator for assembly] 1. программируемый универсальный манипулятор для сборки 2. робот (с кинематической схемой) типа **PUMA**

PWM [pulse width modulation] широтно-импульсная модуляция, ШИМ

QA [quality assurance] обеспечение качества

QC [quality control] контроль качества

RAG [region adjacency graph] граф смежности областей *(изображения)*

RAM 1. [random access memory] запоминающее устройство с произвольной выборкой, ЗУПВ 2. [repair and maintenance] ремонтно-техническое обслуживание

RAS [robotic assembly system] роботизированная сборочная система

RC 1. [remote control] дистанционное управление, телеуправление **2.** [robot control] 1. управление роботом 2. устройство управления роботом, управляющее устройство робота

RCC 1. [remote center compliance] устройство с вынесенным центром податливости **2.** [remote compliance center] вынесенный центр податливости

RF 1. [radio frequency] радиочастота **2.** [range finder] дальномер **3.** [reference frame] система координат, координатная система

RIS [robotic inspection system] роботизированная система контроля

RJ (rotary joint) вращательное сочленение; поворотный шарнир

RLC [run length code] 1. код длины пробега 2. код длины серии

RM 1. [remote manipulator] 1. телеуправляемый [дистанционно управляемый] манипулятор 2. дистанционный [удалённый] манипулятор **2.** [robotic manipulator] манипуляционный робот

RMAC [resolved motion acceleration control] управление по расчётному ускорению движения, управление по вектору ускорения

RMRC [resolved motion rate control] управление по расчётной скорости движения, управление по вектору скорости

RMS 1. [remotely manned system] 1. дистанционно-управляемая система 2. дистанционно-пилотируемая система **2.** [remote manipulator system] дистанционная [удалённая] манипуляционная система **3.** [root-mean-square] среднеквадратический, среднеквадратичный

ROI [return on investment] окупаемость затрат

ROM [read only memory] постоянное запоминающее устройство, ПЗУ

ROV [remotely-operated vehicle] дистанционно управляемый мобильный [подвижный] аппарат

RS [robot(ic) system] 1. робототехническая система, РТС; робототехнический комплекс, РТК 2. система роботов

RT 1. [real time] 1. реальное время 2. реальный масштаб времени **2.** [robotic technology] роботизированная технология **3.** [robot teaching] обучение робота

RWS [robotic welding system] роботизированная сварочная система

SC 1. [sensory control] сенсорное управление, управление по сенсорной информации **2.** [standard conditions] стандартные условия **3.** [supervisory control]

супервизорное управление

SCARA [**selective compliance robotic arm for assembly**] 1. сборочный робот с избирательной податливостью 2. робот (с кинематической схемой) типа SCARA

SCR 1. [**sensory-controlled robot**] робот с сенсорным управлением 2. [**servo-controlled robot**] робот с сервоуправлением

SD 1. [**servodrive**] сервопривод 2. [**standard deviation**] среднеквадратическое [среднеквадратичное] отклонение

SL 1. [**straight-line**] прямолинейный 2. [**structured light**] структурированное освещение

SM 1. [**servomechanism**] сервомеханизм, следящий механизм 2. [**slave manipulator**] управляемый [ведомый, исполнительный] манипулятор *(при копирующем управлении)* 3. [**stepping motor**] шаговый двигатель

SR 1. [**search routine**] программа поиска 2. [**shift register**] сдвиговый регистр 3. [**space robot**] космический робот 4. [**speed regulator**] регулятор скорости 5. [**spot-welding robot**] робот для точечной сварки

SS 1. [**servosystem**] следящая система, сервосистема 2. [**steady state**] 1. установившееся состояние 2. устойчивое состояние 3. [**stereosystem**] стереосистема; стереоскопическая СТЗ

sw [**software**] программное обеспечение

TCP [**tool center point**] центральная точка инструмента, центр инструмента

TCS [**tool-coordinate system**] система координат, связанная с инструментом

TF 1. [**trajectory following**] отслеживание траектории 2. [**transfer function**] передаточная функция

TLC [**task level control**] управление *(роботом)* на уровне заданий

TOT [**teleoperator technology**] технология применения телеоператоров

TP 1. [**task planning**] планирование заданий 2. [**teaching pendant**] пульт обучения

TR 1. [**tape reader**] устройство считывания с ленты 2. [**transportation robot**] транспортный робот

TS 1. [**tactile sensor**] тактильный датчик; тактильный сенсор, сенсор осязания 2. [**touch sensor**] датчик касания; сенсор касания, сенсор соприкосновения

USR [**undersea robot**] подводный робот

USS [**ultrasonic sensor**] ультразвуковой датчик

VAL [**Versatile Assembly Language**] ВАЛ *(язык программирования роботов)*

VDU [**visual display unit**] дисплей; устройство визуального отображения

VS [**vision system**] система технического зрения, СТЗ

WCS [**world coordinate system**] внешняя система координат; абсолютная система координат; *проф.* система координат мира *(робота)*

WFTS [wrist force/torque sensor] силомоментный сенсор, устанавливаемый в запястье *(робота)*

WM [world model] модель мира

WR 1. [welding robot] сварочный робот 2. [working range] рабочий диапазон

WS 1. [workspace] рабочее пространство 2. [workstation] 1. рабочее место; (технологическая) станция 2. производственная станция

УКАЗАТЕЛЬ РУССКИХ ТЕРМИНОВ

(цифры перед буквой указывают страницу;
буква п — правую колонку; л — левую колонку)

автоматизация, гибкая 27л
автоматизация, жёсткая 26п
автооператор 27п, 216л
адаптация 12л, 14л
аккомодация 12л
алгоритм адаптации 16л
алгоритм бинаризации 16л
алгоритм выбора наилучшего маршрута 16л
алгоритм декомпозиции 16п
алгоритм наблюдения, адаптивный 255л
алгоритм обхода препятствий 17л
алгоритм разбиения 16п
алгоритм развязки 16п
алгоритм разложения 16п
алгоритм устранения взаимовлияния 16п
анализ связности 18п
анализ устойчивости 19п
аппарат, шагающий 213л, 227п, 459л
аппаратура 118п, 127л, 163л
атрибут 26л

база данных 30п, 87л
база знаний 30п, 195л
барьер, потенциальный 30л
бедро 166л
блок, автономный 452л
блок ввода изображения 451л
блок генерации движений 451п
блок обработки 291л
блок привода 450п
блок регулирования по положению 73п

блок, решающий 327л
блок, сенсорный 452л
блок сжатия 313л, 313п
блок синтеза движений 153л
блок формирования движений 153л
блок формирования программных движений 451п
блок *или* модуль очувствления 452л
блок *или* модуль технического зрения 452п

вариообъектив 190л, 469п
ведение 159п
ведение рабочего органа 160л
вектор ориентации 459л
вектор подхода 458п
вектор позы 459л
взаимовлияние 79л
взаимовлияние, динамическое 79п
взаимовлияние степеней подвижности 79л
взаимовлияние степеней подвижности робота 80л
взятие 159л
взятие деталей, расположенных в бункере 274п
вид движения 271л
видеодатчик 359л
видеоинформация 85п, 87л
видеомодуль 452п
видеосенсор 359л, 360л
влияние, взаимное 110п
воздействие, эталонное или задающее 69п
возможности, манипуляционные или

двигательные 98л
восприятие 357л
восприятие движущихся объектов 357п
восприятие, зрительное 272п
восприятие сенсорной информации 272п
восстановление изображения 312п, 328п
время задержки 91л
время замедления 430п
время ускорения 430л
время цикла 430п
встречаемость 146л
выделение края 94п, 126п
выделение характерных признаков 126п
выдержка времени 91л
вылет 35п
вылет руки робота 292п, 308п
вытягивание *или* выдвижение руки 126л
выявление характерных признаков 94п

ГАП 220л
генератор движений 153л
гибкость 138п
глаз на руке 126п, 127л
головка, захватная 164п
головка захватного устройства 164п
головка, окрасочная 164п
головка, сварочная 160п, 164п
ГПЛ 204л
ГПМ 43л, 43п, 451л, 467л
ГП-модуль 43л, 43п, 451л, 467л
ГПС 140л, 408п
граница зоны движений робота 116п
граница рабочего пространства робота 116п
грань 17л
граф 155л
граф видимости 155п
граф препятствий 155л
граф свободных путей 155л
граф связности 155л

груз, полезный 271п
грузоподъёмность 42л, 271п
грузоподъёмность, номинальная 42л, 207п
группа, функциональная 147л
группирование 51п
губка 136п, 188п

дальномер 136п
данные 85л
данные об изображении 85п
данные, получаемые от нескольких сенсоров 86л
данные, полученные от сенсорной системы 86п
данные, поступающие от СТЗ 87п
датчик 112п, 358л, 440п
датчик близости 359л
датчик внутренней информации 358п
датчик, инкрементальный 440п
датчик, инкрементный 440п
датчик касания 359п
датчик, кодовый 113л, 358п
датчик, оптический 359л
датчик, позиционный 440п
датчик, позиционный кодовый 113п
датчик положения 440п
датчик приближения 359л
датчик, силомоментный 358п
датчик силы 358п
датчик СТЗ 360л
датчик, тактильный 359л
датчик усилия 358п
движение без столкновений 241л
движение вдоль заданной траектории 141л
движение, задаваемое в приращениях 242п
движение, контурное 242л
движение, копирующее 244л
движение, осторожное 242п
движение отхода 242л
движение, податливое 241п
движение подхода 241п
движение по заданному маршруту 141л

движение по заданному пути 141л
движение по контуру 242л
движение приближения 241п
движение с интерполяцией в обобщённых координатах 243л
движение с отслеживанием траектории 243л
движение степеней подвижности, координированное 242 л
движение, элементарное 286п
декомпозиция управления по степеням подвижности 89л
деталь, обрабатываемая 467п
деформация, упругая 56п
диаграмма движений, временна́я 434п
диапазон действия робота 305п
диапазон, допустимый 306л
диапазон изменения обобщённой координаты 305л
диапазон манипулирования 305п
диапазон, рабочий 306л
динамика 109л
динамика руки 109л
длина, полная 265л
длина пробега 200л
длина серии 200л
длина хода 396л
длительность 108п
добавление 126л
допуск на повторяемость 435п
допуск на точность позиционирования 435п

ёмкость ЗУ 42л
ёмкость памяти 42л

зависимость, функциональная 147л
заготовка 467п
загрузка 207п
загрузка-разгрузка 207п, 208л
задание 284п
задание времени движения 434п
задание, манипуляционное 418п
задание программы роботу, ручное 419л
задача динамики, обратная 109п, 288л

задача динамики, прямая 109л, 109п, 287п
задача кинематики, обратная 288л
задача кинематики, прямая 193п, 288л
задача манипулирования 418п
задача, обратная кинематическая 193п
задача, прямая кинематическая 193п
задержка 91л
зажимание 156л, 159л
зазор 29л
закон изменения обобщённой координаты 439л
закрытие захватного устройства 51п
запаздывание 91л
запас прочности 53л
запястье 468л
захватывание 156л, 159л, 166л
звено, выдвижное *или* телескопическое 35п
звено кинематической цепи 205п
звено манипулятора 205п, 355л
звено, плечевое 24п
звено руки 205л, 355л
звено, следящее 140п
знания 194л
зона безопасности 469п
зона, запретная 317л
зона, мёртвая 469п
зона нечувствительности 469п
зона обслуживания 305п, 378п
зона, рабочая 378п, 469п
зона сервиса 305п, 378п
зона, совместная 305л
зрение 462л
зрение, машинное 462л
зрение робота, техническое 462л
зрение, стереоскопическое 462л
зрение, техническое 462л
ЗУ 228л

идентификация 169л
избыточность кинематической схемы 314л
избыточность кинематической цепи 314л

извлечение деталей 126п
извлечение деталей из бункера 274п
изделие, обрабатываемое 467п
измерение, дистанционное 225п
изображение 170п, 275л, 322п, 461п
изображение, бинарное 170п
изображение, двухградационное 170п
изображение, многоградационное 171п
изображение, полутоновое 171п
изображение, сегментированное 171п
изображение, стереоскопическое 172л
изображение, чёрно-белое 170п
интеллект, искусственный 183л
интенсивность изображения 183п
интерполяция, круговая 185п
интерполяция, линейная 185п
интерполяция траектории 185п
интерпретация изображений 449п
интерфейс 184п
информация 85л, 177л
информация, введённая в процессе обучения 87л
информация в виде образов 177п
информация от датчиков 86л
информация, полученная от сенсорной системы 177п
информация, сенсорная 86п, 177п
информация, управляющая 85л
исполнение 124п
испытание 424л, 427л

кабель, волоконно-оптический 39л
кабель, маршрутопроводный 466л
кабель, направляющий 466л
кабель, оптический 40л
кадр изображения 145п
кадр программы действий 145л
камера 40п, 43л
камера на ПЗС 40п
камера, телевизионная 40п
канал связи 45п
касание 64л
кинематика манипулятора 193п
кисть 161л
кисть, антропоморфная 161л

кисть с несколькими пальцами 161л
классификация деталей 50п
классификация изображений 50п
кластеризация 51л
кнопка, аварийная 39п
кнопка аварийного останова 39л
кнопка останова 39п
кнопка «стоп» 39п
код длины пробега 52л
код длины серии 52л
код Фримэна 52л
код, цепной 51л, 52л
колесо, зубчатое 151л
команда роботу 181п
командоаппарат 361л
комплекс, робототехнический 413л, 414п, 467л
компонента, гравитационная 56п, 57л
компонента, инерционная 57л
компонента, кориолисова 56п
компонента, центробежная 56п
компьютер 58л
конвейер, сборочный 203п
конструкция 22л, 93л
конструкция, антропоморфная 396л
контакт 64л
контроллер 73л
контроль 47л, 65п, 179п, 424л
контроль, визуальный 460п
контроль производственного цикла 67л, 67п
контроль, роботизированный 180л
контроль, сенсорный 426л
контроль или наблюдение за действиями робота 401л
контур 49п, 65п
контур регулирования 210л
контур управления 210л
конфигурация, кинематическая 62л
конфигурация кинематической цепи 62л
конфигурация манипулятора 62л
конфигурация робототехнической системы 62л
конфигурация руки 61п

конфигурация сети 62л
координата станка, управляемая 28л
координата, управляемая 28л
координаты, внешние 76л, 76п
координаты, внутренние 76п
координаты в рабочем пространстве 76л, 76п
координаты, обобщённые 76п
координаты, однородные 76п
координаты сочленения 76п
координаты шарнира 76п
корпус робота 35п
коррекция 55п, 77л
коррекция маршрута 77п
коррекция позиции 77п
коррекция, позиционная 77п
коррекция положения 77п
коррекция траектории 77п
коэффициент безопасности 53л
коэффициент взаимовлияния 53л, 128п
коэффициент, динамический 53л
коэффициент корреляции 53л
коэффициент надёжности 53л
коэффициент обратной связи 150п
коэффициент, переводной 53л
коэффициент преобразования 53л
коэффициент прямой связи 150п
коэффициент редукции 53л
коэффициент связи 128п
коэффициент трения 53л
коэффициент усиления 53л
коэффициент усиления канала упреждения 150п
коэффициент формы 128п
край 109л
краскопульт 164п
крепление 137п, 138л
кривошип 190л

линия, гибкая производственная 204л
линия сборки 203л
линия, сборочная 203п
локомоция 209л
локоть 111п
люфт 29л

магазин 213п
маневренность 98л
манипулирование 162п, 215п
манипулирование, дистанционное 421п
манипулятивность 41л, 41п
манипулятор 23л, 97л, 215п
манипулятор, автоматический 216л
манипулятор, антропоморфный 23л, 215п
манипулятор без отражения усилий 219п
манипулятор, ведомый 219л, 373п
манипулятор, ведущий 217п
манипулятор, гибкий 216п
манипулятор, гидравлический 217л
манипулятор двустороннего действия 216л
манипулятор, дистанционно-управляемый 218п
манипулятор, дистанционный 218п
манипулятор, задающий 217п
манипулятор изделия 162л, 162п
манипулятор, исполнительный 219л, 373п
манипулятор, копирующий 217п, 219л
манипулятор, многозвенный 23п, 218л
манипулятор, нежёсткий 216п
манипулятор одностороннего действия 219п
манипулятор, перепрограммируемый 218п
манипулятор, пневматический 218л
манипулятор, программируемый 218п
манипулятор, рабочий 219л, 373п
манипулятор с выдвижным звеном 24л
манипулятор с гидроприводом 217л
манипулятор с непосредственным приводом 216п
манипулятор с несколькими сочленениями 23л
манипулятор с несколькими степенями подвижности 23п
манипулятор с отражением усилий 216л

манипулятор с пневмоприводом 218л
манипулятор с телеуправлением 218п
манипулятор с электроприводом 216п
манипулятор, телескопический 24п
манипулятор, удалённый 218п
манипулятор, управляющий 217п
манипулятор, шарнирный 215п
манипулятор, электромеханический 216п
манипуляция 162п, 215п
маршрутоведение робота 159п, 160л
матрица, воспринимающая 25л, 224п
матрица, светодиодная 224л
матрица светодиодов 224л
матрица, чувствительная 224п
матрица чувствительных элементов 25л, 224п
машина 212л
машина, вычислительная 58л
место, рабочее 468л
место робота 208л
местонахождение мобильного робота 208п
механизм 96л, 151п, 212л
механизм, движущий 105п
механизм, загрузочно-разгрузочный 226п
механизм, зажимной 226п
механизм, исполнительный 14л
механизм, манипуляционный 226п
механизм, подающий 133п
мир робота 468л
модель мира 238л
модель мира робота 468л
модель окружающей рабочей среды 238л
модуль, гибкий производственный 43л, 43п, 451л, 467л
модуль, производственный 43л, 43п
модуль, сенсорный 452л
момент, движущий 240л
момент, действующий в сочетании 240п
момент, общий 240п
момент, объединённый 240п

момент привода 240л
момент, развиваемый приводом 240л
момент, суммарный 240л
момент, шарнирный 240п

наблюдатель, адаптивный 255л
наблюдение, активное 462л
набор инструментов 436п
наведение 159п
наведение робота 159п, 160л
навигация 248л
нагрузка, динамическая 142л
нагрузка, допустимая 42л
нагрузка, номинальная 207л
нагрузка, полезная 271п
нагрузка, расчётная 207л
надёжность 321л
назначение 147л
наклон кисти 32л
накопитель 213п
наладка 436п
направление отвода 100л
направление подвода 100л
направление подхода 100л
наставка 126л
настройка 12л
нежёсткость 138п
нога шагающего робота 199п

обеспечение, программное 375л
обзор 461л
область, запретная 317л
область манипулирования 305п
область, рабочая 317п, 379л, 467п, 469п
обнаружение присутствия 357п
обнаружение фронта 94п
обработка данных, дистанционная 291л
обработка изображений 290л, 291л
обработка, инструментальная 436п
обработка на станках с ЧПУ 290п
образ 170п
образ, обучающий 271п
образ, эталонный 271л

обслуживание, техническое 214л
обстановка робота, окружающая 468л
обучение вручную 419л
обучение действием 419л
обучение проведением 199л, 419л
обучение робота 181п
обход препятствий 27п
общение 54п
объединение 230л
объект манипулирования 254л
объект манипулирования *или* воздействия 254л
объект производства 254п
объектив с переменным фокусным расстоянием 190л, 469п
ограничение 64л
ограничитель 64л
окружение робота 468л
оператор прослеживания контуров 140п
операции, погрузочно-разгрузочные 162л
операция, запрограммированная 259л
операция, первичная 257л
операция перехода от точки к точке 259л
операция позиционирования 259л
операция, программная 259л
операция, ручная 258л
операция с отслеживанием непрерывной траектории 277п
операция, циклическая 257п
операция, элементарная 257л
описатель 26л
опознавание 357л
орган, рабочий 110п, 114л, 161л
орган робота, рабочий 111л
орган, сменный рабочий 114л
орган, съёмный рабочий 114л
ориентация 262п
освещение, структурированное 202п, 293л, 298л
осмотр роботом 180л
оснастка 118п, 127л
оснастка, инструментальная 436п
оснастка, технологическая 436п

основание робота 30п
особенность, глобальная 46п
особенность, локальная 46п
особенность, характерная 46п
останов 160л
останов в промежуточной точке 233л
ось 28л
ось станка, координатная 28л
отказ 129л
отказоустойчивость 131п
отклонение 101п, 120л
отклонение рабочего органа 95п
отклонение *или* погрешность в концевой точке 120п
открытие захватного устройства 256л
отношение, передаточное 306п
отображение 172л
отображение, двоичное 170п
отражение усилий 315п
отсек 40п, 43л
отслеживание траектории 141л, 438п
отсчёт изображения 309л
оценивание 122п
оценка 122п, 123л
оцифровка изображения 309л
очертание 65п, 264л
очувствление 357л
очувствление, бесконтактное 357п
очувствление, зрительное 357п, 358л
очувствление, контактное 357п
очувствление, осязательное 357л
очувствление робота 357п
очувствление, тактильное 357п
ошибка 120л, 131л
ошибка выделения 120п
ошибка, динамическая 120п
ошибка контурного управления 120п
ошибка отслеживания контура 120п
ошибка отслеживания траектории 121л
ошибка при позиционировании 121л
ошибка, статическая 122л
ошибка, установившаяся 122л
ошибка, фактическая 120л

палец 136п
память 228л
панель, коммутационная 35л, 275п, 279л, 404л
панель, штекерная 35л, 275п, 279л
перегрузка 265п
передача 54п, 105п
передача, зубчатая 151п
передача, понижающая 313л
передача, прямая 106п
передвижение 209л
перекодирование 74л
перемещение 101п
перенос 101п
перепрограммирование 323п
перестраиваемость 138п
переход, безусловный 37л
переход, условный 37л
период разгона 430л
период торможения 430л
период цикла 430п
перспектива 461п
ПЗС-камера 40п
пиксел 112л, 276л, 280л, 451л
питатель 133п
план 93л, 293п
плечо 23л, 24л
плоскость изображения 277л
плоскость, картинная 277л
плоскость, фокальная 276п
поведение, адаптивное 31п
поведение, разумное 32л
поведение, целенаправленное, 32л
повторитель 140п
повторяемость 146л
повторяемость при отслеживании траектории 322л
повторяемость при позиционировании 322л
погрешность 120л
погрешность, динамическая 120п
погрешность, контурная 120п
погрешность отслеживания траектории 121л, 173п
погрешность позиционирования 121л, 173п

погрешность, статическая 122л
погрузка 207п
податливость 56п
подключение 62п
подключение робота 80л
подразделение, функциональное 147л
подсветка сзади 29л
подсистема генерации движений 400л
подсистема, исполнительная 400л
подсистема планирования действий 400л
подсистема, сенсорная 400л
подсистема формирования движений 400л
подсистема, эффекторная 400л
подтверждение правильности действий робота с помощью СТЗ 460п
подчёркивание контуров 115п
поза, запрограммированная 280п
поза, программная 280п
поза, целевая 282л
позиционирование 283п
позиция взятия 283л
позиция захватывания 283л
поиск, глобальный 354л
поиск маршрута 136п
поиск пути 136п
поиск траектории 136п
показание кодового датчика 309л
поле зрения 127л, 134п, 461п
поле, наборное 35л, 275п, 279л, 404л
положение взятия 282л
положение захватывания 282л
положение, исходное 283л
положение, целевое 282л
положение и ориентация робота 208п
получение изображения *или* изображений 13л
понимание изображений 449п
порог дальности 429л
порог распознавания 429п
поток, оптический 139п
походка шагающего робота 151л

правило, эвристическое 165п
превращение 441п
предварение 134л
предотвращение столкновений 27п
предплечье 23п, 143л
предприятие, безлюдное 129п
представление 322п
представление, бинарное 322п
представление, двоичное 323л
представление знаний 323п
представление изображения 323л
преобразование 74л, 441п
преобразователь 74п
прецизионность манипуляций 285л
привод 14л, 96л, 105п
привод, безредукторный 106п
привод, непосредственный 106п
привод, реверсивный 106л
привод, следящий 107л
привод сочленения 107л
привод степени подвижности 107п
признак 26л, 81л, 132п
признак, глобальный 46п
признак, классификационный 132л
признак, локальный 46п
примитив, геометрический 286п
приобретение знаний 13л
присоединение 62п
присоска, вакуумная 82л
приспособление 12л, 14л, 96л
приспособление, зажимное 137п, 138л, 188л
проведение 199л
проверка 47п
проверка, роботизированная 180л
программа 293л
программа, гибкая 294л
программа действий 293п
программа, жёсткая 294л, 295л
программа прокладки маршрута 295п
программа, стандартная 346л
программа трассировки 295п
программа упорядочения 361л
программа формирования движений 295л

программа *или* оператор прослеживания 140п
программирование, автономное 297п
программирование, аналитическое 296п
программирование вручную 297п
программирование на машинном языке 296п
программирование, непосредственное 296п
программирование обучением 298л
программирование проведением 297п
программирование прогоном 298л
программирование путём обучения 298л
программирование, ручное 297п
продолжение 126п
продолжительность 108п
продолжительность цикла 430п
проектирование 93л
проекция 461л
производство, автоматизированное 220л
производство, безлюдное 220п
производство, гибкое автоматизированное 220л
производство, крупномасштабное 292п
производство, крупносерийное 292п
производство, мелкомасштабное 293л
производство, мелкосерийное 293л
производство, серийное 292п
производство, среднемасштабное 293л
производство, среднесерийное 293л
пространство, конфигурационное 378л
пространство обобщённых координат 378л, 378п
пространство признаков 378л
пространство, признаковое 378л
пространство, рабочее 306л, 378п, 379л, 467л
пространство робота, рабочее 305л
протяжённость 126л
прохождение по трассе 438п
процессор 291л
прочность 321л

пульт обучения 36п, 272л
пульт управления 404л
пускатель 14л

работа в пошаговом режиме 260л
работа в программном режиме 259л
работа в режиме контурного управления 257п
работа в режиме позиционного управления 259л
работа в режиме супервизорного управления 260л
работа вручную 258л
работа, запрограммированная 259л
работа, многосменная 258п
работа под наблюдением 260л
работа по циклу 257п
работа, пошаговая 260л
работа, циклическая 257п
равенство 117п
равновесие 118п
радиус действия робота 308п
разбиение совокупности на группы 51п
развязка 89л, 89п
разложение 89л
рамка изображения 145п
раскрытие захватного луча 256п
распознавание 169л, 311л
расположение робота 208п
расстояние, фокусное 199п
раствор схвата 256п
расчёт 93л, 123л
расширение 126л
регулирование 65п
регулирование по возмущению 68л
регулирование положения 70п
регулирование силы 68л
регулятор 73л
регулятор, адаптивный 73л, 318л
регулятор, позиционный 73л, 318п
регулятор положения 73п, 318п
редуктор 313л, 313п
редуктор, волновой 106п
режим 385п
режим воспроизведения 316п

режим копирующего управления 316л
режим, копирующий 316л
режим обучения 317л
реконструкция изображения 328п
робокар 344л, 459п
робот 332п
робот, адаптивный 332п
робот, адаптивный очувствлённый 431п
робот, боевой 335п
робот, бытовой 335л, 336п
робот, военный 338п
робот, гибкопрограммируемый 339л
робот, гидравлический 336п
робот, дистанционно управляемый 340п, 343л
робот, дистанционно управляемый манипуляционный 421л
робот, домашний 336п
робот, загрузочно-разгрузочный 207п
робот, загрузочный 207п
робот, космический 342л
робот, локомоционный 337п, 338п
робот, манипуляционный 218п, 338л
робот, мобильный 234л, 338п
робот модульной конструкции 338п
робот, модульный 338п
робот, окрасочный 339п
робот, очувствлённый 341п
робот, перегрузочный 339п
робот, пневматический 332п
робот, погрузочный 207п
робот, подвижный 338п, 459п
робот, подводный 343п
робот, позиционный 340л, 340п
робот, портальный 336л
робот, программируемый 340л
робот, промышленный 336п
робот, сборочный 333л
робот, сварочный 344л
робот с гидроприводом 336п
робот с дистанционным управлением 340п, 343л
робот, сельскохозяйственный 332п, 335п

робот с контурной системой управления 334п
робот с контурным управлением 334п
робот с ногами 337л
робот с пневмоприводом 332п
робот с позиционным управлением 340л, 340п
робот с сервоуправлением 341п
робот с супервизорным управлением 338л, 342п
робот с телеуправлением 340п
робот с электроприводом 335л
робот, транспортный 344л, 459п
робот, управляемый в супервизорном режиме 342п
робот, цикловой 339п
робот, шагающий 337л, 344л, 463п
робот, электромеханический 335л
робот-грузчик 207п
робототехника 344л, 352п
ровер 347л
РТК 413п, 414л, 467л
РТС 413п, 414л
рука 23л
рука, антропоморфная 23л
рука, ведущая 23п
рука, выдвигающаяся 24л
рука, выдвижная 24п
рука, задающая 23п
рука, исполнительная 24л
рука, многозвенная 23п
рука, рабочая 24л
рука, телескопическая 24л

САПР 406п
сбой 129л
свет, структурированный 202п
световод 40л
связность 62п, 63л
связь 54л, 62п, 64л
связь, визуальная обратная 133п
связь, зрительная обратная 133п
связь, обратная 133л
связь, опережающая 134л
связь, позиционная обратная 133п
связь по положению, обратная 133п

связь по производной, обратная 133п
связь по скорости, обратная 133п
связь по усилию, обратная 133л
связь, прямая 133п
связь, сенсорная обратная 133п
связь, силовая обратная 133л
связь, силомоментная обратная 133п
сгибание 468п
сгибание в запястном шарнире 33л
сгибание в запястье 33л
сглаживание движения 374п
сглаживание изображений 374п
сглаживание траектории 374п
сдвиг 101л
сегментация изображения 355л
секция 43л
сенсор 112п, 358л
сенсор ближней локации 359л
сенсор осязания 359п
сенсор силового очувствления 358п
сенсор силомоментного очувствления 358п
сенсор соприкосновения 359п
сенсор, тактильный 359п
серводвигатель 362л
сервомеханизм 362п
сервопривод 107л
серворегулирование 361п
сервосистема 363п
сервоуправление 72л
сервоуправление роботом 362п
сеть, вычислительная 248п
сеть, локальная 249п
сеть ЭВМ 248п
сжатие 159л
сжимание захватного устройства 51п
сила взаимовлияния 51п
сила, движущая 142л
сила инерции 142л
сила, инерционная 142л
сила, обобщённая 142л
сила связи 141п
сила, связывающая 141п
сила, центробежная 141п

синтез изображений 152п
синхронизация движений 434п
синхронизация степеней подвижности 434п
система автоматизированного проектирования 406п
система, гибкая производственная 140л, 408п
система дистанционного управления 413п
система, дистанционно-управляемая, манипуляционная 415п
система, зрительная 416л
система искусственного интеллекта 405п
система контурного управления 412л, 407л, 412л
система координат мира 145п
система координат, связанная с видеодатчиком 145п
система копирующего управления 410п
система наведения, активная 405л
система обобщённых координат 145л, 410л
система отслеживания траектории 412л
система очувствления 414п
система робота, следящая 362п
система роботов 414л
система, робототехническая 413п, 414л
система, сенсорная 414п
система с искусственным интеллектом 405п
система следящего управления 363п
система супервизорного управления 415л
система телеуправления 413п
система технического зрения 416л, 462л
система управления, контурная 412л, 407
система управления, следящая 72л
ситуация 60л

склад, роботизированный 463п
скорость в сочленении 381л
скорость конца манипулятора 380п
скорость концевой точки 380п
скорость подачи 306п
скорость, суммарная 381л
слияние 230л
смена захватного устройства, автоматическая 124л
смена инструмента 124л
смена схвата, автоматическая 124л
смещение 101п
соединение 62п, 64л, 79л
соединение, коленчатое 190л
соединение осей 79л
соединение, подвижное 190л
соединенение, призматическое 190п
соединение, шарнирное 189п
сообщение 54п
соподчинённость 165п
соприкосновение 64л
сортировка деталей 50п
состав оборудования робототехнической системы 62л
составляющая, гравитационная 56п, 57л
составляющая, инерционная 57л
составляющая, кориолисова 56п
составляющая, центробежная 56п
состояние 60л
сочленение 79л, 189п
сочленение робота 80л
сочленение, скользящее 190п
сочленение, телескопическое 190п
сочленение, шарнирное 189п
сплайн 149л
сплайн-функция 149л
способность, манипуляционная 41л, 41п
среда, агрессивная 116п
среда, рабочая 116п
среда робота, проблемная 468л
среда, экстремальная 116п
средства 127л
средства, аппаратные 163л

средства зрительного очувствления робота 462л
средства, программные 375л
средства системы управления, аппаратные
средство, автоматически управляемое транспортное 459п
стабильность 382л
стадия обучения 384п
стадия работы 384п
станок 212л
станок с числовым программным управлением 212п
станок с ЧПУ 212п
станция, производственная 468л
станция, технологическая 468л
стекловолокно, оптическое 134п
степень подвижности 28л, 90п
степень подвижности манипулятора 28п
степень свободы 90п
стереозрение 390п, 462л
стереоизображение 172л
стереопара 390п
стереотип движения 271л
СТЗ 462л
СТЗ, активная 462л
СТЗ, бинокулярная 462л
СТЗ робота 462л
СТЗ, стереоскопическая 390п, 462л
стойка управления робота 39п
стопор 47л
стопор, механический 392л
сторона, лицевая 127л
структура 22л
структура изображения 396п
схват 156п
схват, адаптивный 156п
схват, антропоморфный 161л
схват, интеллектуальный 157л
схват, многопальцевый 161л
схват, многопозиционный 158л
схват, податливый 157л
схват, сменный 157л
схват, универсальный 158п
схема 49п, 93л

схема, антропоморфная кинематическая 193п
схема выполнения движения 271л
схема, декартова кинематическая 193п
схема, кинематическая 22л, 62л, 396п
схема манипулятора, кинематическая 193п
схема, прямоугольная кинематическая 193п
схема, шарнирная кинематическая 193п
считывание изображения 309л
считывание с кодового датчика 309л

текстура изображения 396п
тележка, автоматически управляемая 459п
телеизмерение 225п
телекамера 40п
телекамера на базе приборов с зарядовой инжекцией 40п
телекамера на базе приборов с зарядовой связью 40п
телекамера, полупроводниковая 41л
телекамера, твердотельная 41л
телеметрия 225п
телеобработка 291л
телеоператор 421п
телероботехника 422л
телеуправление 71п, 420л
темп подачи 306п
точка, запрограммированная 280п
точка интерполяции 280л
точка на изображении 280л
точка, программная 280п
точка промежуточного останова 233п
точность в концевой точке 12п
точность воспроизведения 12п, 13л
точность задания траектории 12п
точность калибровки 12п
точность, контурная 12п
точность контурного управления 12п
точность манипулирования 285л
точность манипуляций 285л

точность отслеживания траектории 12п
траектория 439п
траектория без столкновений 439п
траектория движения шарнира 439п
траектория с обходом препятствий 439п
трансформация 441п
тросик, гибкий 40л

угол визирования 20л
угол в сочленении 20л
угол зрения 20л
угол наклона 20л
угол обзора 20л
угол подвода 19п
угол подхода 19п
угол ротации 20л
угол рыскания 20л
угол сгибания 20л
угол, шарнирный 20л
уголок, соединительный 20л
удлинитель 126л
удлинитель руки 126л
узел интерполяции 280л
узел, соединительный 62п
упор, механический 392л
управление
управление, адаптивное 65п
управление движением по непрерывной траектории 67л
управление двустороннего действия 66п
управление, двухпозиционное 66л
управление, диспетчерское 72л
управление, дистанционное 71п, 420л
управление, контурное 67л
управление, копирующее 69п
управление обобщёнными координатами 69л
управление от точки к точке 70л
управление, позиционное 70п
управление по положению 70л
управление по силе 68л
управление по упорам 66л, 72л
управление, программное 68л

управление, расчётное 68л
управление, реверсивное 66п
управление, релейное 66л
управление роботом 159п, 160л
управление роботом, супервизорное 401л
управление, силовое 68л
управление, следящее 72л
управление с отражением усилий 66п
управление сочленением 69л
управление с прямой связью 68л
управление, супервизорное 72п
управление с упреждением 68л
управление, циклическое 67л, 67п
управление, цикловое 67л
управление, числовое программное 70л
упреждение 134л
уравнивание 55п
уровень яркости 200п
усилие, динамическое 142л
усилие захватывания 142л
усилие, тяговое 142л
условие 60л, 81л
устойчивость 382л
устранение взаимовлияния 89п, 89л
устройство 96л, 127л, 151п
устройство, автономное 452л
устройство адаптивного управления 73л
устройство, адаптивное захватное 156п
устройство антропоморфного типа, захватное 161л
устройство, вакуумное захватное 158п
устройство, вычислительное 58л
устройство, загрузочное 133п
устройство, запоминающее 228л
устройство, захватное 96п, 154л, 156п, 161п, 226л
устройство, исполнительное 110п
устройство манипулирования деталями или изделиями 162л, 162п
устройство, многопальцевое захватное 161л

493

устройство, многопозиционное захватное 158л
устройство, многофункциональное захватное 158л
устройство, обеспечивающее останов в промежуточной точке 233п
устройство отслеживания 140п
устройство отслеживания сварного шва 140п
устройство очувствления 97п
устройство, податливое захватное 157л
устройство подачи деталей 286л
устройство позиционного управления 73п
устройство, приводящее 450п
устройство с вакуумными присосками, захватное 158л
устройство с вынесенным центром податливости 56п
устройство, сенсорное 97п
устройство, следящее 140п
устройство, сменное захватное 157л
устройство транспортирования деталей *или* изделий 162л, 162п
устройство, универсальное захватное 158л
устройство управления 73п
устройство управления, позиционное 73п
устройство, управляющее 73л
устройство циклового управления 361л
устройство числового программного управления 70л, 73п
устройство, электромагнитное захватное 157л
устройство *или* система отслеживания траектории 140п
участок разгона 317л
участок торможения 317л
УЧПУ 70л, 73п

фактор взаимовлияния 128п
фиксатор 137п, 138л
фланец запястья 138л

формирование движений робота 144л
формирование изображений 152л
формирование управляющей программы 152п
фотодиод 43п
фотокамера 40п
фототранзистор 43п
фотоэлемент 43п, 112л
фрагмент изображения 355л
фрейм знаний 145л
фрейм мира 145п
функционирование в цикловом режиме 257п
функция 147л
функция, весовая 149п

характер движения 271л
характеристика 26л, 46л, 92л
характеристика, динамическая 46л
характеристика, нагрузочная 46п
ход, мёртвый 29л
хронометраж движений 434п
хронометрирование движений 434п

цель 254п
центр податливости 44л
центр податливости, вынесенный 44л
цепь 49п, 65п
цепь, замкнутая кинематическая 44п
цепь, разомкнутая кинематическая 44п
цикл обращения к памяти 430п
циклограмма 293л

частота 146л
черта, характерная 132л
число, передаточное 306п, 308л
ЧПУ 70л

шарнир 189п
шарнир, запястный 191л, 468л
шарнир, коленный 190л
шарнир, локтевой 111п, 190л
шарнир, тазобедренный 166л, 190л
шина 38п
шина видеосигналов 39л
шина, входная 39л

шина, выходная 39л
шина данных 39л
шина, информационная 39л
шина, общая 38п
шина памяти 39л
шина синхронизации 38п
шина, управляющая 39л
шкала, полутоновая 350л
шкала серого 350л
штифт 136п

ЭВМ 58л
экзоскелетон 125л
экран 127л
эластичность 138п
электрод, контактный 64л
элемент 43л
элемент, ведомый 140п
элемент, воспринимающий 112п
элемент, геометрический 286п
элемент движения 286п

элемент изображения 112л, 276л, 280л, 451л
элемент системы очувствления 112п
элемент с податливостью 56п
элемент, чувствительный 112п
этап обучения 384п
этап работы 384п
этап, рабочий 384п
эффектор 110г

язык программирования роботов 197п
язык, роботозависимый 197л
язык, роботонезависимый 197л
язык управления роботами 197л
яркость изображения 183п
ячейка 43л
ячейка, гибкая производственная 467л
ячейка, производственная 43л, 43п, 467л
ячейка, роботизированная производственная 467л

Андрей Александрович
ПЕТРОВ,

Евгений Константинович
МАСЛОВСКИЙ

АНГЛО-
РУССКИЙ
СЛОВАРЬ
ПО РОБОТОТЕХНИКЕ

Зав. редакцией
Т. А. ХАРИСАНОВА

Ведущий редактор
С. Г. НАЛБАНДЯНЦ

Редактор
Т. Ф. ГВОЗДЕВА

Художественный редактор
Ю. А. ЦВЕТАЕВ

Технический редактор
Г. Н. АНОСОВА

Корректор
Н. Н. СИДОРКИНА

ИБ № 5344

Сдано в набор 19.12.88. Подписано в печать 06.10.89. Формат $70 \times 100^1/_{32}$. Бумага офсетн. № 1. Гарнитура таймс. Печать офсетная. Усл.-печ. л. 20,15. Усл. кр.-отт. 40,30. Уч.-изд. л. 27,65. Тираж 30 000 экз. Заказ № 1514. Цена 3 р.

Издательство «Русский язык» В/О «Совэкспорткнига» Государственного комитета СССР по печати. 103012 Москва, Старопанский пер., 1/5.

Можайский полиграфкомбинат В/О «Совэкспорткнига» Государственного комитета СССР по печати. 143200, Можайск, ул. Мира, 93.